für unsere liebe Mama
Weihnachten '93
Zermatt

Laura & Peter

*Bernd G. Längin*
Die Amischen

*Bernd G. Längin*

# Die Amischen

## Vom Geheimnis des einfachen Lebens

*List Verlag*

Umschlagmotiv: Buggyauktion in New Holland/Pennsylvanien
(Foto Längin)
Kartographie: Eduard Böhm

Bildquellenhinweis: Bernd Längin: (31 Bilder); Kenneth Pellman: (6 Bilder); Blair Seitz: (6 Bilder); Vincent Tortora: (1 Bild).

ISBN 3-471-78049-1

© 1990 Paul List Verlag in der Südwest Verlag GmbH & Co.KG
Alle Rechte vorbehalten. Printed in Austria
Satz: Fotosatz Leingärtner, Nabburg
Druck und Bindung: Wiener Verlag, Himberg

# Inhalt

Die Stillen in einem lauten Land
(Was anstelle eines Vorworts gesagt werden muß)
9

1. Den Pferdezwieback noch ...
28

2. Die Rebellion der Heiligen
50

3. Das Geheimnis vom einfachen Leben
71

4. Der alte Glaube in der Neuen Welt
100

5. Reformatoren ohne Luther
138

6. Idylle vor dem Sündenfall
165

7. Friede als Lebensstil
203

8. Die Gegenwart der Vergangenheit
223

9. Gottes zweite Wahl
266

10. Die harte Suche nach dem Paradies
284

Zeittafel
320

Literaturverzeichnis
326

Namenregister
328

Ortsregister
332

Für Christiane

*Habt nicht lieb die Welt noch was in der Welt ist. So jemand die Welt liebhat, in dem ist nicht die Liebe des Vaters. Denn alles was in der Welt ist, des Fleisches Lust und der Augen Lust und hoffärtiges Leben, ist nicht vom Vater, sondern von der Welt. Und die Welt vergeht mit ihrer Lust; wer aber den Willen Gottes tut, der bleibt in Ewigkeit.*
1. Johannes, 2, 15-17

## Die Stillen in einem lauten Land
(Was anstelle eines Vorworts gesagt werden muß)

John, der Amische von der Stange, hat mir mit gnadenlosem Blick die abgegriffene Schrift zugeschoben. »Do, lies« und »Wos meint's?« Natürlich erwartete er nun keine tiefschürfenden theologischen Erklärungen von mir, sondern schlicht Biblisches, Grundsätzliches. Aber das sollte es schon sein, konnte einem Mann aus der Welt, den es in einen Kreis von Heiligen gespült hatte, sicher auch zugemutet werden. Etwas Substanz also, zumindest etwas.
Galater 6. Alle redeten jetzt davon, nur ich noch nicht.
Da stand ich vor der durch und durch genormten Gesellschaft der 7. und 8. Schulklasse der Amischen vom Allen County: der Nobody von draußen, einer, der gerade wieder einmal die edle Anzugkombination der Bürowelt abgelegt hatte, um sich einer Welt von gestern, Menschen, die auf den ersten Blick mehr Traditionen als Zeitgenossen waren, so gut es nun einmal ging anzugleichen. Einer, der im alten Europa den Religionsunterricht in der Schule besucht, dem man einen Konfirmandenspruch aus Matthäus mit auf den Weg gegeben hatte. Schließlich einer, der von Galater nur aus der Ordnung der biblischen Bücher, des Inhaltsverzeichnisses der Schrift, wußte und sich so auch im Schulhaus an der Cuba Road vollkommen fehl am Platze fühlen mußte: »In dem neuen stehn Matthäus, Markus, Lukas und Johann, samt den Taten der Apostel unter allen vornean. Dann die Römer, zwei Korinther, Galater und Epheser...«

Das war's. Doch wer würde schon den Turner, dem unter 50 Handständen nur ein einziger gelang, einen auch nur halbwegs guten Sportler nennen!

Galater 6. »Wer auf sein Fleisch sät, der wird von dem Fleisch das Verderben ernten!«

»Wos meint's?«

Vor mir olympische Ruhe, rund 40 nach Alter geordnete Schüler in sittiger Einheitskluft. Junge Amische einer Gemeindeschule, die dazu da war, den Nachwuchs aufrechter Bibelchristen auf Kurs zu halten. Kinder aus Amerikas rückständigster Gesellschaft, verwoben in ein Erziehungssystem, das die rational-wissenschaftlichen Erklärungen der Welt – meiner Welt – ablehnte, sobald sie mit der biblischen Schöpfungslehre irgendwie in Konflikt gerieten; Fortbildung, die keine Fort-Bildung vom ganz Alten, Traditionellen sein durfte. Eine Klasse mit »Mädli« und »Buwe«, die lieber Hufe klopfen als neues Wissen hören wollten, denen ein Vertreter aus der Welt der Augenlust, des Eigennutzes und der Hoffart von vornherein suspekt sein mußte ... auch dann noch, wenn er an diesem Morgen schon eine Kuh ausgemolken, ein Vaterunser gebetet und beim Aufzäumen eines Pferdes geholfen hatte.

Neben mir streckte sich John Zehr, der Oberhirte der Klasse, ein Befürworter autoritärer Strukturen. Hinter mir die gewaltige Tafel mit krakeliger Kinderschrift, die Sütterlin glich, aber natürlich keine war. In der Ecke der kräftig rumorende Ofen der Amischmarke »Hitzer«, auf dem staniolverpackt das Mittagessen von Lehrer und Schülern vor sich hin brutzelte. Daneben das Plakat mit dem weihnachtlichen »Und der Engel sprach ...« und um alles herum ältlich-braune Möbel, abgewetzte Pulte, wie ich sie seit meiner Einschulung in der unmittelbaren Nachkriegszeit aus Deutschland her noch kannte.

»Wos meint's?«

Während John Feuerholz nachlegte, fielen mir Nullsätze ein, nichts als Nullsätze. Warum lasen wir an diesem Morgen nicht etwas anderes, den 1. Petrus 2,9 etwa: »Ihr aber seid das auserwählte Geschlecht ... das heilige Volk ...« Für so etwas war ich seit meinem ersten Zusammentreffen im Amischland vorbereitet, auf so etwas hätte ich John und den

Schülern mit durch und durch Amischtypischem antworten können.

Ich hätte einfach nacherzählt, warum sich die Eltern der Schüler, die da eifrig-fromm in vier Bankreihen über Galater 6 gebeugt vor mir saßen, heute als »Heilige« im Sinne des Petruskapitels hielten oder was sie zu Gliedern der wohl konservativsten antirömischen Täufergruppe in der Neuen Welt machte. Ich hätte das wiederholt, was der fromme Prediger Joseph vom rechten Christsein hielt. Natürlich wußten das die Schüler selbst, der Großteil von ihnen war mit Joseph verwandt, in jedem Fall recht gut bekannt. Aber es war hier nicht unüblich, etwas zum tausendsten Mal zu wiederholen, mußte einfach besser sein, als gar nichts zu sagen. Dann hätte ich ein paar Worte darüber verlieren können, warum ich die Brüder und Schwestern der Gemeinschaft für die letzten lebenden Kulturdenkmäler Deutschlands oder der Schweiz hielt – der Grund, warum ich überhaupt bei ihnen war. Wie keine andere Einwanderergruppe im Einwandererland USA haben es die Amischen mit allen Registern des religiösen Eigensinns verstanden, sich dem berüchtigten amerikanischen Schmelztiegel zu widersetzen. Aber das wiederum hätte außer John sicher niemanden besonders interessiert.

Zugegeben, die Amischen vom Allen County sind nicht die einzigen, die sich an diesem Morgen in der Neuen Welt als Heilige fühlen, gibt es hier doch außer ihnen eine geradezu inflationäre Ansammlung von Gruppen radikaler Christen täuferischer Prägung. Unter ihnen alle Abstufungen der religiösen Verdünnung, einige eher synthetische Richtungen einmal eingeschlossen. Doch die Amischen repräsentieren zusammen mit den Hutterern und Traditionsmennoniten sicher am echtesten noch jene Urtäufer, die als linke Flügelexponenten der Reformation einmal im Deutschland Luthers oder in der Schweiz Zwinglis die Kirchenwelt ins Wanken brachten. Jene Täuferpioniere, die wegen ihrer religiösen Überzeugung zu Tausenden gemeuchelt wurden ... deren Nachkommen schließlich in Amerika finden sollten, was ihnen die Heimat mit Nachdruck versagte. Dabei konnten die vollbärtigen Hutterer im Abseits der Prärie – ganz grob und mit den Augen des Geographen gesehen – als Österreichs Beitrag zur Reformation, die bartlosen Mennoniten alter Ordnung als Erben des holländischen und preußischen Täufertums und die Amischen als Nachkommen der Schweizer Brüder gelten. Der Bart in der Optik auch bei ihnen als Gradmesser einer Distanz, denn rein äußerlich waren die Schweizer daran zu erkennen, daß sie nach der alten Gemeindeordnung zur glattrasierten Oberlippe des Altmennoniten den Kinn- und Backenbart des Hutterers trugen.

Alle drei Gruppen als Knospen vom gleichen Stamm, christliche Fundamentalisten als Erben der im Prinzip gleichen Kirchenreformer, die – zum Teil schon in das koloniale Amerika transplantiert – eine protestantisch-asketische Alternative zum altkirchlichen Mönchsystem repräsentieren. Gemeinsam sehen sie als ihre Geburtsstunde den ersten Pfingsttag in Jerusalem, also das Aufblühen der apostolischen Urkirche. Alle drei pflegen auch in der Neuen Welt nach Forderung der Altväter als Umgangs- und Kultsprache ein altes Bibeldeutsch oder den längst verwehten Dialekt eines deutschen Landstrichs. Hutterer, Amische und Altmennoniten teilen sich viele frühe Märtyrer, Täuferhymnen und -lehren, daneben die Sehnsucht nach der Katastrophe des Weltgerichts, das sie täglich erwarten; sie können – wenn sie wollen – zahllose gemeinsame Anknüpfungspunkte in Geschichte und Geschichten erkennen, zurück in jenen Tagen, als Henkershände die großen Kirchen festigten.

Gründe eigentlich genug, um in einer feindlichen Welt die Last des Andersseins zusammen zu ertragen, um sich als Einheit in typisch täuferischer, anarchischer Ruhe im Diesseits die Anwartschaft auf einen Sitzplatz am Tisch des Herrn zu verdienen. Doch gerade Geschichte und Geschichten haben die Frommen theologisch getrennt. Problematisch bereits, daß alle drei Gruppen wie einst im Europa der rund 40 Täuferrichtungen genau noch wie vor zwei-, dreihundert Jahren von sich glauben, Gottes auserwähltes Volk zu sein, seine zweite Wahl nach Israel und damit so recht nach den Vorstellungen des eines Tages wiederkehrenden Herrn. Denn Gott ist für sie ein Täufer, und ein deutschsprechender dazu. Da Toleranz unter den konservativen

Taufgesinnten noch nie einen hohen Stellenwert hatte, leben die Gruppen so auch in historischer und geographischer Nähe mit dem gleichen apokalypseträchtigen Vorgeschmack aufs Paradies, doch ihre Meinungen über den rechten Weg dorthin gehen teilweise ganz erheblich auseinander. Damit auch jene Vorstellung, wer den radikalen Urtäufer der deutschen Reformation im Jammertal des modernen Amerika nun am ehesten personifiziert, damit jene Zeit, in der die Taufgesinnten – und nicht nur sie – glaubten, es sei das Recht jedes einzelnen, die Schrift für sich selbst und nach ureigenen Maximen auszulegen.

Was beim Auslegen herauskam, bündelte viele Eigenschaften der Heiligen und Frommen für die Zwischenexistenz des Erdendaseins. Doch Jahre des Grübelns und Harrens im Gegenwind der Geschichte, in der weltweiten Emigration, gaben auch Raum für Menschenwerk, damit für wildwachsende Individualität. Bei den Hutterern stärkte sie den Sinn für ihren frühen Kommunismus, den sie – geistlich wie leiblich von der Wiege bis zur Bahre abgesichert – in der grimmig-grauen Warteraumatmosphäre ihrer Kolonien pflegen. Den Altmennoniten und Amischen zwang sie in ein besonders asketisches Verhältnis zur eigenen Emotionalität, doch gab sie ihnen dafür auch etwas mehr vom Leben vor dem Tod.

Einigkeit herrscht bei den christlich-kommunistischen Hutterern wie bei den fest im Kapital stehenden Amischen und Altmennoniten allerdings darüber, daß es für den Weltlichen, »Läufigen« oder »Auswendigen«, also für einen wie mich, der dort lebte, wo es kein ewiges Leben geben konnte, einmal nur den Bannstrahl des Himmels geben kann. Der Hauptgrund, warum sie sich bis heute von allen Kindgetauften, was häufig gleichbedeutend ist mit Hurern, Räubern, Götzendienern, Weiberverschlagern usw., absondern müssen. Und haargenau in diesem Gefühl hatte ich zum erstenmal den John getroffen, den Täuferlehrer mit einem der wildesten Bärte im Allen County, einen Kerl, dessen Händedruck einen Mann erst zum Mann machte. Wir hatten nebeneinander gestanden, ein Boxer und ein Philosoph, drei Jahrhunderte auf einen Blick. Eine Begegnung zuerst hinter Glas: der scheinbar aufgeklärte Weltliche, der nicht einmal so recht wußte, warum er sich als Evangelischer bezeichnete. Der davon ausging, daß es sich dabei um den Zufall der Geburt handelte, eben so, wie man als Amerikaner oder Franzose, als Schwarzer oder als Weißer, als Mann oder Frau in diese Welt kommt. Einer, für den die Arche Noah oder der Turmbau zu Babel in die Kategorie der theologischen Mystik gehörten, der Probleme hatte, sich an Bibelszenen wie Jungfrauengeburt und Auferstehung festzuhalten. Kurz: einer der noch suchte, sich mit der Differenz von Glaube und Wissen herumschlug und dabei mit Menschen korrespondieren wollte, die die Wahrheit offenbar geradezu stündlich mit sich herumtrugen. Mit Denkmälern für den Charakter einer ganzen Zeitepoche, von denen jedes seit dem Alter der Erwachsenentaufe aus dem rechten christlichen Zement gegossen und so auch im Zeitlichen schon für das Zeitlose gerettet schien.

Der John vom Allen County und ich, zwei Ungleiche also, zwei, deren kirchliches und weltliches Wertedenken weit auseinanderklaffte. Daß ich als Städter von amischer Landwirtschaft und Viehzucht schlicht keine Ahnung hatte, mit einer gewissen Distanz zu amischen Vierbeinern zu erkennen gab, daß ich fürchtete, sie würden vor allem scheuen, was eben keinen schwarzen Hut auf maskulinem Wuschelkopf, kein Organdyhäubchen über feminin gescheiteltem Haar trug, war dabei von vornherein von zweitrangiger Bedeutung. Nur daß ich eben ein »Dütscher«, ein Deitschländer im ethnischen und kulturellen Sinne wie der Lehrer selbst und damit absolut kein »Englischer« war, machte die Begegnung für ihn überhaupt interessant. Für John und die übrigen vom Allen County ...

Aber es fiel an diesem Morgen im Schulhaus an der Cuba Road eben kein Wort über Heilige in Petrus oder Absonderung in Korinther. Wir sprachen über sündiges Fleisch in Galater. In Galater 6.

»Die ein Ansehen haben wollen nach dem Fleisch, die zwingen euch zur Beschneidung ...«

»Wos meint's? Wenn was zu sage hasch, sag's jetze.«

Fleisch. Gesundes Fleisch, krankes Fleisch, sündiges Fleisch. Beschneidung, Rundschnitt, Zirkumzision, die Beschneidung als sakramentales Zeichen der Zugehörigkeit zum Volk Gottes im alten Israel ... Ich konnte nur hoffen, daß meine Sprache, Hochdeutsch, ganz generell für Schüler und Lehrer so schwer zu verstehen war wie deren längst erstarrtes Bärndütsch für mich. Natürlich hätte ich dem John auch auf gut badisch antworten können, Alemannen waren wir schließlich beide. Konnte er doch wie ich »Krummbiere« oder »Grundbeere«, »Gschmier«, »Rübli«, »Kaschte« oder »de Buckel nuff« sagen und wußte auch durchaus, was damit gemeint war. Doch in meinem Mutterdialekt wäre ich Gefahr gelaufen, daß man mich in der Amischschule tatsächlich verstanden hätte. Das war nicht notwendig. Nicht bei Galater 6.

»Denn in Christus Jesus gilt weder Beschneidung noch Unbeschnittensein ...«

Die Essenszeit stand kurz bevor. Das Staniolverpackte auf dem Hitzer-Ofen, Aufzuwärmendes vom Vortag, machte sich immer geräuschvoller bemerkbar. Ein geradezu unheimlicher Geruch stand im Klassenzimmer an der Cuba Road. Der eine oder andere meldete sich zum Hisli ab, also drängte tatsächlich schon die Zeit.

»Wos meint d'Beschneidung unds Ubschnittesei?«

John schien unerbittlich, die Schüler noch unerbittlicher. Nichts war hier normal, aber auch gar nichts. Doch hatte ich mich daran bei den Amischen nicht schon längst gewöhnt? Im Winter bei 30 Kältegraden in einer offenen Kutsche, im Sommer in der Treibhausatmosphäre von Elam Grabers Farmhaus, am Morgen unter irgendeiner von Tobis Milchkühen oder am Mittag im Gold eines Getreidefeldes. Wie andere Schäfchen zählen, hatte ich erst gestern abend wieder beim Einschlafen an einem Teppich genäht, völlig unsortiert Flecken aneinandergesetzt, auf denen es hieß, was bei den Realchristen nun tatsächlich verboten war, was Menschen wie der John keinen Augenblick vergessen durften: eins – der Gürtel, zwei – die Serviette, drei – Elektrisches, vier – jede Art von Schmuck, fünf – die Strickjacke, sechs – schreiende Farben, sieben – das Radio, acht – der große Spiegel, neun – das Wandbild, zehn – spitze Schuhe, elf – die Wassertoilette, zwölf – das Auto, dreizehn – der Blitzableiter, vierzehn – das Musikinstrument, fünfzehn – die Tasche an der Jacke außen, sechzehn – der Hosenladen, siebzehn – die Kreuzung von Pferd und Esel, achtzehn... Ganz zum Schluß wollte ich dann noch dagegenstellen, was hier nun erlaubt war, etwa beten und arbeiten, essen, arbeiten und beten, schlafen. Aber darüber mußte ich tatsächlich auch eingeschlafen sein.

John und den Schülern jetzt zu erklären, was ich von ihrem Verbotskatalog hielt, paßte wiederum nicht zu Galater, wäre eher ein Rückgriff auf Epheser oder Petrus oder auf die Korinther gewesen. Und die Frommen hätten durchaus berechtigt dagegengehalten, daß eben dies genau die Gründe seien, warum sie sich aufgrund ihres Lebensstils für die neutestamentliche »Gemeinde ohne Flecken und Runzeln« hielten, für die »Braut für den Bräutigam« der Offenbarung, für das »Licht für die Welt« aus Matthäus... und mich eben für einen von draußen, für einen Kaputten, der ihnen aufrichtig leidtat.

Genau das würde man mir erklären, denn am amischen Selbstverständnis gab es für mich längst keine Zweifel mehr. Wie bei religiösen Fundamentalisten nun einmal üblich, haben die Frommen von vornherein etwas gegen jede Relativierung der Glaubensinhalte, die sie am Amischsein irremachen könnte. Galater mochte den Weltlichen in mir an einer ungeschützten Stelle getroffen haben, doch was die Frommen anging, war ich schon durchaus informiert. Ohne daß ich versuchte, sie theologisch zu qualifizieren, klammerte ich in meinem Verhältnis zu ihnen an keinen ganz großen Irrtümern mehr. Hatte ich doch in den letzten Jahren aufgearbeitet, was es über sie aufzuarbeiten gab, hatte Hilfe bekommen und war einer ganzen Reihe von Personen, vor denen ich meinen großen Amischhut ziehe, recht dankbar dafür:

In den USA der weitverzweigten Graberfamilie im Umland von Grabill/Indiana, allen voran dem Diener am Wort Joseph Graber, seinen »Tochtermännern« Elam Graber und David Nolt, die mich immer wieder gastlich in ihren Höfen aufgenommen haben und so manches Pferd für mich anschirrten. Sie waren es gewesen, die mir das Geheimnis vom einfachen Leben öffneten.

Die Gegenwart der Vergangenheit zu verstehen, lehrten mich daneben in der Gegend um Berne/Indiana die Brüder

Daniel Wengerd, Menno Neuenschwand und der amische Heilpraktiker Solomon Wickey, in Ohio David Kline (ein Neuamischer, der glaubt, in vielen Dingen konservativer als die Altamischen zu sein) und der Beechyamisch Jonas Miller von Federicksburg, in Pennsylvanien Christian Newswanger/Neuschwander, Jakob L. Smucker, Gideon L. Fischer und Merle Good, Stephen Scott und Kenneth Pellmann von Good Books in Intercourse, in Florida die Brüder Levi Miller und Christian Kurtz, in Minnesota der Bischof Atlee Schettler, in Kansas die amischen Familien Schrock und Yoder, in Paraguay Laban Eichorn von der Gemeinde der Beechyamischen in Colonia Luz y Esperanza.

Die hutterischen Prediger Peter Tschetter aus Süddakota, John Hofer und Jakob Gross aus Manitoba hatten mich in Grundsätzliches über einen alten Glauben in der Neuen Welt eingeführt. Auf der Suche nach den Quellen zu Triumph und Tragödie der europäischen Taufgesinnten standen mir Gary Waltner von der Mennonitischen Forschungsstelle Weierhof/Pfalz und Dr. Leonhard Gross aus Goshen/Indiana bei. »Lokaltermine« in der Schweiz verdanke ich dem Mennonitenältesten Hans Rüfenacht aus Emmenmatt neben Mitgliedern seiner Gemeinde im Emmental, der Familie Fankhauser vom alten täuferischen Bauernhof »Hinter-Hütten« und der Familie des Täufermärtyrers Hans Haslibacher in Haslenbach; in Frankreich dem Mennonitenprediger Jacques Graber/Seppois-le-Bas und Mitgliedern seiner Gemeinde, der Familie Hückel/Graber in Couthenans und Ives und Monique Jeanroy von einem alten Täuferhof bei Markirch.

Dem Historiker Robert Baecher/Pfastatt verdanke ich manchen Einblick in das Leben der ersten Amischgemeinde im Elsaß, Schulrat Peter Klassen von der mennonitischen Chacokolonie Fernheim informierte mich über die Rolle der Amischen in Paraguay. Auf der Suche nach ihrem Paradies begleiteten mich daneben viele Brüder und Schwestern aus den Gemeinden um Grabill und das touristisch geschönte Intercourse/Pennsylvanien, und zwar selbst dann noch, nachdem ich sie in meiner »Lehrzeit« unter wechselnder Regie mit meiner Kamera hin und wieder zutiefst erschreckt hatte. Amos Zehr aus Fort Wayne war es gewesen, der mir den Weg zu den Frommen vom Allen County erst öffnete, Werner Lanz, Polizeisekretär von Huttwill im Kanton Bern, hatte mich auf so manche Spur der »Urgrabers« gesetzt, von denen eine schließlich zu den uralten Täuferhöfen in Huttwil-Nyffenegg führte. Damit zu Schweizer Bergbauern, die heute noch durchaus etwas zum Kommen und Gehen der frühen Gemeinde sagen konnten.

Heute morgen war ich zu etwas TV-üblichem, ganz und gar wie aus uralten Schwarzweißfilmen aufgewacht, mittendrin in einem Haus voll praller Menschlichkeit, aber auch durchweht von der religiösen Zugluft vergangener Jahrhunderte. Der Schein einer Kerosinlampe, das Vaterunser der Kinder gleich nach dem ersten Hahnenschrei, das Scheppern der Milchkannen und Röhren des Holzofens: Anders rauschte hier das Brunnenwasser, das ich mir zur Morgenwäsche am drei Hand breiten Waschbecken im Badezimmer neben der elterlichen Bettkammer hochpumpte. Anders schmeckte das »Morgenessen«, anders rann die Zeit selbst dort noch, wo sie nicht seit hunderten von Jahren auf der Stelle trat. Anders waren auch die Menschen: hemdsärmeliger, hosenträgerischer als draußen, aber ganz sicher auch natürlicher und in jedem Fall unbeschwerter, echter. Denn nur so konnte ich es mir erklären, daß ich mich bei ihnen nur in einer engeren, vielleicht vergessenen, aber niemals mir völlig fremden oder gar abstoßenden Welt fühlte.

Um den Stadtgeist endgültig abzulegen, hatte ich mich im Stall noch an einem Kuheuter versucht, auf harngetränktem Boden mit der Schoppenflasche ein krankes Kalb gefüttert, dann den Mädchen beim Anschirren der »Judy« geholfen. Die Pferdemischung mit den riesigen Angstaugen, halb Belgier, halb Pony, zog unseren Schlitten auf kutschenbreit verspurtem Weg schließlich hinaus in einen taubengrau verschneiten Indiana-Morgen und hinüber zum Schulhaus an der Cuba Road. Ben hatte die Zügel gehalten, ich den großen schwarzen Regenschirm mit dem Plastikguckloch, der etwas vor dem eisigen Fahrwind schützte, da den Amischen vom Allen County nicht nur die Tasche an der Jacke oder das Maskara im Gesicht, sondern selbst bei kräftigsten Minusgraden auch das Dach über dem Schlitten bei Kirchenstrafe verboten ist.

Warum ich ausgerechnet im Flachland von Grabill gelandet war? Zugegeben, Grabill in Indiana ist in den USA etwa ebenso bekannt wie Ringelbach oder Hasselberg in der Bundesrepublik. Ein Provinzkaff, wo jeder jeden kennt oder zumindest schon mehrmals gesehen hat. In gewissem Sinne ein Reliktgebiet, wo Familie, Anstand, Schule usw. noch etwas gelten und die Welt so auch meistens noch durchaus in Ordnung ist.

Doch Grabill war für mich mehr als lediglich Small-town-America. Einmal hatte es diesen heimatlich klingenden Namen, versteckte sich hinter ihm doch ein alemannisches Krähenbühl. Und was die Amischen selbst anbetrifft, so hatte ich meine letzte Hoffnung einfach auf das umliegende Allen County gesetzt. Natürlich gab es weit bedeutendere Amischsiedlungen in Nordamerika, darunter auch ganze Landschaften, in denen fixe Geschäftsleute – Fremde für Fremde – ihre Heiligen werbeträchtig-verwirrend vermarkteten. Lancaster in Pennsylvanien zum Beispiel gilt mit seinen umliegenden 90 Kirchendistrikten geradezu als »Amischhauptstadt der USA«, damit als eine für Romantiker ausgesucht heile Urlaubswelt. Große Täufergruppen leben auch bei Straßburg und Berlin in Ohio, bei Bremen in Indiana oder Heidelberg in Ontario. Gemeinden und Kirchen, die sich immer wieder spalteten, ohne daran zugrunde zu gehen, Amische, die, nach Regionen sortiert, praktisch jeweils eine ureigene Kultur haben. Ich war den Heiligen in Minnesota und Iowa begegnet, in Ohio und Pennsylvanien, Wisconsin und Florida, Kansas und Ontario, ihnen aber eben nie so richtig auf die Spur gekommen. Die Brüder und Schwestern hatten mich immer wieder mitreißend beraten, mich da oder dorthin geschickt, allerdings nur, um mich schnell wieder loszuwerden. Auch von weltlicher Seite war relativ wenig Unterstützung gekommen. Ich hatte zwar noch nie Menschen getroffen, die die Amischen kannten und denen sie vollkommen gleichgültig waren. Die einen liebten, die anderen haßten sie, die einen lachten über die Frommen, den anderen taten sie einfach nur leid. Fast jeder assoziierte die Täufer mit etwas hoffnungslos Rückständigem, Deutschem, Muffig-Reserviertem, zum Untergang Verurteiltem. Mit etwas, wo jeder Mann einen Bart, einen Hut, mindestens ein halbes Dutzend Pferde, eine Frau ein weißes Häubchen, rund ein Dutzend Kinder und das nächste bereits wieder unter der Schürze versteckt hatte. Mit mehr nicht.

In den USA und in Kanada leben heute rund 100000 Amische der Alten Ordnung mit knapp 100 Familiennamen, eingeschlossen noch ungetaufte Kinder und Jugendliche, die etwa die Hälfte davon ausmachen. Die Brüder lassen ihre Zahl allerdings nur schätzen und nicht prüfen, da in Erinnerung an die mit Pestilenz bestrafte Volkszählung des Königs David (2 Sam 24) die »Summe ihres Volks« für sie schlichtweg keine Rolle spielen darf. Gott kennt die Zahlen ganz genau, und die Welt gehen sie nichts an.

Überhaupt – so generell von Amischen zu sprechen hat seine Risiken. Im Amischland ist es der Plural, der Triumphe feiert. Die Kirchendistrikte haben hier Ecken, Winkel und Kanten, genau wie das Schweizer Emmental, aus dem die meisten Frommen ursprünglich stammen. Auch dem alten Europa war es nie gelungen, seine Alemannen unter eine Krone zu bringen, und die Amischen sind Erzalemannen wie aus dem Bilderbuch. Ihre Gemeinden kann voneinander unterscheiden, wie breit die Hutkrempen der Mannsbilder in der einen oder anderen sind, ob Hosen mit einem oder zwei Hosenträgern festgehalten werden – bei manchen sind Hosenträger auch gänzlich verboten – oder ob man gar schon Gürtel oder Jeans trägt, ob man Stühle polstert, im Herbst oder Winter heiratet oder ob die Pferde vor den Einspännern Scheuklappen tragen oder nicht. Von entscheidender Bedeutung ist dabei, ob die Vorfahren der Nachkommen einmal als altevangelische Bauern (sprich: Töfer) direkt aus der Schweiz, als fromme Tagelöhner (sprich: Tüfer) aus dem Elsaß eingewandert sind, ob als ehemalige Holzfäller aus Bayern (sprich: Täufer), als »Hessische Amische« aus Waldeck oder als frühere Pfälzer Gutsverwalter aus der Gegend um Kaiserslautern. Einen Unterschied macht es dadurch zum Beispiel, wie lange eine Gemeinde etwa das Lobliedli heruntersingt, ob sie in der langsamen Weise 25 Minuten für ein paar Vierzeiler benötigt oder nur 15 (und gäbe es eine amische Nationalhymne, das Lobliedli wär's). Es gibt Amische, die im Winter Floridas Palmen mit Indianas Blizzard eintauschen, dort das Fahrrad und auf dem Weg in den Süden gar das Flugzeug benutzen. Man kennt Gruppen, die bereits vom Auto überholt wurden ... aber sie sind für die vom Allen County natürlich längst keine echten Brüder und Schwestern mehr. Obwohl es etwas vereinfachend klingt, aber im Prinzip konnte man heute davon ausgehen, daß Nordamerikas Amische von Osten nach Westen immer konservativer werden. Und war man etwa – aus Wisconsin oder Indiana kommend – erst einmal über dem Mississippi, dann konnten die Brüder und Schwestern dort bereits so starr im Traditionellen verhaftet sein, daß daraus so etwas wie Fremdenfeindlichkeit entstanden ist.

Die Vorfahren der meisten Amischen hatten Europa bereits im 18. Jahrhundert verlassen, ein Rest dann rund 100 Jahre später. Zwischen beiden Einwandererschüben lag eine Zeit, in der sich auf beiden Seiten des Atlantiks neue Bräuche, neue Ordnungen entwickelten. Daraus resultiert etwa der Unterschied, ob ein Amischer heute nur mit anspruchsvolleren Pferden oder auch mit genügsameren Mauleseln arbeitet. Die Brüder vom Allen County lehnen den Muli als Kreuzung gänzlich ab, da es für sie wenig christlich ist, die Kreaturen Gottes – also Pferd und Esel – zu mischen. Andere Gemeinden bevorzugen ihn, da er ganz einfach weniger frißt als das Pferd. Rund um Lancaster, wo die Heiligen der Neuen Welt am längsten siedeln, haben sie nach Selbstdarstellung die schönsten Pferde, die gepflegtesten Gärten und die saubersten Kinder – aber auch bereits die Melkmaschine und Wassertoilette, die denen vom Allen County als wenig gottgefällig gelten.

Amische sind aufgrund der Arithmetik ihres religiösen Überernstes untereinander so auch nicht austauschbar, in speziellen Lokalitäten zu einem gewissen Teil so verschieden von anderen, daß man sie immer nur als einzelne Bäume und nie als ganzen Wald beschreiben kann. Das hängt ganz davon ab, wie strikt sie die Bibel, tatsächlich auch, welche Stelle daraus sie nun besonders beim Wort nehmen. Den ganz typischen Amischen, der nach einer von Jesu verkündigten These »in der Welt, aber nicht von der Welt ist«, einen

Prototyp also, gibt es heute nicht. Die Brüder und Schwestern unterscheiden sich trotz des uniformen Begriffs in einer ganzen Reihe von Inner- und Äußerlichkeiten. So gibt es die Fischers, Beilers oder Stoltzfus in Pennsylvanien, die Yoders und Millers in Ohio und die Bontragers, Grabers oder Zehrs in Indiana nur in der Nähe purer Klischees. So leben die Heiligen in Iowa oder in Michigan, in Kansas oder in Wisconsin, gehorchen Gott mehr als den Menschen, doch vereinheitlichen läßt sich der Grad des Gehorsams nicht. Auch nicht der Stil ihres Umgangs mit Weltlichen. Die meisten Amischen, denen ich bisher begegnet war, gaben sich skeptisch, recht verstockt, zugeschnürt, ja häufig sogar unfreundlich, wenn man sie näher kennenlernen wollte. Den Kontakt mit einem so recht versteinerten Bruder zu suchen war jeweils Arbeit gewesen, wie wenn ich Wasser aus einem tiefen Farmbrunnen heraufzuwinden hätte. Amische konnten tatsächlich recht unwirtliche Wirte sein, so richtig aus deutschem Urgestein und damit schroff, sperrig, schwierig. Ein amerikanisches »hi« hier, ein »hi« dort, und vorbei war damit ein Spitzengespräch. Nicht so die Brüder vom Allen County. Ich wußte somit recht genau, warum ich ausgerechnet bei ihnen gelandet war.

Die Gegend um Grabill umfaßt eine Ansammlung von 12 Gemeinden mit sogenannten Traditionsamischen, also eine zahlenmäßig durchaus respektable Gruppe, daneben auch so etwas wie eine Musterkollektion. Die bei weitem meisten Amischen hier stammen von europäischen Einwanderern des 19. Jahrhunderts ab, haben das gleiche Leidenserbe, dieselben Gruppeneigenschaften und versuchen, so gut es nur geht, mit detailliert festgelegten Sitten an den alten Traditionen festzuhalten. Sie alle kommen aus einer Bewegung, die sich – während die Welt um sie herum ein paarmal zusammenfiel – als Schweizer Bruderschaft bewährt hat. Ihre Vorfahren waren zur Lehre der altevangelischen Schweizer Taufgesinnten konvertiert, ohne daß sie unbedingt schon der ursprünglichen Gründerkirche angehörten. Die Schweizer Täufer waren bereits in Europa als Gläubige der strengsten Observanz bekannt. Die Frommen vom Allen County stehen dem nicht viel nach, sind als Konsequenz etwa auf der Straße optisch daran zu erkennen, daß sie das

»Dachwägeli«, also die Kutsche mit Dach aus anderen Gemeinden, auch im Jahre des Herrn 1989 noch ablehnen. Ebenso den Gummibelag auf der Laufflächer ihrer Kutschenräder, der ein paar Meilen entfernt bei durchaus noch als konservativ geltenden Brüdern und Schwestern schon recht üblich ist.

Als letzter Punkt wäre dann nur noch die Rolle der Grabers in meinen Bestrebungen zu nennen. Ein ebenso tiefreligiöses wie fruchtbares Landvolk, seit sie mit Nachdruck in die Kirchengeschichte getreten sind. Diese Familie, Waldgebirgler aus Huttwil in der Schweiz – so hatte ich im Kanton Bern, im Elsaß und in der Gegend von Montbéliard vorrecherchiert –, war im Grunde genommen eine ganz normale Einheit der täuferischen Märtyrerkirche. Es waren »biedere Lüt« und als solche bereits früh in den Ketzerakten zu finden, nachdem die Berner ein sittenpolizeilich unterstütztes Kirchenregiment eingerichtet und damit rundherum tief in der Geschichte jener Schweizer Brüder verankert hatte, die man als Krebsgeschwür der Reformation bezeichnete. Menschen, die mit Gott redeten und starben, die sich in jedem Fall in ihrem Glauben beständiger zeigten als ihre Folterer und dadurch so etwas wie ein Symbol der Standhaftigkeit ihrer religiösen Gruppe wurden. Diese Grabers waren ein durch und durch solider Menschenschlag, dazu deftig wie ihr altes Nationalgericht, die Berner Platte.

1671 – knapp hundert Jahre, nachdem sich der erste Graber wegen seiner täuferischen Gesinnung vor den Herren Commitierten hatte verantworten müssen – konnte ein »Urgraber« gerade noch rechtzeitig den Kanton Bern verlassen, bevor man ihn nach städtischem Ratsbeschluß »an Eisen gefesselt venetianischen Galeeren zur Ruderarbeit« übergeben hätte, um »den übrigen Leuten der täuferischen Rotte damit den Schrecken einzujagen«. Natürlich blieben einige Grabers, die keine Täufer waren oder sich wieder zur gängigen reformierten Kirche zurückbekehren ließen, damals in der Schweiz zurück. Ein Graber sollte dann einmal Präsident der Eidgenossen werden, ein anderer entkam nur mit knapper Not der Guillotine, wieder ein anderer kreuzte die besonders im Elsaß so berühmt gewordene Montbéliard- oder »Mennonitenkuh« heran, ein Familienzweig führte die Kartoffel im damals württembergischen Mömpelgard ein. Ein Graber ist heute Ältester der (einstmals amischen) Mennonitengemeinde Altkirch-Birkenhof im Elsaß, nur einen Steinwurf von der Schweizer Grenze entfernt, ein anderer Bischof im Allen County in Amerika.

Zumindest die Grabers in den USA sind dabei ein rundherum gesegnetes Geschlecht. Allein jenes Ehepaar, das einmal aus der Schweiz ins Elsaß geflüchtet war, von dort nach Mömpelgard, hat heute in den USA rund 10000, in Europa weitere 20000 Nachkommen, allesamt aus dem Stamm jener Täuferfamilie von Huttwil, die einmal vor Gott und der Welt bekannte, daß die großen Kirchen bei Kindern mit der Taufe den Teufel umsonst austreiben würden, da in den Jungen einfach noch kein Teufel stecken könne. Dafür nannte man sie Wiedertäufer, Anabaptisten oder Taufgesinnte. Drei Bezeichnungen für eine kirchlich-revolutionäre Einstellung, für Menschen, die weltlichen wie geistlichen Autoritäten gleichermaßen zuwider waren. Doch beiden ist es nie gelungen, den konservativen Graberclan dafür auszurotten. An kräftigen Versuchen hatte es allerdings lange nicht gefehlt.

Das war's im Zeitraffer, was mich einmal ins Allen County gebracht hatte. Damit vor die 7. und 8. Klasse der Amischschule an der Cuba Road. Und hier stand ich also, obwohl sachgemäß verpackt in filmgraue Kleidungsstücke, immer noch rotgefroren von einem januarkalten Wintermorgen. Die Schüler vor mir warteten geistlich gestimmt darauf, mehr zum Thema Fleisch von einem »fleischlich Gesinnten«, also Unheiligen zu erfahren, als sie ohnehin schon wußten. Und verkrampft überlegte ich, was Galater nun tatsächlich »meinte«, wie ich am besten einer Gruppe Täuferjugend das jüdische Ritual der Beschneidung erklären konnte, ohne dabei ins Detail zu gehen: ein deutscher Journalist, der sich seit Jahren immer wieder auf Amischkurs begab, der sich wohl dabei fühlte, wenn ihm hin und wieder Stallgeruch wie ein Parfüm anhing. Doch einer, der eben kein Amischer war, auch sicher nicht stark genug, um jemals zu einem zu werden.

Galater 6... »Denn was der Mensch sät, das wird er ernten.«

»Wos meint's?«

Jetzt hätte ich zuschlagen können. Auf so etwas hatte ich gewartet. Säen und Ernten, das war ein Thema, das auch ein verweltlichter Städter verstand. Doch Säen und Ernten, als stimulierendes Gewürz der Amischbauern, galt hier als etwas, das sich der John, naturnah wie er war, nun wiederum nicht von einem Weltlichen auslegen lassen wollte. War es doch die Jugend vor mir, die heute erntete, was überragende Vätergestalten in historisch-hysterischen Tagen der Alten Welt einmal für sie gesät hatten, etwas, an dem ihre Eltern, ihre Gemeinschaft noch täglich arbeitete. Das Märtyrerblut der Alten als die Saat der Amischkirche, auch als Docht, der – obwohl mit deutscher Gründlichkeit immer wieder gelöscht – ausgerechnet die Lampe der Heiligen im Allen County bis heute am Brennen hielt. Diese Tatsache, daß es Docht und Lampe überhaupt noch gab, war es, die mich seit Jahren immer wieder in den Bibelgürtel des US-Staates Indiana gezogen hatte, damit zu einer Menschengruppe, die es eigentlich gar nicht mehr geben konnte ... aber eben rund 4000 Märtyrer nach Luthers Thesenanschlag immer noch gab.

Galater 6 war abgehakt. John hatte mich wohl als hoffnungslosen Fall erkannt, wenn es darum ging, seinen Schülern Dimensionen des Glaubens zu erschließen. Vielleicht hatte er aber auch nur etwas anderes vor. Den eigentlichen Religionsunterricht in der Schule kennen die Amischen ja nicht. Wer in der Gemeinschaft von Heiligen aufwächst, weiß von der Bibel. Wer von draußen kommt, weiß eben nichts. Jetzt ging es an das übliche Frage- und Antwortspiel Heiligenkinder gegen den Weltlichen, das ich von allen Besuchen bei den Amischen her schon gut kannte. Es begann fast immer mit der offenbar kaum zu bändigenden Neugier der Frommen nach der deutschen Autobahn. Deutschland, das ist für die vom Allen County in erster Linie das Land der Vorväter, der Kirchengründung und der Reformation. Danach ist es aber gleich auch das Land der Autobahn (des Sauerkrauts, der Jodler und vielleicht noch des Volkswagens). Nein, für Goethe oder Beethoven, Hamburg oder Berlin war hier noch nie ein Platz gewesen. Und erst wenn die Autobahn abgehandelt ist, kann es darum gehen, ob man im

»aalt Land« noch weiß, was ein »Gaul« ist, ob die Neger in Dütschland schwarz seien, ob es dort auch Juden gibt und ob der »dütsche Dollar« soviel kauft wie der US-Dollar. Recht ungemütlich konnte der bärtige Lehrer dabei übrigens immer werden, wenn einer der Schüler mich zu leise ansprach. Da wäre doch ein Dütscher im Klassenzimmer, herrschte er den Frager dann an, und vor dem müsse man Respekt zeigen, also laut und deutlich »schwätze«.

Zu guter Letzt – der Hitzer-Ofen schaffte die Last des zu Wärmenden nicht mehr – holte John, dessen Deutschkenntnisse mit wenigen Ausnahmen etwa dem Wortschatz des Johannesevangeliums entsprechen, noch einmal recht listig aus, so als wollte er meinen Auftritt im Schulhaus an der Cuba Road an diesem Tag doch noch retten: In Dütschland habe man doch sicher viele Volkswagen, fragte er mich. Ich bejahte. In Dütschland kämen doch sicher auch Selbstmorde vor. Ich nickte. In Dütschland gebe es dann doch sicher auch Menschen, die sich mit Autoabgas töteten. Auch hierzu blieb mir nur ein Ja.

Darauf schien nun der John, ein Veteran seines Fachs, gewartet zu haben. Das war Paukbares, das jedes Kind nur zu gut verstand. Das mit dem Abgastod konnte doch nur als ein neuer Beweis für ein satanisches Prinzip der modernen Technik gelten, die mit Blitzableiter und fließendem Wasser, mit Telefon und eben auch dem Automobil die klassische Lebensart der Heiligen vom Allen County bedrohte. Der Täuferlehrer mit der wilden Barttracht gab es dann auch so frank und frei an seine Schüler weiter, wie er es selbst wohl einschätzte, wie es die Amischen hin und wieder einfach einschätzen müssen, um ein paar bittere Pillen ihres Andersseins mit Zuckerguß zu übergießen. Seht her, meinte der aufrechte Fechter, nicht nur der Alkohol am Steuer oder der Tritt auf das Gaspedal kann Menschen töten, sondern auch der Auspuff eines Autos. Daran hatte man hier offensichtlich noch gar nicht gedacht. Und als Moral von der Geschichte, Saat und Ernte: Der Auspuff vom Auto, damit vom Widernatürlichen, tötet, der Auspuff vom Gaul, durch und durch natürlich, dagegen nicht. Also sei das Pferd gottgegeben, das Auto aber nicht. So jedenfalls der John vom Allen County.

Nach Galater, sündigem Fleisch, Fleisch generell, Beschneidung, Autobahn und Autoabgasen stand es an diesem Morgen im Schulhaus an der Cuba Road damit wieder einmal 2 : 0 für den bärtigen Bruder, für dieses Experiment Gottes, das es so gut verstand, Amisch-Gutes mit Unamisch-Schlechtem im Unterricht zu vermischen. Doch – rein weltlich und nach Punkten gemessen – war das ein Ergebnis, an das ich mich schon längst gewöhnt hatte. Und zwar genau seit jenem Tag, an dem ich zum erstenmal den Graben zu den Grabers übersprungen hatte, der die weltferne Insel der Heiligen vom Allen County bis heute vom Festland der Verlorenen ... von der Restwelt trennte.

# 1. Den Pferdezwiebock noch ...

An warmen Sommerabenden streckt sich ein Lindwurm aus leichten Wagen und schnellen Pferden über das Stück gedeckte Straße nach Grabill herein. Eine knappe Traberstunde vom Ortskern entfernt, draußen an den zum Schutz gegen die dämonisierte Welt gleich vielfach umzäunten Farmen, fächert sich sein Schlangenende im Nachbarkollektiv amischer Täufer noch aus. Doch in Grabill, gleich gegenüber technischer Scheußlichkeiten wie der automatischen Autowaschanlage, der Chevrolet-Vertretung und einer Sonaco-Tankstelle, zieht er sich dann vor einer Eisbude zusammen. »Gsundes Fleisch hat Wünsch« entschuldigen sich die Männer und Frauen in der nivellierenden Mode der Amischen dafür.

So treffen sie sich nach langen Sommertagen hinter einem PS auf dem ursprünglich für 100plus Pferdestärken angelegten Parkplatz des Grabiller Einkaufszentrums. Menschen einer Gettogemeinschaft, die der Durchschnittsamerikaner »plain people«, einfach einfache Leute nennt. Unter ihnen sind immer ein paar Grabers, die hier die meisten Familien stellen, Brandenbergs, deren Mädchen so etwas wie die »Ladies« unter den Frommen sind, Lengachers, die trotz aller Sprachwucherungen aus amischer Vorzeit noch ein akzeptables Deutsch sprechen, oder Schmuckers als recht erfolgreiche Farmer. Dazu gesellen sich die Kauffmans, Schmidts oder Eichners mit ihren wimmelnden Kinderscharen, jedes Kind die Kopie eines anderen, dieses wiederum die Kopie seiner Eltern. Alle zusammen Kopien einfacher, tiefreligiöser Alemannen-Bauern aus dem 17. oder 18. Jahrhundert. Düstere Kompositionen auf den ersten Blick, Menschen aus einem kulturhistorischen Raritätenkabinett, die bis zum heutigen Tag die alten Kostüme Europas auf Amerikas moderne Straßen bringen.

Die tiefsten Wurzeln der leisesten der Leisen in Indianas Allen County stecken im Schweizer Kanton Bern, im Tal der Emme, das allerdings dem Käsefieber, nicht den Taufgesinnten, seinen Weltruf verdankt. Doch dort ist die rigorose Sekte, die Kirchen und Staaten der Alten Welt einmal auszurotten versuchten, praktisch vergessen. Gerade auch jene Gruppen der »waffen- und rachlosen« Christen, der die strenge mennonitische Mutterkirche gegen Ende des 17. Jahrhunderts nicht mehr streng genug gewesen war, um sich mit Hilfe eines Jakob Ammann von ihr abzusetzen. Als eine Ansammlung von Verwandten, weder Katholische noch Evangelische, die zusammen zum Abendmahl gehen, um das Brot zu brechen, die aus ihrer Mitte bannen, was gebannt werden muß, in der jeder einzelne bereit ist, die Last des anderen zu tragen, gelten diese Amischen aus der Vorheimat Emmental heute als eine der ganz großen amerikanischen Touristenattraktionen; als der Spezi »homo amischius« der Menschenwelt, der seit den Tagen, als man ihn in Europa zu Tode bluten wollte, angeblich vom Aussterben bedroht ist wie manches Sorgenkind moderner Zoologen. Sich der Gruppe anzuschließen bedeutet einmal, sich ein, zwei Jahrhunderte in die Geschichte zurückzuversetzen. Daneben ist es ein Bekenntnis zu einer Gemeinde, die sich als »Gottes Pflanzung« (1 Kor 3,9) sieht, als den »Leib Christi« (Kol 1,18) oder schlicht als das »Gottes Volk« (1 Petr 2,10).

Der Parkplatz für Einspänner vor Grabills Einkaufszentrum dient Brüdern wie Schwestern dazu, »Neuichkeita« in einem alemannischen Dialekt auszutauschen, der dem Bärndütsch vergangener Zeiten am ähnlichsten kommt – bei dem dem Berner von heute aber sicher angst und bange würde. Eine Unterhaltung kommt auf, die dem Geist von Menschen entspricht, die den Satan als mächtig, Gott aber als viel mächtiger anerkennen und dies täglich hundertfach bestätigt finden. Da geht es dann aber auch um Banal-Weltliches, um Preise für den Buschel Weizen, einen flotten Traber von der Rennbahn in Fort Wayne oder um Regen- und Trockentage. Die strengen Pazifisten kritisieren ein kriegerisches Scharmützel, den Versuch einer staatlichen Stelle, ihnen Finanzmittel aus landwirtschaftlichen Hilfsfonds aufzuzwingen, oder reden sich an der Frage fest, ob es dem allgemein als durch und durch sündig angesehenen Amerika auch in Zukunft gelingen könne, Großmacht zu bleiben. Denn wenig fürchten die Amischen heute mehr als »d'böse Buwe von Übbersee«, wobei sie ganz generell an Kommunisten denken, die einmal auch im Allen County die Oberhand gewinnen und die Täufer ins erneute Martyrium treiben könnten. Dazu spritzt der Saft des Kautabaks, scharren Pferdehufe, quengeln Kinder, werden Babys gehätschelt, darunter mischt sich der Straßenlärm. Denn Grabill ist nicht nur ein Platz für Amischmoralisten. Hier leben Mennoniten und Lutheraner, Pfingstler und ein paar Katholiken, besonders aber auch abtrünnige Heilige, die längst fest verankerte amerikanische Durchschnittsbürger sind.

»Die Amisch kanscht nüt verfehle. Immer dene Roßzwiebock noch, de Bolle vom Roß, du weischt scho«, hatte mich Amos, ein »Entlaufener«, vom Stadtrand von Fort Wayne wegdirigiert: Roßzwiebock, Pferdeäpfel, vierrädrige schwarze Einspänner, die man hier Buggys nennt, und Windmühlenflügel der Wasserpumpen als Wegweiser zum rechten Täuferland. Wo sie beginnen oder enden würden, müßte ich eine größere Gruppe von sogenannten Hausamischen finden, Menschen mit asketischen Idealen, Heilige ohne Kirchen, Amerikas ehrlichste Puritaner ... bestimmt aber auch krasseste Außenseiter. Damit harmlos Verrückte oder die letzten ehrlichen Christen der Welt, wie immer sie je nach Einstellung des Betrachters romantisch glorifizierend oder streng verachtend gehandelt werden. Bei dieser Gruppe könnte ich eventuell Aufnahme finden, aber natürlich nur für den Fall, »wann nix im Weg schteht«.

Amos, ein Mann von heute, der das Gestern kennt. Er war in der Nähe von Grabill in einer Gemeinde dieser alternativsten Alternativen der Neuen Welt aufgewachsen, war einer von ihnen gewesen, bis ihm der erzwungene Verzicht auf jedweden weltlichen Luxus gleich für ein ganzes Amischleben lang als zu luxuriös selbst für den wahren Christenmenschen erschien. Darauf hatte er sich vom unflexiblen Gott seiner Eltern verabschiedet, allerdings ohne ihn innerlich vollkommen zu ersetzen. »Er hat sein Haar geschnitten«, behaupteten die Brüder und Schwestern in Christo von nun an von ihm, was so viel bedeutete, wie daß er keiner der ihren mehr war. Doch wieviel schwerer würde es den Amos heute treffen, wenn die Heiligen draußen von ihm sagen würden, er habe sein Haar geschnitten und sei gleichzeitig auch noch »Englisch geworden«. Denn das hieße dann, daß Amos nicht nur die Gemeinde in Christo verlassen hätte, sondern daneben überhaupt kein Christ mehr wäre.

»Und sag dene glei, daß en Dütscher bischt, sonsch rufe se ihre Gäul ›ho-ho‹ und fahre derr davo« ... denn die Amischen – man sagt auch im Englischen Amisch und nicht Emisch – hätten als strenge Pazifisten einfach keine anderen Abwehrmechanismen als einen schnellen Gaul vor einer schnellen Kutsche. Gottes gläubige Minderheit würde nichts von Touristen halten, die sich saisonbedingt in ihr Land fraßen wie saurer Regen. Es gäbe einfach viel zu viele Fremde, generell von Schaulustigen, die mit Hilfe von Klischees versuchten, jeden einzelnen von ihnen zum Kleindarsteller zu machen; zu etwas Exotischem, das man beguckte, bestaunte, belächelte, bedauerte und wieder vergaß. Denn eine Amischgruppe gilt den meisten Weltmenschen zwar durchaus als Restbestand täuferischer Gläubigkeit, hat jedoch auch immer etwas von einem Zooeffekt, und das nicht nur wegen schnellen Pferden und zopfigen Traditionen. Am Umgang mit diesen Weltlichen, am wüsten Greuel des Tourismus, hatte sich schon so mancher Gläubige wundgescheuert. Doch zugegeben, viele der schwarzen Farbfotomänner hielten auch nicht übermäßig viel von den »Englischen«, womit jeder gemeint sein konnte, der eben kein Amischer, damit automatisch einer vom verderbten und verkehrten Geschlecht der Auswendigen (Phil 2,15) war. Sich vom Verkehrten abzusondern ist im Amischland dabei mehr als ein Überbleibsel aus blutigen Verfolgungszeiten – es ist ein konsequenter religiöser Lebensstil.

Die Roßzwiebock begannen dann ein paar Kilometer nordöstlich von Fort Wayne. Schon hing in harter Mittagssonne ein schwarzer Punkt auf der Straße. Schnell erkannte ich die dazugehörende Einheit von schwarzer Amischschachtel, hochbeinigen Rädern und dem nervigen Paßgänger, dessen Gangart das Tempo, die Zeit und die Distanzen eines radikal-christlichen Bauernalltags bestimmen. Am Rande der Straße die ersten Windräder, auf Höfen abgestellte Kutschen, zum Trocknen ausgelegter Mais und jenes vielfach strapazierte weltliche Reklameschild des peitschenschwingenden, dunkelgewandeten Amischkutschers an einem Ortseingang.

Ich winkte dem schwarzweißen Kutscher freundlich zu ... Amische winken selten zuerst, aber immer recht lässig zurück. Dazu stoßen sie den bekannten deutschen Zeigefinger am liebsten einfach nach oben, als wollten sie damit zeigen, daß sie in den Himmel, der Weltliche aber in die Hölle gehörten.

Der eigentliche Amische zum Anfassen, ein Mann mit wildwucherndem Bart, der sich in einer schwarzen, reverslosen Joppe verklemmt hatte – das Zusammentreffen mit ihm vor Grabills Eisbude resultierte daraus praktisch automatisch, war zu diesem Zeitpunkt kein Zufall mehr. Dieser erste echte Kontakt mit einer eisschlotzenden oder hamburgermampfenden Heiligengruppe in Grabill war dann recht nervös, gab mir trotzdem schnell das eher beruhigende Gefühl, daß es sich bei den Amischen zwar im gewissen Sinne durchaus um Kuriositäten, um »bärndütsche« Museumsstücke handeln konnte, im gewissem Sinne um die sitzengebliebene Witwe der Reformation, die hier als Fremde im Vaterland, doch Welten weg vom eigentlichen Mutterland eine neue Heimat gefunden hatte. Doch Grabill, Eiscreme und Hamburger als Inbegriff der amerikanischen Lebensphilosophie ... beide, die Amischen und ich waren ohne jeden Zweifel immer noch in den USA.

Und genauso hatte ich mir das Herantasten an die Heiligen vom Allen County dann auch vorgestellt. Gab es dafür doch Parallelen bei anderen Religionsasketen. Droben in der kanadischen Prärie etwa, wo die Archen der hutterischen Brüder im Meer der weltlichen Sünde ankern. Auch hier vor dem Einkaufszentrum von Grabill waren die Menschen freundlich, trotzdem zugeknöpft bis zum Jackenkragen ... natürlich recht bildlich gesprochen, denn die Amischen dürfen an ihren Jacken keine Knöpfe, sondern nur Haken und Ösen, zusätzlich auch keine Kragen tragen, die im alten Europa eher das Privileg des Militärs als das der armen Bauern waren.

»Wie heisch?« (»Bernd, sell isch kein dütscher Name.«) »Bisch getäuft?« – »Bisch en Gedolischer oder en Chrischt?« (»Vor de Gedolischen [Katholischen – d.A.] mußt di hüten.«) »Bisch dütsch und werkli nit vun Chicago?« – »Bisch verheirot?« – »Weisch, wo dei Weib jetz isch?« – »Hasch Kinner?« (»Eins, dann bisch abber faul.«) »Was tusch zum lebe?« (»Schreiben!«) »Nei, was tusch zum lebe, schreibe isch nix zum lebe mache?« – »Hasch en Sack vull Geld? Bisch en Reicher oder en ormer Lazarus?« – »Hasch sells Geld selber gmocht oder gerbt?« – »Was tusch für d'Seligkeit, kensch d'Biewel« und so weiter.

Es war beinahe so, als hätte der eine vom anderen abgeschrieben, abgesehen davon, daß die Hutterer eben ein tirolisch-bayrisch-kärntnerisches Sprachgemisch mit Lehnworten besonders aus dem Englischen sprachen, während mich die Amischen in der Gegend von Grabill mit einem alemannischen Akzent – sie nennen ihn »Schwizerschwätze« – schweizerisch durchlöcherten, der von ein paar kräftigen pennsylvaniendeutschen Sprachbrocken und natürlich mit vielen Anglizismen angereichert ist.

»Gibt's Gäul in Dütschland?« – »Gibt's dort a Pepsi Cola?« »Was käuft de dütsche Dollar?« – »Warsch scho in Rom?« – »Wie sagsch zum Berg?« – »Buckel? De Buckel nuff? Sell isch d'Muttersproch. Mir schwätzes, aber mir spelles [buchstabierens – d.A.] nüt.« – »Weischt was e Henkl isch? E Huhn? Dann bisch'n Dütscher un kein Englischer«, was hier durchaus von einiger Bedeutung war. Wichtig auch die wiederholte Frage nach einem Jodler, zumindest für die Amischen, denen ich leider sagen mußte, daß ich zwar Tonbänder zum Autoradio, aber im mitgebrachten Repertoire eben keinen Jodler hatte.

Natürlich sahen die Frommen schon auf den ersten Blick, daß ich aus einer anderen Welt kam als sie, also in jene Rubrik gehörte, die sie ganz generell für »fleischlich gesinnte Mundchristen« reservieren. Aus jenem Teil der Welt, in der nach einem Feindbild, das Amerikas konservative deutsche Täufergruppen brauchen, um damit ihre eigene Solidarität zu stärken, die Verlierer wohnen. Ebenso natürlich war es, daß ich die Frager, für die die Wahl ihrer Freunde einer religiösen Anschauung entspricht, nicht so einfach von mir und meinen Plänen überzeugen konnte. Menschen, die aus der Schrift und der Natur die Lehre ziehen, daß der Mensch all das erntet, was er sät, trauen einem Weltlichen weder das rechte Säen noch das Ernten zu, auch dann nicht, wenn er es versteht, Rücksicht auf täuferische Empfindlichkeiten zu nehmen. Wer glaubt, daß der sündige Körper noch im Leben erst wie ein Saatkorn sterben muß, bevor es für ihn – durch die Glaubenstaufe – neues Leben gibt, grenzt sich im Umgang mit der Welt zuerst einmal ein oder sogar aus. Ich war keiner von ihnen, auch wenn ich ein Henkl von einem Buckel unterscheiden und wesentliche Abschnitte aus dem Stammbaum der Grabers aus dem Emmental aufsagen konnte. Dafür ein Weltmensch, der sein Glück hinter dem Steuerrad sah, der vom Hosenknopf bis zum Ehering an sich hatte, was Amerikas Gassen vermarkten und die Amischen in ihrem langgezogenen Schwyzerdütsch als Teufelswerk verurteilen.

»Weisch, mir habbe en Zün [Zaun – d. A.] um us gezöje, sell isch, um d'Söi drauße z'halte. Da wolle die Weltlüt Lecher mache, wolle si rei. Unsre Weiber wolle se, Bildle wolle se mache von us, was us scho schwer zschaffe gmacht het. Hureliedle tun se singe und du weischt scho ... Aber mir erlaube des nüt. Ahgnomme, wann der liebe Herr Jessum Christum, unser Wegwiser, hitt noch kümmt, dann wird er bei uns Amische lebe. So müsse mr uns reinholde, rein vun dr Welt und ihre Mensche ...«

Ich kannte das selbstbewußte Mißtrauen, die uralte Vorsicht dieser unamerikanischsten Amerikaner, ihren eingewurzelten Argwohn, der von einem Außenstehenden, von der Berührung mit dem Zeitgeist nur gestärkt werden konnte. Selbst der christlichste Christ von draußen konnte kein Glaubensgenosse für sie sein. Einer, der schreibt und Bildle macht, schon gar nicht. Nur die Tatsache, daß hier ein »echter Dütscher« mitten im Bibelgürtel des US-Staates Indiana stand, der den Amos und die Schweiz und eben den Stammbaum der Grabers mit seinen vielen Zweigen und Blättern kannte, ließ die weltlichen Ordensmänner die Situation ein ums andere Mal überdenken.

»Also: e Gschichtli willscht schreibe? Bisch en Doktor der Schrift?« Aber Amische wollen nicht, daß man Geschichten über sie schreibt. Ihre Namen zu nennen, bedeutet schon Hochmut, könnte mit Stolz verwechselt werden. Heißt es nicht im Buch der Bücher, daß »unsere Namen im Himmel aufgeschrieben werden« und damit nicht von einem Journalisten auf Erden? Und Publizität für die Amischen von Grabill? Die vielfach gebrannten Kinder der amerikanisch-amischen Normalität glaubten einfach nicht daran. Wenn es Negativschlagzeilen gab – die Amischen haben sie ganz bestimmt schon über sich gelesen. Amerika hat seine konservativen Täufer bis zum heutigen Tag nur recht nachlässig und häufig auch falsch beschrieben. Journalisten stoßen wegen der mangelnden Aufgeschlossenheit der Frommen hier gerne an handwerkliche Grenzen, von wilden Zeitungsleuten, die aus der Gesamtmelodie immer nur ein paar Töne anschlagen, ganz abgesehen. Die Amischen treiben auch keine Mission, der etwas Werbung entgegenkommen würde, da es ihnen inzwischen im Grunde vollkommen gleich geworden ist, was der Nichtamische draußen aus sich und seinem Leben macht.

Daß ich an diesem Sommerabend trotzdem noch hinter einem vierbeinigen Langstreckenläufer in den besten Traberjahren »immer dene Roßzwiebock noch« hinaus aufs Land, auf das Bewährungsfeld der Märtyrerkirche fuhr, hatte ich dann dem würdigen, graugesträhnten Prediger Joseph Graber, den sie den Diener zum Buch, Predicher oder einfach nur Mitdiener nennen, und seinem Schwiegersohn Elam zu verdanken, die beide an der Cuba Road – der Straße, die nach Cuba in Indiana führt – ein paar Meilen östlich von Grabill farmen. Der eine hatte ganz offensichtlich seit Jahren wie kein anderer in der Gegend über Dütschland und die Dütschen von der Reformationszeit bis zum heutigen Tag nachgedacht – wer hatte mir doch erzählt, daß die Amischen Scheuklappen trügen wie ihre Pferde? –, der andere quartierte mich bereitwillig im Obergeschoß seines Hauses ein. Daraus war zu schließen, daß Elam – als Ehemann das Haupt der Rachel – und Joseph – das Haupt der Rosanna – eine Menge vom »Lasset euer Licht leuchten vor den Leuten, auf daß sie eure guten Werke sehen und euren Vater im Himmel preisen« hielten und dann auch danach handelten. Warum auch etwas vor einem Dütschen verstekken? Natürlich würde man alles nachträglich noch von der Zustimmung der Gemee, der Gesamtgemeinde, abhängig machen müssen, also von jenem großen Einer, der in allen wichtigen Angelegenheiten zu entscheiden hat und sich nie davor drückt. Denn wo die Gemeinde ist, war hier ganz offensichtlich oben. Die Alten wie Joseph schienen dabei zwar so etwas wie die Dorflinden zu sein, um die sich die fromme Herde scharte. Doch die Einheit im Reden, Denken und Tun hatten alle zu gewährleisten, auch sie. Wehe dem, der seinen Nächsten zornig machte, etwa wenn er – mit der täuferischen Standardzunge Paulus' gesprochen – dann nicht »alles prüfte, um nur das Gute zu behalten«, um dadurch »bittere Wurzeln wachsen zu lassen und Schaden zu stiften« (Heb 12,15).

Also »sell isch, wann nix im Weg schteht ...« Kutsche oder wieder das Auto, mit was auch immer ich in den nächsten Tagen das Land um Grabill sehen würde, das war eine Frage, die die Amischen für mich beantworteten, ganz gleich, was ich nun wollte oder nicht. Natürlich hatte ich mich davor zu hüten, zu sündigen. Denn dann wäre ich schnell wieder ausgetrieben.

Es stand nichts im Weg, nichts für den Doktor der Schrift, einen Sünder unter Heiligen, aber auch einen Dütschen unter Dütschen.

Praktisch wie ein Vor-Urteil und eher so, wie es sonst nur unter alten Freunden der Fall ist, kam »e Hausvull« langhaariger Deutschmänner – frei übersetzt nach dem amerikanischen »longhaird dutchmen« – aus der Nachbarschaft noch am gleichen Abend in Elams gewaltiger Wohnung zusammen. Fast schien es, als brannte jeder darauf, als erster dem »Auswendigen us dem aalt Land« die Hand zu schütteln. Im Farmhaus an der Cuba Road, in dem sich so vieles vom alten Europa, aber auch bereits einiges vom neuen Amerika abgelagert hatte, ging es dann schlagartig recht gesellig zu, wenn auch immer langsam voran, wie es amischem Lebensstil, gepaart mit schwerem Alemannenblut, eben entspricht. Wo Pferdewagen und Wasserrad neben dem Erdigen des Bauern noch den Tagesrhythmus bestimmten, war offensichtlich kein Platz für jede unchristliche Hast. Schneller immerhin, als ich erwarten konnte, entpuppten sich meine Gastgeber – Männer und Frauen wie vergilbten Bauernkalendern entstiegen – dafür als ausgesprochene Frohnaturen mit einem gesunden Mutterwitz. Das schien mir im groben Gegensatz etwa zu den Hutterern zu stehen, die mir einmal beibrachten, daß Trauer eine der prominenten täuferischen Aufgaben ist. Zugegeben, drüben »in der Welt«, in Grabill, hatte jeder einzelne von ihnen noch tatsächlich irgendwie wie ein Opfer ausgesehen, kläglicher Teil einer arg verkrusteten Gesellschaftsordnung, ganz nach der eigenwilligen Touristenformel: Bart plus Pferd, Bibel und Kinderschar ist gleich ein Amischer und steht für eine radikal biblische Gegenkultur zum hochtechnisierten, fortschrittsgläubigen Amerika. Doch hätte ich hier nun eine Vorstufe zum Himmel erwartet ... was ich sah, spielte noch durchaus auf Erden.

Natürlich kämpfte ich gegen das Gefühl, hier eine Bühne, etwas aus einem hoffnungslos veralteten Bilderbuch oder gar nur die Vision eines Filmemachers vor mir zu haben: bärtige Männer in hausgeschnittener Tracht, Hemd an Hemd auf einer zehn Hintern breiten, glattgescheuerten Bank. Die Frauen oder »Wibber«, die generell etwas mehr wogen als ihre Männer, und die erwachsenen Töchter modisch-altmodisch (trotzdem fraulich) hergerichtet, entlang der weißgetünchten Zimmerwand. Alle zusammen von der Hitze verschwitzt und so auch vielleicht etwas zu zugeknöpft für meine Maßstäbe, da im Zimmer Treibhaustemperaturen herrschten, draußen immer noch knapp 100 Grad Fahrenheit im heißen Zehnmeilenwind gemessen wurden. Um die Eltern herum strich die Jugend, spielte »Jack in the box«, wozu Milchcontainer verschiedener Größe aufgestellt waren, in die Bälle flogen. Die als zivilisationsarm bekannte amische Großfamilie war intakt, wie sie es einmal auch draußen gewesen sein mußte, bevor man dort mit zwischenmenschlichen Beziehungen dafür bezahlte, eben zivilisiert zu sein. Josephs Wibb Rosanna servierte ein dezent gebräuntes Henkl, das rund 2000 Flugstunden hinter sich hatte, bevor es im Stall seinen Lebenszweck erfüllte. Es gab Gaben Gottes, Grundbeere (also Kartoffeln), wise und gäle Rübli, Brot mit Gschmier (Marmelade) oder Schmutz (Schweineschmalz), als Nachtisch Biere (Birnen) und Parschig (Pfirsiche). Elams Rachel tischte kuhwarme Milch und erdwarmes Wasser auf. Letzteres etwa nicht, um an die christliche Armut des einmal auf Erden lebenden Gottessohnes zu erinnern, denn parallel dazu erhielt ich eine erste wichtige Lektion vom rechten gottgefälligen Leben – »dr Herr im Himmel sig globt und prise« – in Form einer Warnung vor dem »Teufel Alkohol, dem Zutrinken und Füllen«. Offenbar hielten meine Gastgeber dies für notwendig, da der Böse gerade eine Nachbargemeinde in der Gegend von Berne mit Schlägen zwischen 0,5 Promille und Bewußtlosigkeit recht satanisch heimgesucht hatte. Die Amischen sagen von einem Betrunkenen, er habe »glade«, untereinander warnen sie allerdings davor, ins Hochdeutsche übertragen: »Sieh den Wein nicht an, er ist schön und rot im Glas. Er geht glatt ein, aber danach beißt er wie eine Schlange, so daß der Säufer in der Ewigkeit ohne eine einzige Kühlung schmachten muß.«

Nicht jeder Heilige war eben ein Heiliger, Amischsein alleine machte noch keinen rechten Christen, was auch in dieser Runde jederzeit zu bedenken war. Doch Unwürdige, Säufer wie Hurer oder Totschläger – so der Joseph –, tranken sich nur selbst zum Gericht. Doch sollte ich darauf achten, daß im Gespräch eine Gemeinde bei Berne war, im Allen County hielte man sich dagegen »weitgehend fast rein vom starken Getränk und Tabakgebrauch«. Allerdings nur weitgehend, wie mir ein lokaler Spirituosenhändler später einmal berichtete. Er jedenfalls wunderte sich immer wieder darüber, in welchen Mengen der eine oder andere Bruder trotzdem gelegentlich bei ihm einkaufte, um es dann wohl auch »im Heimeliken« zu konsumieren.

Und dann hörte ich es zum erstenmal, jenes Liedli vom »Jodela«, das die Amischen vom Allen County auf den Vorschlag Rosannas hin, »wir wille erschtemol jodele«, mit soviel Inbrunst zu singen verstehen. Es ist ein weltliches Lied, in Melodie und Text recht weit von jenen amischen Weisen entfernt, die frühe Märtyrer in europäischen Gefängnissen während ihrer harten Suche nach dem Paradies einmal aufgesetzt haben. Es ist sogar ein recht naives Lied, eignet sich jedoch, wie man mir versicherte, geradezu ideal etwa für die Arbeit unter der Kuh, wenn die Amischen solange melken und eben auch singen, bis keine Milch mehr kommt. Daneben aber auch fürs gesellige Zusammensein wie an diesem

Abend in Elams Haus. Zugegeben, in der Schweiz kennt man von diesem Jodellied heute anspruchsvollere Versionen, etwa jenes »Jetzt wei mir eis jödele ...«, wie es die Kinder im einst täuferischen Trubtal noch singen. Ich selbst habe bei den Amischen allerdings nur eine Version kennengelernt, und die geht einfach so:

»Jetzt wer mer des erschtemol jodela, jodela, jodela, jetzt wer mer des erschtemol jodela, jodela.« Dann folgen die herzzerreißendsten Jodler, die sich ein Amischer stimmlich leisten kann, und zwar so, als sei den heutigen Flachlandbauern das Echo ihrer bergigen Urheimat bis nach Amerika gefolgt. Die zweite Strophe: »Jetzt wer mer des zweitemol jodela, jodela, jodela ...« Danach jodelt man zum dritten- und viertenmal und so weiter, bis einer der Sänger einfach seine Lust am Jodeln verliert.

Rosanna, ihre Kinder und Kindeskinder sagen die einzelnen Verse äußerst gewissenhaft herunter, die Augen dabei so fest zusammengekniffen, als säßen sie beim Gebet. Ich sollte dieses Lied von nun an noch häufig hören, irgendwie gehörte es zu meinem Zusammenleben mit den Amischen, und ich glaubte, es selbst nach meiner Rückkehr »in die Welt« gelegentlich noch zu hören: »Jetzt wer mer des erschtemol, zweitemol, drittemol jodela ...« Vielleicht spielte dabei allerdings auch mein schlechtes Gewissen eine Rolle. Denn damals, als Rosanna wieder die Augen öffnete, hatte ich es einfach nicht übers Herz bringen können, ihr zu gestehen, daß nicht jeder Deutsche ein talentierter Jodler ist, dieses Liedli vom Jodela auch nicht unbedingt in jedes deutsche Repertoire gehörte. Aber irgendwie hatte ich den Eindruck, mit einem Geständnis dieser Art ihr Weltbild vom »guten Dütschen«, der hier genausogut ein Elsässer oder Schweizer sein konnte, schlagartig zu unterminieren. Und das war wirklich das letzte, was ich mir an diesem Abend des Kennenlernens, des An-sich-Herantastens wünschen konnte. Ein Jodler war ich also nicht, was mir wohl etwas von jenem Kredit nahm, der dem Dütschen hier entgegengebracht wird. Allerdings ist auch nicht jeder Amische einer. Das hängt vielmehr davon ab, wo seine Vorfahren herkommen oder wohin sie die Täufergeschichte verschlagen hatte, bevor man in Amerika landete. Die Grabers vom

Allen County jedenfalls sind Jodelexperten, und die Gemeinden um Geneva (Genf) und Berne/Indiana sollen ihnen darin nicht viel nachstehen.

Meine offensichtlichen Schwächen in Sachen Jodeln verstand ich in Zukunft dann immer wieder dadurch zu überdecken, daß ich zwar nicht jodelte wie ein Dütscher, dafür aber durchaus lesen konnte wie einer. Und wenn ich in Wagnerischen Zeitmaßen etwa den Psalm 23 vortrug, war todsicher auch mit Beifall zu rechnen. »Der Herr ist mein Hirte...«, zwar längst gelerntes Einmaleins der Frommen, »mir wird nichts mangeln...«, das Immergrün der Schrift. »Er weidet mich auf einer grünen Aue...«, doch eben »in meinem Dütsch« vorgetragen. Ich war dann in Amischkreisen in jedem Falle weiterhin ein »mit der Kindertaufe betrogenes«, religiöses Leichtgewicht, also einer aus der Gegenwelt. »Musch de 23. Psolm lese, kansch'n nüt auswennig?«: Man sorgte im Allen County schon dafür, daß ich meine persönliche Hölle ständig vor Augen behielt. Doch das, was beziehungsweise wie ich es lesen konnte, war in den Ohren der Frommen doch immer wieder einfach »hochdütschscheen...«

Als es sich langsam eindunkelte, wurden die Kerosinlampen hervorgeholt, begnügen sich die Amischen in ihren Häusern doch bis zum heutigen Tag mit dem Licht der Flamme wie rund 20000 Generationen des homo sapiens vor ihnen. Nach Grundbeere, Henkl, Wasser, der Lektion über den Satan Alkohol und vielen Jodlern sahen es Brüder und Schwestern nun an der Zeit, sich bei mir so unauffällig, wie es sich für Menschen geziemt, denen weltliches Wissen rundweg als ein Greuel vor Gott gilt, recht detailliert nach jenem Landstrich zu erkundigen, der ihre Gemeinde einmal prägte und zu dem verschweißte, was sie seit nunmehr rund 450 Jahren immer noch ist... nach Deutschlands Süden, der Schweiz, Elsaß-Lothringen oder nach Montbéliard, dem alten württembergischen Mömpelgard. Den Schmidt oder Kohl kannte hier keiner, von Grünen hatte man noch nie etwas gehört, dafür von Altvätern, von der Autobahn, auch davon, daß die Dütschen in Abständen ihre Alten einfach liquidieren mußten, da man keinen Platz mehr für sie habe. Am glücklichsten schienen die Frommen im Farmhaus jeweils zu sein, wenn wir dabei ein Wort fanden, das »in unserm Dütsch« und »in eurem Dütsch« zumindest ähnlich war – »Wie sagsch zum Kaschte, zu de Licht [Beerdigung – d. A.], zum Mark seim Efangelium?« – Wortkopien, so ähnlich, wie jeder einzelne in Elams guter Stube möglichst eine perfekte Kopie der amischen Vergangenheit sein wollte. »Jetzt geh mer Gschirr wäsche ... in unsrer Sproch.« »Gscharr wäsche in hochdütsch«, korrigiert da der Elam, dessen Mutter, eine geborene Chupp, nach allgemeinem Urteil eben Hochdeutsch – sprich: Lutherdeutsch – gesprochen hatte. Wenn alles nichts half, ich das Bärndütsch, die Amischen selbst das übertriebenste Badisch nicht verstehen konnten, mußte das Englische vermitteln, wobei der Joseph ein ums andere Mal bedauernd einwarf, daß wir dieses Sprachgewirr doch nur dem Turmbau zu Babel, also weltlichem Größenwahnsinn zu verdanken hätten. Natürlich gab es dafür auch Beispiele aus jüngeren Tagen. Doch ganz offensichtlich war es der Neuen Welt bis heute nicht gelungen, den dütschen Amischen das Dütsch gänzlich auszutreiben. Dabei war etwas Ironie mit im Spiel, da die Glaubensgruppe gerade im Land der Vorväter einmal im Kampf mit den Lebensverhältnissen Europas total unterlegen war, die Geschichte sie dort einfach nicht akzeptiert hatte.

Das Dütsche macht ein Amischhaus, mag das Weltbild dort nun verbrettert oder offen sein, auch heute noch zu einem Platz, an dem sich deutschtümelnde Romantiker einfach wie zu Hause fühlen müssen. Der Joseph unterstreicht dies noch, wenn er verschmitzt erzählt, daß sein Pferd Billy tatsächlich mehrsprachig sei, also perfekt dütsch verstehe und damit klüger sei als die meisten »Englischen«, die eben kein Deutsch könnten.

Deutschland, wo nach Amischdarstellungen »das Blut der frommen Zeugen Gottes erfunden wurde«, und die Deutschen kannte man nur vom Hörensagen oder aus so grausigen Berichten wie dem literarischen Klageschrei »Der blutige Schauplatz oder Märtyrerspiegel der Taufgesinnten«. Allerdings gab es Ausnahmen. Im Allen County leben auch unamische deutsche Einwanderer, während des letzten großen Krieges haben sich deutsche Kriegsgefangene – so der Prediger Joseph – auf Farmen um Grabill als »dütschgute« Arbeiter ganz im Sinne der Täufer bewährt. Ein wenig Licht somit und viel, viel Schatten ... doch diese Amischen legten für den, der ihre Geschichte kannte, weiterhin einen geradezu umwerfenden Erinnerungsoptimismus an den Tag, der sie zu recht eingefahrenen Meinungen über das »aalt Land« verleitete. Dütschland war die Mutter, Amerika die Stiefmutter. Dütschland war ein Standbild, einfach stehengeblieben, als habe es sich nie verändert. Der Neuamische David Kline – »Neu«, weil seine Gemeinde in Ohio das offiziell erlaubte Schmusealter der Teenager heraufgesetzt hatte: eine Wunde, die nicht heilen wollte – umschrieb mir gegenüber dieses Gefühl dann auch so: »Wenn nachts einer an die Tür klopft und Englisch spricht, bleibt der Riegel vor. Wenn einer auch nur ein Wort Deutsch spricht, fliegt die Tür gleich auf.« Wie anders wäre es sonst auch zu erklären, daß jene frühen Generationen, die die Amischhelden stellten, einmal an Rhein oder Limmat, an Aare oder Emme lebten, dort ihre Lieder und Lehren schrieben und sich mit den Herzen – wenn's sein mußte noch auf dem Scheiterhaufen – zu jenem harten, unnachsichtigen Christentum bekannten, das sie mit dem Mund verkündet hatten? Da spielte es keine Rolle mehr, daß die Täufer einmal das größte Blutopfer der christlichen Bekenner des 16. Jahrhunderts stellten, obwohl ihr Christentum weder von Katholiken noch von Protestanten zu übersehen war. Deutschsein schien für den Hausherrn Elam und den ehrlichen Fechter Joseph, den James und den David, den Ben und den Tobi bei weitem nicht alles, aber immer noch weit weg von allem, was auf Platz zwei in ihrer Skala folgte. Nicht daß man darunter leiden würde, in der Diaspora zu leben, alttestamentarisch ja eher eine Strafe Gottes. Doch auch die Juden haben ihr goldenes Zeitalter, losgelöst von Tempel und Mutterboden, vorbereitet ... Diaspora gehört somit ins Erziehungswerk des Herrn.

Die deutsche Urheimat war für die Amischen seit ihrer Auswanderung Stärke und Schwäche zugleich geblieben. Mit dieser Gefühlsbindung an das Land der Vorväter, weniger eine Besinnung auf geschichtliche Erfahrungen als eine Illusion, werden die Amischen erzogen. Sie gilt keinem politisch zu umgrenzenden Raum, sondern dient in erster Linie der Konstruktion eines Idealbildes, um von Amerika – also von der unmittelbaren, das Amischleben direkt bedrohenden Welt – abzulenken. Nur so haben es die Frommen fertiggebracht, das Europa des 16., 17. und 18. Jahrhunderts kulturell in ihren Reihen zu erhalten, was keiner anderen deutschen Auswanderergruppe in diesem Ausmaß gelungen ist.

Schnell erhielt ich dabei auch eine neue Lektion, nach der hier fast alles, aber eben nicht unbedingt alles, mit einem Bezug auf die Schrift zu sehen war. Besonders die älteren Männer hatten bei gewissen weltlichen Dingen nicht nur Fragen, sondern häufig auch schon die Antworten dafür, was dadurch unterstrichen wurde, daß sie bei ihren Reden nie ins Publikum schielten, um dessen Meinung zu erkunden. Zumindest in Elams Haus dachten praktisch alle das gleiche, ohne Unterschied, zu welcher erwachsenen Altersgruppe sie zählten, ob Mann oder Frau oder was die Position innerhalb der Gemeinde war. Das mochte damit zusammenhängen, daß sie alle die gleiche Schulbildung und Erziehung, den gleichen Wissensstand ganz generell hatten. Daneben schien der Respekt der Jugend vor der Meinung des Alters geradezu grenzenlos. Die Jungen dachten hier einfach, was die Alten dachten, als sie jung waren und was diese wiederum schon damals für die Meinung der Alten hielten. Nichts von der Sprachlosigkeit zwischen Vätern und Söhnen, Müttern und Töchtern. Man hatte hier seine amischeigene Logik, und die schien in der Regel unverrückbar zu sein.

Zugegeben, die Frauen – allesamt erinnerten sie in ihrer Tracht irgendwie an Diakonissinnen – hielten sich in der Diskussion etwas zurück, besonders die Mädchen, die pausenlos damit beschäftigt waren, Mücken mit der Fliegenklatsche totzuschlagen, Moskitos gegen die Fensterscheiben zu drücken oder einfach an den Fingernägeln zu kauen (»Weisch, wenn d'Fingernägel zlang sind, tritt Küh beim Melke zu«).

Während frisches Brunnenwasser schwappweise floß, kristallisierte sich auf Amischseite so auch schnell das Negative der menschlichen Gesellschaft heraus, das in jedem Falle »Englisch« war, das tatsächlich seit eh und je hier im

Allen County versuchte, das rechte Bild des Dütschen aus dem Rahmen zu reißen. Im Klartext hieß dies etwa für die überzeugten Pazifisten, daß dieses Dütschland doch nie einen Krieg begonnen hätte, wie die Englischen selbst heute noch behaupteten. Der Krieg als Ausdruck höchster Entmenschlichung: »So was mache de Dütsche nüt«, vielleicht nur, weil es die Amischen selbst auch nicht machen würden. Alle anderen Behauptungen entstammten der Böswilligkeit der Englischen, was die guten Herzen um den alten Joseph mit Zorn erfüllte oder besser gesagt, nur mit jenem bestimmten Grad von Zorn, zu dem ein Amischer eben fähig ist. Der große Krieg, das große Kriegen generell, schien hier ein Dauerthema zu sein, hatte sich doch an jenem Tag, als Amerika in das Ringen gegen Hitlerdeutschland eintrat, der Himmel über Grabill blutrot gefärbt, eine Erscheinung, die nicht nur der Diener zum Wort ganz genau gesehen hatte und heute noch beschreiben konnte. Gott hatte seinen Frommen ein Zeichen gegeben, auslegen mußten sie es selbst. Doch bei der Farbe Rot sehen die Amischen von Grabill tatsächlich rot. Kein rötlicher Schatten ist ihnen erlaubt, weder an einem Haus noch an einem Kleidungsstück, vom Lippenrouge der Frau ganz zu schweigen. Rot ist die Farbe des Blutes Christi und war damit gebannt. Der Sohn kannte diese Vorschrift vom Vater, der noch vom Großvater und immer so weiter. Alle zusammen nannten sie es Tradition wie so vieles im Amischleben, in dem das Alte eben das Beste war, und niemand konnte einen plausiblen Grund nennen, warum man sich nun ausgerechnet vom Besten trennen sollte.

Deutschland heute war für die Amischen daneben ein Teil des »letzten Weltreiches vor dem Weltuntergang«, genau wie ihn die Bibel voraussagte. Das kommende Weltreich wollte der Joseph in der Europäischen Gemeinschaft sehen. Daß wir in den letzten Sekunden der Zeit lebten, erkannte der Prediger daneben aus vielen häßlichen Wunden, die sich ins Gesicht unseres Planeten gegraben haben. Für den Nichtamischen wie mich konnte trotzdem noch Hoffnung bestehen, sind die Zeitbegriffe der Frommen doch grundlegend anders als die der Welt. Wehe etwa dem, der in Amischland bei rechten Sinnen war und behauptete, unsere Welt sei älter als 6000 Jahre, damit Naturwissenschaft und Religion auf Kollisionskurs schob. Denn mit der Wissenschaft ist nach Frommenmeinung nun einmal vieles verkehrt. Als allerbestes Beispiel dafür führten sie den Mondflug ins Feld, denn hätte man zuvor in der Bibel nachgelesen oder auch nur die vom Allen County gefragt, wäre das ganze Unternehmen überflüssig gewesen. Nichts, aber auch nichts fand man dort oben, genau wie es die Schrift beschreibt. Der Mond war für die Amischen dafür da, die Sonnenstrahlen zu reflektieren. Zu mehr nicht. Das mit der Europäischen Gemeinschaft und dem Weltuntergang hielten sie dagegen für durchaus real.

Der ständige Hinweis auf Englisches und die Englischen hatte übrigens seine Bedeutung, war eine recht populäre Vokabel, wenn auch mit zweifacher Auslegung. Ganz bestimmt handelte es sich dabei nicht um yankeefeindliche Emotionen; die Amischen sind heute durchaus loyale Bürger ihres Heimatlandes, solange diese Loyalität nicht über das Bibelwort gestellt werden muß. Obwohl sie viele Privilegien eines US-Bürgers ablehnen, ist ihr Leben mit dem Nordamerikaner ein Nebeneinander, nur in Ausnahmefällen ein echtes Gegeneinander. Ein Yankee ist für sie einer, der außerhalb von Noahs Arche lebt. Zwischen seiner und der Amischwelt befindet sich ein tiefer Abgrund. Aber damit ist es abgetan. Natürlich lehnen die Frommen geradezu als gotteslästerlich ab, wenn nach einer Rundfrage über die Hälfte der Amerikaner glaubt, daß Christus Amerikaner war. Doch das mußte an deren Schulsystem liegen, ist Hochmut und Stolz zugleich.

Im Prinzip, so auch der Amische, sind alle Menschen »von einem Klotzen her seit Adam geschaffen« und daher gleich, ob nun äußerlich ein Mann oder eine Frau, ein Fürst oder ein Bettler. Was sie unterscheidet, ist der Standpunkt des Herzens. Englisch war hier einmal im religiösen Sinne wohl alles, was man nach der amischen Logik als schlecht oder zumindest teilweise schlecht bezeichnen konnte. Wer sich zum Beispiel kleidete wie ein Engländer, also Weltlicher, hatte demnach den alten Glauben an die Neue Welt verraten und mußte so auch mit ihr untergehen. Ein Engländer war daneben aber auch die Bezeichnung für jeden, der kein Amischer war, also keiner »von unsrer Sort Lüt«. Dabei spielte es keine Rolle, ob er Pole oder Italiener, Schotte, Franzose oder eben Yankee war. Der Dütsche lag irgendwo in der Mitte zwischen »unsrer Sort Lüt« und der »annere Sort Lüt«, wobei nie ein Zweifel daran gelassen werden konnte, daß ein aufrechter Amischer nie »am fremden Joch mit den Ungläubigen« (2 Kor 6,14) ziehen durfte, ganz gleich nun, um wen es sich letztendlich wirklich handelte. Typisch dafür, daß die Amischen im Gespräch mit mir immer wieder vom Schwyzerdütsch ins Englische fielen, worauf dann hin und wieder die Entschuldigung kam, sie täten's eben aus Instinkt, da ein Fremder ein Englischer sei und ein Englischer eben Englisch spreche. Ich fiel so auch immer in die Kategorie »ihr«, zählte niemals zum »wir«.

Ja, und »unsre Sort Lüt«? Mit ihr hatte es zurück im »aalt Land« einmal laut *Ausbund,* einem »Büchlein für günstige Leser und Sänger« so angefangen: »Nachdem durch Verderbung der letzten Zeiten dem größeren Teile der Christenheit das Lesen der Heiligen Schrift aus der Hand entkommen war, so lag dieselbe wiederum im tiefen Schlafe der Unwissenheit und Unerkenntnis des heiligen Evangelii. Die Menschen waren umfangen mit dichter Finsternis und Blindheit und begnügten sich mit abergläubischen Gottesdiensten; die meisten Hirten irrten, die Schafe liefen zerstreut, die Obrigkeiten ließen sich von den genannten Geistlichen regieren und, der eine Blinde den anderen leitend, fielen beide in die Grube. Man hat zwar mehrmals an etlichen Orten der Welt ein Licht sehen aufgehen, aber die Finsternis hat dasselbe nicht vertragen können, und es wurde von den Neidern der Wahrheit ausgelöscht ...

Als es aber dem barmherzigen Gott wiederum gefallen hat, etliche Lichter aufgehen zu lassen, die die Heilige Schrift in gemeine Sprache brachten, wurde dieselbe von vielen Gottsuchenden mit Andacht und Lust gelesen ... Und unter diesen waren nicht die Geringsten gewesen Dr. Martinus Lutherus, der insonderheit große Mühe zur Reformation und zur Übersetzung der Heiligen Schrift angewandt hat, Huldreich Zwingli, Conrad Gröble [Grebel – d.A.], Michael Sattler, Philippus Melanchthon, Johannes Calvinus, Öcolampadius ... und andere mehr in Hochdeutschland, und neben ihnen Menno Simons und Dietrich Philips und dergleichen mehr im Niederland. Und ob nun wohl diese alle einmütig gewesen sind, das Licht auf den Leuchter zu stellen und die Welt aus der Finsternis zu erretten, so haben doch unter ihnen ungleiche Meinungen und Verstand über etliche Stellen der Heiligen Schrift stattgehabt, nicht allein in etlichen gemeinen Glaubenspunkten, sondern auch vornehmlich in der rechten Administration oder im Gebrauch der heiligen Taufe ... Etliche haben erkannt, daß die Kindertaufe in der Schrift nicht begründet sei ...«

Die Amischen vom Allen County, die sich als Erben jener »in Kerkern faulenden, zu Pulver verbrannten« Märtyrerchristen sehen, die einmal das Licht auf den Leuchter stellten, sind zuallererst Bauern, vom Urstand aller Menschen. Sie sind ohne Zweifel, wenn auch aufgrund ihrer religiösen Eigenheiten nicht die produktivsten, so doch die besten Bauern Amerikas, ganz nach dem Auftrag des Herrn, der ihnen am sechsten Tag der Schöpfungsgeschichte »allerlei Kraut gegeben hat, das sich besamt zu eurer Speise«, der ihnen alles Getier untertan machte. Das Auswandern in die Neue Welt war für die Heiligen kein Bruch mit einem Lebensstil wie bei fast allen übrigen Emigranten. So kann, wie beim europäischen Bauern einmal üblich, nur ein volles Tagewerk die Erde füllen. Wenn es Nacht wird im Allen County, bestellt man die Erde nicht mehr, und das »Gwächs« wächst trotzdem weiter. Wer morgens, mittags und abends mit Schweinebäuchen, Kuheutern und Pferdestärken zu tun hat, ist gegen 21 Uhr rechtschaffen müde. So enden die Geselligkeiten in Grabills Nachbarschaft auch jeweils relativ früh. Einmal fehlt in den Farmhäusern der Täufer das elektrische Licht, da es die stoische Ruhe stören könnte, in der die Amischen die Endzeit der Strafkolonie Erde erwarten. Kultur wird hier eben nicht mit den Errungenschaften der modernen Zeit gleichgestellt, mit etwas Äußerlichem, Formalem oder Technischem, sondern ist etwas rein sittlich Wertbetontes, Geistiges, jeweils mit einer unmittelbaren Beziehung zum Religiösen. Verflucht sei der, der den Fortschritt des Menschengeistes vor die Kraft der Natur oder gar die großen Wunder der Schöpfung stellt.

Der 17-Stunden-Arbeitstag der Täufer beginnt mit protestantischem Fleiß dann recht früh am nächsten Morgen mit Melken und »Schtall mache«. Dazu ist jede Hand willkommen, auch wenn sie so ungelenk ist wie die eines Weltmenschen, der sich vorübergehend in einem Farmhaus einquartiert («Wann nix im Weg schteht« ... Griff zum Euter ... »do paksch zu, dann druksch do, dann ziehsch, dann drucksch do wieder ...«). Die Arbeit als Gemeinschaftserlebnis. Wie früh ich dann tatsächlich drücken und ziehen sollte? Etwa 5 Uhr nach Amischzeit, die sich von der weltlichen Uhr um eine halbe Stunde unterscheidet, da die Brüder und Schwestern in Christo keine Möglichkeit auslassen, sich von draußen zu unterscheiden, also auch ihre eigene Uhrzeit haben.

Die Kleinen sagten noch ihr »Der Tag ist nun zu Ende, ich falte meine Hände und bete treuer Gott zu Dir: Bewahre mich vor Schaden, erhalte mich in Gnaden und mach ein treues Kind aus mir. Amen.« Danach beteten alle zusammen eines der letzten deutschen Vaterunser der westlichen Hemisphäre. Schließlich ging es noch darum, ob ich einen Nachttopf in der Bettkammer bräuchte (»Wenn du muscht die Blas entleere znachts!«). Und danach wurde der Abend auf Elams Bauernhof – in weltlichen Häusern würde man jetzt die TV-Nachrichten einschalten – schnell makellos, in jedem Falle pechschwarz. Abgesehen von einer Wanduhr mit Westminsterschlag schien die Welt meilenweit entfernt. Eigenartig, oder täuschte ich mich? Alles, aber auch alles, lud hier jetzt zum Ruhigwerden ein, kein Telefon, das hätte läuten können, kein tropfender Wasserhahn, kein summender Motor, allerdings auch nicht von einer Kühlanlage, die die Raumtemperatur vielleicht auf 25 oder auch nur 30 Wärmegrade heruntergedrückt, den leicht rußenden Geruch von Kerosin und weißem Lampengas etwas gemildert hätte. Nur hin und wieder das scharfe Stakkato eines Trabers oder Paßgängers mit amischen Spätheimkehrern von der Straße her. Selbst die Hunde, die ums Haus strichen, zeigten schlichtweg keine Angriffslust. Bei günstiger Witterung, so schien es mir, mußte der jetzt das Gras wachsen hören, der ein Ohr dafür hatte.

Der Elam würde wohl neben seiner Rachel im ehelichen

Bett liegen und noch eine Weile nachdenken. Ich hatte ihm, ohne es zu wollen, etwas für die Nacht mitgegeben. In meinem Zimmer sei es heiß wie in der Sauna, war mein Vergleich. Doch da wollte der Farmer wissen, was denn eine Sauna sei, warum dort Männer und Frauen ausgerechnet nackt zusammen schwitzten usw. Danach lächelte der Elam nur mitleidig über das schlechte Beispiel, das wir unsere Welt nennen.

Gejodelt wurde dann auch erst wieder am Morgen, als ein früher Sonnenstrahl auf das Umland von Grabill herabschoß wie am ersten Schöpfungstag. »D'Küh gebbe mehr Milch«, behauptete Tobi Graber dazu, ein Wissen – »der Herr im Himmel sig dafür globt und prise« –, das sicher noch von den Vorvätern aus dem Schweizer Emmental stammte. Die Amischen jodeln zum Melken, wie andere Skat zu Rockmusik klopfen. Melken war natürlich Handarbeit, da auf konservativen Amischfarmen kein Platz für eine Maschine ist. »Maschine mache kein Mischt«, ließ ich mir erklären, und Mist ist es, was der Bauer für die Bestellung als natürliches Recycling zwischen Stall und Feld, für die kaum verfälschte Natur seines Bodens braucht. Für das Land, mit dem man so umzugehen hat, daß sich kein Elternpaar vor kommenden Generationen dafür schämen muß.

Das mit dem Jodeln, der Beschallung des Rindviehs und der davon abhängigen Produktion? Tobis gerade ausgemolkene Spitzenkuh schien ihm recht zu geben. Ihm und seinen Vorvätern, deren Erbwissen wiederum als Erfahrung vieler, vieler Täufergenerationen. Und das, obwohl bei warmem Sommerwetter die Amischkuh viel Energie bei der Abwehr der Fliegen verbraucht, also ganz generell weniger Milch gibt als in den kälteren Jahreszeiten.

## 2. Die Rebellion der Heiligen

Je tiefer sie graben, um so enger wird ihre Bindung. Die Amischen vom Allen County sind Kinder vieler Eltern, darunter die Urchristen in Jerusalem neben Evangeliumsbewegungen und Erweckungserscheinungen bis hin zum Epochenbegriff Reformation. Sie sind Erben altkirchlicher Traditionen, des frühen Täufertums der Schweiz und der neu aufgeschlagenen Bibel, damit im gewissen Sinne einer Germanisierung des Christentums. Erasmus, Martin Luther, Huldreich Zwingli, Konrad Grebel, Menno Simons und der junge Eiferer Jakob Ammann, ein Gruppenbild, das sich sehen lassen konnte, auf der einen Seite ... die Lebensführung Christi im Vergleich zu jener seiner Nachfolger in Rom, die Mißstände des Renaissance-Papsttums, die Erlahmung der katholischen Kirche, durch die die alte Frömmigkeit zerbrach, und eine in den Augen vieler Sektierer »halbherzige« Erneuerung durch reformatorische Theologen auf der anderen. Gläubige Christen machten sich daran, die alte Kirche, aber auch ihre Reformer zu reformieren. Ihr Ziel war der Umbau der Welt unter religiösen Bedienungsanleitungen.

Die Geburt der altevangelischen Täufergemeinde – altevangelisch im Sinne der christlichen Urgemeinde in Jerusalem – muß dann mit den Augen des Zeitzeugen gesehen werden. Der Niedergang der wirtschaftlichen und sozialen Verhältnisse im 16. Jahrhundert hatte besonders die Landbevölkerung im deutschsprachigen Raum getroffen. Geldentwertung, erhöhte Steuern, Bevölkerungszuwachs, Herrscherwillkür, die Zersplitterung von Höfen, konfessionelle Fehden, die mit der Auflösung der alten Kirchlichkeit zusammenhingen, und viele neue Sitten sorgten für Unsicherheit. Man konnte jetzt Sternenbahnen berechnen, drang mathematisch ins Weltall vor, verstand das Wort zu drukken und damit uralte Weltbilder zu korrigieren.

Um das Jahr 1523 galt Basel einer Gruppe von Menschen auf der Suche nach theologischen Ausdeutungen ihrer Zeit als Hafen des Heils. Erasmus von Rotterdam will hier 1524 bereits mehrere »Gegner der Kindstaufe« ausgemacht haben, der Basler Reformator Ökolampad führte im Jahr darauf in seinem Haus ein erstes Religionsgespräch mit Taufgesinnten.

Im Juni 1526 – Konrad Grebel, gerade aus einem Züricher Gefängnis entkommen, war in Maienfeld an der Pest gestorben, seinen Vater ließ Zwingli in Zürich enthaupten – erließ die Basler Regierung bereits ihr erstes Täufermandat, das die Anhänger der neuen Lehre aus der Stadt verdammte. 1528 wurden Geldstrafen für die Wiedertaufe verhängt, ab 1529 dafür gefoltert und mit Hinrichtungen gedroht. Im Januar 1530 starb der Täufer Hans Ludi von Bubendorf auf dem Basler Richtplatz. Andere mußten unter Androhung der Todesstrafe bei Rückkehr die Stadt »auf ewig« verlassen. Die Grenzen zwischen Basel und der neuen Lehre waren abgesteckt ...

Am deutlichsten zieht sich die Spur der Amischen vom Allen County allerdings in jene hektischen Tage der Züricher Reformation zurück, in denen eine Gruppe von Protestanten um Konrad Grebel, Felix Manz und Georg Blaurock, primär Schüler Zwinglis, unter Berufung auf den historischen Jesus versuchte, der Kontinuität mit Rom eine Konzeption des Glaubenslebens der Urchristen entgegenzustellen. Doch was ist in Zürich, der Kernzelle des Täufertums, in diesem Zusammenhang heute noch deutlich? Wenig, allzu wenig erinnert an der Limmat und im Umland, wo einst echter Täufergeist durch die Gassen spukte, an die frühen Rebellen: eine Gedenktafel etwa am Haus des Patriziersohns Konrad Grebel am Neumarkt 5, ein Abstecher nach Zollikon, wo in der Gstadtstraße 23-25 (heute ebenfalls mit Gedenktafel) und in der Bahnhofstraße 3 im Januar 1525 schon »wiedergetauft« wurde. Vielleicht noch der Züricher Fischmarkt, auf dem man das Urteil über den ersten Täufer verlas, der in der Schweiz durch Protestanten hingerichtet wurde. Da ist auch noch die Schipfe gegenüber der Stelle, wo sie Felix Manz in der Limmat ertränkten. Beim Versuch, »eine besondere kilchen uffzurichten« (Manz), waren die frühen Taufgesinnten gerade in Zürich, wo zu jener Zeit noch jeder sechste Einwohner der Geistlichkeit angehörte, schnell mit Staat und Kirche zusammengestoßen, die Abweichungen von »wahren Glaubensregeln« als Häresie und Sünde in bewährter Weise brandmarkten. Doch zuviel Wasser ist seit den Tagen Grebels oder Blaurocks die Limmat hinuntergeflossen, zu dominant war eine Kirche, die keine anderen Konfessionen neben sich duldete. Man kann es auch draußen auf dem Land versuchen, beim Schlößchen in Grüningen, einer Grebel-Residenz, oder in der Täuferhöhle bei Bäretswil, in der sich die Verfolgten gelegentlich trafen. Eine Täuferbrücke etwas weiter entfernt, ein Täufergraben, Täuferwege, Täuferakten, das Täuferloch bei Sumiswald, das Geißkirchlein im Berner Jura oder die dunklen Kerker in Schloß Trachselwald; schließlich liegen noch Briefe in St. Gallen herum, die Grebel an den »getrüwen und lieben mitbrüder in Christo« Thomas Müntzer schrieb, jener aber nie erhielt. Zürich ist keine Ausnahme. In der gesamten Schweiz ist kaum noch etwas, was rein optisch auf die einstige Bedeutung der Bewegung hinweisen könnte. Selbst das Zwingli-Portal am Züricher Großmünster hat die Täufer schlichtweg vergessen ...

Geistiger Lehrer der Glaubensrebellen, die am 21. Januar 1525 – dem Geburtstag der Schweizer Brüder – in der Wohnung des Chorherrensohns Manz in der Züricher Neustadtgasse hinter dem Großmünster mit einer Suppenkelle die erste Glaubens- oder Erwachsenentaufe praktizierten, war unbestritten Huldreich Zwingli. Doch in dem Verhältnis, wie der Religionsstreit jetzt ganz allgemein den Humanismus abtötete und durch den Protestantismus ersetzte, wurde der Reformator nun auch ihr entschiedener Gegner.

Zwingli, in schwerer Pestzeit auf den Weg der Reformation gestoßen, war mehr von Erasmus von Rotterdam beeinflußt als etwa Luther, und Erasmus galt »fast« als Täufer. Der Leutpriester im Züricher Großmünster hatte sich innerlich von Rom getrennt, um mit einem strengen Verhältnis zur humanistischen Tradition die gereinigte Kirche, die sittliche Erneuerung vieler Lebensordnungen zu predigen. »Der Zwingli«, so die frühe Täuferliteratur noch zustimmend, »hatte damit begonnen, das Papsttum zu stürmen und wider die Verwüstung und den Greuel Babylons, der schändlichen Hure [gemeint ist die katholische Kirche – d. A.] zu lehren und zu schreiben. « Es gelang ihm auch, »dem Papst den Krug aus der Hand zu schlagen«, doch die Scherben und den Bodensatz warf er nach Meinung der Täufer dann nicht weit genug weg. Für die Runde um Grebel, Manz und Blaurock, die mit ihrer Taufhandlung die erste Freikirche auf deutschem Boden gegründet hatten, sah Zwingli die reformatorische Aufgabe zu sehr als ein Gebot der weltlichen Obrigkeit. Sie warnten vor der Errichtung einer Theokratie, einer Gottesherrschaft, damit vor einem unheiligen Band, das die Kirche, der jeder einzelne kraft Geburt und Kindstaufe angehören mußte, und den Staat verknüpfte. Von jener Stunde im Jahre 1523 an, in der der Rat der Stadt Zürich die »67 Schlußreden« Zwinglis billigte, war die Reformation in der Schweiz für die Rebellen endgültig zu einer höchst politischen Sache geworden. Der Reformator hatte der weltlichen Gewalt Kraft und Bestätigung aus Lehre und Tat Christi zugesprochen, sich also gegen den eigenen, radikalen Schülerkreis gestellt, mit dem er einst in Züricher und Basler Humanistenkreisen zusammengesessen hatte, um die römischen Mauern ins Wanken zu bringen. Für den in Grüningen aufgewachsenen Grebel und eine Gruppe ihn umgebender Provokateure, die sich wie einst Luther in der Mönchszelle die Frage nach einem gnädigen Gott stellten, war Zwinglis Vorgehen ein fauler Kompromiß, der mit einer radikalen Auslegung der Reformation nichts mehr gemeinsam hatte. Wenn es der Christenheit schon nicht gelang, die Welt zu vergeistlichen, so sollte es der Welt auch nicht gelingen, die Christenheit zu verweltlichen.

Als Antwort darauf öffneten die Taufgesinnten, die die Reformation »ohne die Vermischung des göttlichen mit dem weltlichen Wort«, also im Bruch mit der mittelalterlichen Einheit von Kirche und Gesellschaft durchführen wollten, für Zwingli, aber auch für Luther eine zweite Front. Und eine gefährliche dazu, akzeptierten die Täufer doch vom ersten Tag an selbst das Martyrium als Teil der Geburtswehen einer neuen Kirche. Der Gang zur Richtstätte war für die frühen Frommen nur ein Ausdruck jener Freiheit des Christenmenschen, für die auch Luther grundsätzlich eingetreten war.

Mit der Glaubenstaufe, die Grebel an dem »beweibten Weißmäntler«, dem ehemaligen Mönch des St. Luciusklosters zu Chur »Jörg vom Hause Jakob« Blaurock, ausführte, war ein weiteres Trennungskriterium zwischen Schülern und Lehrer geschaffen worden. Die Ablehnung der Kindstaufe galt von nun an zwar als augenfälligste Konsequenz des Religionsstreits, war jedoch mehr Symbol einer gereinigten Gottesverehrung und eines neuen Bibelverständnisses und damit von nachgeordneter Bedeutung. Den Sektierern erwuchs daraus der Gruppenname »Taufgesinnte«, verächtlich auch »Wiedertäufer«, da sie in einer Gesellschaft, in der jedes Kind getauft war, automatisch eine Zweittaufe durchführen mußten. Der damaligen Justiz kam der Begriff Wiedertäufer insofern gelegen, lag ihr doch ein rund 1000 Jahre altes Gesetz aus den Zeiten des Kaisers Justinian vor, nach dem die häretisch-widerrechtliche Wiederholung der bereits vollzogenen Taufe »mit schwerem Tod« zu bestrafen war. Hierauf konnte man sich auch berufen, als die Wiedertaufe als Reichsrecht durch den Speyrer Reichstag von 1529 mit der Todesstrafe belegt wurde. Nicht wie bisher üblich wurden die Glaubensrebellen mit Hilfe des Kirchenrechts, sondern direkt durch den Staat verfolgt, was darauf schließen läßt, daß man die Täufer weniger als Häretiker, sondern generell wegen ihrer Haltung der weltlichen Obrigkeit und ihrer Gesellschaft gegenüber fürchtete. Auch für Luther, der eine Gefahr nicht nur für die römische, sondern für die christliche Kirche ganz allgemein sah, waren die Neugläubigen mehr »Sünder gegen das Staatswesen als Sünder gegen die Religion«.

Es half nichts, daß sich die Täufer, die neben dem Religionsverbrechen auch der bürgerlichen Straftat beschuldigt wurden, gegen ihre Sammelbezeichnung auflehnten: »Darum, daß wir keine Kinder, sondern allein gläubig Bejahrte auf ihr eigenes Begehren nach dem Gebote des Herrn taufen, müssen wir den Namen der Wiedertäufer tragen; hingegen sind die Zwinglischen bei der Kindertaufe und anderen Gebräuchen des Papsttums geblieben und behalten gleichwohl den Namen Reformierte. Hier lassen wir nun unparteiisch urteilen, wer von uns der Wahrheit am nächsten sei, wer am besten reformiert hat und wem der Name der Reformierten eigentlich zustehe und gebühre.«

Trotz ihrer Absage an Zwingli waren die Schweizer Täufer in gewissem Sinne Zwinglianer geblieben und verstanden sich noch einige Zeit als Teil seiner Reformationsbewegung. Sie suchten in erster Linie die Rückkehr zum Evangelium als eine Gegenwehr zur alten Kirche. Sie hatten Zwinglis Forderung der Kirchenzucht übernommen, seine frühe Kritik an der Kindstaufe – »daß man Kindlein nicht töuffen solle« (eine Meinung, die er ändern sollte) –, seine symbolische Abendmahlslehre und die Betonung der Nachfolge Christi in Kreuz und Leiden. Daneben kopierten die Frommen Zwinglis Vorstellung von der Erneuerung der Kirche anhand des Neuen Testaments, dessen Kritik an modernen Kirchenbräuchen, sein Eintreten für die Befreiung der Bürger von der finanziellen Bürde des Papsttums und den Stil seiner Bußpredigt. Ganz allgemein vertraten sie die herkömmlichen zentralen theologischen Lehrmeinungen des geschichtlichen Christentums, was selbst Zwingli dann bestätigte, als er ihnen »ein Abweichen nur in wenigen Punkten« attestierte. Für den Reformator blieben die Neugläubigen trotzdem »in Engel des Lichts verkleidete Teufel« mit dem »Gebell des dreischlündigen Höllenhundes und einem bestialischen Sinn, den sie für einen christlichen ausgeben«.

Die Glaubensrebellen bekannten, daß für sie die wahre christliche Taufe innerlich und äußerlich zu geschehen habe, innerlich mit dem Heiligen Geist, äußerlich aber mit dem Wasser nach Johannes dem Täufer. Aus dem Bibelwort – Christus an seine Jünger – »Gehet hin, lehret alle Völker und taufet sie in dem Namen des Vaters, des Sohnes und des Heiligen Geistes ...« (Math 28) zogen sie den Schluß, daß Lehre und Glaube *vor* der Taufe stehen müßten, auch wenn er im Gegensatz zum »Lasset die Kindlein zu mir kommen ...« der katholischen und lutherischen Auffassung stand, die an der grundsätzlichen Sündhaftigkeit des Menschen festhielt. Ein Kind war die Perfektion der Schöpfung. Von Gott und dem Teufel wußte es nichts, konnte somit auch keine Sünde haben, sich allerdings auch nicht zu irgendeinem Glauben bekennen. Kein schlechtes Beispiel dafür war Christus selbst, der die Taufe erst im Alter von 30 Jahren empfangen hatte. Luther wiederum – der die katholische Zeremonie der Taufe mit Salz, Speichel und Öl am Kleinkind beibehielt – führte als Argument für den Taufakt an Kindern und gegen die Bekehrtentaufe das Vorbild der jüdischen Beschneidung an; und war der Sohn Gottes kein Jude gewesen? Die Täufer lehnten daneben den Eid ab, da dem aufrechten Christen nur ein »einfältiges und schlichtes ›Ja, Ja‹ und ›Nein, nein‹«, der Loyalitätseid nur Christus zustehe. Sie leugneten die Gegenwart des Leibes und Blutes Christi im Abendmahl, da der Herr gen Himmel gefahren sei und nicht im Brot gegessen werden konnte, sprachen sich gegen die Berufsgeistlichkeit und den Kriegsdienst aus. Sie lehnten die toten Heiligen ab, da für sie nur Lebende heilig sein konnten. Kämpferisch gestimmt provozierten sie Kirche und Obrigkeit mit großangelegten Wurstessen zur Fastenzeit, aber auch mit nicht immer gewaltfreien Störungen von Predigten, um zu zeigen, daß für sie »die neuen Pfaffen weiterhin viel zu viel von den alten Pfaffen hatten«. Grebels Randalieren im Züricher Rathaus ist aktenkundig, war man sich in Täuferkreisen doch noch nicht restlos darüber einig, ob das Wort Gottes tatsächlich über die totale Wehrlosigkeit zu verbreiten sei oder – so der Täufer Simon Stumpf – die Reformation nur dann Erfolg haben könnte, wenn man im Rahmen eines religiösen Steppenbrandes »alle Pfaffen zu Tode schlug«. Ein Johannes Brötli verband seine missionarische Tätigkeit mit dem Aufstand der Hallauer Bauern und ließ sich dazu von Bewaffneten schützen. Dem stand das Argument der Friedfertigen gegenüber, wonach sich ein Christ, ganz gleich in welcher Situation, wie das Schaf unter Wölfen zu verhalten habe, sich also jeweils willig selbst zur Schlachtbank führen lassen mußte. Zum rechten Vorbild dafür wurde jener Eberli Bolt, der sich am 29. Mai 1525 zu Schwyz in die lange Liste der täuferischen Märtyrer eintrug. Ihm folgte Johann Krüsi zu Luzern. Grebel, Manz und Blaurock kamen unter verschärften Arrest, Glaubensbrüder wurden in Berns Nüwen Thurm »bei Wasser und Brot ins Stroh gelegt, um sie dort ersterben zu lassen«. Am 19. November des Jahres 1526 untersagte der Rat der Stadt neben der Taufhandlung auch das Zusammenrotten der Täufer bei Todesstrafe. Im Appenzeller Land ließ man sich damit noch etwas Zeit, erst ab 1530 galt dort, daß wer als Täufer seine Lehre nicht widerrief, rechtmäßig zu ertränken sei.

Für die Menschen, die aus der Schrift lasen, man solle erst

glauben und dann taufen, hatte – so der hutterische Chronist und Geschichtenerzähler Caspar Braitmichel, ein schreibender Superlativ des 16. Jahrhunderts – jetzt »Erasmus von Rotterdam, eine Zierde der deutschen Nation, zwar die Mißbräuche des Papstes höflich und artig in seinen lateinischen Büchern angesprochen, und der Luther der römischen Hure das Gewändlein hinten und vorn richtig aufgedeckt«. Der Luther aber habe nur ein altes Haus niedergerissen und kein anderes an seiner Stelle errichtet. Zusammen mit ihm hätte Zwingli das Papsttum zwar bekämpft, sich dann aber mit Luther in der Abendmahlsfrage überworfen. Das Ergebnis nach Braitmichel: »Aus ihnen sind zwei rohe Völker entsprungen, und es hat sich mit ihnen nichts gebessert. Einzig ein aufgeblasenes und geschwollenes Wissen haben sie, Fleisch essen, Weiber nehmen, Mönche und Pfarrer ausschelten, das war ihr höchster Gottesdienst. Aber eine Veränderung des Lebens, einen aus ihrem Wort neugeborenen Menschen, sah man bei keinem von beiden.«

Dem standen die zum Teil skandalträchtig ausgemalten Quellenschriften über die Täufer entgegen, etwa Heinrich Bullingers 1531 bei Froschauer in Zürich gedrucktes Buch mit dem Titel *Von den unverschampten fräfel ergerlichem verwyrren und unwarhafftem leeren der selbsgesanten Widertouffern,* in dem der Autor auch den friedlichsten Täufern unterstellte, daß sich in ihnen der Satan als ein Engel des Lichts verstellte. Urban Rhegius schrieb in Augsburg *Wider den newen Taufforden, Notwendige Warnung an alle christ gleubigen durch die diener des Evangelii,* Melanchthon seinen *Unterricht wider die Lere der Wiedertauffer.* Wann immer die den katholischen und protestantischen Lehrmeinungen verpflichtete theologische Literatur jener Zeit auf die »wiedertäuferischen Ketzer« und ihre Lebensprinzipien einging, wurde mit schlimmen Anwürfen gegen die »verfluchte und höllische Secte« (der Münchener Hofsekretär Albertinus) nicht gespart. Die Wiedertaufe galt als großer Irrtum, schädlicher als fleischliche Laster, Geiz und Hoffart (der lutherische Theologe Urbanus Rhegius). Den Federkiel in Galle getaucht, versuchte man den von der Bevölkerung allgemein bewunderten untadeligen Lebenswandel der Frommen mit Scharlatanerie und Scheinheiligkeit gleichzusetzen. Gegnerischen Schriften aus den verschiedenen Konfessionslagern war von seiten des Täufertums dabei wenig entgegenzuhalten: 1528 hatte man die Verteidigung der Täuferlehre kurzerhand unter Todesstrafe gestellt. Der erste relativ positive Bericht eines »Auswendigen« über die Bewegung stammte dann auch aus der Feder des Dichters Grimmelshausen, der das Leben unter den Täufern – obwohl sie einer Irrlehre anhingen – mit einiger Bewunderung für christlicher als das Klosterleben hielt.

Trotz des Druckverbots half den Täufern bei ihren Aufklärungsversuchen besonders die ein paar Jahrzehnte zuvor erfundene Druckpresse, die ihre Flugzettel gleich tausendfach auflegen konnte. »Umbträger« verteilten sie auf Märkten und vor Stadttoren, brachten sie von Gemeinde zu Gemeinde. In volkstümlicher Sprache griffen Täufergruppen zwischen Breslau und dem Elsaß, Tirol und Hessen mit Streit-, Programm- und Unterweisungsschriften tagesaktuelle kirchliche und politische Fragen auf und versuchten, den Leser mit Thesen für sich zu beeinflussen, die in erster Linie der Neuentdeckung der Bibel und der zentralen Bedeutung Christi entsprachen. Der rechte Glaube war die Nachfolge des Gottessohnes, ein Teilnehmen an seinem Leiden, an Kreuz und Auferstehung. Täuferideale standen zuerst auf der Grundlage des Neuen Testaments, auf den Evangelien der Apostelgeschichte, wobei nicht übersehen werden konnte, daß sie in der Form jüdischer Gläubigkeit angenommen und weitergegeben wurden. Die Neugläubigen trauten sich die Scheidung von Erwählten und Verlorenen für die Knechtsgestalt ihrer Gemeinden zu, betonten das Erlebnis innerer Erleuchtungen, gelegentlich verbunden mit Stimmen und Gesichten. Sie legten häufig übertrieben strenge Maßnahmen an die zuchtvolle Haltung ihrer Gemeindeglieder, jeweils darauf bedacht, »daß Herz und Mund und Tat aufs beste miteinander gehen« (Hans Denk). Sie erklärten aus ihrem Schriftverständnis heraus die Kindstaufe nun bereits als Teufelswerk, die Absonderung »von der Welt der Totschläger, Hurer und Götzendiener« für bindend, waren tatsächlich aber von der protestantischen Hauptrichtung wie von der katholischen Kirche keineswegs so weit entfernt, daß das blutige Schauspiel ihrer Verfolgung durch beide Kirchen unabwendbar gewesen wäre.

Allerdings kann es heute keine Zweifel mehr daran geben, daß die Täufer etwa für die von einer Zahl bäuerlicher Erhebungen und anstehender Sozialkonflikte vorgewarnten, reformatorisch daneben noch lange nicht abgesicherten Obrigkeiten gerade in der Schweiz vorübergehend eine existentielle Gefahr bedeuteten. Allein die Tatsache, daß sich der neue Glaube eben dort am schnellsten verbreitete, wo der Untertan schwerer zu erreichen, dadurch auch in seiner Religiosität häufiger alleingelassen war – eben bei den Bauern in abgelegenen Landesteilen oder im Gebirge –, konnte ihm durchaus Anzeichen der bäuerlichen Revolte mit einer religiösen Variante geben.

Was in den Täuferverstecken gepredigt wurde, war eine radikale Konsequenz aus der Übergabe der Bibel an den gemeinen Bürger, der das Gotteswort jetzt für sich auslegen konnte. Häufig ähnelten diese Vorstellungen jenen der vorreformatorischen Waldenser. In frühen Verhörsprotokollen bewiesen die Frommen dann bereits eine erstaunliche Bibelkenntnis, obwohl es gerade in der katholischen Kirche den Laien ja verboten war, die Bibel in der Landessprache zu besitzen, um Lehrstreitigkeiten über ihre Inhalte zu verhindern. Auch die Waldenser unterrichteten bereits das Kind anhand der Schrift, woraus nun geschlossen wurde, daß viele der Neugläubigen mit der Bewegung des Peter Waldo in Verbindung standen oder gar Teil von ihr gewesen waren, auch wenn zusätzlich der Einfluß des Engländers John Wycliff und des tschechischen Reformators Johannes Hus nie ganz übersehen werden konnte.

Dabei stand die Täuferlehre jener der katholischen Kirche gelegentlich näher als der von Luthers Protestanten. Die Frommen wandten sich zwar gegen Heiligenverehrung und Reliquienkult, doch predigten sie etwa eine Absonderung von der Welt, die Parallelen im Klosterwesen der alten Kirche hatte. Blieb das Kloster einer gewissen kleinen Gruppe vorbehalten, so glaubten die radikalen Christen fest daran, die Bruderschaft – die »Gesellschaft als Leib Christi« – und damit die Nachfolge Christi für die ganze Gemeinde durchsetzen zu können. Das Wesen eines auserwählten Volkes lag für sie in der Verwirklichung der Gemeinde ohne Flecken und Runzeln, in einem Leben der Gelassenheit und im Gegensatz zur Welt in geistlichen und zeitlichen Dingen. Die Gemeinde war generell dort, wo zwei oder drei, dreißig oder dreihundert im Namen Jesu zusammenkamen (Math 18,18-20). Auch die Idee der Synode wurde durchaus angenommen, wie das täuferische Bekenntnis von Schleitheim, in der Nähe von Schaffhausen, aus dem Jahre 1527 unterstreicht. Als Konzilort wollen Historiker jetzt das Täuferwegli im Randengebiet von Hermmental ausgemacht haben. Hier verabschiedeten die Gläubigen sieben Artikel – »die wir im Herrn halten sollen, wenn wir gehorsame Kinder, Söhne und Töchter Gottes sein wollen« – über Taufe, Kirchenzucht, Abendmahl, Absonderung, Prediger, Schwert und Eid. Sie sollten für die noch junge Bewegung in Süddeutschland, in der Schweiz und in Österreich als gemeinsame Glaubensformel maßgebend werden und sind bis zum heutigen Tag bindend für traditionell konservative Täufergruppen geblieben.

In der Schleitheimer Form durchlief die neue Lehre in wenigen Wochen ganz Deutschland, in wenigen Monaten den größten Teil der Christenheit. Die hohe Sterbensfreudigkeit der frühen täuferischen Märtyrer, ihr Beispiel unerschütterlicher Glaubensgewißheit, beeindruckte dabei besonders das einfache Volk; allgemeine Unruhen und Rechtsunsicherheit neben einem gesteigerten Bemühen um das eigene Seelenheil taten ein übriges. Namhafte Theologen, Geistliche und Humanisten schlossen sich den Täufern an, darunter Michael Sattler, Prior des Benediktinerklosters St. Peter im Schwarzwald, D. Balthasar Hubmaier, Domprediger in Regensburg, Johannes Brötli, Seelsorger von Quarten am Walensee: Wunderärzte der kranken alten Weltordnung, die allesamt allerdings das Jahr 1529 nicht überlebten und mit Tausenden von Täufern den Märtyrertod starben. Die religiöse Protestbewegung verstand es mit ihrem gesellschaftlichen Modell von Freiheit, Gleichheit und Brüderlichkeit lange Zeit vor der Französischen Revolution, breite Volksmassen vorwiegend oberdeutscher Zunge und aus den städtischen und ländlichen Unterschichten in ihren Bann zu ziehen, war zeitweise in gewissen Landstrichen an Bedeutung der katholischen wie protestantischen Kirche durchaus ebenbürtig. Nürnberg, Augsburg und Straßburg wurden zu Stützpunkten der Taufgesinnten. Der Schusterdichter Hans Sachs oder ein Albrecht Dürer kamen in ihren zeitgenössischen Kritiken den Täufern häufig sehr nahe, Rembrandt, obwohl Glied der reformierten Kirche, hatte enge Beziehungen zu Mennoniten und war nach einigen Unterlagen sogar einer von ihnen. In habsburgische Lande drang die Lehre gar wie eine Naturkatastrophe ein, um dort fast ausschließlich die Reformation zu repräsentieren.

Wie Zwingli, für den die Täuferlehre eine größere Gefahr bedeutete als Rom, wollte jetzt auch der ehemalige Augustinermönch Luther in der aufkeimenden, überaus zähen Täuferfront mehr und mehr das kirchenauflösende Element entdecken. Die Trennung vom Hauptstrom der »reformatz teutscher nation«, der Rückzug in eine Gruppe von »Heiligen«, war mehr als nur die Eigenheit von religiösen Sektierern. Sie gefährdete die Aussicht, Rom in die Knie zu zwingen, war die Reformation doch von dem Zeitpunkt an nicht mehr alleine von den großen Reformatoren der ersten Stunde bestimmt, an dem einige ihrer prinzipiellen Anhänger damit begannen, andere Ziele zu verfolgen. Tatsächlich befürworteten Luther und Zwingli die Glaubensfreiheit nur für ihren eigenen Kreis, der Schweizer hielt die Todesstrafe durch Ertränken für die »täuferische Irrlehre« schon zu einem Zeitpunkt für gerecht, als Luther noch die Meinung vertrat: »Mit der Schrift und Gottes Wort sollte man ihnen wehren und widerstehen. Mit Feuer wird man wenig ausrichten« (*Von der Wiedertaufe*, 1528).

Die Behörden in der Schweiz, der Heimat der Grabers, Yoders, Kauffmans oder Zehrs vom Allen County, behandelten das Täuferthema überregional erstmals am »Donnerstag vor Oswaldi«, am 2. August 1527, als der Großrat der Stadt Zürich seine »lieb Eidgenossen« von Bern, Schaffhausen, Basel, Chur, Appenzell und St. Gallen zur Lageberatung einlud, da man ihrer trotz strenger Strafen bis dato nicht Herr geworden war. In der Gstadtstraße 23-25 im Fischerdorf Zollikon bei Zürich hatte sich bereits die erste Täufergemeinde etabliert, in der Stadt selbst beriefen sich schon viele Eltern auf die neue Glaubensrichtung und lehnten es kategorisch ab, ihre Neugeborenen taufen zu lassen. Nach Strafandrohung – die Kindertaufe war gesetzlich bindend – schrieb Grebel an seinen Schwager Fabian in St. Gallen in weiser Voraussicht: »Ich glaube, daß Verfolgung nicht ausbleiben wird. Gott gebe uns Gnade.« Aus Zürich flüchteten Täufer nun nach Schaffhausen, obwohl der Rat der Stadt auch dort schnell versicherte: »Wir sind ouch des gemüets, unsere jungen Kinder zu toufen.« Schaffhausen, in religiösen Fragen stark abhängig von Zürich, fällte ein erstes Todesurteil am 13. November 1527 gegen Hans Rüeger. Hier gab es jetzt Gesetze gegen Fluchen, Trinken, Spielen und eben Wiedertäuferei. Im katholischen Kanton Solothurn, wo kleine Täufergemeinden in den Ämtern Aarwangen, Niederbipp und Wangen, besonders auch um Bucheggberg entstanden, konnte sich die Lehre nie richtig durchsetzen, vielleicht der Grund, warum man dort gegen die »nichtchristliche sect« nicht so systematisch vorging wie in der Nachbarschaft. Allerdings war auch von den Solothurnern 1530 für rechtmäßig erkannt worden, daß die Täufer »ausgerottet und getilgt« werden mußten. In St. Gallen schien der Boden für die Verbreitung des Täufertums wiederum besonders günstig. Dem Prediger D. Balthasar Hubmaier liefen die Bürger unter dem Multertor gleich in Scharen zu, ebenso Konrad Grebel. Am Palmsonntag des Jahres 1525 zogen Neugläubige aus der Stadt in einer Prozession hinaus an die Sitter, um sich dort zum Sturmgeläut der verängstigten Nonnen von St. Leonhard taufen zu lassen. Schon ein paar Monate später wurde das Täufertum »in Wort und mit der Tat« auch hier verboten, zuwiderhandelnde Mannspersonen mit 10, »Frauenbilder« mit 5 Pfund Buße in bar bestraft oder ausgewiesen.

Schwerwiegende Folgen entstanden den Neugläubigen bald aus jenem Schnitt, mit dem sie das Band zwischen Kirche und Staat getrennt hatten. Die Gefahr, daß ein solcher Bruch der Zerstörung der politischen Ordnungen wie der existierenden Gesellschaft zuspielte, wurde mit der gewaltigen Erhebung des deutschen Bauernstandes deutlich. Gingen auch sonst die Wege klar auseinander, so war der Zusammenhang zwischen Täufern und Bauern jetzt durchaus gegeben, da beide ein neues Reich, eine Welt der göttlichen Gerechtigkeit in sichtbarer Form herbeisehnten. Täuferführer wie Grebel, Hans Hut, Hans Denk oder Balthasar Hubmaier verkündeten ohnehin gerne etwas mehr als nur das Wort. Grebels scharfe Angriffe auf Kapital, Zinsen und Kirchensteuer (Zehntrecht) – »In der Frage des Zehnten handeln die Leute in der Züricher Welt tyrannisch und tükkisch« – waren nur ein Beispiel dafür, daß es den Täufern nicht nur um die vielzitierte Gewissensfreiheit in Glaubensfragen ging, sondern auch um eine allgemeine Bruderschaft, die die Gleichheit aller Menschen garantierte. Die Frommen – die von Anfang an das Alte Testament unterschätzten, während etwa die Bergpredigt in hohem Ansehen stand – sahen in der neutestamentarischen Tradition nie nur das Vorbild für Lehren und Ordnungen, sondern auch für eine soziale Struktur, ohne daß die damalige Zeit mit ihren erst beginnenden ökonomischen Veränderungen diesen Vorstellungen hätte entsprechen können. Doch die Kritik, besonders an der altgläubigen Kirche, der zwei Drittel des deutschen Bodens gehörte, fand Zustimmung gerade bei erbunfähigen Bauernsöhnen, feudalabhängigen Bauern und leibeigenen Lohnarbeitern. Nur natürlich war es dann auch, daß gerade in den Reihen der Habenichtse viel Sympathie für die täuferischen Soziallehren gezeigt, Reformation und Revolution in einem Atemzug genannt wurden. Diese Unterprivilegierten hielten es an der Zeit, mit Axt und Fackel in der Hand die Freiheit des Christenmenschen, ein Gottesreich mit einer neuen, klassenlosen Gesellschaft herbeizuführen. So gehörte zu den Forderungen der Bauern nach den Zwölf Artikeln des Sebastian Lotzer neben der Abschaffung der Leibeigenschaft und Neuordnung der Fronarbeit auch der Anspruch, einen Pfarrer nach eigener Wahl, »der das Evangelium lauter und klar ohne menschlichen Zusatz predigt«, einsetzen zu können. Damit war der Stein, vom Berge gerissen, recht groß geworden (Müntzer).

Während sich die Unruhen schnell ausbreiteten, griff der Urprotestant Luther, der den Fürsten und Herren anfänglich durchaus noch ins Gewissen geredet hatte, nun aufgeschreckt vom vielen Blutvergießen, die Aufständischen dort an, wo diese von ihrem »göttlichen Auftrag« im weltlichen Händel sprachen. Für den Sohn eines Bauerngeschlechts gab es zwar durchaus ein natürliches Recht, das allerdings vom Evangelium scharf zu trennen war und nie zu Gewalt und Aufruhr greifen durfte. Die Autorität des Staates sah Luther in seiner gottgegebenen Stellung, dem Miteinander von Kirche und Obrigkeit. Aus seinem »Brief an die Fürsten zu Sachsen von dem aufrührerischen Geist« wollten viele Protestanten jetzt die Rückkehr des Reformators zu alten Gewalten herauslesen: »Wo sie aber mehr tun denn mit dem Worte fechten, wollen auch brechen und schlagen mit der Faust, da sollen Euer Fürstliche Gnaden zugreifen, es seien wir oder sie ... Denn wir, die das Wort Gottes führen, sollen nicht mit der Faust streiten. Es ist ein geistlicher Streit, der die Herzen und Seelen dem Teufel abgewinnet.« Und in dem Ausmaß, wie Luther den Aufstand niederwetterte, öffneten sich die Aufständischen nun zu Tausenden neuen Lehren wie jener der Täufer.

An Männern wie Thomas Müntzer, der in Mühlhausen in Thüringen predigte, wie man mit Hilfe theologischer Einsichten vorhandene Sozialordnungen verändern konnte, um dabei nach den Wurzeln der damaligen Welt zu greifen, sollten sich bald geistliche wie weltliche Geister scheiden. Tatsächlich wurde der Bakkalaureus der Heiligen Schrift, einst unruhiger Anhänger Luthers, nicht nur als Führer seiner Rebellenhaufen, sondern jetzt auch als Vater der »Anabaptisten« – dem griechischen Wort für Wiedertäufer – angesehen, obwohl er selbst nicht die Glaubenstaufe empfangen hatte. Doch verkündete er in Täufermanier, daß der wahre Christ nur durch die Erfahrung von Kreuz und Leiden den Geist Gottes besitzen könne. Die Unterdrückten – eben die Bauern, die Armen – hätten das Kreuz bereits erfahren und seien so auch die Auserwählten des Herrn. Als Müntzer, der mit prominenten Täuferführern wie Grebel und dem Apokalyptiker Hans Hut in Verbindung stand – ein Schatten, den alle Täufer heute gerne loswerden würden –, nach der Schlacht bei Frankenhausen enthauptet wurde, war den Täuferjägern ein neues Signal gegeben. Bauer und Täufer waren fortan austauschbare Begriffe. Zweifellos hatten die Neugläubigen einen kaum zu übersehenden Anteil am Bauernkrieg, zusätzlich auch an der Erhebung des Landvolkes im Kanton Bern rund 100 Jahre später, obwohl man zeitgenössischen Berichten vorhalten kann, daß ihre Autoren der Lehre gegenüber feindlich eingestellt waren, die Behauptung, die Täufer hätten »ihr Gift aus Thomas Müntzer gesogen«, generell falsch ist. Friedrich Engels sollte die Taufgesinnten dann trotzdem einmal die »Vorläufer des modernen Klassenkampfes« nennen.

Tatsächlich hatten sich die sogenannten Wiedertäufer zu jener Zeit in zwei Gruppen geteilt, auf der einen Seite die Pazifisten, auf der anderen die Militanten. Der brutale Gestaltungswille einzelner Täufergruppen wurde dann vom religiösen Mordrausch der Täufergruppe von Münster in Westfalen unterstrichen, wo sich eine scheinbar geistige Innerlichkeit – im gewissen Sinne auch ein kommunistisches Experiment – in grausigen Exzessen einer apokalyptischwahnsinnigen Herrschaft austobte. Furchtbar ist bei diesem Betriebsunfall der deutschen Geschichte die Ernte, die einer brutalen religiösen Unduldsamkeit erwächst. 1530, dem Jahr, bevor Zwingli, die »Blüte von Zürich«, in der Schlacht bei Kappel fällt, war durch den Kürschner Melchior Hoffmann aus Schwäbisch Hall eine kirchliche Neubelebung in den Norden Deutschlands vorgedrungen. Der Prediger hatte mit seiner Mission Erfolg, taufte etwa in Emden in wenigen Tagen 300 Menschen, bevor er nach Amsterdam zog, wo gerade die ersten Täufer enthauptet und zur Warnung der Bevölkerung gepfählt wurden. Melchior, einst lutherischer Prediger, vertrat durchaus unlutherische Ansichten wie einen starken Glauben an Träume und Visionen, die ihm selbst als Offenbarungen dienten. Er bestand etwa darauf, daß eine sündige Maria eigentlich nichts zu Jesu Wesen beigetragen haben konnte, der Gottessohn damit »in«, aber nicht »von« Maria gewesen sei – eine Ansicht, an der die norddeutschen Täufer eine Zeitlang dann auch festhielten.

Hoffmann erwartete das Tausendjährige Reich der Gerechtigkeit und damit die Weissagung der Bibel »im Rahmen der letzten 7 Jahre der Weltordnung« für 1533, also in unmittelbarer Zukunft. Eine wichtige Rolle dabei sollte Straßburg spielen, was ihm eine ganze Reihe prominenter Täufer bestätigte. Die Stadt galt als das kommende Jerusalem, das sich Rom, dem gotteslästerlichen Babylon entgegenstellte. Von Straßburg aus sollten »im letzten Alter der Menschheit« die Gottlosen verzehrt und das Reich Gottes aufgebaut werden. Hier ging Hoffmann – er hatte gerade sein Buch *Vom Schwert* geschrieben – dann auch freiwillig ins Gefängnis, für ihn der geeignete Platz, um die Ankunft des Herrn zu erwarten. Seine Zeit vertrieb sich der Reformator damit, daß er wegen des Mangels an Papier immer neue Ideen zu alten Themen auf Bettlaken niederschrieb.

Praktisch über Nacht kam dann allerdings Münster anstelle von Straßburg für einen Kreuzzug der Wiedergeborenen ins fragwürdige Spiel. Gerade evangelisch geworden, hatte sich die Zahl der Täufer in der Bischofsstadt durch Zuzug und Massentaufen sprunghaft vermehrt, so daß die Täufer im Stadtrat plötzlich die Mehrheit besaßen. Durch Gegenmaßnahmen des Fürstbischofs in Notwehr gedrängt, radikalisierten sich die Anhänger Hoffmanns über ein Evangelium der Rache. Sie bereiteten ihr neues Reich damit vor, daß sie »die Hefe der Gottlosen«, jene Bürger also, die sich nicht (wieder) taufen ließen, kurzerhand ermordeten. Den Versuch, eine endgültige politische Heilsordnung revolutionär herzustellen, führte der Prophet Matthiesen aus Haarlem an, von Beruf Bäcker. Neben ihm der von Hoffmann getaufte Schneider Jan Bockelson (auch Johann von Leiden), der sich zum König des Täuferreiches berufen fühlte. Viele Neugläubige strömten jetzt in die Stadt, die die Vielweiberei nach dem Beispiel Salomons und Davids und die Gemeinwirtschaft einführte, um so das Weltende zu erwarten. Als das »neue Zion« 1535 nach eineinhalbjähriger Belagerung durch evangelische und katholische Reichsstände abrupt endete, wurden die Täuferführer hingerichtet, symbolisiert bis zum heutigen Tag durch jene Käfige an der Lambertikirche von Münster, in denen die religiösen Amokläufer einst ausgestellt waren.

Gegen den Vergleich mit Münsters militantem Endzeitreich wehrten sich die pazifistischen Täufer ebenso heftig wie vergeblich. Obwohl sie sich laut Chronik ihres Märtyrerspiegels in den Tagen des »Auge um Auge, Zahn um Zahn« als »unschuldige Tauben, die vor den Klauen des Habichts und der Raubvögel in die Steinritzen und hohlen Bäume fliegen, heimlich und verborgen« aufhalten mußten, sollten sie die Exzesse als schlimme Abstammung nicht mehr loswerden. Das gescheiterte Täuferreich blieb an ihnen hängen wie ein Bleigewicht. Münster ... das waren fortan die bösen Alibitäu-

fer, die die Gesellschaft, Katholische wie Protestanten brauchten, um ihre Raserei gegen die Gruppe zu rechtfertigen.
Gegen die Ausschreitungen der westfälischen Rotte, tatsächlich eines der seltsamsten Zwischenspiele der deutschen Geschichte, kämpfte in Wort und Schrift ein gewisser Menno Simons(zoon), katholischer Priester im niederländischen Friesland, auch wenn ihm von Historikern häufig eine gewisse Komplizenschaft mit den Münsteranern vorgeworfen wird. Nach der Katastrophe, und in ihrem Zusammenhang muß seine Entscheidung gesehen werden, gab Simons sein Priesteramt zurück und schloß sich den rachlosen Täufern an, um bald ihr bedeutendster Führer im niederländisch-niederdeutschen Raum zu werden. Simons suchte die Neugläubigen über eine eigene innere Identität gegen politische, geistige und theologische Kräfte zu festigen. Er schuf dafür neue Ordnungen, da die alte Kirche sich noch weigerte, sich zu reformieren, und die neue in ihrer Reform für ihn nicht weit genug ging.

Simons war 1492 (1495, 1496?) in Witmarsum geboren. Wahrscheinlich entstammte er einer bäuerlichen Familie, was die Tradition bäuerlicher Sympathie mit der täuferischen Lebensform unterstreichen könnte. In Utrecht 1524 zum römisch-katholischen Priester geweiht, erhielt er den Ruf der Pfarre in Pingjum in der Nähe seines Geburtsortes. Glaubt man frühen Schilderungen, so gab er sich dort recht nachhaltig dem Kartenspiel und Alkohol hin. Nach aufkommenden Zweifeln am kirchlichen Verständnis griff Simons zur Schrift und erkannte daraus Differenzen mit der offiziellen Kirchenlehre. Um 1529 stand er erstmals im Verdacht, ein Anhänger Luthers zu sein.

Durch Melchior Hoffmann und das Zeugnis der ersten »vom tauff, kindertauff und widertauff« gezeichneten Märtyrer auf die Täufer aufmerksam geworden, kam Simons zu dem Schluß, daß die Erwachsenentaufe als Spannungspunkt tatsächlich biblisch, die Kindertaufe neutestamentarisch dagegen nicht zu rechtfertigen sei. Letztere hielt er ganz im Sinne der Gruppe um Grebel für überflüssig, im Widerspruch zur Schrift, vom Papst erfunden wie der Ablaß, die Heiligenverehrung und das Fegefeuer. Ein Kind könne sich nicht für Christus entscheiden, sondern nur der mündige Mensch. Lediglich die innere Taufe mache selig, da sonst das Reich des Himmels an das Element des Wassers gebunden wäre, das Blut Christi also vergebens vergossen worden sei. Nur die teilweise kämpferische Entwicklung und politische Militanz der Taufgesinnten – ein Bruder Simons' gehörte zur Täufergruppe der Melchioriten, die sich 1535 am Überfall und danach an der Verteidigung des Oldeklosters bei Bolsward in Friesland beteiligte – hielten ihn vorerst noch von einem Übertritt ab.

Im Januar 1536, somit in gefahrvoller Bekennerzeit, verschwand der Zweifler dann heimlich aus der altkirchlichen Gemeinschaft seiner Pfarre und ließ sich vermutlich in der Provinz Groningen taufen. Mit einer Kopfprämie von hundert Gulden – dem Jahreseinkommen eines Priesters – gejagt, machte sich Simons nun daran, streng pazifistische Täufergruppen im oldenburgischen Ostfriesland und in Holland aufzubauen. Theologisch-dogmatisch an den Schweizer Brüdern und den Hutterern orientiert, predigte er den Gemeinden, daß derjenige, der Gott von ganzem Herzen suchte und nicht getäuscht werden wollte, sich fortan nicht mehr auf Menschen verlassen sollte. Auch nicht auf die menschliche Lehre, ganz gleich wie alt, heilig und hervorragend sie sei, »denn ein Theologe ist wider den anderen in alter wie in neuer Zeit. Baue einzig auf Christus und sein Wort, auf die sichere Lehre der heiligen Apostel«.

Die Gemeinde war für den vom Priester zum Propheten gewandelten Simons eine Bruderschaft gläubiger Menschen, das Wesen des Christentums die Nachfolge, die Ethik der Liebe hatte alle menschlichen Beziehungen zu regieren. Ein Taufgesinnter müsse eine Umgestaltung erfahren, die in einem Leben der Heiligung und Liebe ihren Ausdruck fände. Unter Liebe sei zu verstehen, daß der Täufer Abstand von Streit und Greueltaten nehmen müsse, da wahre Christen nicht auf das weltliche Schwert angewiesen seien: »Spieße und Schwerter überlassen wir solchen, welche keinen Unterschied zwischen Menschen- und Tierblut machen.«

Simons' Konzept sah somit eine Friedenskirche vor, für ihre Zeit sicher revolutionär, wahrscheinlich jedoch der einzige Weg, um als Täufer das Debakel von Münster zu überwinden. In seiner »Verantwortung« von 1554 – Menno wirkte gerade in Holstein – waren so auch »unsere Waffen keine Waffen, womit man Städte und Länder verwüstet, Mauern und Tore zerbricht und menschliches Blut wie Wasser vergießt, sondern Waffen, mit denen man das Reich des Teufels zerstört, das gottlose Wesen in den Gewissen der Menschen vernichtet und die steinharten Herzen zerknirscht, welche noch nie von dem himmlichen Tau des heiligen Worts besprengt worden sind. Wir haben und kennen auch keine anderen Waffen, das weiß der Herr, und sollten wir gleich in tausend Stücke zerrissen werden und obschon so viele falsche Zeugen wider uns aufstünden, als Gras auf dem Felde und Sand am Meer ist«.

Dabei war der strenggläubige Moralist durchaus Realist genug, um dem Staat die Handhabung des Schwertes – den Bösen zum Schaden, den Frommen zum Nutz – nicht abzusprechen, wenn es ihm darum ging, den inneren oder äußeren Feind damit zu bekämpfen. Jedermann, auch der Christ, war für ihn dem Staate untertan, vorausgesetzt, daß dieser seine von Gott begrenzte Autorität nicht fälschlich nutzte. Doch er trennte rigoros die kirchliche von der staatlichen Ordnungsmacht und trug seinen Täufern in alter Waldensertradition auf, kein staatliches Amt anzunehmen, um eines Tages damit nicht in Konflikt zu kommen.

Trotz Simons' Persönlichkeit offenbarten sich innerhalb der Täufergemeinde schon bald kräftige Differenzen. Nie waren die Taufgesinnten ihrem Vorbild der christlichen Urgemeinde, dem Idealzustand des »ein Herz und eine Seele« (Apg 4,32) auch nur nahe. Von Beginn an zeigten sich in dem zum Teil ins Schwärmerische und Sozialutopische ausufernden Täufertum verschiedene Lehrbegriffe, gab es ernste Unstimmigkeiten. Darunter wurde die Handhabung des Banns, jener furchtbaren Waffe in der Hand der Päpste, die die Heiligen übernommen hatten, jetzt auch zum Trauma der Täufer. So mußte es zu vielen Spaltungen und Offenbarungen neuer Gottesordnungen kommen. Aus einer davon gingen die Amischen hervor.

Menno Simons, kein Luther und kein Zwingli, aber ein Wiederentdecker und Bewahrer des christlichen Glaubens und zu seiner Zeit eine überragende Vatergestalt des Täufertums. Seinem Werberuf der Bruderliebe war es zu verdanken, daß sich die hartverfolgte Bewegung trotz aller inneren

Streitigkeiten kräftig erneuern und eine tragbare organisatorische Form finden konnte. Seine Anhänger sollte man dafür bald Mennoniten nennen. Weit war noch der Weg von der real existierenden Gemeinde bis hin zum Ziel, den Glauben auch frei leben zu können. Während in der Neuen Welt die freikirchliche Idee der Täufer, darunter die vollkommene Trennung von Kirche und Staat, rund 150 Jahre nach dem Bekenntnis von Schleitheim wie selbstverständlich in der politischen Ordnung verankert wurde, setzten sich im Europa der Grebel, Manz oder Simons Religions- und Gewissensfreiheit nur langsam durch. Der Westfälische Frieden machte im Jahre 1648 einen wenn auch kläglichen Anfang dazu, obwohl er die Anliegen der Täufer bewußt übersah. In der Schweiz wurden im Sturm der Französischen Revolution »jede Art von Gottesdienst« erlaubt und »in Erwägung, daß es nur der Gottheit allein zukommt, über die Gedanken und Meinungen der Menschen zu richten«, alle vorhandenen Denkmäler religiöser Verfolgung vernichtet. Im Berner Land, der Urheimat der Amischen vom Allen County, sollten die Täufer jetzt in den Genuß einer gewissen Glaubensfreiheit kommen. Doch bis tief ins 19. Jahrhundert mußten etwa die Täufer im Berner Land noch warten, um – erstmals seit den Tagen der Reformation – das Heimatrecht wieder zu erhalten. Erst nach der Verankerung der Glaubensfreiheit in der Bundesverfassung von 1874 durften die Gläubigen dort dann auch frei zu Gottesdiensten zusammenkommen.

Das Selbstverständnis der inzwischen über die ganze Welt verstreuten Täufer profitierte indessen bis zum heutigen Tag von ihrer frühen Absage an die Bindung von Kirche und Staat. Nur so blieben die Gemeinden stärker als die wechselnden Lehrmeinungen von Fürsten und Herren, viele konservative Täufer Taufgesinnte im Sinne ihrer Vorväter. Unter ihnen jene Amischen, die sich gegen Ende des 17. Jahrhunderts vom Hauptstrom der Mennoniten abgespalten hatten. Einst Propheten eines untergehenden Abendlandes sind sie in Amerika zu einer Familienkirche geworden. Ihre Sehnsucht nach einer Wende ist weiterhin real, ihr Angstgegner ist der Papst geblieben, doch ihre vornehmste Sorge gilt heute in erster Linie der Selbsterhaltung.

## 3. Das Geheimnis vom einfachen Leben

Die Amischen im Arbeitsalter schwärmen am frühen Morgen aus wie Bienen im Frühjahr. Sie hängen zwischen Henkl- und Söistall, Milchhuus und Schüür, rufen einzeln oder im Chor das Rindvieh von der Weide und locken es mit Kuhfutter zum Melken. Alle Welt scheint dazu zwischen fünf und sechs schon auf den Beinen zu sein, doch nur die farbigeren Gestalten der Frauen heben sich vorerst noch vom grauen Frühlicht ab. Ihr »Kum Bas, kum Bas, kum Bas«, der Schrei nach der Basie, Cindy oder Susy gehört zum Morgen jeder Farm, kommt rhythmisch wie die Freßglocke am Haus. So ist es drüben bei Tobi und Naomi, Ruth und Joseph, David oder Barbara, eben bei allen Amischen an der Cuba Road, in den hier mündenden Straßen und Wegen. Einheitlich reagiert man auf das erste Morgenlicht, gebunden an Natur und Zusammensein, was den einen Frommen immer so wie den anderen fühlen läßt, ganz gleich, ob er nun lacht oder weint, zustimmt oder ablehnt. Und es scheint für alle zusammen nichts Schöneres zu geben, als um 5 Uhr aufzustehen und Kühe zu melken. Außer natürlich (vielleicht?), um 5 Uhr nicht aufzustehen und keine Kühe zu melken.

Elams Farm, ein Beweis von Elternliebe und Eigenkapital, liegt zurückversetzt in Grabills Weichbild. Sie ist weit genug vom Ort entfernt, um sich davon zu isolieren, doch jedem zugänglich, der von der Cuba Road an der richtigen Stelle in einen kutschenbreiten Weg abbiegt, dann den kleinen Garten mit einfachen Blumen über kurzgeschorenen Rasenmatten passiert. Blumenarten übrigens, von denen auf der Farm niemand so recht weiß, wie sie heißen. Doch wichtig ist hier ohnehin nur, daß sie zur Ehre Gottes und seiner Schöpfung wachsen und gedeihen, woran die Rachel ihre ganz besondere Freude hat. Auffallend, daß die Grabers auch Rosen ziehen, die in der religiösen Landschaftsstimmung vieler Amischen als etwas zu stolz gelten und daher abgelehnt werden.

Die Farm hat durchaus den Reiz des Kultivierten, Gepflegten, wenn sie auch ohne jeden in Europa üblichen bäuerlichen Kunstgeschmack auskommen muß. Wohnhaus und Wirtschaftsgebäude – Scheune, Stall, Wagenschuppen und Tenne – sind getrennt, zwischen ihnen immer wieder ein Stück manikürter Rasen, etwas vom Rostfraß angenagtes Ackergerät und ein paar vom Wind verwöhnte Bäume. Vom Haus aus ist der Blick entweder von flatternder Wäsche verstellt oder aber über weite Weiden meilenweit offen. Gen Westen reicht er bis hin zur schlechten Wirklichkeit Welt, sprich: bis hin nach Grabill. Die Nachbarn sind durchweg amische Bauern. So auch überall gebändigte Vegetation im Schachbrett alter Parzellierungen, dazwischen ein paar aufgeworfene Erdriemen, die der Pflug der ackerbautüchtigen Täufer hinter sich gelassen hat. Der Boden ist hier gut, leicht glänzend, eben das, was die Farmer in Indiana »Black-Jack«-Erde nennen. Haus und Scheune, Hisli und Schuppen, Innenwände und Decken – alles ist in Weiß gehalten, was für die Demut der Besitzer spricht. Ganz generell sind alle Amischhöfe im Allen County, abgesehen einmal von ein paar alten Backsteinbauten, weiß gestrichen, im Gegensatz etwa zu den Farmen der Heiligen in Pennsylvanien, die ihre Scheunen häufig in Rot halten ... ein Rot, das die Grabiller als die Farbe des für den sündhaften Menschen vergossenen Blutes Jesu eben total ablehnen.

Das Amischhaus, das Nest der Familie, steht weit mehr für die Geborgenheit einer Familie, als dies bei Weltlichen die Regel wäre. Grundlos zu erwähnen, daß seine Bewohner ohne einen Picasso und Tschaikowskys Fünfte, den Krimi am Abend oder die Dusche am Morgen, ohne Radio und Telefon auskommen. Auch ohne »Blitzstangen«, die hier verboten sind. Das Wohnhaus ist ein reiner Zweckbau ohne jeden architektonischen Schmuck. Architektur ist hier, was stehen bleibt, verlangt die Ordnung doch, daß »die Häuserpracht nicht sein soll, nämlich im Häuserbauen, mit unterschiedlichen Farben anzustreichen oder es auszufüllen mit prächtigem Hausgerät ...« Es hat groß genug zu sein, damit – wenn Elam und Rachel an der Reihe sind – hier die Gemeinde ihren Gottesdienst mit anschließendem Liebesmahl abhalten kann. Trotz der engen Vorschriften verstehen es die Amischen durchaus, ihren Wohnungen einen eigenen Stil zu geben, dem von einem Außenstehenden nur in den seltensten Fällen der nagende Gedanke, auf Erden nur

Eigentümer auf Zeit zu sein, abzulesen ist. Die Grabersche Wohnungseinrichtung, längst nicht mehr nur auf Europa oder gar radikal pessimistisch aufs apokalyptische Kalkül abgestimmt, besteht aus Schaukelstühlen und Kommoden, Betten und Standuhren, aus – wohl am greifbarsten – zwei gewaltigen Öfen, einem mit Stangeneis gekühlten Eisschrank, Kerosinlampen, Nähmaschinen, Sofas und selbst noch ein paar Töpfen für den Saft von Elams Kautabak. Dazwischen ein Überangebot an Kinderspielsachen im wohlorganisierten Durcheinander, die den Einfluß der Neuen Welt nicht verheimlichen können. Rachel sammelt bemalte Teller, Elam Taschenuhren, die ganze Familie Postkarten, die je nach Motiv an der Wand hängen und ihr etwas Farbe geben. Mittelpunkt des Hauses ist die große Küche, in deren molliger Wärme sich das Leben besonders im Winter abspielt. Ein Anbau dient als Sommerküche.

Der Tag auf Elams 80-acres-Farm beginnt während der warmen Jahreszeit gleich nach dem ersten Hahnenschrei. Morgens um fünf – genauer gesagt an diesem »Samschti um fünfe« – ist die Welt im Allen County noch in Ordnung (abgesehen vielleicht davon, daß die Sau in der Nacht ihr eigenes Ferkel verspeist, der Waschbär ein paar Hühnern die Hühnerbeine herausgerissen hat): Was Amisch ist, arbeitet, die Weltlichen schlafen noch. Wenn die Frommen tatsächlich auch samstags auf die Erlösung der Erde vom Menschen hoffen, so sagen sie es nicht. Elam wirft den hier akzeptierten Dieselmotor an, der Grundwasser aus dem Boden pumpt. Die kleinen und kleinsten Hunde, die auf den Amischfarmen hier in letzter Zeit in Mode gekommen sind, kläffen in den neuen Tag: Im Amischland geht es eben zu wie im richtigen Leben, aber eben auch wie noch im Leben vor ein-, zweihundert Jahren. Die jungen Grabers tappen im amischen Sommerlook, noch bevor der Tau verdampft, hinüber zum kalkbleich verstrichenen Kackhisli, zum luftgekühlten Plumpsklo. Elam hat dort eine Art Donnerbrett mit verschieden großen ovalen Öffnungen für verschiedene Altersgruppen maßgezimmert, so daß die Allerkleinsten, die Kleinen wie die Großen einen sicheren Sitz darauf haben. Alles andere als Luxus, wie man mir glaubhaft versichert, ist es doch schon vorgekommen, daß sich ein Kind auf die falsche Seite im Kackhisli setzte und dann in die untergeordnete Grube fiel. Das Plumpsklo, so logisch und einfach es arbeitet, birgt daneben weitere generelle Gefahren. Hat doch gerade erst auf einem Hof ein Amischmaler die Rechnung ohne einen rauchenden Sohn gemacht. Der eine reinigte im Hisli mit Benzin seine Pinsel, der andere rauchte dort dann heimlich seine Zigarette. Das heißt, er wollte sie im Heimlichen rauchen, was unheimlich wurde, als alles in die Luft flog und dann zurück in die Grube fiel.

Die Benutzung des Häuschens bedeutet für den Weltlichen unter den Heiligen bereits einen kapitalen Umschwung des Lebensgefühls, sozusagen die erste echte Ablösung vom Ich. »Gestaltet euch nicht nach dieser Welt«, heißt es im Römerbrief. Und damit fängt, wer wie ein Amischer leben will, am besten gleich am frühen Morgen an. Für den Elam und die Rachel zählt alles andere zu den grausamen Genüssen der Zeit. Wer eine moderne Toilette in seinem Haus installiert, will »leben wie ein König«. Und da ihre Lebenspraxis absolut nicht von Fürstlichem zu prägen ist, muß die Wasserspülung im Kampf zwischen der Zivilisation von heute und der Kultur von gestern einfach immer wieder unterliegen.

Die morgendliche Routine führt vom Hisli wieder zurück ins Haus und dort direkt unter die handbetriebene Wasserpumpe. Hier wird dann einiges Talent benötigt, um gleichzeitig zu pumpen (mit der einen) und zu waschen (mit der anderen Hand). Doch bei den Grabers spielt sich das alles gekonnt, durch und durch genormt ab. Immer der ewig gleiche Rhythmus, da kann die Welt darum herum zugrunde gehen: Anmärsche, Aufmärsche, Durchmärsche, Abmärsche, Dollarsturz, Kursverfall, Tschernobyl, Algentod und saurer Regen ... nichts, was die Amischen vom Allen County aus der Ruhe bringen könnte, nichts, was dem Farmer in ihnen wichtiger wäre, als »wie's Gewächs hüt schteht«, Voraussetzung etwa für den ersten Luzerneschnitt im Juni, die Getreideernte im Juli, das Einfahren des Strohs im August oder die Kartoffel- und Maisernte im September.

Unbestrittenes Oberhaupt meiner Gastfamilie war, wie ich ohne Anstrengung schnell herausfand, der trocken-gescheite Elam J. Graber, 37 Jahre alt und damit noch jung genug selbst für das 21. Jahrhundert. Das J. steht für Jakob, den Rufnamen des Vaters, da es bei den Amischen üblich ist, den Anfangsbuchstaben des väterlichen oder mütterlichen Vornamens als Initial in den eigenen Namen einzurükken, was zuallererst dem Postboten hilft. In unserem Abschnitt der Cuba Road etwa heißt fast jeder Farmer Graber, und auch bei Vornamen greifen die Frommen auf kein allzu großes Repertoire zurück. Elam hatte neben 40 Pferden so viele Rinder auf der Weide, daß er – »der Herr im Himmel sig dafür globt und prise« – ohne Übertreibung Stiefel wie ein echter Cowboy hätte tragen können. Auf jeden Fall war er wirtschaftlich in der amerikanischen Mittelklasse einzuordnen. Doch hin- und hergerissen zwischen Schöpfung und Profit, halten die Amischen als »biedere Lüt« von solchen Rechnungen nichts. Wichtig für sie nur, daß finanziell »alls in der Ordnung isch«. Rachel, die ländlich-robuste Frau des Hauses, bewegte sich sicher neben Elam in der traditionellen Geschlechterrolle, stand in Küche und Stall gleichermaßen ihren Mann. Zusätzlich führte sie einen Schuhladen, der im Keller des Farmhauses eingerichtet ist. Christ, der älteste Sohn der beiden, der seinen Namen seinem Geburtstag am 24. Dezember verdankt, arbeitet an Zaumzeug im eigenen Harness Shop gleich gegenüber der Schüür, Bruder Ben und Barbara-Ann besuchten noch die Schule, Schwester Rachel stand vor der Einschulung.

Das eigentliche Vermögen der Grabers tummelte sich in den ältlich-grauen Boxen des Stalles oder auf den Weiden: die 13 000-Liter-Kuh oder das 160-Tage-Schwein, die Kälber und jungen Stiere. Daneben natürlich die Pferde (die im Amischland immer Gäule sind): leichte, handliche Renner, die im Trab ihre größte Geschwindigkeit erzielten, praktisch als Ersatz für das Auto. Die Stuten waren rund 1300 Dollar wert, der Gelding 800. Die schweren Arbeitstiere, die die Aufgabe des Traktors auf dem Feld übernahmen, rangierten an verschiedenen Stellen der Preiskala. Glanzstück in Elams Sammlung – obwohl die Amischen ganz prinzipiell ein engeres Verhältnis zu ihren leichten Kutschenpferden haben – ist ein riesenhafter, registrierter Belgier mit Namen Constable, dessen 2000 Pfund Pferdefleisch, vor dem Pflug durchaus keine Seltenheit, rund

20000 Dollar bringen konnten. Die Gäule im Allen County waren heute prinzipiell mehr wert als noch vor ein paar Jahren, ganz einfach darum, weil es droben im kanadischen Quebec neuerdings verstärkt wieder Liebhaber für Pferdefleisch gab. Die Schlachthöfe konkurrierten mit den Amischen so auch, wenn es um die Frage ging, ob ein ausgedienter Traber von der Rennbahn etwa im Kochtopf oder an der Heuraufe eines Bauernhauses landen sollte. Letzteres war dabei nie eine Garantie, daß die Amisch-Nancy oder die Elsie, der King und die Christa, oder wie die Heiligen an der Cuba Road ihre Vierbeiner noch riefen, eines Tages nicht doch noch nach Quebec oder in eine Fabrik zur Herstellung von Hundefutter oder Düngemittel verschickt würden. Nach 15, in Ausnahmefällen auch 17 oder gar einmal 20 Jahren wandert auch der willigste Amischgaul zum Schlachthof ... eben dann, wenn er nichts mehr taugt oder seine eigene Substanz auffrißt. Wenn es um Bares geht, dann sind die Brüder jeweils kühle Rechner.

Was das Fressen anbetraf, schnitten gerade Elams Ackergäule im Vergleich zum Beispiel mit seinen Kühen ausgesprochen schlecht ab. Eine Durchschnittskuh gab etwa 100 Pfund Milch am Tag und fraß trotzdem nur die Hälfte wie ein Pferd. Der Ackergaul mußte zusätzlich von Oktober bis April durchgefüttert werden, wenn er im Gegensatz zum Traber nur im Stall herumstand, dabei lediglich Mist machte und auf das Frühjahr wartete. Über die Produktivität jedes einzelnen Tieres auf dem Hof führten die Frommen so auch genau Buch; schrieb eines rote Zahlen, so wurde es abgeschrieben. Hier halten es die Grabers mit dem Motto »Ein lahmes Pferd ist besser tot«. Daneben etwa auch ein »Fensschamper«, also einer, der mutwillig über Zäune sprang, sich nicht so recht kasernieren ließ. Schließlich war es der Herr persönlich, der ihnen in einer ausgesprochen guten Stunde die Tierwelt untertan gemacht hatte. Gänzlich untertan. Der Grund, warum man nur äußerst selten einen verdorbenen Gaul vor einem Amischwagen sieht, einen der ausschlägt etwa, einen der die Peitsche braucht, einen Beißer oder Spritzer, der bei schneller Gangart mit den Hufen zusammenschlägt. Bevor Kritik den Besitzer erreicht, ist das Tier schon vom Hof verschwunden.

Der Boden um das Grabersche Haus ist biblisch gedüngt, haben die Frommen doch bis zum heutigen Tag das Brot im Schweiße ihres Angesichts zu verdienen (1 Mos 3,19). Die Amischfarm konnte schon aus diesem Grund so auch nie ein Tip für Aussteiger sein. Dafür mußte die Bewahrung der Schöpfung hier einfach viel zu sehr erschwitzt werden. Elam, Rachel, Christ und Ben erledigten etwa vor 9 Uhr in der Frühe mehr als die meisten Weltlichen an einem ganzen Tag. Potenzen des Menschen wurden in Milchhuus oder Schüür, in Stall und Shop freigelegt, die die Technik draußen längst blockierte. Die Farmarbeit hatte Elam genau eingeteilt, zugegeben eine Plackerei für alle, doch eine Plackerei, die als eingeschliffene Mechanik die Familienmitglieder untereinander verband. Amischleben ist Familienleben und nicht gänzlich frei von der altjüdischen Familienzucht, die Familie, die zusammen arbeitet, bleibt nach Ansicht der Frommen zusammen. Es tut danach der Tochter gut, wenn sie mit der Mutter melkt, dem Sohn, wenn er mit dem Vater pflügt. Stichhaltige Gründe, die schwere und manchmal auch monotone Arbeit nicht zu erleichtern. Die Familie als zuverlässige Einheit, die Sippe braucht dieses Band, das sich häufig als so stark erweist, daß sich die Amischen außerhalb der Gemeinschaft recht unsicher fühlen können. Die Jüngsten, Barbara-Ann und der Wirbelwind Rachel-Mae, füttern zum Beispiel die Hühner, suchen auf flinken, früh gedrillten Mädchenbeinen nach den Eiern, die ältere von den beiden hilft bereits im Stall kräftig mit und entlastet Rachel bei der Hausarbeit. Die Buben haben praktisch alle Aufgaben im Stall und auf dem Feld in der Verantwortung, besonders jetzt, wo das Multitalent Elam vorübergehend als Zimmermann »in der Welt« arbeitet. Früher wäre er dafür noch gebannt worden, doch heute ist der Job draußen die Sparkasse der Familie, aus der größere Ausgaben finanziert werden. Der Job wird von der Familie ohnehin nur als vorübergehend angesehen, bleibt doch für jeden rechten Amischen nach dem Jesuswort »der Acker die Welt«. Die Farm und der Harness Shop, zusätzlich Rachels Schuhladen brächten zwar ein gutes Einkommen, mit dem – so der Hausherr – die vorerst einmal sechsköpfige Familie auskommen könnte. Aber Amischeltern müssen zuallererst nicht an sich, sondern eben an ihre Kinder denken. Die Jungen brauchen eines Tages eigenes Land, um im christlichen Sinne leben zu können, und da reicht das heile Grün der eigenen 80 acres nun einmal nicht aus.

Mit Elam und den Jungen ziehe ich im Frühlicht durch die Schüür, also die Scheune, und durch den Stall, und zwar etwa so, wie andere eine Kunstausstellung durchlaufen. Immer langsam, immer an neuen Objekten orientiert, die offenbar einer Erklärung bedürfen. Dabei erhalte ich die unverzichtbaren Lektionen eines Bauernalltags: Ein Pferd muß »Stil« haben, was es am besten durch Haltung, Zeichnung und Schritt beweist, wobei man todsicher davon ausgehen kann, daß der Vierbeiner mit dem meisten Stil vom Hausherrn gefahren wird. Das Pferd, das sich am Schweif scheuert, leidet unter Wurmbefall, wogegen in den meisten Fällen »Dichlorvos Horse Wormer« oder »Wonder Wormer« helfen. Einem Belgier, der registriert ist, muß der Pferdeschwanz gestutzt werden. Wenn so ein Gaul mistet, soll das, was kommt, trocken, birnen- bis fast goldgelb oder in der Nähe des Olivgrünen sein. Und natürlich soll Mist angenehm riechen, da sonst etwas ernstlich mit dem Tier verkehrt ist. Dazu etwas über Kruppenformen, Kotrinne, Abferkeln, Peitschentraining und Deckhengste. Auch darüber, daß die Amischen eine künstliche Besamung, wie auf weltlichen Farmen üblich, ablehnen, obwohl sie ganz genau den Vorteil davon sehen. Das tiefgekühlt konservierte Sperma eines einzigen Hengstsprungs kann gleich viele Stuten decken, ist leicht zu transportieren und lange haltbar. Die Welt hat dadurch einen Vorteil gegenüber der Konkurrenz der Amischen, doch künstliche Befruchtung hieße für die Frommen, sich mit draußen gleichzustellen, etwas anderes zu machen, als es Gott in seiner Schöpfung vorgesehen hat.

Nein, ein Pferd hat keine Seele. Es kann nicht in den Himmel kommen. Dem Pferd ist somit praktisch auch egal, ob es lebt oder tot ist. Verstand ... ja, Verstand hat es.

Elam, sauber rasiert bis auf den Bart, redet mit jedem einzelnen seiner Tiere, ein »ho whoa hoooo, hoo, ho, whoa ho«, das offenbar auch verstanden wird. Mit Gäul, Küeh, selbst mit de Söi müsse man einfach so reden. Wer sich davor drücke, habe Angst vor ihnen. Ja nun ... und mit dem

Pferd sei es so wie mit der Frau ... das Hinterteil wäre wichtig. Und man meint's wie einen guten Scherz. »Gibt's solchene Gäul in Dütschland und solchene?« Probleme haben die Grabers mit einem Renner, der unter psychischen Schäden leidet, ein Pferd, das von seinem weltlichen Vorbesitzer offenbar zur Sau gemacht worden war. Es bockt, steigt, schnaubt sich den Staub aus den Nasengängen. Einen Städter müßte das in die Knie zwingen. Doch Christ, dem in jungen Jahren durchaus schon das Macheretikett anhaftet, geht mit äußerster Sorgfalt auf die Individualität des Tieres ein. Ein Pferdemensch, der Menschenpferde kennt. In ein paar Wochen würde es vollkommen kuriert und damit für den Amischbuggy tauglich sein.

Zum »Morgeesse« oder auch »Esse zmorge« geht es in den scharfen Dunst der Sommerküche. Rachel, Barbara-Ann, Christ, Ben und das »Pupli« Rachel-Mae tragen jetzt einheitlich blaßblau, nur Elams Hosen sind etwas dunkler. Die Weiblichkeit hält dazu trotz der frühen Morgenstunde das Haar schon unter kunstvoll gefalteten, blütenweißen Hauben versteckt. Die listigen Täufermänner aller konservativen Gruppierungen denken hier durchaus ähnlich, lieben die Klauen dieser Tradition. Natürlich begründen sie die Verhüllung des Frauenhauptes historisch mit einer Stelle aus »dr Biewel«, die dem Weib das »Aufdecken einer Ehre« – gemeint sind damit anziehende frauliche Merkmale ganz generell – in Gottes Namen verbietet. Nichts, aber auch gar nichts soll hier zur Schau getragen werden, denn der Mann ist nun einmal die Ehre Gottes, die Frau die Ehre des Mannes, das Haar wiederum die Ehre jeder Frau ... wenn auch nicht die einzige. Doch die Täufer übersehen dabei auch die sexuelle Anziehungskraft des Frauenhaares nicht. Was nicht verglichen werden soll, darf der Mensch nicht vergleichbar machen. Nur ein Ehemann darf daher seine Partnerin ein Erwachsenenleben lang ohne Gebetshäubchen sehen. Für alle anderen hat die »Kapp« aus weißem Organdy steif genug auf dem Haar zu sitzen. Ermüdet der Stoff, ist sie rechtzeitig auszuwechseln.

Vor uns ein Tisch voller Angebote, eine Fundgrube für den Vielfraß, Cholesterinbomben in jeder Menge, wobei mich besonders die gepfefferten Frikadellen in warmer

Milch bannen. Dazu gibt es süßen, gezwiebelten Salat, ebenfalls in Milch, Pfannkuchen, hausgebackenes Brot, eingemachtes Gschmier, Wurst, Ei, viel brunnenfrisches Wasser oder dünnen Kaffee. Und natürlich gibt es auch Pie, einen gedeckten Obstkuchen, eine amische Spezialität frei nach uralten amerikanischen Rezepturen. Apfel-, Kirschen-, Rhabarber-, Vanille- oder Rosinenpie – Rachel macht gerne eine Wissenschaft daraus, steht regelmäßig stundenlang beim »Peimoche« und will es nicht anders. Dieses Frühstück, bei dem eine genaue Tischordnung eingehalten wird, ist sicher mehr eine handfeste Mahlzeit als eine regelrechte Auswahl an Leckerbissen. Die Amischen sind nun einmal keine Küchenchauvinisten, waren es noch nie gewesen. Doch wer einen deutsch-guten Magen hat, so jedenfalls der Elam, verträgt auch einmal Ungewohntes. Dabei erkundigt sich die Hausfrau immer wieder höchst interessiert, ob es Frikadellen in Milch, diese Art Gschmier, das oder das denn auch in Dütschland noch gebe. Denn die Englischen – nun, wen wunderte es schon –, die Englischen würden es nicht kennen, und von den Dütschen habe man gehört, daß sie hin und wieder ihren Speisezettel änderten.

»Wann dr Disch vull isch, wolle mer bäte.« Die Kinder beten zum Surren der Fliegen, zum Rotzen und Spucken des Dieselmotors und zum hämmernden Trabtakt von der Cuba Road her der Reihe nach. Zuerst Christ, mit 15 der älteste: »Aller Augen warten auf Dich, o Herr«, danach kommt Benjamin, gerade 14, mit dem deutschen Vaterunser, dem mit Abstand häufigsten Gebet, das in einem Amischhaus gesprochen wird. Da es von Christus selbst stammt, hält man es für am besten geeignet, der Welt die Lust an den Frommen und ihren Kindern zu nehmen. Schließlich folgen die beiden Kleinen, 6 und 9 Jahre alt und wie immer im artigen Kleid, mit dem Kleingebet »Spys, God, tränk, God, alli arme Kind, wo uff Aerde sind. Amen«.

Amische sind, wenn sie es wollen, äußerst feinfühlig. Die Rachel etwa beschmiert jetzt ihr Brot dick mit Butter und eben Gschmier, taucht es dann tief in die Kaffeetasse und fragt gleich zweimal dabei, ob's mich auch nicht störe. Das scheint mir bereits typisch für die Gemeinschaft zu sein.

Nur nicht und niemals den anderen stören. Gschmier im Kaffee ... Gast ist Gast, auch wenn es sich bei ihm nur um einen von draußen handelt. Daneben ist Rachel auch anderweitig durchaus um mich bemüht: »Eß Garlic [Knoblauch – d. A.], du muscht heit mit niemond merr schlofe!«
Während des Frühstücks wird kräftig gesprochen, man versucht es wie an jedem anderen Morgen auch erst mit »Schwizerschwätze«, mir zuliebe dann mit Bibeldeutsch und hilft sich, wenn's gar nicht anders geht, mit englischen Brocken aus. Für einige Begriffe gibt es im Amischen einfach keine Worte, da Luther sie nicht benutzte und die Vorfahren zu ihrer Zeit sie nicht kannten. Alle reden äußerst unkompliziert, familiär-vertraut miteinander, wobei der Austausch von Nettigkeiten oder Höflichkeiten allerdings etwas zu kurz kommt, etwa so, wie er auch im alten Europa unter Bauern nun einmal nicht gerade üblich war. Ein danke oder bitte ist hier selten ... man erwartet prinzipiell, daß der eine oder andere das oder das tut. Dafür muß man sich nicht bedanken, darum muß man nicht bitten. Die Amischen denken beim Reden noch anders als die Weltlichen, beim Obst nicht an ein Gift, beim Regen nicht an sauer und Untaten der Chemie, beim Baum nicht an Waldsterben und eine malträtierte Umwelt. Elams Weltmeisterkuh, die einen ganzen Eimer Milch gegeben hat, wird zum Thema, danach ein krankes Kalb oder auch jene Ratte, die Christ mit dem Luftgewehr geschossen hat. Durchaus von Interesse ist daneben, ob man in Deutschland mit Stutenurin Erkältungen bekämpft oder mit Kuhmist ein wundes Bein heilen kann – war's doch immer das gleiche: was als gesund galt, schmeckte oder roch schlecht – oder ob man dort an Hexen glaube und ob es denn nach meiner Meinung so etwas überhaupt noch gebe. Als Weltlichem, noch dazu als »Doktor der Schrift«, schien man mir Antworten auf viele Fragen zuzutrauen, gerade auch auf Gebieten, die den Amischen etwas ungeheuerlich vorkommen. So bekräftigte die salatmümmelnde Rachel ein ums andere Mal, daß um Grabill natürlich heute niemand mehr an Hexen glaube. Oder besser – fast niemand. Gab es hier doch einfach weiterhin Dinge, für die die Heiligen einfach keine rechte Erklärung hatten. Ein verhextes Pferd war für sie ein verhextes Pferd,

ganz gleich, was man nun glaubte oder nicht. So hielten es einige der Frommen auch weiterhin für sicherer, an ihren Haustüren vorbeugend Messer oder Besen anzubringen, die Hexenvolk ja generell zum rechtzeitigen Abdrehen verleiten. Wunder gab es in der Amischwelt des Allen County ja praktisch täglich, satanische Aktivitäten waren daneben nie auszuschließen. Hier erinnerten sich die Brüder und Schwestern durchaus noch an das Schweizer Emmental der Vorväter, das – von der buchenpflanzenden Teufelshand bis zu den unheilschwangeren Aktivitäten der Schwarzen Spinne – immer gut für Spuk und Legenden gewesen war. Doch der Herr im Himmel glich das Böse gerne aus. So konnte man mir von Eli Lengacher von der »Amish Kraft Co.« gleich um die Ecke berichten, der kürzlich seine alte Werkhalle auf dem Farmgelände abreißen und eine neue bauen wollte. Doch genau fünf Tage, nachdem im Familienkreis der Entschluß dazu gefallen war, brannte die Halle ab. »Dr guete Herr hat's g'hört«, so die allgemeine Meinung.

Wovon man sich an diesem Morgen noch kein rechtes Bild machen konnte ... seit drei Tagen klopfte ein wunderschöner Vogel immer wieder an das Küchenfenster von Rachels Schwester Barbara (Nolt). Das konnte durchaus etwas bedeuten oder aber auch bedeutungslos sein.

Über was man nicht spricht, sind die amischen Nachbarn. Man redet nicht über andere, ganz bestimmt nicht »verleumderisch«, was nach Matthäus 5,21 selbst einen Heiligen schnell zum »Mörder an Menschen« machen könnte. Nicht umsonst warnte auch der Apostel Jakobus vor Zungensünden, und Elam und Rachel wissen, daß sie einst für jedes unnütze Wort einmal Rechenschaft ablegen müssen. Wer etwas Negatives über den Bruder oder die Schwester sagt, übernimmt ein Richteramt und setzt sich dazu auf den Stuhl Gottes. Und da gehört ein Amischer nun einmal absolut nicht hin.

Schweifmetze unter den Schwanz, Kumtbügel um die Brust, Sprungriemen zwischen die Vorderbeine: Christ, im Alter, in dem ein Durchschnittslümmel das und das macht, ein Amischer aber bereits 12 bis 14 Stunden auf dem Hof und für die Familie arbeitet, sprüht in der Schüür den King mit Moskitospray ein. Er stülpt ihm das frisch geölte Geschirr über und befestigt den Aufsatzzügel. Genauso tragen ihn Sportpferde auf der Trabrennbahn, um eine Halsstreckung nach unten zu verhindern. King ist ein ehemaliger Renntraber, der, wie in diesem Sport durchaus üblich, schon nach wenigen Jahren nicht mehr für den Sulky taugte, sich zusätzlich beim Kurvenlaufen einmal ein Bein leicht verletzt hatte. Seine Zucht, sein Training machten ihn jetzt zum idealen Buggypferd. So jedenfalls Elam, der geborene Bauer, der so viel vom Pferd verstand, daß es eines Kunststücks bedurfte, ihn auf der Pferdeauktion mit einem Gaul zu überlisten.

Dann zockeln wir im sonnenoffenen Buggy, dem zierlichen, schwarzen Einspänner, amischbequem zu viert – das heißt paarweise hintereinander und so dicht zusammengerückt, als hätten wir ein Geheimnis zu bewahren – auf die Cuba Road hinaus. Christ als Kutscher, die beiden Mädchen mit den plissierten schwarzen Ausgehkappen über den weißen Häubchen und ich im wahren Buggyglück. Da stört es kaum, daß an der Kreuzung der Grabill Road ein paar junge Burschen in einem bleigrauen Chevy versuchen, durch lautes Hupen den Traber aus dem Rhythmus zu bringen. »Yankees«, meint Christ geringschätzig, Yankees, die nicht wissen, was sie tun. Sie sind von den Amischen auf einer Fahrt durch die Welt gelegentlich so schwer fernzuhalten wie auf der Farm der Hahn vom Morgen. Mit einer Reisegeschwindigkeit zwischen acht und zehn Meilen in der Stunde geht es am bleigrauen Chevy vorbei und weiter durch das sommerhelle Kutschenland par excellence. Um Grabill herum fehlt der Berg als topographisches Hindernis, gibt's nur ein paar milde Buckel. Sie sind kein Problem für einen Traber, einen jener harten Burschen, wie sie neben Schweizer Höhenvieh in den Ställen der Grabers, Zehrs, Lengachers oder Schmuckers stehen, nichts, was ihn daran hindern könnte, rund 20 Meilen ohne Stopp herunterzurennen. Im Allen County, so der Christ verschmitzt, gäbe es eben »schnelle Pferde und schöne Frauen«, im Gegensatz etwa zu Pennsylvaniens Lancaster County, wo das genau umgekehrt wäre, im Gegensatz auch zu Ohios Amischland, wo ein Pferd automatisch auch ein Bergsteiger sein müßte.

Das mit den Frauen ... hierzu mußte sich jeder seine eigene Meinung machen. Tatsächlich begegnete man auf den Amischfarmen hier dem schönsten Lächeln weit und breit, weltliche Gegenden eingeschlossen. Nicht grundlos warnte der Joseph immer wieder davor, daß die Englischen hinter den reifen Amischmädchen her wären wie der Teufel hinter jeder armen Seele. Das mit den Pferden, die absolut nichts mit dem »Hüjaho alter Schimmel« meiner Jugenderinnerung gemeinsam hatten? Sie sollen tatsächlich die schnellsten unter den schnellen Amischrennern in Nordamerika sein, vorausgesetzt, man diskutiert diese Frage nicht ausgerechnet mit den Brüdern vom Lancaster County. Natürlich gibt es keinen einzigen echten Beweis dafür, in welchen Täuferställen nun die schnellsten oder ausdauerndsten Vierbeiner stehen. Dazu aufgefordert, läuft etwa Elams King mit Leichtigkeit seine 9 Meilen in 30 Minuten herunter. Die Grabers schaffen die 65 Meilen zu einem Cousin in der Gegend von Lagrange in rund viereinhalb Stunden, worauf sie auch stolz sein könnten, wenn ein Amischer nur stolz sein dürfte. Allerdings geben die Brüder und Schwestern auch etwas darauf, die allerbesten Kutscher zu sein. Nur selten korrigieren sie ein Pferd mit der Peitsche, die in einigen Gemeinden ohnehin schlichtweg verboten ist. Die Peitsche ist in erster Linie dazu da, den Vierbeiner daran zu erinnern, daß hinter ihm noch einer ist, der im Zweifelsfall bestimmt. Man läßt dem Vierbeiner viel von seinem natürlichen Temperament. Dadurch wird der Amischrenner eher zum Partner als zum Sklaven seines Herrn ... seiner Herrin.

Zum schnellen Gaul kam bei den Grabers noch der schnelle Einspänner. Die Radlager dafür, jenen eines Autos auffallend ähnlich, hat Elams Vater Jakob – wie der Sohn ein Mann für viele Gelegenheiten – einmal eigenhändig entwikkelt. Eine Erfindung, »ebbes Nües«, das die Heiligen nicht ablehnten. Heute fuhren so auch Buggys mit Graber-Radlagern in vielen Amischdistrikten, ja, in aller Welt herum. Nur daß die Grabers vom Allen County nichts davon haben. Der Jakob war der rechtmäßige Erfinder der Radlager, doch Weltliche haben ihm – so der Elam – die Idee einfach gestohlen. Und da die Amischen gerichtlichem Händel aus religiösen Gründen aus dem Weg gehen müssen, ist es dabei geblieben.

In einem Amischbuggy, hinter einer Pferdestärke, ist man auf Indianas Straßen ein ernst zu nehmender Verkehrsteilnehmer. Dazu berechtigt die Lizenz, die Elam jedes Jahr für 16 Dollar kaufen muß. Wer herrschende Verkehrsregeln übersieht, kann dann auch durchaus mit einem Strafmandat der Polizei rechnen, wobei sich die Prediger der Gemeinden noch nicht ganz im klaren darüber sind, ob etwa das Stoppzeichen vor Grabills Schienenstrang tatsächlich von Amischkutschern berücksichtigt werden muß. Nach ihrer Logik sind Verkehrszeichen für das ungöttliche Auto und nicht für Pferde erfunden worden. Wenn alle Welt sich nur mit ein oder zwei PS fortbewegen würde, könnte man auf sie rundweg verzichten. Allerdings streiten sich die vom Allen County darüber nicht mit der Obrigkeit wie Brüder anderer Gemeinden, die wegen ihres Widerstands gegen die Staatsgewalt gerade international in die Schlagzeilen gerieten.

Die Amischen stimmen dagegen zu, daß Alkohol »am Zügel« verwerflich ist. Wenn hin und wieder einer von ihnen trotz des strengen Maßhaltegebots mit einigen Promille auf dem Kutschbock erwischt wird – bereits eine geöffnete Flasche im Buggy fordert die Staatsgewalt heraus –, setzt es durchaus einmal »Schläg«.

Die Lizenzgebühr bedeutet nicht, daß die Amischen für den Fall eines Diebstahls oder eines Unfalls versichert wären. Eine Versicherung zu akzeptieren hieße für sie, das eigene Leben oder das der Familie, also die eigene Zukunft aus Gottes Hand zu nehmen und einem Menschen – einer weltlichen Institution – anzuvertrauen. Joseph, der Diener zum Wort und damit einer, der es wissen muß, umschreibt das dann auch so: »Wer eine Versicherung hat, glaubt, daß ihm etwas Böses passieren kann. Damit mißtraut er der göttlichen Macht.« Wenn ein Amischer in einen Verkehrsunfall verwickelt ist und deswegen für schuldig erklärt wird, hilft ihm immer die ganze Gemeinde, diese Schuld abzutragen. Dieses Prinzip bewährt sich auch auf anderen Gebieten. Brennt etwa ein – ebenso unversichertes – Gebäude auf dem Hof ab, kommt das amische Hilfswerk, ein Zusammenschluß der Kirchendistrikte, für 80 Prozent der Kosten eines Neubaus auf. Praktisch sieht das so aus, daß dann jede Familie eines bestimmten geographischen Raums 40 Dollar spendet, um dem Bruder aus der akuten Not zu helfen.

Ganz generell kümmert sich der Staat mehr um seine Amischen, als sich die Amischen heute um ihren Staat kümmern. Wer von der Welt nichts nimmt, der schuldet ihr auch nichts. Wo die Heiligen leben, gibt es häufig »Buggy-Fahrrinnen« am Straßenrand, mahnen Verkehrsschilder mit aufgemalten Pferdewagen immer wieder zur Vorsicht. Doch nicht nur die schnellen, volltechnisierten Weltlichen erhalten somit Auflagen. Nach den Gesetzen inzwischen aller US-Staaten, in denen Amische leben, müssen ihre Gebrauchsfahrzeuge heute gut sichtbar sein, auch wenn sich das in einigen Distrikten zu einem echten Problem entwikkelte für Menschen, die einfach unsichtbar bleiben wollen. Selbst im Straßenverkehr. In Indiana war es früher so, daß die Brüder und Schwestern eine rote Flagge an einer Stange zeigen mußten, wenn sie auf öffentlichen Straßen fuhren, heute muß ein Buggyende hier ein Warndreieck tragen. Natürlich war diese Neuerung Grund genug für eine Reihe von konservativen Täufern, deswegen ins Gefängnis zu gehen, da sie das Warndreieck einfach für zu weltlich, zu auffällig halten. Und weiterhin gibt es im Allen County einzelne Bauern, die das Zeichen immer erst dann an der Rückseite der Kutsche befestigen, wenn sie ihr Farmland verlassen und sich auf weltliches, sprich feindliches Territorium begeben. Auf dem eigenen Hof wird Teufelszeug in Rot und Weiß strikt abgelehnt. Doch generell hat der Staat die Amischen und ihre Kutschen in einigen Teilen des Landes schon eingeholt. Dort etwa, wo es nicht nur gesonderte Parkplätze für Buggys und für Autos gibt, sondern auch schon Parkuhren für Pferdekutschen, die die Bartmänner etwa während eines Einkaufsbummels aktivieren müssen.

Die Amischen wären nun keine rechten Amischen mehr, wenn sie im Laufe der Jahre, gerade was ihre Kutschen anbetrifft, nicht bestimmte Regeln für bestimmte Gemeinden entworfen hätten. Zählt der Einspänner doch wie der Bart oder der Hut zu jenen bewährten Einrichtungen, ohne die sie die Welt nicht provozieren könnten. Gerade am Buggy ist so auch klar zu erkennen, wie religiös-konservativ eine Gruppe heute ist, zu welcher Einwandererperiode und in welchen Landstrich sie gehört. Gerade der Einspänner ist es aber auch, der – da selbst nicht biblisch zu belegen – immer wieder zum Spaltpilz für Familien und ganze Kirchendistrikte wurde.

Zurück in jene Tage, in denen der Buggy in Amerika noch Luxus war, also etwa in jene Zeit, als der gewöhnliche Mann hier vom Pferd oder Esel erst allmählich auf den Kutschbock umstieg, gingen die Heiligen bevorzugt zu Fuß oder saßen eben im Sattel. Als ein gewisser Christian Zimmermann um das Jahr 1800 dann einfach zu schwer für ein Pferd geworden war, erlaubte man ihm den Kauf eines Einspänners. Am Anfang des Amischbuggys steht somit das Mitleid mit Gottes Kreatur. Eine ganze Reihe von Amischen glaubt aufgrund vieler Differenzen allerdings auch heute noch, daß es damals besser gewesen wäre, wenn der Christian seine Bauchsucht gezügelt, also abgenommen hätte oder zu Fuß gegangen wäre, als Bestehendes derart nachhaltig abzuholzen.

Besonders umstritten blieben bei den Frommen die Regeln, was die Laufflächen der Buggyräder anbetrifft. Stahl oder Gummi über dem Hickoryholz, das war eine Frage, die manche Gemeinde aufbringen sollte. Eine ganze Reihe von amischen Kirchendistrikten zieht inzwischen – für die vom Allen County total unbegreiflich – schon Gummi dem Stahl vor. Doch »Gummi zerstört den Frieden«, beschreibt etwa Joseph die ganze Problematik. Ins Weltliche übersetzt, muß das so ausgelegt werden: In einer Gemeinde gibt es konservative Glieder, die glauben, gummibezogene Kutschenräder rücksichtsloser Modernisierer seien wenig gottgefällig, Stahl auf Holz dagegen sehr. Ein Fortschritt also mit großem Risiko. Die »Modernen« befürworten Gummi wegen des weicheren Fahrens, für die anderen ist das alleine schon ein Ausstieg aus einer bewährten Lebensform. Beide Fraktionen wissen, daß Gummi als Belag besser ist, da es auch das Buggyrad schont. Doch Verbesserungen sind hier noch kein Grund für eine Veränderung. Da man zu keinem beiderseits befriedigenden Ergebnis kommen kann, wird die Sache ganz offiziell vor der versammelten Gemeinde besprochen. Als die Frommen dann registrieren, daß sich ihre Welt am Gummi scheiden könnte, belassen sie alles beim alten, also beim Stahl, da der Frieden innerhalb einer Gemeinschaft nun einmal das oberste Gebot unter den radikalen Täufern ist ... ganz abgesehen davon, daß sich der Mensch nach einer Standardformel nicht zum Schöpfer aufwerfen, also einfach keine Neuschöpfungen fertigen soll. Der Friede bleibt somit bewahrt, das Alte hat einmal mehr gezeigt, daß es kampflos nichts aufgeben will.

Zwei Heilige übrigens, die sich dann trotzdem zur Frage des Gummis noch zerstreiten sollten, denen es also nicht gelänge, Frieden darüber zu schließen, könnten dann auch nicht in den Himmel kommen, wenn ihre Zeit ausgerechnet jetzt dazu gekommen wäre. Die rechte amische Gemeinschaft ist nach einem angewandten Christuswort eben auch weiterhin daran zu erkennen, daß sie »Liebe untereinander hat«. Und Amische sind nur aus dem einen Grund auf Erden, um sich hier den Himmel zu verdienen.

Nicht etwa, daß die Diskussion über die Kutsche jetzt mit der Entscheidung für Stahl beendet sei. Man könnte sich immer noch an der Federung der Einspänner festreden, an Rückenlehnen für Kutscher und Passagiere, Spritzbrettern, Auf- und Abblendlichtern, Benzin- oder Gaslampen, hydraulischen Bremsen, am Dynamo für das Hinterrad. Auch daran, ob ein Aufbau – oder Kasten – auf dem Fahrgestell sein durfte, ein Fenster im Kasten oder gar zwei, wenn ja, wie groß dieses Fenster sein durfte, ob der Wagen nun ein Dach haben konnte, wenn ja, dann von welcher Farbe, und ob die Ecken abzurunden seien usw. Gleich als um 1870 die Faltdächer aufgekommen waren, wurden sie Anlaß zu ganz erheblichen inneren Auseinandersetzungen, mit schweren theologischen Gegensätzen nicht gegen den Einzug des Faltdaches, sondern ganz prinzipiell gegen die Modernität. Die Fahrzeuge jener Amischen, die wie die Grabiller erst im 19. Jahrhundert nach Amerika kamen, deren Gemeinden somit Zeit gehabt hatten, in Europa noch andere Traditionen zu entwickeln, sind bis heute offene Einspänner, sogenannte »Schwyzer Buggys« geblieben. In Elams Gemeinde wird von der Regel nur dann eine Ausnahme gemacht, wenn sich bei einer Familie Nachwuchs einstellt. Jetzt kann vorübergehend das Babybuggy benutzt werden, dessen hinterer Teil überdacht ist. Streng wird auch dann allerdings noch darauf geachtet, daß der Kutscher und sein Begleiter auf dem vorderen Sitz ... unbedacht bleiben.

Als Resultat des amischen Luxusverständnisses und was dagegen ins Feld zu führen ist, gibt es heute an die hundert verschiedene Amischkutschen, von denen die einzelnen Gemeinden jeweils glauben, daß ausgerechnet ihre Version gottgefällig ist. Die meisten Buggys gleichen dabei in ihren Grundzügen jenen Einspännern, die im Amerika des 19. Jahrhunderts einmal populär waren. Als Cadillacs unter den Amischbuggys dürften wohl die Kutschen im Lancaster County gelten. Sie haben einen perlgrauen, soliden Aufbau, ein Armaturenbrett wie ein Auto, eine Fußbremse und blinken batteriegetrieben in der Nacht auf den Straßen um Intercourse oder New Holland wie Polizeifahrzeuge im Einsatz.

Warum die Amischen die umstrittene Kutsche dem umstrittenen Auto überhaupt noch vorziehen? Die Heiligen vom Allen County glauben absolut nicht, daß das Auto etwas durch und durch Teuflisches sei. Nur für sie ist es eben schlecht. Dafür gibt es stichhaltige Gründe, so etwa wenn Joseph versichert, daß das Auto in der von der Technik beherrschten Luxuswelt die Familienbande löse, daß es etwa Trinkern den Weg zur Tränke verkürze. Vom Farmhaus zur Stadt wäre der Weg im Auto schnell zurückzulegen. Aber der rechte Amische gehöre einfach nicht in die Stadt, sondern auf den eigenen Hof. Das Auto brächte auch Probleme für den Kirchendistrikt. Amische leben immer so nah zusammen, daß sie den Gottesdienst in einem der Privathäuser oder im Sommer auch einmal in einer Scheune mit dem Pferdewagen erreichen können. Mit dem Auto dagegen würden sie in die Lage versetzt, größere Distanzen zu überwinden, weiter voneinander entfernt zu wohnen. Darunter müßte das enge Zusammenleben leiden, da »alleinliegendes Holz schneller verglimmt«. Zusammensein ist alles. Wenn man Amischfarmen zu sehr voneinander trenne, könnte dies für den einzelnen das schlimme Gefühl der Isolierung, der langsamen Vereinsamung bedeuten. Und ist es nicht so, daß Auto (und Telefon) das Fremdgehen erleichtern, daß in Amerika so viele Ehen auseinandergehen, weil man etwa Autofahren (und telefonieren) kann?

Aus all dem zieht der alte Prediger dann auch den Schluß: Probleme werden größer, je schneller sich das Leben abspielt. Und ein Auto ist ein schnelles Fahrzeug. Es symbolisiert daneben den Stolz des Besitzers, gibt ihm Macht und Stärke am Steuer, wo das Kennzeichen des Heiligen die Demut sein soll. Und nicht zuletzt verschärft das Auto auch ganz gehörig den Widerspruch zum lebendigen Jesus, der im besten Falle einmal auf einem Esel geritten ist – der bei seiner Rückkehr den technisch-industriellen Fatalismus der Welt ablehnen wird. Zugegeben – die Amischen benützen die weltlichen, modernen Straßen ... aber ist nicht auch Paulus auf römisch-heidnischen Wegen gewandelt, ohne sich damit zu versündigen?

Das alles heißt nun nicht, daß alle Amischen so wie der Joseph denken und dachten. Es gibt Gruppen, die heute das Automobil benutzen, wenn auch mit schwarz übermalten Chromteilen, was sie dann wiederum Demut nennen. Daneben war in den USA auch durchaus schon mit dem Gedanken gespielt worden, Autos speziell für Amische, also ohne jede Art von Luxus zu bauen. Doch dieses Thema ist offensichtlich nie ganz ausdiskutiert worden, die Zeit für einen religiösen Spagat dieser Art wohl auch nicht reif. Die Ablehnung des Automobils durch die Amischen geht dabei nie so weit, daß sie keine öffentlichen Verkehrsmittel benutzen. Den Omnibus etwa, der durchaus akzeptiert wird, wenn auch vielleicht nur, »weil er nicht fliegen kann«. Das mag keine erschöpfende Erklärung sein, aber das Luftschiff ist für die konservativen Heiligen so ziemlich der Prototyp des teuflischen Handwerkszeugs unserer Zeit. Menschenwerk, Wollust dicht unter Gottes großem Himmel. Die Frommen können sich auch durchaus von einem Bekannten im Auto mitnehmen lassen, allerdings ohne den Wagen selbst zu chauffieren. Dabei ist lediglich darauf zu achten, daß – so Josephs Einschränkung – »e Karre fahre jede Dag, sell geht nüt«. Und dann geht es eben auch nicht.

Sitzt ein Amischer aber erst einmal in einem Auto, so scheint sein Gottvertrauen urplötzlich mit einer anderen typischen Eigenschaft der Heiligen zu kollidieren: Er hat beim

Fahren Angst, häufig geradezu schreckliche Angst. Das beginnt schon beim Verlassen seines Hofes. Gefahr von rechts, als Vorwarnung: ein Buggy mit einem »verruckten Gaul«, Gefahr von links: ein Busch, der die Sicht verstellt, Gefahr von vorne: ein vom Pferdetrab eingelullter amischer Geisterfahrer, Todesgefahr bei überhöhter Geschwindigkeit, Vorsicht an jedem Buckel, an jeder Kreuzung. Ein Amischer wird auch dem geübtesten Fahrer noch ständig vorzuschreiben versuchen, wie er sich im Straßenverkehr zu verhalten hat, ihn rechtzeitig davor warnen, was von woher droht, was passieren kann, wenn ... und warum er sich nach seinem Buggy sehnt.

Amischkutschen, in rund 120 Arbeitsstunden aus Eiche, Hickory oder Pappel, gelegentlich aber auch durchaus schon aus Fiberglas hergestellt, haben heute in der Welt einen ausgesprochen hohen Sammlerwert, was sich die Brüder wiederum nicht erklären können. Sie selbst sind keine Museumsstücke, ihre Kutschen sollen es nicht sein. Sammler, die etwa zu den großen Auktionen jeweils an einem Dienstag in New Holland in der Nähe von Intercourse/Pennsylvanien kommen, sehen das anders. Und gerade in Intercourse hatten sich frühe deutsche Täufer schon einmal getäuscht, kräftig getäuscht. Als sie der Ortschaft den englischen Namen für Straßenkreuzung, Intersection, geben wollten, stimmte ihr Vokabular noch nicht ganz. So nannten sie den Ort phonetisch ähnlich Intercourse. Daran wäre nichts auszusetzen gewesen. Nur ... Intercourse heißt soviel wie Geschlechtsverkehr. Das Ortsschild in Pennsylvaniens Täuferland dürfte heute daher auch zu den populärsten Fotoobjekten seiner Art in Nordamerika zählen.

Doch Gummi, Stahl oder Intercourse – das alles interessiert uns an Bord von Elams schwarzem Buggy, halbhoch über Kings leicht angeschwitztem Pferderücken, keinen Deut. Rachel-Mae ist damit beschäftigt, Kings Hinterteil mit einer Fliegenklatsche von lästigen Pferdefliegen zu befreien, Christ hat Wichtigeres zu erzählen. Ganz sicher teile ich seine Meinung, daß er einmal eine gute Amischfrau finden und ihr ein ebenso guter Amischmann sein wird. Hat er doch mit seinen 15 Jahren bei der Herstellung von Pferdegeschirr schon viel Talent gezeigt. Gaul, Wagen und Zaumzeug sind für Christ wie für jeden Amischjungen von enormer Wichtigkeit. »D'Mädli achte druff«, meint er, um dabei natürlich nur an die Mädchen der Amischen zu denken. Die Heiligen sind biologisch ja auf sich selbst angewiesen, doch wo Gott etwa die Söhne der Grabers in die Welt setzte, hat er ihnen die Töchter der Brandenbergs gegenübergestellt. Trotz seiner Jugend macht Christ durchaus den Eindruck, daß er weiß, wovon er spricht.

In diesem Zusammenhang kommt dann auch schon einmal das Gespräch auf das Automobil. Christ dachte darüber nicht ganz so deutlich nach wie ein bereits Getaufter, der erklären würde, er ginge lieber ins Meer, und das an der tiefsten Stelle, zusätzlich belastet mit einem Mühlstein um den Hals, bevor er sich technologiebesoffen hinter ein Steuerrad setze. Den Christ interessierte schon alles, was mit dem Auto zusammenhing, aber wie er so durch die für ihn weit und breit glaubensleere Umgebung von Grabill fuhr, dabei den King mit »Whoa, ho hooo, hoho« zielsicher dirigierend, schien er durchaus zufrieden mit seinem einen PS zu sein.

Wer vom Osten her mit dem müde stotternden Verkehr nach Grabill fährt, macht schon beim Ortseingang eine durchaus interessante Erfahrung über zwei Welten, die sich hier scheinbar nahtlos zusammenfügen. Stehen dort doch gleich zwei Telefonhäuschen, die praktisch ständig belegt sind. Lange Wartezeiten für den, der hier zum Hörer greifen will, hier oder anderswo in einem Ort, der im Verhältnis zur Einwohnerzahl mehr öffentliche Telefone hat als New York City. Den Amischen ist prinzipiell verboten, im eigenen Haus, auf dem eigenen Grundstück ein Telefon zu besitzen. Doch was macht das Glied der vollendeten Gemeinde, wenn es einfach telefonieren muß? Kann er die Regel nicht mit einem größeren Trick aus der Reihe mehrerer Möglichkeiten umgehen, bleibt dem Frommen der Weg zu einem weltlichen Nachbarn oder an das öffentliche Telefon nicht erspart. Die Amischen vom Allen County, darunter eine ganz erhebliche Zahl durchaus erfolgreicher Geschäftsleute mit einem großen weltlichen Kundenstamm, nutzen diese Chance. Die öffentlichen Telefonhäuschen gehören so auch zu Grabill und in das Umland wie die Schilder an den Hochleitungsmasten mit dem Hinweis, hier ja keine Pferde anzubinden. Denn sonst könnte es bei den Amischen einmal gehörig funken. Die Brüder und Schwestern halten sich daran, ganz bestimmt auch an das Verbot des Telefonapparats im eigenen Haus. Gelegentlich kommt es allerdings vor, daß sich ein Frommer außerhalb seines Grundstücks ein eigenes Telefonhäuschen installieren läßt, das bei Anruf blinkt wie die Alarmanlage eines Feuerwehrautos. Dann läuft die Familie zum Hörer. Nein, ein eigenes Telefon im Haus hat sie nicht.

Das Verbot des Telefons in der Amischwelt hat hin und wieder verheerende Folgen für die Brüder. Als im Jahre des Herrn 1989 Chris Grabers Holzfabrik abbrannte, brauchte die Feuerwehr aus dem nahen Grabill ganze 35 Minuten, um an den Ort der Katastrophe zu kommen, da es mit der Telefonverbindung nicht klappen konnte.

Dieses Grabill gilt – abgesehen von seinen Amischen und Mennoniten, hin und wieder auch von touristischen Nostalgikergrüppchen, die dem Leben hier ihre Stempel aufdrücken – als ein Ort, wie er im architektonischen Standardstil überall westlich von New York und östlich von Los Angeles liegen könnte. Am Tag durchschnittlich betriebsam, ist am Abend das Beste die Straße, die aus Grabill hinausführt. Ein Platz, der Farmgeruch atmet, ein properes Dutzenddorf der Gegend somit, in dem man die Sitten verschiedener Länder pflegt. Trotzdem klein genug – eine längere Gerade, in die ein paar Straßen münden, daneben die First, Second und Third Street –, so daß hier jeder jeden kennt. Damit auch jenen Clifford Grabill aus der Pionierfamilie, die dem Ort einmal den Namen gegeben hat. Längst sind die Grabills aus den Kirchenbüchern der Amischen vom Allen County verschwunden. Sie hatten in dieser Ecke der Welt die Welt zu sehr geliebt, um die religiöse Tradition ihrer Vorfahren fortzuführen. Sie sind bei weitem nicht die einzigen Schweizer Brüder, die – gescheit oder gescheitert, das hängt vom Standpunkt des Betrachters ab – hier erst das Brüder fallen ließen, um weltlich zu werden, danach auch das Schweizer, um Amerikaner zu sein. Hatte sich doch schon 1866, ein paar Jahre nach dem Einzug der Amischen ins Allen County, ausgerechnet ihr Bischof Henry Egli von ihnen getrennt, um eine eigene Gemeinde, die Kirche der sogenannten Egly-Mennoniten, zu gründen. Ihr schloß sich eine ganze Reihe von auslaufenden Traditionalisten an. Natürlich offerieren auch die Mennoniten von Grabill heute noch ihren Christus, demonstrieren weitere Gruppen den evangelischen Pluralismus, aber eben ohne jenen am Kreuz geschundenen Leib, wie es die Amischen draußen auf ihren Farmen tun. Damit – so jedenfalls die Frommen – auch ohne den Rauch der Scheiterhaufen im alten Europa.

Doch Grabill blieb als Grabill weiterhin symbolisch für Schweizer Täufer aus dem Kirchspiel Großhöchstetten im Kanton Bern. Zusätzlich für eine Familie, deren gewaltige Nachkommenschaft auch in Deutschland für den, der die rund 20 verschiedenen Schreibweisen des gleichen Namens kennt, zu einiger Bedeutung gelangte. Als Graybills, Grebiels, Krabills, Krahenbühls usw. schrieben die frühen Grabills schon im Kanton Bern Kirchen- und Prozeßgeschichte: ein Hans Krahenbühl um 1538, die Anna Krayenbühl 1621, die Barbara 1645, ein Peter 1655 und die Margredt 1678. Ein Peter Krehbiel flüchtete sich 1628 in die Pfalz und gründete den Weierhof, bis zum heutigen Tag eine mennonitische Mustersiedlung zwischen Kaiserslautern und Kirchheimbolanden. Eine Eva Grabiel heiratete um 1728 den Christian Wenger in Pennsylvaniens Lancaster County. 1770 zog es einen Teil der in Europa verbliebenen Familie nach Galizien, 15 Jahre später auch nach Rußland, immer auf der Suche nach der evangelischen Freiheit, ohne die sich ihr Täufertum nicht ausleben ließ. Ein Joseph Grabill farmte im vorigen Jahrhundert im Allen County, nördlich von Fort Wayne, als die Wabash Railroad einen Schienenstrang von Detroit nach St. Louis verlegte und dabei das alte Jagdgebiet der Miamiindianer und eben Grabills Farm zerschnitt. 1860 erhielt dafür zuerst ein Eisenbahndepot, danach die darum herum wachsende Siedlung den Berner Täufernamen.

Grabill wirbt heute mit einem Frühlingsfest im Juni, der Landwirtschaftsausstellung nach dem Tag der Arbeit und eben seinen Traditionsamischen um Touristen. Damit stehen die weltlichen Grabiller im gesunden Gegensatz zu ihren Heiligen vom Umland, denen besonders die Kameras der Bildleräuber ein Dorn im Auge sind ... der Grund übrigens, warum mir Rachel immer wieder dringendst ans Herz legte, wenn ich schon fotografieren müsse, dann sollte ich dazu doch in eine der entfernteren Nachbargemeinden gehen, wo man mich, aber auch sie nicht kenne. Halten es die Frommen doch noch strikt mit dem täufernotorisch ausgelegten »Du sollst dir kein Bildnis machen«. Bilder grenzen für die Frommen vom Allen County, die ständig fürchten, damit schuldig zu werden, an die Heiligenverehrung der katholischen Kirche. Wer ein Bild von sich hat, damit ein Ebenbild Gottes, das der Mensch für den rechten Bibelchristen nun einmal ist, der bewundert sich, will Gott innerlich ersetzen. Bilder verleiten den Schwachen daneben zur verhaßten Augenlust. Doch Touristen, die in dem Gott verbundenen Landstrich Bilder machen, bringen Grabill wiederum Geld. Völlig unwichtig ist im Allen County übrigens geblieben, daß sich bei der Anlage Grabills die Ironie der Geschichte einen kleinen Streich geleistet hatte. In unmittelbarer Nachbarschaft gibt es hier ein Waterloo und einen Ort Napoleon. Doch wer denkt schon einmal daran, daß die Vorfahren der Amischen vom Allen County gerade im Nachklang zur napoleonischen (Rüstungs-)Politik Europa verlassen hatten, da sie sich als ausgemachte Pazifisten nicht für sieben Jahre, ja nicht einmal für einen Tag in dessen Armee hatten pressen lassen.

Auf dem Platz vor Grabills Einkaufszentrum, dem staubigen Allerweltsmittelpunkt mit seinem permanenten PS-Geruch, geht es tagsüber recht munter zu. Irgendwo trifft man sich immer, erklingt das große und kleine Gelächter der Amischsippen, irgendwo wird immer getrabt. Wenn sich die Heiligen hier sehen, kommt es zu mehr als lockerem Small talk, wird nicht nur kurz gegrüßt. Kennt man sich, so ist der Gesprächsstoff unauslotbar, kennt man sich nur oberflächlich, ist dies ein Grund für folgenden Auftakt zum anschließenden Dorftratsch: »Bisch du em David Graber sei Dochter?« – »Nei, i bin em Chris Graber sei Wibb, aber em Eli Graber sei Ältschte. De Rebecca Graber isch mit meim Mann seim jüngschte Bruder, dem Sam Graber verhürat. Un em David Graber sei Großvatter isch de Bruder zu meim Großvatter, dem Peter Graber gwest, der de Ruth

Schwartz gheirot hät, und dene ihr Zweitältschter war dr James Schwartz, der wiederum en Graber ghürat hät« ... usw. Das wären dann meist Sternstunden für Genealogen, doch die sind in der Regel ja nicht dabei ...
   Besonders für die Jungen ist die Fahrt nach Grabill noch immer ein Erlebnis. Tagaus, tagein sieht man sie hier um viele Ecken gehen. Das ist die Welt auch für Menschen, die in ihr, aber nicht von ihr sind: Süßigkeiten für die Kinder, die sie in ungeheuren Mengen schlucken, Kulinarisches für die Älteren, die – wenn auch nicht zu häufig – Kutschfahrten von acht bis zehn Meilen nicht scheuen, um an den Tisch der Weltlichen zu kommen. Seit einiger Zeit ist es im Allen County im Bruch mit alten Traditionen erlaubt, in ein Restaurant zu gehen (man geht mit dem Angebot bescheiden um. Elams Familie etwa leistet sich ein einziges Restaurantessen pro Jahr ... und zwar immer zum Geburtstag des Hausherrn). Schließlich ist Grabill der Platz für den einen oder anderen, wo er ungestraft ein Tonbandgerät aufs Spritzbrett stellen oder gar den kleinen, unter dem großen Hut versteckten Transistor hervorholen kann. Hier sehen sich die jungen Burschen schon einmal zwischen sparsamen Pullis und knappen Shorts der Weltlichen um, auch wenn sie im argen Kontrast zu bekannten Bibelszenen stehen. Untypisches im Typischen, doch wichtig für den einzelnen wie für die Gemeinschaft. Wessen Herz noch nicht recht ist, das meinen Amische wie Weltliche, der bemerkt es außerhalb des Elternhauses, draußen, wenn er sich unbeaufsichtigt fühlt – wenn er ist, wer er eben noch ist. So stehen vor Grabills Geschäften die ganz normalen Buggys, aber eben auch ein paar Prachtstücke von ungetauften Jungen im Schmusealter. Die einen schlicht und einfach, die anderen mit einem Allzuviel an Einzelheiten: batteriebetriebenem Mehrtonhorn, Digitalmeilenzähler, Blinklichter oder Reflektoren, kurz mit allem, was Amischmädchen wahrscheinlich imponiert. Mit der Taufe eines Kutschers, wenn Buggy und Kleidung ganz auf Selbstdarstellung angelegt werden müssen, ein junger Mann weiß, wohin er mit seiner Sehnsucht will, würde das alles von einem Tag zum anderen aus dem Straßenbild verschwinden. Vielleicht auch schon vorher, wenn ein strenger Amischvater daran Anstoß nahm.

Die Alten selbst? Nicht daß die Frommen das Vis-à-vis mit der Welt in Grabill scheuen. Gibt es ihnen doch jeweils etwas zu überdenken. Nehmen wir nur die langhaarigen Jungen, die von Leo herübergekommen sind. Totsicher haben sie noch nie etwas von Hesekiel gehört, dem großen Priester und Propheten: »Ihr Haupt sollen sie nicht kahl scheren, und sollen auch nicht die Haare frei wachsen lassen, sondern sollen die Haare umher schneiden«, also nach Amischart dort stutzen, wo der Hinterkopf den Hals trifft. Oder nehmen wir einfach die Glattrasierten, von denen es im Ort mehr als genug gibt. Verschwendet doch der Grabiller wie jeder Durchschnittsamerikaner zusammengenommen einen ganzen Monat seines Lebens damit, sich zu rasieren. Aber wie hält er es dabei mit Mose: »Und Gott schuf den Menschen ihm zum Bilde, zum Bilde Gottes schuf er ihn?« Wenn Gott Barttäger ist, warum wollte es der Mensch nicht sein? Was war das für eine Welt, in der der Mann sich rasierte, um auszusehen wie eine Frau, in der die Frau Hosen trug, um auszusehen wie ein Mann? Wird das lustvolle Auge der Frau von einem glattrasierten Gesicht nicht ebenso angezogen wie das lustvolle Auge des Mannes von einem unbedeckten, vielleicht sogar verlogen eingefärbten Haupthaar der Frau?

Dieses Verwischen der Geschlechter ist für die Amischen Teil eines Generalstabsplanes des Bösen, an dem dieser arbeitet, seit er Eva einst zur Seite nahm, um sie zum Haupt über den Mann zu machen. War es nicht so, daß heute in der Welt schon Frauen in der Kirche predigten, also dort, wo nach der Schrift »das Weib zu schweigen hat«, daß auf sexuellem Gebiet schon »Männer machten, was Frauen machen sollen und Frauen machten, was das Werk des Mannes ist«? Doch die Unzüchtigen und Knabenschänder würden nach dem Verständnis der Frommen vom Allen County ebensowenig wie die Götzendiener oder Räuber jemals das Reich Gottes erben können (1 Kor 6, 10-11). Eben darum hat Gott Adam und Eva und nicht Adam und an dessen Seite etwa einen Johann geschaffen.

Ein Angriffspunkt wird daneben auch immer die weltliche Kleidung bleiben, Knappes, Sparsames, Halbstarkes, gegen die Nacktheit ein züchtiges Gewand ist... Die Amischen unterscheiden sich von den Weltlichen nicht dadurch, was sie erleben, sondern dadurch, wie sie darauf reagieren. Warum trugen die Grabiller, genau wie die Heiligen alles Nachkommen von Adam und Noah, nicht das Bettlerkleid Jesu? Warum versuchten sie sich mit immer neuen Modesprüngen untereinander zu gefallen anstatt ihrem himmlichen Herrn? Denn nur wer sich des Vorbildes, nach dem er geschaffen war, nicht schämte, konnte darauf hoffen, daß sich der Herr seiner eines Tages nicht einmal wirklich schämen mußte (Luk 9, 26).

»Wie runterkomme d'Welt scho isch«, meint selbst der Christ dazu und schultert eine Flasche Cola wie ein Gewehr. »Sisch besser, mer fahre him.« Denn ohne jeden Zweifel ... für diese Menschen, wie es sie in Grabill heute gibt, hätte Christus das Kreuz nicht tragen müssen.

Auf der Heimfahrt erwischt es uns dort, wo Grabill ins Ländliche übergeht, knallhart. Plötzlich waren dunkle Wetterhauben aufgezogen und wir mitten in einem kräftigen Regenschauer, einem Weltuntergangsregen gewissermaßen, wäre es an der Zeit dazu gewesen. Die beiden Mädchen gleichen schnell feuchten Gespenstern, trotzdem haben sie ihren Spaß. Sie spucken gegen den Wind, und der Wind spuckt für sie zurück. Christ drückt sich den breiten Amischhut tiefer ins Gesicht, ich hole den großen schwarzen Regenschirm mit dem Plastikguckloch aus dem Buggyfach. Er hilft nicht allzuviel, weder Christ noch den Mädchen oder mir. Neben uns knüppeln sie die Autos, die Laster speien Fontänen. Ganze Wasserwellen schwappen faßweise über uns hinweg, überschwemmen handbreit den Buggyboden, verdrecken und verkrusten Kutscher und Kutschierte. Wasser, wohin ich sehe, Noah hätte sicher seine wahre Freude daran gehabt. Doch hege ich den Verdacht, daß er sich – nicht gerade als altmodisch verschrien – sicher ein Dachwägeli geleistet hätte. Damit eine Kutsche mit Dach, wie sie den Amischen vom Allen County heute noch verboten ist.

Am gleichen Abend erfährt Rachels Schwester Barbara, daß eine Nichte an Krebs gestorben ist. Ein paar Tage später fährt ein »Yankee« vor Barbaras Haus das Buggy eines Onkels an und tötet dabei dessen 1000-Dollar-Pferd. Wiederum Tage später ist Barbaras Ehemann David dabei, einen der größten Gäule einzufahren, die man in der Gegend gesehen hat. Dabei stürzt das Buggy um und begräbt David unter sich. Es dauert Wochen, bis sicher ist, daß er keinen permanenten Schaden dadurch erlitten hat.

Die Grabers hatten von jener Stunde an mit Unglücken dieser Natur gerechnet, als der Vogel sich zum erstenmal an Barbaras Küchenfenster setzte, um dann drei Tage lang gegen das Glas zu klopfen.

# 4. Der alte Glaube in der Neuen Welt

Matrjoschka ... warum fiel mir das Wort ausgerechnet während des Gottesdienstes ein? Matrjoschka ... das ist die Puppe in der Puppe in der Puppe. Ein hölzernes, bunt bemaltes Symbol der russischen Volkskunst. Jede Puppe ist wie die andere, wie die, in der sie steckt oder die, die sie wiederum versteckt. Die Kleinste ist somit die Miniatur der größten. Matrjoschka ... das könnte auch ein Symbol der Amischen jeweils einer Gemeinde sein. Der Bruder, die Schwester, die Alten, die Jungen, jeder einzelne in- und auswendig wie der andere.

Obwohl die Heiligen vom Allen County heute relativ nah zusammenwohnen, haben sie einen Brauch der Verfolgungszeit – wenn auch mit gewissen Änderungen – beibehalten. Im alten Europa wohnten die Täufer häufig so weit auseinander, daß sie nur alle vier Wochen zur sogenannten »Versammlung« in einem Privathaus oder in einer Scheune oder selbst in irgendeinem »Hölzli« zusammenkommen konnten. Heute trifft man sich alle vierzehn Tage, doch weiterhin in keiner Kirche, da »der liebe Gott nicht in Tempeln wohnt, die andere für ihn gemacht haben« (Apg 17,24). Daneben liest die Gruppe um Grabill aus der Geschichte, daß alle amischen Gemeinden, die sich ein eigenes Bethaus bauten, über kurz oder lang vom rechten Weg abkamen. Kirchen sind Hochmut wie Knöpfe am Sonntagsjanker oder der Hosenschlitz, und Gott widersteht besonders dem Hochmütigen (1 Petr 5). Da spielt es keine Rolle, daß der Heiland im Tempel, in Judenschulen, auf dem Berge und sonst noch überall dort, wo er Gelegenheit dazu fand, gepredigt hat. Hier hält man am Alten fest, auch wenn der Gottesdienst im Privathaus innerhalb der Gemeinde gelegentlich für Probleme sorgt. Dann etwa, wenn der eine oder andere der Eitelkeit verfällt, vielleicht seine Zimmer auffällig herausputzt, einem malträtierten Rasen zu sehr auf die Halme hilft oder mit ein paar Brisen Blumensamen den Hof zu nachhaltig aufmöbelt. Und das alles nur, um Brüder und Schwestern sonntags zu gefallen.

Dieser Gottesdienst – auf neuamisch auch »Tschöörtsch«

genannt – wird rotierend auf allen Höfen der Gemeinde abgehalten. Bei jungen Paaren, die häufig in kleineren Häusern leben, kommt man im Sommer zusammen, wenn die geräumigere Scheune benutzt werden kann, oder man gibt ihnen generell noch eine gewisse Schonzeit. Ein bei Raber in Ohio herausgegebener *Dütscher Kalender* kennzeichnet dafür die einzelnen Wochenenden eines Jahres mit A- und B-Sonntagen, damit jeder weiß, wann es Zeit zum Gottesdienst in seiner Gemeinde ist.

An einem »Gemeesundig« wie heute herrscht eine selten erlebte, geradezu unamische Aufregung in Elams Haus. Alles spult sich im »Jetze«-Tempo ab, was soviel heißt wie sofort, schneller noch als eigentlich möglich. Da geht es prominent darum, »de gute Klidder azulege«, sauber geputzt hat sich die Familie bereits am Tag zuvor. Diese Hast ist (auch) damit begründet, daß wer immer rechtzeitig zum Gottesdienst kommt, auf einer Bank sitzt, die so nahe an einer Zimmerwand steht, daß man sich für die kommenden drei Stunden dagegenlehnen kann. Wer später kommt, der handelt sich auf den freistehenden, rückenlosen Brettgestellen regelmäßig Rückenschmerzen ein. Sicher, auch sie gehören zu einem amischen Gottesdienst, werden aber umgangen, wenn sie zu umgehen sind.

Den Samstagabend über war Rachel mit Waschen und Bügeln vollauf ausgelastet gewesen. Jetzt schien sie alles noch einmal zu machen. Besondere Geduld verwendet sie wiederum auf die weißen, kunstvoll gefälteten Gebetskäppchen, von denen Amischfrauen, die praktisch von Geburt an ihr Haar bedeckt halten, im Jahr jeweils drei »verbrauchen«. Immer das neueste Häubchen wird zum Kirchgang aufs streng gescheitelte, wohlfrisierte Haupt gezogen. Trotzdem wird es vor Verlassen des Hauses noch einmal überbügelt, was für Rachel bedeutet, immer zwischen Ofen und Bügelbrett hin- und herzulaufen. Verwendet sie doch noch das regelrechte Eisen zum Plätten, das immer wieder auf der Ofenplatte neu nachgeheizt werden muß.

Nebenbei setzt die Hausfrau 8 Töpfe mit Wasser für die nach der Stallarbeit notwendig gewordene kurze Morgenwäsche auf, überwacht brutzelnde Frikadellen, kochende Milch und natürlich die zu backende Pie. Barbara-Ann klatscht die für das Frühstück obligatorischen Hamburger zusammen, Rachel-Mae deckt den Tisch. Elam überprüft ein weiteres Mal die Krempe seines Hutes, die genau das vorgeschriebene Maß von 3 1/2 inches hat, auf Pferdehaare hin. Auch am Hutrand erkennt man übrigens, wie konservativ ein amischer Kirchendistrikt ist: je breiter der Rand, um so orthodoxer der dazugehörende Amischmann.

Dann ist es auch für Rachel an der Zeit, sich feiertagsstreng herauszuputzen. Dazu rückt sie ein paar Nadeln zurecht – genau 7 Stecknadeln sind es, die das Frauenkleid zusammenhalten, und zwar so, daß sich jede Nichtamische damit verletzen würde, aber eben eine Amische nicht. Bei jungen Mädchen bis etwa ins Alter von zehn Jahren wird das Kleid noch auf dem Rücken mit Sicherheitsnadeln zusammengefaßt. »Soball se schaffe könne«, tragen sie Kleidungsstücke, die in Brusthöhe lediglich mit Stecknadeln zu sichern sind.

Rachel legt s'weißi Schürzli an (nur beim Abendmahl und bei Beerdigungen wird's schwarze getragen) und bindet das Halstuch um, das seit dem 12. Lebensjahr Teil von ihr ist. Zur täglichen Tracht der verheirateten Frau und ihres Rollenverständnisses gehört auch das sogenannte »Lapplein«, ein feiner Doppelstreifen Stoff, der in Hüfthöhe am Kleiderrücken angebracht wird. Ursprünglich war es ein wesentlich größerer Stofflappen, eine Art rückwärtiger Lendenschurz, der die Frau an jener biologisch prominenten Stelle zusätzlich zum Kleid bedeckte und der die Männeraugen auch im 16. und 17. Jahrhundert schon einmal anzog. Doch das Stoffstück wurde im Laufe der Jahre immer kleiner und kleiner und hat jetzt mit einer Streifenbreite von ca. zwei Zentimetern praktisch nur noch den symbolischen Charakter, geradlinige Männer von krummen Gedanken abzuhalten. Das Lapplein ist so auch keine zusätzliche Form des Angezogenseins mehr. Es bedeckt längst nichts mehr, entgeht dem flüchtigen Auge sogar. Ganz aufgeben wollen es die Frommen trotzdem nicht, obwohl etwa in Lancaster County schon diesbezüglich Versuche von der Weiblichkeit gestartet wurden.

Natürlich gehen Amischfrauen nie in Mini-, Midi-, Mikro- oder Knitter-, sondern immer beständig im fein hergerichteten Maxi- oder Oma-Look. Der liebe Gott steckt im Detail ... der Saum des Rocks soll neun Zoll über dem Fußboden enden, unschickliche Tabuzonen sind entsprechend zu entschärfen. Hosen, Griffe in den Kleiderschrank des Mannes, sind undenkbar. Dabei wäre vollkommen verfehlt, etwa anzunehmen, daß die Amischtracht – auch wenn sie draußen noch so oft als Narrenkleid verschrien wird – unattraktiv wäre. So hat gerade eine Gruppe im kanadischen Toronto versucht, mit einer sogenannten Babelkollektion auf den Modemarkt zu kommen ... mit einfacher und hausbackener Täuferkleidung, zu Preisen zwischen 100 und 300 Dollar.

Als Rachel dann fertig in der Küche steht, wird mir einmal mehr die Nutzanwendung der Bibel im täglichen Leben der Amischen bewußt. Der Mensch – so die Heiligen – muß sich kleiden wegen des Sündenfalls (1 Mose 3, 21), im Paradies hätte er ganz natürlich in seinem liebsten Kostüm, also als Nackedei verweilen können. Doch man war inzwischen ja auf Erden. »Die Sünde ist's, warum wir Kleider tragen müssen«, so hatte es Rachels Mutter Rosanna der Tochter einmal erklärt, Rachel dann Barbara-Ann und Rachel-Mae, Christ und Ben. Die Jacke, die Hose, das Lapplein und das Paar Socken ... alles zusammen als Erinnerungszeichen an Evas unsinnigen Apfelwunsch und die Vertreibung aus dem Garten Eden. Denn wie Gott alles richtig macht, so hat er den Menschen von heute auch so gefertigt, daß er ohne Kleider – etwa an einem Morgen im Indiana-Winter – einfach nicht überleben könnte. Beim täglichen An- und Ausziehen muß der Amische so auch daran denken, daß bei seinen Stammeltern einmal etwas bös schiefgelaufen ist. Daraus läßt sich dann auch ableiten, warum die Rachel heute ihr Kleid mit stinknormalen Stecknadeln zusammenhielt und nicht mit Knöpfen oder einem Reißverschluß: Die Kleidung ist dem Menschen zur Demut und Beschämung gegeben, eben so, wie er sich wegen des Rauswurfs aus dem Paradies heute noch zu fühlen hat. Jede törichte Pracht an Hemd, Kleid oder Hose könnte als Stolz ausgelegt werden, und Stolz über Adam und Evas Fehltritt? Er wäre wirklich fehl am Platz. Kleider für die Woche fertigen die Frauen übrigens meistens selbst, das Kleid für den Sonntag dagegen wird gerne bei einem Amischschneider in Auftrag gegeben.

Die Vorschrift für die Stecknadel am Frauenkleid gilt jedoch nur am Tage. Für die Nacht gibt es wesentlich tolerantere Gesetze: das Nachthemd der »Wibber« hat Knöpfe! Die äußerliche Erscheinung der Amischen verrät allerdings auch einiges von ihrer Vorstellung über die ideale menschliche Gesellschaft. Kleidung etwa ist hier nicht nur dazu da, Nacktheit zu bedecken. Sie unterstreicht vielmehr das amische Selbstverständnis, ist eine Herausforderung der Weltlichen, Trikotwerbung für Christus in gewissem Sinne und ein Zeichen der Solidarität innerhalb der Gruppe. Die Amischtracht, so verbissen-offensiv sie ist, soll provozieren, ist der Gegenschlag für die von der Welt(mode) Getroffenen. Im 16. Jahrhundert, also in einer Zeit, in die die religiöse Vorhut derer vom Allen County hineinwuchs, waren zur Aufrechterhaltung der Ständeordnung jedem männlichen und jedem weiblichen Mitglied der Gesellschaft Kleidung und Qualität der Stoffe vorgeschrieben, gerade den Bauern dabei Modisches verboten worden. Die Welt hat diese Vorschriften dann bald vergessen, die Amischen nicht. Ihr Anderssein hieß für sie, dort stehenzubleiben, wo sie gerade standen, und nichts Neues anzunehmen. Hut und Hose, Schürzen und Hauben profilieren durch ihre Wahl, entsprechen der besonderen gesellschaftlichen Form der Täufergruppe. Dazu wuchern Bärte gottgewollt ... ein Amischer hat seinen Bart wie der Bär seinen Pelz. Das Frauenhaar bleibt ein Leben lang ungeschnitten, der Männerschopf gestaltet wie eine ungezähmte Beatleperücke, weil dies im Gegensatz zu modischen Torheiten Natur, alles andere widernatürlich ist. Die Amischen tragen ihr Haar so lang und unverschnitten wie nur möglich, erinnern damit an die Zeit, als in deutschen Gauen nur der unfreie Mensch sein Haar schneiden ließ. Kurzes Haar ist demnach »römisch«, und von Rom wollten die Heiligen noch nie etwas wissen.

Wer im Wald nicht auffallen will, muß ein Baum sein. So entledige ich mich meiner Armbanduhr, nur einfache Taschenuhren sind hier geduldet, ziehe eine Hose ohne Knöpfe und Reißverschluß, dafür mit einem Latz anstelle eines Schlitzes an – mit etwas, das die Amischen Scheunentor nennen, und das auch so arbeitet. Im Gegensatz zu einer

Reihe von Amischgemeinden darf das Hemd im Allen County einen Kragen haben. Rachels Schwester Barbara hat mir einen sogenannten Mutzer – Mutz nannte man früher ein Tier mit gestutztem Schwanz – gefertigt, eine kurzschössige Jacke aus dunklem, grobem Stoff. Anstelle von Knöpfen und Knopflöchern hat er Haken und Ösen, ist kragenlos und ähnlich wie das Totenhemd ohne Taschen. Ein Jackenschnitt, wie er noch bis in unser Jahrhundert hinein von den Bauern des Emmentals bevorzugt wurde. Die Heiligen tragen den Mutzer – bei den getauften Männern ist er am Rückenteil geschlitzt – zum Gottesdienst, keiner schließt sich davon aus, um nicht in den Verruf zu kommen, ein »Hochgangener«, damit ein Modetor zu sein.

Elams Familie scheint mit meinem tristen Schwarzweißäußeren durchaus zufrieden zu sein. Zugegeben, da wäre noch etwas... Elam meinte, ob ich mir den Oberlippenbart nicht abrasieren wollte, denn gegen den hätten die Brüder etwas. Schließlich stünde er wie auch der Knopf an der Jacke symbolisch für das Militär im alten Europa. Doch das hielt ich dann doch für eine leichte Überspannung christlicher Ideale. So wie ich war, kam ich, natürlich nur rein äußerlich, einem Amischen bereits sehr nahe: im blütenweißen Hemd, ansonsten ganz in schwarz, ganz ernst und trotzdem so aufgeregt wie die übrige Familie auch. Nur eben der Oberlippenbart, der Haarschnitt ganz generell.

Für diesen Sundig hatte ich als Gast vom anderen Stern genaue Verhaltensmaßregeln von Elam erhalten. Das fing damit an, daß ich vor dem rund dreistündigen Gottesdienst auf das Hisli, aufs Familienklo zu gehen hatte (»dummel di«), um später die Andacht nicht zu stören, und endete mit der Auflage, daß gerade ich als »Doktor der Schrift« mir keine Notizen vom Gepredigten machen durfte, da man mich sonst für »einen Spion« der Welt halten könnte... der Verräter als Erinnerung an Fehden und Christennot zurück in der Schweiz oder in Deutschland. Ohne dieses gewisse Mißtrauen kann die von kollektiver Geschichte geprägte Amischwelt offenbar nicht sein. Es ist so etwas wie der sechste Sinn der Täufer, ohne den es die anderen fünf nicht mehr geben würde. Die Frommen verbrauchen ein Bild des Mundchristen von draußen in ihrer Art von Stellungskrieg gegenüber der Welt, um ihre Inseln der Seligen vor drohenden Irrungen und Wirrungen schon an der Vorfront zu schützen.

Elam warnte mich auch eindringlich davor, während der langen Predigt »in Schlofzfalle«, denn wer beim Wort Gottes einschlafe, habe nicht die moralische Kraft, wach zu bleiben. Das sei nicht nur egoistisch und respektlos gegenüber Gott und den von ihm vorgeschriebenen religiösen Übungen, sondern störe auch den rechten Christen. Und ganz am Schluß des Gottesdienstes, wenn einer der Diener noch etwas zu sagen hätte, was nur für amische Ohren bestimmt sei, sollte ich den Raum schnell und kommentarlos verlassen, um mich im Vorraum mit den Jugendlichen, also den Ungetauften, zu treffen. Noch waren sich die Grabers nicht restlos klar darüber, wie die übrigen Brüder auf mich reagieren würden. War ich doch einer, von dem sie sich abzusondern hatten. Gerade für den Gottesdienst, da nach der hier gängigen Form »alle, die nicht gerettet sind im Gehorsam des Glaubens und die sich nicht vereinigt haben mit Gott ... ein großer Greuel vor dem Herrn sind ... so kann und mag nichts anderes von ihnen erwartet werden oder entspringen denn greuliche Dinge«.

Heute trifft man sich auf dem behäbigen Gehöft des Lehrers John zu dem, was die Amischen als »noch dr Gemee gehe« bezeichnen. Johns Haus scheint groß genug für den Andrang, der zu erwarten ist. Alle Möbel wurden aus Wohnzimmer und Küche genommen, die Betten, in denen die Mütter unter Aufsicht von Babysittern die Babys stapeln würden, sind entsprechend ausstaffiert, das Liebesmahl ist vorbereitet. Die Kirche im Haus kostet die gastgebende Familie immer um die 500 Dollar, ein weiterer Grund, warum jungverheiratete Paare die ersten ein, zwei Jahre von der Routine gelegentlich auch ausgespart bleiben.

Ein Gottesdienst wirft auf der Amischfarm schon lange vor dem eigentlichen Ereignis ganz gewaltige Schatten voraus. So kann es sein, daß die Familie – wie Elam J. Graber und Co. es einmal praktizierten – noch schnell einen Teil des Daches neu deckt, den halben Fußboden herausreißt und neu verlegt und den Inhalt der randvoll gefüllten Scheune umstülpt. Daneben wird geputzt, geputzt und nochmals geputzt. Großen Wert legen die Gastgeber offensichtlich darauf, was die Gemeinde von ihnen hält. Obwohl es niemand offen sagen würde ... auch im Allen County gibt es heute drei Arten von amischen Familien. Darunter solche, die sehr viel putzen und die bei weitem in der Überzahl sind, daneben solche, die regelmäßig putzen und schließlich solche, die nur putzen, wenn es nicht mehr anders geht.

Über 50 Familien sollen heute bei John zusammenkommen, schon etwas zu viele für einen Hof, und so auch der Grund, warum sich Elams Gemeinde bald teilen mußte. Aber nicht alle, die erwartet werden, kommen dann auch, wie sich nach dem frühen Pflichtsitzen schnell herausstellt. Wer krank ist, wird entschuldigt, aber auch wessen Bruder, Schwester oder Eltern in einem anderen Distrikt an diesem Tag im eigenen Haus den Gottesdienst halten, geht der Tradition nach zur Familie und nicht in die eigene Gemeinde. Im Prinzip gilt daneben, daß wer im Allen County dreimal ohne guten Grund den Gottesdienst verpaßt, Gefahr läuft, aus der Gemeinde ausgeschlossen zu werden.

Barbara-Ann hat an diesem Tag das Privileg, die Familie und mich, das »eitel Greuel ihrer Absonderung«, im glasigen Dunst des Morgens in der auf Hochglanz polierten Kutsche zum Gottesdienst zu fahren. Sie hat es sich damit verdient, daß sie in den letzten Tagen lernte, ein Pferd genauso schnell anzuschirren wie ihre älteren Brüder. Und das will hier schon etwas heißen.

Groß ist jetzt der Betrieb auf der Cuba Road und ihren Seitenstraßen. Allerdings bleibt einer schön hinter dem anderen. Kein Amischkutscher würde es auf dem Weg zum Gottesdienst wagen, einen anderen zu überholen. Familienweise treffen die Frommen auf Johns Hof ein. Die Pferde werden ausgespannt und im Stall der Heuraufe zugeführt, die ihnen in den nächsten Stunden etwas zu tun gibt. Dann betritt die Familie das Haus und bedient sich aus einem gewaltigen Kessel mit Trinkwasser, aus dem kräftig geschöpft wird. Wieder ist äußerste Disziplin ein Kennzeichen für die Amischen.

Johns Haus ist heute besonders kahl. Kein einziges Symbol etwa an den Wänden, das an den Gekreuzigten erinnert hätte. In den Zimmern riecht es auch nicht nach Kirche oder nach dem Absud einer sie umgebenden Siedlung oder Stadt. Hier weht der Atem des Bauernhofes und das Herbe hart arbeitender Menschen. Die Luft ist schwer, warm und trokken. Die Frauen sitzen auf gemeindeeigenen langen Bankreihen in der Küche, die so gebaut ist, daß eine direkte Verbindung mit dem Wohnzimmer besteht. Dort haben die Männer Platz genommen. Alles und jeder schweigt sich an. Besonders die kleinen Mädchen und Jungen, die bei den Müttern oder Vätern sitzen, üben sich in Geduld, denn noch ist es eine knappe Stunde bis Gottesdienstbeginn. Einer kommt nach dem anderen, keine laute Begrüßung, alles selbstverständlich, alles Routine, tausendfach durchexerziert, tausendfach bewährt. Nachdem es keine Haken an der Wand mehr gibt, fliegen die breitkrempigen Hüte einfach hinter den Ofen, wo sich bald knapp 100 Exemplare stapeln.

Die meisten Brüder, das Haupt auf die Handfläche gestützt, tief nachdenklich und wohl auch traurig, sehen jetzt wieder wie Opfer aus. Sie sind längst nicht mehr so hemdsärmelig, hosenträgerisch, lebensfroh, wie ich sie kenne, sondern eher so, als müßten sie die ganze Last des Erdballs ausgerechnet auf ihren ureigenen Schultern tragen ... ihr Weg, sich für das Kommende vorzubereiten. Die Schwestern kann ich von meinem Platz aus nur vereinzelt sehen. Wie hatte schon vor nunmehr 400 Jahren ein Zeitgenosse diese Schweizer Täufergruppe geschrieben? »Kostbare Kleider verachten sie, meiden kostspieliges Essen und Trinken, kleiden sich mit grobem Tuch und bedecken ihre Häupter mit breiten Filzhüten; ihr Gang und Wandel ist bescheiden. Sie tragen keine Waffen, weder Schwert noch Degen, nur ein kurzes Brotmesser, und sagen, alles andere seien Wolfskleider, welche die Schafe nicht tragen sollen. Sie schwören nicht, leisten auch der Obrigkeit nicht den Bürgereid. Vergeht sich einer hierin mit etwas, so wird er von ihnen gebannt; denn es ist ein tägliches Ausschließen unter ihnen.« Was hatte sich gravierend seither geändert?

Vereinzelt fragt mich der eine oder andere Nachbar: »Bisch en Dütscher?«, sagt dann noch: »Schee, die azutreffe« als höchste Steigerung der amischen Höflichkeitsformel und kein Wort mehr. Ich bin hier keine »Sensation«, nur ein

Außenseiter, ein Sünder unter Heiligen. Man weiß das, aber man zeigt es mir nicht.

Schlag 9.15 Uhr kommen vier gestandene Mannsbilder, die Diener der Gemeinde und ein Gastprediger, in den Raum und begrüßen jeden einzelnen mit Handschlag und traditionellem Bruderkuß. Das geht recht zügig voran, unheimlich mechanisch und scheint trotzdem sehr herzlich gemeint zu sein. Man drückt sich ernst die Hand, quetscht sich einen Kuß auf den Mund, läßt dazu nur die Augen sprechen. Ich sitze gleich neben Elam, frage mich gerade noch, was die Diener wohl mit mir, dem Weltlichen, machen würden, als schon der erste aus der Dreieinigkeit Bischof, Prediger und Armendiener auf uns zukommt. Es ist Bischof Viktor (Graber), der mich kennt, mir die Hand reicht und lächelnd weitergeht. Beim Gastprediger Elmer (Graber) ist das schon anders. Nachdem er Elam begrüßt hat, bin ich an der Reihe. Der Diener spitzt den Mund, beugt sich zu mir herunter, erkennt dann aber im letzten Augenblick (sicher) am Oberlippenfragment meines Bartes, daß ich kein Heiliger bin, mein Gesicht nicht das eines Amischen ist. Etwas verstört geht er weiter.

Nun entsteht eine längere Pause. Ein Bruder hustet sich in der strengen Feierlichkeit die Farmerlunge leer, daneben ein paar kräftige »Bäuerl«, die Dankbarkeit des Magens aus Bauernmund. Zusammen mit dem »Gluxi« eines Kindes stören sie die ansonsten totale Stille nur unwesentlich. Nachdem dann auch die letzten der rund 220 Personen, dicht an dicht zusammengerückt, Johns Haus füllen – Platz ist, wo Platz ist, selbst noch im Schlafzimmer, da Wohnstube und Küche einfach voll sind –, fordert der Bischof Schlag 9.30 Uhr zum Liedlesinge auf.

Jetzt geht es für ein paar Minuten hin und her. Jeder weiß, daß nun gesungen wird, doch noch ist nicht ausgemacht, mit welchem Lied der Gottesdienst beginnen soll. So zischelt es um mich herum im Verbund der versammelten Vettern: »Sam, sing du«, »Eli, kumm, sing«, »Joe, sing emol«, »Alla, John, tu singe.« Vielleicht wollen sie alle singen, wollen sich aber nicht vordrängen, vielleicht entspricht alles nur demokratischer Amischkultur. Auf jeden Fall bieten die Gemeindeglieder etwaigen Besuchern aus anderen

Distrikten aus Höflichkeit die Position des Vorsängers immer zuerst an.

Plötzlich ruft Ben Graber, der bisher überhaupt noch nicht im Gespräch gewesen war, mit kräftigem Männerbaß: »Achteachtzig.« Die Brüder um mich herum greifen zu einem schwarzgebundenen Wälzer mit dem ellenlangen Titel *Ausbund das ist: Etliche schöne Lieder, wie sie in dem Gefängnis zu Passau in dem Schloß von den Schweizer-Brüdern und von anderen rechtgläubigen Christen hin und her gedichtet worden. Allen und jeden Christen, welcher Religion sie seien, unpartheiisch sehr nützlich*, den man intim gekürzelt hier »s dicke Buch« nennt. Dieser Ausbund mit seinen ungelenken Versen, seinem lehrhaft-moralisierenden Ton, ist das älteste protestantische Gesangbuch, aus dem heute noch gesungen wird. Im Ausbund erhielten besonders die Brüder und Schwestern, die im alten Europa einmal auf die Vollstreckung der Todesstrafe warteten, ihr Denkmal. Die Täufer haben ihn 1564 erstmals gedruckt, in Amerika kam er 1742 aus einer Druckpresse im pennsylvanischen Germantown.

Natürlich gehörte es nicht in diesen Gottesdienst im Haus des Lehrers John an der Cuba Road, aber irgendwie beschäftigte es mich doch: Da sangen die Amischen, wenn auch zu den seltsamsten Melodien wie »Es ging ein Fräulein mit dem Krug« oder »Ein Blümlein auf der Heide«, wie sie jedem Versmaß vorstanden, Lieder, ja Balladen, die Täufermärtyrer im Gefängnis des Schlosses Passau um 1537 einmal dichteten. Dieses Passauer Gefängnis hat die frühen Täufer zum Komponieren eingeladen wie die Schubert-Linde im Wienerwald den Schubert Franz. Und unter den Gefangenen Taufgesinnte aus Durlach, heute in meiner Heimatstadt Karlsruhe eingemeindet, oder auch aus Bruchsal, nicht weit davon entfernt. Konnten sich die frühen Täufer auch nur vorstellen, daß ihre Lieder einmal Meere überwinden und bis tief ins 20. Jahrhundert hinein erhalten werden würden?

Einer meiner Nachbarn schlägt mir das 88. Lied in dem Mammutwerk auf, das auf Seite 460 beginnt. Als ich ihm zuflüstere, daß ich nicht singen könnte, da ich das Lied nicht kannte, kommt es etwas scharf zurück: »Abber lese kasch doch oder nüt?« Richtig. Und schon geht es los im Ton »Kommt her zu mir, spricht Gottes Sohn«. Der Vorsänger beginnt mit einer Silbe, singt mit klagendem Männerbaß »Fü – üüüü – üüüüüüü – ü – üüüü – üür«, worauf auch die anderen paraphrasiert einstimmig miteinfallen.

Lied folgt jetzt auf Lied, immerhin haben wir noch eine geschlagene Stunde Zeit bis zum »Anfang«, das heißt bis zur ersten Predigt. Aber was heißt hier schon eine Stunde? Tatsächlich schaffen wir in den nächsten 67 Minuten nur die jeweils ersten zwei Strophen von fünf Liedern. Das hatte weniger damit zu tun, daß jeweils, wenn ein Lied zu Ende gesungen war, das gleiche »Sam, sing Du«, »Na, David, du musch singe«, »Ben, fong a Liedli a« und so weiter losging. Nein, das lag einzig und alleine daran, daß die Amischen ihre Lieder in der Kirche alle in der »longsome Weis« zersingen, in einer arg erstarrten, monopolisierten Form, die ihr Vorbild in mittelalterlich-katholischen Weisen hat. Das läßt sich am besten so erklären, daß die Gläubigen genau fünf Minuten und 32 Sekunden brauchen, um einen vierzeiligen Ohrwurm etwa im 13. Lied des Ausbunds (»Eine schöne Historie von einer Jungfrau«) »sehr tröstlich« hinter sich zu bringen:

»Ein Mägdelein von Gliedern zart, Lieblich, schön und von guter Art, Elisabeth ward sie genannt, Die hat auch Gottes Wort gekannt.«

Die Amischen singen dieses Klagelied wie andere von einem gebrochenen Herzen, doch sie reduzieren dabei jedes Wort auf Silbenhäufchen. Das heißt, daß der Vorsänger – oder auch Vorstimmer, ein Amt, das auf Schweizer Traditionen zurückgeht –, daß also jeweils jener, der sich zum Singen entschließt und eine Liednummer aus dem Ausbund vorschlägt, eine Silbe solistisch vorlegt, die Gruppe dann für den Rest der Zeile einstimmt. Jeder Buchstabe wird betont, ja jedes Wort wird langgezogen ausgesungen, und zwar durchaus zu einer Melodie. Der Ausbund nennt 21 verschiedene melodische Möglichkeiten für seine Lieder, die man allerdings wie eine Muttersprache von Kind auf erlernen muß, um darin perfekt zu sein. Da geht es hoch und runter, offenbar vollkommen ohne melodischen Sinn und nur mit jenem Hauch von Zeitlosem zu erklären, das uns in Johns Haus ohnehin umgibt. All das ohne jede Musikbegleitung, glauben die Amischen doch, daß Gott viel zu viel

Grund dafür hatte, ihnen schöne Stimmen zu geben, als daß man sie von einem Musikinstrument übertönen lassen dürfte. Warum die Frommen an der langsamen Singweise festgehalten haben, ist ungeklärt. Jene Spötter, die glauben, sie täten's nur, damit niemand darauf tanzen könnte, sind jedoch ganz bestimmt im Unrecht.

»Zu Lewarden wohl in der Stadt, Das Mägdlein seine Wohnung hat, Als man zählt fünfzehn hundert Jahr, Und neun und vierzig, das ist wahr.«

Was mit der Jungfrau tatsächlich passierte, dazu kommen wir nicht mehr, ich muß es so auch in dem uralten Märtyrerkatalog querlesen, bevor man eine neue Weise ansingt. Danach wurde das besungene Mägdelein »im Jenner« gefangen und »bey ihrem Eyd in dieser Stätt gefragt, ob sie kein Mann genommen hätt«. Wie von einem echten Täufer nicht anders zu erwarten und als Ansporn für die Heutigen, weigert sie sich allerdings, zu schwören, will nur so die Wahrheit sagen. Zwischen Vers 4 und 36 geht es dann zwischen Fragern und der Befragten hin und her. Schließlich kommt Vers 37 zu dem Schluß, daß »man sie stracks ertränken sollt, Kein ander Gnad beweisen wollt, Das ist der Wölfin Gütigkeit, Die sie den Schäflein hond bereit«. Und im 38. folgt dann der Grund, warum die Amischen im Allen County rund 400 Jahre nach dem eigentlichen Geschehen überhaupt noch nach diesem Lied gegriffen haben: »Laßt uns bedenken ohne Scherz, Der Elisabeth tapfer Herz, Wie sie in ihrer Pein und Noth, Mit Ernst gerufen hat zu Gott. Amen.«

Die Amischkirche kann bis zu diesem Tag auf Totenbeschwörungen dieser Art nicht verzichten. Ganz bewußt hängen sich die Heutigen an die religiös-revolutionäre Kleinkunst der Gestrigen, an historisch erstarrte Strophen, entstanden aus tödlicher Gemeinsamkeit in düsteren Gängen und stickigen Angstlöchern in deutschen Landen. Sie tun's mit akustischem Gewitter, um eine radikal-christliche Gemeinschaft wie die ihrige daran zu erinnern, wo sie herkommt, damit sie sich dort nicht verirrt, wo ihr Weg sie hinführt.

Die Diener, die die Brüder mit dem heiligen Kuß begrüßten, haben sich nach einem rund 300 Jahre alten Ritus zum »Abrot« zurückgezogen. Jetzt besprechen sie sich im

oberen Stock des Hauses, wer an diesem Tag die Hauptpredigt, »die Gemee holte« sollte. Dies hatte ohne Vorlage, ohne Bibel und Notiz und nur aufgrund von Inspirationen zu geschehen, da man sicher machen wollte, daß ein Prediger nur sagte, was ihm Gott gerade eingab. Eine Ausnahme wird dabei nur dem Armendiener zugestanden, der aus der Bibel kurz vorliest, um das Gelesene zu interpretieren. Erlaubt ist auch, »e Gebetle vorzlese odr au zwei, mehr nüt«.
Während sich das letzte Lied, das 65. aus dem Ausbund, dahinlangweilt, kommen die Diener aus dem Obergeschoß zurück und setzen sich an die Breitseite des Wohnzimmers. Es gibt eine kurze Pause, die dazu genutzt wird, die Unruhe unter den Kleinkindern, die sich, an weltlichen Maßstäben gemessen, geradezu hervorragend benehmen, mit Kartoffelchips zu besänftigen. Die Erwachsenen mampfen kräftig mit, und der Junge, der dem großen Wassereimer am nächsten sitzt, muß sich schon eilen, um die Becher nachzufüllen. Die Amischen kennen keine Sonntagsschule, die Jugend ist praktisch von der Wiege an beim Gottesdienst der Erwachsenen mit dabei.

Wo die Kirche ist, da ist der Geist Gottes, wo der Geist Gottes ist, da ist die Kirche ... Der Anfang dazu, die kurze Predigt, ist Aufgabe des Dieners Henry Zehr, der uns im Namen des Herrn grüßt. »Zum erschte winsch i die Gnad Gottes.« Dann hebt er mit Wortgewalt an, rechnet derb mit der alten Kirche und ihrer Menschenlehre ab. 17 Minuten lang steht der Henry dazu an der Scheide zwischen Küche und Wohnzimmer, 17 Minuten lang predigt er in einem gewissen Singsang über die Köpfe von rund 220 Personen hinweg, was ihm die Stunde eben eingibt. In niederen Lagen spricht er beinahe leise, endet aber von Absatz zu Absatz in hohen Stimmlagen. Zwischendurch donnert es dann durch die Räume. »Ihr lieben Brüder und Schwestern«, hebt der Henry an, »lasset uns ernstlich bedenken, was wir vor Gott und der Gemeinde versprochen haben ... daß wir absagen dem Teufel und der Welt ... und unserem eigenen Fleisch und Blut. Wir sollten doch allen Untugenden fliehen, als da ist Hochmut und Kleiderpracht, woraus Betrübnis und Ärgernis entsteht, woraus der Ungehorsam nur noch gesteift wird ...« Doch natürlich will es der Henry nicht zu lange machen, um dem Bruder, der »die schwere Deel«, also die Hauptpredigt übernommen hat, keine Zeit zu stehlen.

Anstelle des erkrankten Armendieners liest Bischof Viktor aus dem Testament, aus einer alten Ausgabe, in der Eheleute noch »ein Fleisch« werden oder »das Wort Fleisch wird«, was in der Welt längst einer Nachrevision erlegen ist. Viktor zeigt auf, »wie weit sich d'Schrift erstreckt«. Ihm folgt der Gastprediger Elmer Graber mit der Hauptpredigt, die sich bis 12.30 Uhr hinzieht. Davor und danach müssen wir aufgrund eines »Laßt ons niederfalle vor dem Herr, der ons gmocht het« auf die Knie zum Gebet.

Das Glaubensbekenntnis der Amischen ist relativ einfach: Jesus ist der Vorgänger, sie sind die Nachfolger. Sie bekennen, daß Jesus Christus Gottes Sohn ist; daß er empfangen und geboren wurde von der Jungfrau Maria. Er ist gemacht von Gott für ihre Gerechtigkeit, Weisheit, Heiligung und Erlösung. Christus ist der Friede, die Auferstehung und der Richter. Niemand kommt zum Vater denn durch ihn. Die Amischen glauben an Gott als Dreieinigkeit, Vater, Sohn und Heiliger Geist. Für sie ist die Bibel die einmalige, konkrete Geschichte Gottes, die ihren Höhepunkt in Jesus Christus hat und keiner neuen Interpretation bedarf.

Den Elmer, der jetzt darüber sprechen wollte, nennen die Amischen, die eine starke Vorliebe für Spitznamen haben, »Spot«. So hatte man schon dessen Vater und selbst den Großvater gerufen, der einmal ein geschecktes – »gespottetes« – Pferd vor dem Buggy hatte. Der Name übertrug sich dann von Generation zu Generation. Wie »Spot« Graber gab es im Raum auch einen, den sie »Pacer« (Paßgänger) riefen oder einen anderen, der handtuchschmal wie er war, auf »Pencil« (Bleistift) reagierte. Wieder ein anderer war in der Gegend als »Kommandant David« bekannt.

Elmer, Arbeiter in Christo und Kassandra unter den Erben Jakob Ammanns zugleich, holt jetzt zur Wortverkündigung kräftig aus. Offenbar bedarf auch die Seele eines Heiligen verschiedener Tonlagen, um nicht lau und müde zu werden, wenn Lasten auf ihr liegen, die sie drücken. Zuerst spricht er die lieben Brüder und Schwestern, die alle unter der gleichen Gottesgeißel stehen, am Beispiel des nüchternen biblischen Geschehens recht versöhnlich an. Spot meint, daß sich die Lieben ernstlich prüfen sollten, ob ihr Leben denn tatsächlich noch den Anforderungen der Schrift entspreche. Aber dann hebt er die Stimme und sagt ihnen glatt ins Gesicht: »I glaub, der Jesu isch nüt mit uns zfriede, i glaub's werklich nüt«, und die so Angesprochenen biegen die schweren Bauernrücken und neigen ihr Haupt vor Grauen. Das heißt, ein paar Brüder haben schon seit geraumer Zeit das gleiche Haupt recht geschickt in den Handflächen verborgen, sind ohne jeden Zweifel darüber auch eingeschlafen. Die Umstellung von einem kühlen Indiana-Morgen auf dem offenen Buggy und dem etwas zu warmen Farmhaus war dann doch für den einen oder anderen etwas viel.

Elmer erinnert an seine eigene »leibliche Mutter« – im Gegensatz zur geistlichen Mutter Kirche –, die noch so recht gottgefällig gelebt habe. Aber was würde sie sagen, wenn sie heute auf die Gemeinde der Heiligen herabschauen könnte... »vielleicht kann ses, wer woiß?« Und er fühlt sich verstanden. Auch sie wäre nicht zufrieden, wobei der Prediger nicht genau darauf eingeht, was nun alles falsch gemacht wird. Er gibt nur den Wink, daß die Mutter alles Moderne, damit die leere Welt des Fortschritts konsequent abgelehnt hatte, und die Kinder seien ihr jetzt schuldig, »ihrer wert zu sei«, also nicht mit der Technik, mit dem Modernen davonzulaufen. Worauf Spot ganz offensichtlich hinaus will, ist der Umstand, daß nach seiner Meinung die Alten so viel gottgefälliger gelebt haben als die Jungen von heute, denen er schon einmal damit droht, wie es zu den Zeiten Noahs Menschen mit fleischlichen Verfehlungen ergangen ist, »die sich nicht vom Geist Gottes haben strafen lassen«. Dagegen sollten jetzt die Diener »besser aufwachen in der Lehre und im Bestrafen«. Dann geht er auf »die letzten Dinge« ein, auf den Tag, an dem Christus seine Braut – die Gemeinde – nach Hause führen wird. Um aber ein Glied dieser Gemeinde zu sein, sei es notwendig, daß jeder einzelne »selig absterbe tut«, was auch er, Elmer, als seinen größten Wunsch in diesem Leben und seiner sanften Sehnsucht nach einem Leben nach dem Täufertod betrachtet. Schließlich geht er auf die Geschichte von Daniel und Nebukadnezar ein. Besonders auf Daniel, der Prophet aus dem Hause Juda, und Nebukadnezar, vor dem sich – so der Prediger – »alles vor Furcht gschüttelt hät«.

Dieser Elmer ist ein gottbegnadeter Redner, der immer wieder zündende Formulierungen aus der Bibel findet, die sicher manchen studierten Theologen mattsetzen würden. Dazu spricht er ein Predigerdeutsch, das mich verblüfft. Er gibt die ewigen Wahrheiten des biblischen Christentums in Luthers Sprache weiter, erinnert damit daran, daß Religion und Volkstum bei den Amischen in Amerika lange auf sich angewiesen waren. Einzig das Evangelium und die historisch bedeutsamen Momente der Täufergeschichte galten hier einmal als Schlüssel zu einer widerstandsfähigen deutschen Kultur. Und dieses Evangelium war ebenso wie die Geschichte in Deutsch aufgeschrieben und wurde nur in deutscher Sprache weitergegeben, nicht zuletzt weil die Theologie Roms einmal jahrhundertelang ohne die deutsche Sprache ausgekommen war. Damit erwuchs den Brüdern die Pflicht, deutsch zu bleiben, so gut es nur ging. Dies war nie eine bedrohte Eigenart der Amischen und wird erst heute langsam dazu. Doch noch isoliert die wenn auch manchmal schon recht veraltete Sprache eines fremden Landes im modernen Amerika, ist sie ein Bollwerk gegen alles Englische.

Die Luft wird immer dicker, die Köpfe sinken tiefer. Kinder scharren mit den Füßen, fragen nach neuem Proviant aus Chipstüten. Kleinkinder kommen aus der Küche, wo die Frauengruppe sitzt, auf der Suche nach ihren Vätern ins Wohnzimmer oder gehen den umgekehrten Weg. Immer häufiger zieht es einzelne Brüder oder Schwestern hinaus zum Stall (für Männer) oder zum Hisli (für Frauen). Doch unbeirrt spricht Elmer zur Gemeinde, schaut, träumt in die Ferne, wenn er sich mit lauter letzten Worten geistig in sich zurückzieht, um dann gleich mit wuchtigem Wortschwall – vom Endgültigen zurück zum Vorläufigen – wieder anzugreifen, was er des Angreifens wert hält. Dann wird der Gottesdienst zur Anklage von Augeslust, Fleischeslust und hoffärtigem Leben, gegen altbekannte »Greuel vor Gott«, damit die Sintflutstimmung in den Räumen nicht verlorengeht. Den üppigen silbergrauen Pilzschopf, die gängige Haartracht der Bilderbuchamischen, hat der zarte wie zornige Aufklärer in den Nacken geworfen. Doch keinen Augenblick scheint er sich selbst oder die Gemeinde zu verlieren. Nur einen Fehler macht er dabei, vor dem Amischprediger immer wieder gewarnt werden: Er sagt ein ums andere Mal, er wolle die Predigt nicht zu lange halten. Das sollte er nicht tun, denn besonders die Kinder, die das Ende des Gottesdienstes sehnsüchtig erwarten, wähnen es dann nahe ... und wenn es trotzdem immer weitergeht, könnten sie – so amische Vordenker – meinen, der Prediger schwindle sie an.

Zwischendurch, wie zum Luft holen – doch wo soll die Luft herkommen? –, erklärt der Elmer: »I ka euch nüt alles erzähle, ihr müßt's selber nochlese.« In der Bibel stehe alles, gerade so, wie er es sage, zudem sei jetzt schon die Mittagsstund, und er müsse bald schließen. Das läßt nachzittern, da kommen besonders der Küchenbesatzung, den etwas zarter besaiteten Frauen, die Tränen, die sie verstohlen in weiße Taschentüchlein rinnen lassen.

Nach der Predigt setzt sich der Elmer spontan zurück auf seine Bank und fragt dabei recht unterwürfig den Bischof Viktor, ob er mit dem Gesagten übereinstimme, ob alles schriftmäßig gewesen sei. Und der Viktor antwortet hölzern: »Jo, I glaub, du hasch uns schee agredt ...« Dieses »Zeugnis froge« geht noch etwas weiter, da die Predigt auf »zweier oder dreier Zeugnis Mund« beruhen soll, Zweifel und Glaube sich gegeneinander ausschließen. Weitere »Zeugnisgeber« stimmen dahingehend zu, daß auch sie »die Lehr abglost und nüt anners verstanne hän« als der Elmer, der damit »sini Schuldigkeit ta hät«. Einer sagt: »I hob nichts anners verstanne, als was Gottes isch und i kann Zeugnis gebbe, daß des, was der Bruder gsagt hät, wohr isch«, ein anderer: »Jo sell hät der Mark in seym Evangelium gsogt.« Und der Elmer fühlt sich jetzt auch »donkbar, daß die Lehr als Gottes Wort erkannt worde isch«, und erklärt das seinen Brüdern auch. Natürlich kommt es auch einmal vor, daß nach einem Predigtdonnerwetter, etwa wenn sich ein Diener zu liberal ausgedrückt hat, einer der Frommen aufsteht und frank und frei erklärt, daß ihm dies oder das nicht gefallen habe, da es nicht mit der Schrift übereinstimme. Hat er recht und die Mehrzahl der Anwesenden hinter sich, so muß der Diener seine Worte widerrufen.

Was für die Amischen »Gottes ist«, ist im Prinzip das, an was alle christlichen Kirchen glauben. Die Brüder hängen am protestantischen Konzept der Bibelauslegung. Nur wie sie die Auslegung auslegen und in ihr tägliches Dasein einweben, macht den großen Unterschied. Das Neue Testament, die Lehren Jesu – und hier besonders die Bergpredigt –, stehen weiterhin für sie im Mittelpunkt der Lehre, womit sie unterstreichen, daß sie sich in erster Linie in der Nachfolge, damit als Jünger des Herrn sehen wie ihre Glaubenspioniere zurück in der reformatorischen Schweiz. Wer die Amischen im Zeitraffer verstehen will, bemüht dazu am besten im 2. Korinther die Kapitel 6 und 7. Dort wird den Frommen empfohlen, als »Unbekannte und doch bekannt«, als »Traurige, aber allzeit fröhlich« durchs Leben zu gehen ... in großer Geduld, in Trübsalen, in Ängsten, in Schlägen, in Gefängnissen, in Mühen, in Keuschheit. Kurz: als die Armen, die doch viele reich machen, die kein Unreines anlangen, sich von der Befleckung des Fleisches reinigen, um sich als Licht von der sie umgebenden Finsternis abzuheben.

Zum guten Schluß ruft ein Karl Schwartz zum Scheidelied Nr. 136, eines von vier Abschiedsliedern im Ausbund, auf und macht auch gleich dazu den Vorsänger. Ein letztes Mal tobt der Gesang wie eine Windsbraut durch das Haus, dann verlassen alle Ungetauften den Raum auf den Hinweis des Bischofs hin: »Es sin Sache, die vor d'Gemee kumme, alle die kei Glieder sin, solle raus und Plotz moche.« Dann kann zum Beispiel öffentlich verkündet werden, daß ein Heiligenpärchen, das noch keines ist, schüchtern erklärt hat, »in d'Unzucht« gekommen zu sein, das heißt, die Frau ist schwanger und »s'pressiert«. Es hilft den beiden, wenn sie neben ihrer Sünde gleich bekennen: »Mir welle unsre Sach mache.« Natürlich sei man bereit, sofort zu heiraten, wenn es die Gemeinde erlaube. Jetzt wiegen die Alten bedächtig das Haupt, beklagen im frühen Berner Idiom den Zerfall der Moral unter der Jugend, aber auch jener Eltern, die keine Sorge tragen würden, den »unehlich Beischlof« zu verhindern. Die Gemeinde überlegt sich – allerdings nur zum Schein –, ob man die beiden nun »dem Sotan übergebbe« müsse, befindet dann aber praktisch immer, daß die

Hochzeit nach drei Gottesdiensten – also in sechs Wochen – stattfinden könnte ... allerdings ohne ein großes Fest, denn das würde die Sünde auch noch belohnen.

Nach ein paar Ankündigungen allgemeiner Art erheben sich Brüder und Schwestern und setzen sich an die gewaltigen Tische für eine kräftige Brotzeit, das Liebesmahl, das die Frauen des Hauses und ihre Anverwandten seit Tagen vorbereitet haben. Wer viel gebetet hat, wird jetzt auch kräftig essen, allerdings nie zu großartig, nie zu gut, damit man nicht befürchten muß, der eine oder andere käme nur wegen des Essens zum Gottesdienst. Trotzdem langen die Heiligen – »der Herr im Himmel sig dafür globt und prise« – nach bester Amischart kräftig zu und besprechen das Neueste vom Tage, darunter ein Ereignis in einer der Gemeinden um Berne/Indiana, also praktisch in Buggynähe von Grabill. Dabei beginnt einer auf Englisch, was gleich auch bemängelt wird, denn der Gott der alten Amischen spricht noch deutsch, so wie er in der Lutherbibel – eben auf Deutsch – sagte: »Adam, Adam, wo bist du?« Die deutsche Schriftsprache ist das Täuferlatein, aber für manche eben Latein und damit auch in dieser Runde nicht immer recht geläufig.

Die Amischen, die im Gegensatz zu früher, als der Staat sie einfach für zu altmodisch hielt, jetzt Kinder adoptieren dürfen, machen davon gerade auch im Gebiet von Berne lebhaften Gebrauch. So hatte vor ein paar Jahren dort eine Familie ein Mädchen zu sich genommen, das kürzlich heiratete und bald ein Kind bekam. Aber – für Amische durchaus zum tiefen Erschrecken – das Kind war schwarz. Nun gingen die Berner daran, die Mutter wegen Untreue zu bannen und aus der Gemeinde zu stoßen, da für sie nachweisbar Vater wie Mutter Weiße waren. Es bedurfte einer Detektivarbeit, um herauszufinden, daß das adoptierte Mädchen einen dunkelhäutigen Elternteil gehabt hatte, was ihr nicht anzusehen war. Der Säugling dürfte nun zu einem der ersten schwarzen Amischen in Nordamerika heranwachsen, die Welt der Berner Gemeinde ist wieder im Lot ...

Wie es zu einem Gemeesundig gehört, werden von den Täufern, die ihre Vergangenheit weder bewältigen noch verdrängen wollen, auch Bibelthemen und Täufergeschichten angesprochen. Wer etwas über die frühen Täufer weiß, ist gefragt. Bei diesem Erzählen werden gerade die Märtyrer dann allesamt zu riesenhaften Fabelgestalten. Was haben sie nicht alles erdulden müssen, was zu einem beträchtlichen Teil stimmt, was haben sie alles mit Gottes Hilfe zustande gebracht, was teilweise schon nicht mehr historisch ist, und welche Wunder sind noch im Feuer der Scheiterhaufen geschehen, von denen ich in Europas Archiven noch nie etwas gelesen habe. Doch die Ahnendetektive, längst keine Zeugen ihrer eigenen Geschichte mehr, verstehen es geschickt, die eigene Betroffenheit zur Betroffenheit ihrer Zuhörer zu machen. So besteht nie die Gefahr, daß sie ihre Geschichte vergessen oder so tun, als hätten sie sie vergessen. Da ist etwas von tiefer psychischer Verwundung, von Leidensneid im Spiel, auch die Tatsache, daß man gerne als Opfer gilt, das auf Rache verzichtet, aber auf Erinnerung besteht. In der Nachfolge der geistlich unsterblichen Märtyrer, damit auch in der Nachfolge Jesu zu stehen, macht Freude, macht frei.

Kein Grund so auch, um Kulissen zwischen Opfer und Täter zu schieben. Die Amischen brauchen ihre Märtyrerreihe zur Stiftung von Identität, etwa so wie Israel heute den Holocaust braucht. Ihre leidvolle Geschichte ist für sie ihre Geschichte schlechthin. Viel zuviel Geschichte allemal, um heute zu enden. Und ist es nicht so ... früher waren die Märtyrer tot und ihre Peiniger lebten, heute waren die Peiniger tot und die, die einst von ihnen gemordet wurden, lebten, wie an diesem Tag im Lied vom Mägdelein im Hause des John Zehr an der Cuba Road. Die Amischen haben so auch einfach kein Bedürfnis nach neuerer Welterkenntnis, ihre gerade rund 6000 Jahre alte Geschichte – beginnend mit der Erschaffung der Erde – darf nicht entrümpelt werden. Typisch dafür die Antwort des Elmer auf meine Frage, was Gott nach Amischauffassung denn tat, bevor er vor 6000 Jahren Himmel und Erde schuf: da habe er die Hölle vorbereitet für jene, die solche Fragen wie ich stellten. So jedenfalls der Elmer, ein Mann, der es wissen müßte.

Das Liebesmahl nach dem Gottesdienst ist mehr als zur Schablone erstarrtes Brauchtum. Es erinnert an das solidarische Verhalten unter den Täufern während der Notzeiten vergangener Jahrhunderte, auch wenn sich die Frommen vom Allen County schon etwas von der brüderlichen Tradition entfernt haben. Denn noch ist es auch hier nicht allzulange her, daß man nach der Kirche in Gruppen immer aus ein- und demselben Topf eine Bohnensuppe aß, zuerst die Männer, dann die Frauen, und dabei nie das Geschirr abwusch. Die Amischen sahen darin ein besonderes Symbol der brüderlichen Solidarität und Nächstenliebe. Heute wetzt man schon die Küchenmesser, erhält jeder seinen eigenen Teller und seine Tasse – nein, gewaschen werden sie zwischen zwei Sitzungen häufig immer noch nicht.

Gegen 14 Uhr fahren die ersten Familien, häufig auch nur die Ehemänner, zurück zur Farm, um dort nach dem Rechten zu sehen. Für den Rest des Tages herrscht in Johns Farmhaus ein Kommen und Gehen. Am Abend nach der Stallzeit findet ein großes Essen für den engeren Familienkreis, im Anschluß daran ein Pingpong-Tournament unter den Teenagern statt. Ein Höhepunkt des Gemeindesonntags ist für die Jugend das gemeinsame Singen, auch wenn man im Allen County dazu nicht mehr so regelmäßig zusammenkommt wie früher.

An einem nebelfeuchten Morgen – Rachel macht Pie, Christ steht im Harness Shop, Barbara-Ann und Ben sind noch im Stall, Rachel-Mae spielt mit zwei Rehkitzen, die sich auf den Hof verlaufen haben und einfach hiergeblieben sind – fahren wir hinüber zu Viktor Graber, dem breitbärtigen Bischof von Elams Gemeinde, die als West-Spencerville Congregation in den Kirchenbüchern eingetragen ist. Vertraut man alten Karikaturen, so ist dieser Viktor rein äußerlich so etwas wie eine Moses-Parodie, eine Tradition Mensch, der irgend etwas Edles anhaftet, die unerschütterlich vollständig wirkt. So vollständig, wie Viktors (Rest-)Gesicht von wildem Haupt- und Barthaar umwuchert ist.

Neben einer florierenden Landwirtschaft baut der Viktor Kunststoffbuggys, die der Oberhirte für 1 500 Dollar im Schnitt unter Brüdern verkauft. Er ist somit kein armer Lazarus, aber sicher auch kein reicher Mann. Natürlich kommt auch Viktor gleich mit den üblichen Fragen auf mich, den Dütschen aus dem »aalt Land«, zu. Schnell geht es jetzt um die Höchstgeschwindigkeit auf deutschen Autobahnen – obwohl inzwischen jeder Amische in der Gemeinde und selbst darüber hinaus längst weiß, daß es keine gibt. Doch nichts verdutzt hier eben mehr als die Tatsache, daß die Dütschen Auto fahren, wenn sie Auto fahren. Dann bringt Elam vor, was er eigentlich sagen wollte. Nun dürfen sich Amische nicht streiten, schon gar nicht mit ihrem Bischof. So holt Elam auch ziemlich weit aus, um Viktor daraufzustoßen, daß bei einer Kutsche, die meine Gastgeber gerade erst bei ihm erstanden haben, irgend etwas mit der Farbe nicht stimme. Er, der Elam, wolle sich natürlich nicht beschweren, aber die Kutsche sei nicht ganz so schwarz, wie sie sein sollte. Nicht ganz. Natürlich sei er, der Elam, nicht gekommen, um das zu erwähnen, aber andere Kutschen wären trotzdem schwärzer als die seine ... wie gesagt, natürlich beschwere er sich nicht deswegen, nur ... usw. Nur abklopfen wollte er den Kutschenbauer auf dessen Meinung, was nun schwarz an einem Buggy und was nicht ganz schwarz sei. Kein Wort, das den Frieden zwischen Elam und Viktor stören, das in der Gemeinde dann für Unruhe sorgen könnte. Doch kaut der Elam dazu etwas heftiger auf seinem Kautabak herum als gewöhnlich, spritzt er den braunen Saft auch weiter als von ihm gewohnt, was darauf schließen ließ, daß ihm die ganze Sache äußerst peinlich war. Und der Viktor antwortet ihm liebenswürdig wie ein alter Dorfpfarrer.

Die Amischgemeinde ist einmal ein rein optischer, geographischer Begriff. Im Allen County, wo der Zahl nach gelegentlich der Weltliche und nicht der Amische wie ein Exote wirkt, ist sie immer zwischen zwei und drei Quadratmeilen groß, in denen jeweils die gleichen Sippschaften, also »unsre Sort Lüt« wohnen. Es gibt heute hier 12 Kirchendistrikte mit jeweils etwa 30 Familien oder rund 200 Personen. Ein Distrikt wird nach Absprache mit den Gemeindegliedern durch eine Straße, einen Wasserlauf, ironischerweise auch einmal durch eine weltliche Hochspannungsleitung abgegrenzt. Wer in diesem Bereich wohnt, muß immer der gleichen Gemeinde angehören.

Die Glieder leben so dicht zusammen, daß die Entfernung zum glaubensverwandten Nachbarn in Traberminuten zu kalkulieren ist, was das Fremdlingsgefühl in einer andersartigen Welt abbauen hilft. Die Amischen trachten daneben auch danach, nie zu weit von ihren Eltern zu wohnen, um sie mit ihren Buggys bequem erreichen zu können. Von dieser Wohngemeinschaft profitiert heute ganz besonders auch »die Welt«. Wo Amische leben, wird das Umland häufig zu einem heißen, konkurrenzlos überteuerten Spekulationsgebiet. Die Brüder müssen kaufen, auch 3000 Dollar für einen acre im Allen County hinlegen, ob sie wollen oder nicht, oder aber wegziehen, was dann einen Riß in der Familie, in der ganzen religiösen Nachbarschaft bedeuten würde. Ganz schlimm hat sich dies schon in der Gegend um Lancaster ausgewirkt, wo inzwischen acre-Preise bis zu 10000 Dollar bezahlt werden, den Frommen auch schon einmal eine runde Dollarmillion für eine Farm geboten wird. Wo die Amischen so konzentriert leben wie in Intercourse oder New Holland, locken sie Touristen an, diese wiederum Hotelkonzerne und Restaurationsbetriebe, Souvenirverkäufer und so weiter. Das Land wird knapper und knapper oder wie es der Amischautor Gideon L. Fischer beschreibt: »30 Jahre lang kamen die Touristen, um uns zu sehen, jetzt kommen sie, um unser Land zu kaufen. Was die Zukunft bringt, ist vollkommen ungewiß.« Und auch die Gegend um Grabill füllt sich mehr und mehr mit Menschen, ohne vorerst allerdings überfüllt zu sein.

In jeder Gemeinde gibt es Namen, die – teilweise schon stark amerikanisiert – überwiegen, durch Verbindungen im engen Zirkel, durch zahlreiche Kusinenehen begünstigt. So sind's hier im Allen County die Grabers und Schmuckers, in Lagrange die Bontragers, Millers, Hostettlers, in Nappanee die Schlapachs, Chupps, Yoders, Masts, in Ohio die Lapps, Stoltzfus, Kings oder Fischers. Verbindungen halten die Heiligen untereinander durch Besuche aufrecht und durch die Lektüre der Zeitung »The Budget«. Dieses *Budget*, eine der eigenartigsten Publikationen der Welt, wird seit 100 Jahren in Sugarcreek/Ohio publiziert, somit in einer Gegend, in der rund 20000 Amische leben. Mit 500 Reportern, einem Lutheraner als Chefredakteur, hat das Wochenblatt mehr »Journalisten« als jede andere amerikanische Zeitung. Gedruckt wird in einer Sprache, die die Amischen verstehen, auf Fotos verzichtet man. Im Themenprofil der Zeitung erscheint nichts über Politik ... die Frommen wählen nicht, nichts über Verbrechen ... die Frommen sündigen nicht, nichts über Wissenschaft, um Gottes Schöpfungsakt vor wissenschaftlicher Neugier zu verschonen. Die Amischen glauben nicht daran.

Das *Budget* ist das einzige Kommunikationsmittel der Gruppe untereinander, praktisch jede Gemeinde hat einen Mitarbeiter, der regelmäßig über Geburten, Hochzeiten, übers Wetter und über Krankheiten berichtet, aber auch wann das erste Rotkehlchen gesehen, was gerade geschlachtet wurde, ob irgendwo der Darm beim Wurstmachen hielt oder nicht. Jede Ausgabe bringt es damit auf rund 300 Meldungen dieser Art aus den verschiedenen Gemeinden.

In der Geborgenheit der Gemeinde spielt sich ein Amischleben ab, Geburt, Heranwachsen, Taufe, Eheschließung und Tod, wozu es jenes breiten Spektrums psychologischer, pädagogischer, biologischer und sozialer Hilfestellung bedarf, die sie bereitwillig stellt. Dabei bedient sie sich keines komplizierten, sondern eher eines sensiblen Räderwerks. Die meisten Amischen eines Distrikts haben die gleiche Schulbildung, die gleiche Erziehung, stammen aus den gleichen Familien, hängen demselben Glauben an und denken somit weitgehend auch gleich. Einer weiß vom anderen, kennt seine Talente und Schwächen. Geistliche Stützen sind die Alten, die die Erwartung ihres Todes oder des zweiten Kommens Christi abklären und die dafür anerkannt werden. Nur im Rahmen der Gemeinde, die etwas von der Funktion des Seils für den Bergsteiger hat, gelingt den Strenggläubigen die Absonderung von der Welt, von dem Bösen und Argen, das der Teufel draußen ständig pflanzt. Im Schutz der Gemeinde wartet der Amische auf die apokalyptische Wiederkehr Jesu, von der er sich das Heil verspricht. Dabei dreht sich ein Amischleben in erster Linie nicht um das »Ich«, sondern fast immer um ein ernstgemeintes »Wir«.

Im religiösen Sinne ist die Gemeinde die Kirche Jesu, vom Sohn Gottes gestiftet durch den Heiligen Geist am Pfingstfest, danach angereichert mit Menschen aller Völker, die durch Glaube und Taufe zu einem Leib mit Christus als Haupt verbunden sind (nach 1 Kor 12,27). Das haben die Amischen vom Allen County allerdings nicht ganz so übernommen. Für sie ist Christus das Haupt an einem Leib – eben der Gemeinschaft im Brotbrechen und im Gebet, damit des Kirchendistrikts. Aber Menschen aller Völker werden hier nicht mehr gesammelt, man sucht nicht mehr nach Suchenden. Die »in Christo Geheiligten« weisen einen von draußen, der sich ihrer kleinen Herde anschließen will, nicht gerade ab. Aber sie brauchen – fast hat es den Eindruck: wollen – ihn nicht unbedingt. Die Kirche als der große gesellschaftliche Stabilisator kann recht gut ohne jene auskommen, die nicht direkt in ein amisches Bett geboren sind. Ohne Zweifel fürchtet man die Gefahr, daß neuer Wein hier alte Schläuche zerreißen, daß Unkraut unter den Weizen kommen könnte. Ein Amischer ist nur, wer ein Amischer sein will, tatsächlich aber auch nur, wen die Brüder als einen der ihren akzeptieren. Hier hat sich bei ihnen etwas von den Abgrenzungsvorstellungen der Juden(christen) erhalten. Die Frommen wollen kein Assimilation mit der Welt, sondern nur ein friedliches Nebeneinander. Sie machen so auch keinen Versuch mehr, die größeren Kulturen von sich zu überzeugen. Sie leisten – von ganz wenigen Ausnahmen abgesehen – nicht die geringste PR-Arbeit. Es genügt ihnen, das auserwählte Volk zu sein. Und so auch kaum noch ein Auswendiger, der heute nach Irr- und Umwegen in den Schoß ihrer Kirche kommt. Nur rund ein Drittel aller amischen Familiennamen stammt von in Amerika »bekehrten« Personen, wenig für einen Zeitraum von knapp 300 Jahren seit der Einwanderung des amischen Urpioniers in die Neue Welt.

Trotzdem hat die Grabergemeinde gerade ein Ehepaar mit Kindern von draußen »auf Probe« angenommen, da Gott selbst den Heiden nun einmal einen Weg gegeben hat, der zur Umkehr führt. Schon fällt es den Frommen schwer, bei der Familie Gaben des Heiligen Geistes zu erkennen. Auch der alte Joseph kann sich darüber noch keine eigene Meinung bilden. Er wiegt zum Thema nur den eisgrauen Schopf. Der Weg der Amischen sei eben eng und schwer. Zuerst müßten die Weltlichen nun Dütsch erlernen, dazu auf vieles verzichten, was bisher ihren Lebensstil ausgemacht hat, also praktisch vom (weltlichen) Kannibalen zum (täuferischen) Vegetarier werden. Dann ... dann würde man weitersehen. Diejenigen Weltlichen, die sich heute noch einer Gemeinde anschließen, haben häufig zuvor auf einer Amischfarm gearbeitet, sich dort in eines der Mädli verliebt.

Der Aufbau der Gemeinde hat zwei Wurzeln: im Neuen Testament und in der katholischen Kirche. Doch während sich Katholiken von der Welt absonderten, um etwa im Kloster nach der reinen Lehre zu leben, zogen die Täufer mitten unter das Volk, bauten eigene Familien auf und führten ein praktisch normales Arbeitsleben, wobei es ihnen wichtiger erschien, Diener als Bediente zu sein, zu geben, als zu nehmen.

Aufgrund traditioneller – gerade auch biologischer – Bindungen und Sicherungen sind die Amischen heute eine eigene ethnische Gruppe, wenn man sie an ihren Sitten und Gebräuchen, Verhaltensweisen, an ihren Glaubensgrundsätzen, Fertigkeiten, an Sprache und Gerätschaften mißt. Allerdings sind sie es nur, solange sie nicht zur »Bevölkerung« werden, also ihr eigenständiges Leben aufgeben. Es sind Menschen und allgemeingültige Kombinationen, die über Jahrhunderte der jeweiligen Situation zwar angepaßt wurden, sich trotzdem im Endeffekt kaum veränderten. Heimat ist für sie die Gemeinde, also etwas Beständiges, dessen Frömmigkeit von der Schrift bestimmt wird, mag die Welt um sie herum, ganz gleich ob im amerikanischen Vater- oder deutschen Mutterland, noch so dynamisch und veränderbar sein. Die Brüder und Schwestern sind es nicht...

Die höchste moralische Autorität in der Gemeinde hat ein Bischof oder »Vellicherdiener« wie Viktor, der allerdings bei wichtigen Entscheidungen auf den Gemeinderat zurückgreifen muß, in dem jeder dies oder jenes vorbringen und dadurch – sofern es als biblisch anerkannt wird – den Kirchendistrikt mit leiten kann. Im Rahmen des Gemeindeparlaments werden die knifflichsten Fragen geklärt. Nicht daß es dort um weltliche Reizthemen wie Homosexualität, Drogensucht, Emanzipation oder Abtreibung ginge. Dafür aber, ob die Rocksäume weiter nach unten wachsen sollten, ob man einen Dieselmotor zur Wasserpumpe oder zum Schweißen benutzen darf wie die Nachbargemeinde, wie es mit einer Strohballenpresse steht, einem Seitrechen am Akkergerät, ob die Milch gekühlt werden kann, und wenn ja, ob mit Elektrizität von draußen oder einem eigenen Dieselmotor, wie es mit preßluftgetriebenen Waschmaschinen steht oder der Kaffeemühle mit Batterie oder gar, wer was gegen die Einführung kurzer Hosen zur Feldarbeit hat. Es gibt amische Distrikte, in denen irgendeine Maschine am Rande des Ackers oder außerhalb des Hauses benutzt wird, aber eben nicht auf dem eigenen Acker oder im eigenen Haus. Manchmal kann auf einer Straßenseite schon etwas getan werden, was auf der anderen strikt verboten ist, da sie in einem anderen Kirchendistrikt der gleichen Amischen liegt.

Nur über das Gemeindeparlament und seine Macht des Bannens hat sich die Kunst der Amischen zur Perfektion entwickelt, in die Welt verwoben zu sein und sich trotzdem alle Welt auf Distanz zu halten. Die Gemeinde ist gleichzeitig der Gärtner, der gesunde Triebe hegt und pflegt, kranke daneben stutzt oder von der Pflanze trennt, um die schwierige Synthese zwischen der amischen Vorstufe zum Paradies und der amischen Gegenwart zu erhalten. Ihre Autorität kommt von Christus und ist so auch gottgewollt. Ihre Vollmacht ist nicht nur innerweltlich zu verstehen wie auch die des Papstes.

Nehmen wir den Fall mit den Gewitterruten als Beispiel. Einige Brüder haben sich heimlich Blitzableiter aufs Scheunendach montiert. Darüber kommt es zu Unstimmigkeiten; eine Versammlung zur Klärung religiöser Unschärfen »wie zur Zeit unserer Vorfahren, der heiligen Märtyrer« ist einberufen worden. Zuerst wird gesungen, dann zur Liebe vermahnt. Es folgt ein Gebet und wiederum eine Vermahnung zu Friede, Liebe und Verträglichkeit. Dann wird die »Absicht zum Zusammenkommen vorgestellt«. Ein Wortführer und ein »Gehülfe« werden gewählt, wonach die beiden bestätigen, daß die Versammlung ganz nach Gottes Wort vonstatten gehen soll. Keiner darf im sogenannten Rat sitzen, wenn »eine Einwendung« gegen ihn gemacht wird. Nun erklärt der Wortführer, man sollte doch am besten mit den Geschäften »voranrücken«.

Jetzt macht – sagen wir der Mose G. – eine »Anbietung«.

Was ihm nicht gefällt, ist – der Mose spricht lang und laut –, daß einige Brüder Gewitterruten benutzen. Christus hätte sich mit weniger begnügt. Er, der Mose, könne es nicht mit Personen halten, die solche Sachen billigten. (Anstelle der Gewitterruten könnte es auch um das »Copulieren näherer Verwandten als Enkelkinder« oder »weltliche Ergötzlichkeiten wie aufwendiger Schmuck, Zöpfe, Gold, Perlen oder köstliches Gewand« gehen, um Kartenspielen oder andere »üppige Übungen« wie das Üben an einem Musikinstrument.)

Also ihm, dem Mose, »wäre es kaum gemütlich, den Bruder zu tragen, der eine Gewitterrute auf dem Haus« hätte. Er erkläre daneben, »keinen Anstand zu nehmen« an denen, die die Gewitterruten wieder vom Haus nehmen würden. Aber damit müßten alle »unter die alte Ordnung kommen«, damit es keine Zertrennung gibt«. Dann wolle er zufrieden sein. Der Heiland habe seinen Nachfolgern doch nichts anderes verheißen als Kreuz und Trübsal. Gewitterruten bedeuteten eine Abkehr vom Herrn, der da sagt: »Ohne eures Vaters Wille wird kein Haar von eurem Haupt fallen.« Warum sich dann »mit solchen hilflosen Dingen begnügen«? Hiergegen müßte rechtzeitig vorgegangen werden, damit später nicht »ein böses Gefühl mit Beiwörtern und Schimpfreden« entstehen könne.

Jetzt »vermahnt« einer »zur Verträglichkeit«, ein anderer appelliert, doch den »Frieden zu halten«. Man solle alte Sachen doch besser zurücklassen und sich lieber überlegen, wie die Liebe untereinander ganz generell wiederhergestellt werden könnte. Nun »fallen noch weitere Reden vor«. Wiederum wird appelliert, »in der Liebe miteinander hauszuhalten, um das Verwundete zu heilen«. Alle stimmen zu, »nach dem Frieden zu jagen, wenn eine Heiligung darinnen ist«.

Wenn einer der Frommen lange nichts verstanden hat, jetzt aber alles versteht, dann hat er »etwas Licht erhalten in dieser Sache«. Wenn etwas beschlossen werden soll, dann wird darüber »gestimmt und bejaht mit Aufstehen«. Hier gibt es dann gravierende Unterschiede, ob ein Gemeindeparlament nur etwas beschließt oder ob man »ein Gesetz macht ... welches in hundert Jahren nach uns von unseren

Kindeskindern als Exempel genommen wird«. Wenn einer gegen etwas ist, aber es mit der Mehrheit darüber nicht zum Streit kommen lassen will, dann stimmt er nicht dafür, »will aber hierwegen in Geduld stehen«. Wenn einer die ganze Angelegenheit nicht versteht, dann ist ihm das »eine fremde Sache«, die er erst untersuchen muß, »ehe er darüber schließt«. Fragen werden aufgeworfen: »Könnte dies oder das ohne Anstoß geduldet werden?«, denn es ist doch so, daß im Evangelium keine Stelle gefunden werden kann, die sich ausdrücklich gegen Gewitterruten ausspricht. Wenn es nun ganz schwierig wird, liest ein Diener im Marterbuch, »was die Meinung der Altväter hierwegen war«. Aber über Gewitterruten findet man auch bei den Märtyrern nichts.

Das kann sich über Stunden hinziehen. Wenn die Frommen zu einer Regelung kommen, wird die Versammlung mit Gesang, Vermahnung und Gebet geschlossen: »Dieweil denn durch die Gnade und Barmherzigkeit Gottes unterschiedliche Schwierigkeiten sind beseitigt worden und ein beträchtlicher Teil der Spaltungen in einen solchen Stand gebracht, daß eine Heilung zu hoffen ist, darum sind wir höchst schuldig dem Geber aller guten Gaben zu danken für seinen reichen Segen und seine unverdiente Gnade, und Ihn brünstig zu bitten durch die Verdienste des Erlösers um Seine fernere Hilfe und Beistand, auf daß wir wandeln mögen nach dem Rat des Apostels...« Wenn es zu keiner Einigung kommt, muß man sich wieder treffen.

Die Amischen legen großen Wert auf den Parlamentarismus ihrer Gemeinde, bei ihr allein liegt die geistige Vollmacht, was eine religiöse Überperson ausschließt. Dabei gibt es strenge und weiche Amische, fließen Meinungen zwischen Distrikten gelegentlich auseinander wie der Hirsebrei im Märchen. Allerdings ist man sich immer darin einig, daß es keinen echten Weg der Mitte, gerade auch nicht zwischen der Welt und der rechten Kirche geben kann. Nicht alles, was die Gemeinschaft bestimmt, steht in der Bibel, einige Stellen der Schrift sind den Frommen auch wichtiger als andere. Gelegentlich tritt Kleinlichkeit an die Stelle für Verständnis um menschliche Schwächen, aber die Amischen glauben, daß ihre Kirche Regeln machen kann und muß, um einen religiösen Dammbruch zu verhindern, solange diese durch das Bibelwort nicht ausdrücklich widerlegt werden.

Zu den Aufgaben des Bischofs wie Viktor, der sich selbst schlicht einen »Knecht Gottes« nennt, gehört etwa nach Anhörung »zweier oder dreier Zeugen Mund« die Nennung von Sünden gegen die Ordnung, um damit jeden keimenden Abfall von der Lehre der Kirchenväter im Ansatz zu ersticken. Er – und nur er – vollzieht das Brotbrechen oder Abendmahl, darf verheiraten und taufen. Er bannt und nimmt den Gebannten nach dessen Reue wieder in den Schoß der Gemeinde auf.

Neben dem Bischof hat der Kirchendistrikt in der Regel zwei Prediger, »Predischer« oder Diener zum Buch, durchweg Laien wie der Vellicherdiener auch, deren Hauptaufgabe die Predigt ist, wenn sie am Gemeindesonntag damit an der Reihe sind. Hier hebt sich die amische Kirche vom Vorbild der Urchristen ab, bei denen noch jeder Bruder das Recht hatte, je nach Begabung als Prediger oder Lehrer aufzutreten. Die Amischen lassen nur predigen, wer dazu von Gott durch das Los berufen und – wie auch schon im alten Jerusalem – männlich ist. Bischöfinnen, Pfarrerinnen oder ausgebildete Theologinnen? Ganz prinzipiell haben die Heiligen vom Allen County etwas gegen Wibber als Diener, da deren Urteilskraft zwischen Gut und Böse seit Evas verhängnisvollem Apfelwunsch angezweifelt wird. Daneben lehnen sie in guter Täufertradition Menschen ab, die sich einmal dem unnötigen, ja schädlichen Studium der Theologie widmeten. Gott habe seine Boten niemals besonders ausgebildet. Um sein Wort zu verkünden, bedürfe es, so die Brüder, keiner Gelehrsamkeit oder weltlicher Weisheit, sondern einzig und allein des Suchens nach dem rechten Wort an der rechten Stelle der Schrift. So heißt es schon im ältesten Glaubensbekenntnis der Täufer: »Das Volk Gottes soll sich nicht wenden zu solchen Menschen, welche in den hohen Schulen nach menschlicher Weisheit unterrichtet sind, welche können schwätzen und disputieren und diese ihre gekaufte Gabe wiederum für zeitlichen Gewinn suchen zu verkaufen.«

Dafür suchen die Frommen nach einem Bruder, der heilig ist und makellos, der »die ganze Bibel ausgegessen hat«, der seinen eigenen Leib im Zaum halten und bezwingen kann und in sich die Frucht des Heiligen Geistes verspürt. Alles andere wäre ein grober Irrtum, führe nur dazu, daß die Gemeinde eben ... »von Narren regiert« würde. Die Annahme eines Dieneramtes, eine Kompetenz Gottes, akzeptiert ein Bruder mit der Taufe, da bei den Amischen jeder dort zu blühen hat, wo er von der Gemeinde hingepflanzt wird.

Zu Bischof und Predigern gesellt sich der Armendiener, die Mutter Theresa der Frommen, die am besten den amischen Samaritersinn gegenüber dem Nächsten symbolisiert. Er hat ohne Zweifel die schwerste Aufgabe unter den Dienern, seine Funktion beweist, wie tief die Amischen noch in der protestantisch geprägten Tradition eines »sozialen Evangeliums« stecken. Gilt hier noch, daß in einer christlichen Gemeinschaft keiner Mangel leiden darf, wenn es sein Bruder verhindern kann. Die Fürsorge für den bedrängten Glaubensgenossen, als Resultat der verpflichtenden Bruderliebe, war bereits ein Kennzeichen der frühen protestantischen Kirche und damit älter und stärker als ihr Missionssinn oder ihre Statuten. Die Täufer der Reformationszeit erwiesen sich einmal als bahnbrechend in der Armenfürsorge, brachten nach apostolischem Muster für das »gemeine Säckel« freiwillig Mittel auf, um die Not dort zu stillen, wo es sie gab. So kann auch heute jedes Glied der Amischkirche darauf bauen, daß es von einem sich sorgenden Kirchenkörper umgeben ist, was die äußere und innere Isolierung von der Welt wesentlich erleichtert. Das allgemeine Wohlergehen ist durch die soziale Initiative des einzelnen und durch dessen Pflicht zur aktiven Nachbarlichkeit garantiert. Die Gemeinde selbst hängt ausschließlich von Spenden ab, allerdings werden diese nie dazu verwendet, ein Kirchenvermögen anzusammeln. Die Gemeinde von Tobi Graber hat zu diesem Zweck jetzt zusätzlich bei einer Bank ein »Armengutkonto« eingerichtet, aus dem kurzfristig Geld abgehoben werden kann. Allerdings wird dabei streng darauf geachtet, daß die Bank das Konto nicht verzinst, da man weltlichen Profit in diesem Zusammenhang als unchristlich ansieht.

Dem Armendiener – dem Diakon der Apostelgeschichte – werden verschiedene Rollen übertragen. Er assistiert beim

Gottesdienst und ist der Kurier der Gemeinde. Eine seiner Aufgaben besteht darin, das Gras wachsen zu hören. Er weiß immer zuerst, was wo vor sich geht, wer mit wem anbandelt, ist in vielen Gemeinden auch die Person, die – als sogenannter Schteklimann – einen Brautvater im Namen des Bräutigams um die Hand der Tochter bittet. Er schlichtet den kleinen Streit innerhalb der Gemeinde, von ihm erfährt die religiöse Behörde, wenn einer sündhaft wird. Prominenteste Aufgabe ist es aber geblieben, Geld zu sammeln für Brüder und Schwestern, die in Not geraten sind.

Damit ist es gerade der Armendiener, der dafür sorgt, daß der einzelne hier nie ein einzelner, sondern immer Teil der Großfamilie, also der Gemeinschaft ist, die ihm im Rahmen der großen täuferischen Lebens- und Naturordnung Sicherheit von der Wiege bis zur Bahre gibt. Bekanntestes Beispiel für das Amischprinzip, wonach ein Bruder die Last des anderen trägt, ist die Schnellhilfe nach einem Feuer. Nicht selten kommen Hunderte von Männern zusammen, um manchmal an einem einzigen Tag eine gerade abgebrannte Scheune wieder aufzubauen, dazu Hunderte von Frauen, die ihre Männer und Söhne, die eigentlich Bauern und keine Zimmerleute sind, während der Arbeit bekochen.

Alle Diener, die ihre Ämter ohne finanzielle Gegenleistungen versehen, da Jesu Jünger kein Gewerbe aus dem Wort Gottes machen sollen, die Apostel »weder Geld noch Silber noch Kupfer« im Mantel mitführten, werden aus der Reihe der Gemeindeglieder gewählt. Voraussetzung dafür ist eine starke Persönlichkeit, da mit Schwächlingen weder Gott noch dem Menschen geholfen würde – oder nach der alten Bauernlogik Werkzeuge aus weichem Holz nichts für die Arbeit taugen. Daneben wird ein »güüts Zügniß« gefordert, die Fähigkeit, eine Aufgabe im Lehren und Ermahnen, Strafen oder Bannen zu sehen, dazu die nötige Demut, um sich nicht kraft eines Amtes über den Nächsten zu erheben. Ein Anwärter auf ein Amt muß verheiratet sein, soll leben »als Hirt nach der Ordnung Pauli«, wie es Gott befohlen hat, dabei jederzeit in der Lage sein, dem Lästerer rechtzeitig genug den Mund zu stopfen.

Frauen und Männer wählen gemeinsam Prediger und Armendiener. Während der Wahl herrscht in der Regel dann große Trauerstimmung, da die Gemeinde schon jetzt denjenigen kräftig bedauert, den Gott mit einer schweren Aufgabe segnet. Obwohl es die Amischen selbst nicht zugeben würden, stellt sie die Ämterverteilung jeweils vor große Probleme. Wenn ein Bruder ein Amt haben will, dann ist er von vornherein schon wegen dieses Anspruchs am wenigsten dafür geeignet. Will er es aber nicht, da er sich vielleicht davon überfordert fühlt, so ist er nicht der rechte Aspirant. Prinzipiell kann davon ausgegangen werden, daß sich die meisten Brüder nicht nach einem Dieneramt sehnen, bei jeder Wahl eher beten, was Jesus einst im Garten Gethsemane betete, damit der Kelch an ihm vorübergehe.

In der Praxis sieht es dann so aus, daß ein Wahlgang beim Gottesdienst angekündigt wird. Die Gemeinde hat jetzt »Besinnzeit«, um in Tagen und Nächten des Gebets sich für einen Kandidaten zu entscheiden. Bei der eigentlichen Wahl, etwa dem »Prediger mache«, flanieren die Frommen nach einem »ernstlich Gebet in der Apostel Art« an einer leicht geöffneten Zimmertür vorbei und flüstern dabei den Namen ihres Kandidaten in das Ohr eines Bruders, der diesen niederschreibt. Wahlpraktiken unterscheiden sich in einigen Amischgemeinden, stammen aber durchaus noch aus dem Gesetzbuch der geschlagenen Generationen der Täufergeschichte. Im Allen County kommen die beiden Kandidaten mit den meisten Stimmen dann ins »Lot«, Lote oder Los. Danach werden zwei Gesangbücher aufgelegt, doch nur in einem befindet sich ein Zettel mit einem Bibelspruch. Jetzt wählt jeder Kandidat ein Buch; wer von beiden den Zettel findet, ist für das Amt bestimmt, das ihm mit den Worten übertragen wird: »Im Namen des Herrn und der Gemeinde wird dir der Dienst am Buch anempfohlen, das Evangelium zu predigen und zu verkündigen; mit der Gemeinde zu beten, durch die Altväter zu reden...« Der Herr, der die Herzen aller kennt, hat somit über das Los mitgewählt.

Die demokratische Wahl war bereits im alten Europa eine Protesthandlung der Täufer gegenüber den großen Kirchen, die den Gemeinden die von ihnen eingesetzte Geistlichkeit vorstellten. Wenn der Herr einen Mann »im Zweck« hat, also die Gaben des Heiligen Geistes in ihm reichlich gefunden werden, dann ist es an Gott, ihn durch das Los zu befördern. Ein Amt wird auf Lebzeit vergeben, es sei denn, ein Träger läßt sich etwas ernstlich zuschulden kommen, worauf man ihn »im Dienst stillstellen« müßte. Die Amischen kennen keinen Gesamtbischof, keinen Hirten, der, über der gesamten Täufergruppe stehend, Gottes Sache und die der Täufer nach innen und außen vertritt. Im Falle, daß ein Distrikt Probleme mit seinem Völlicherdiener hat, wird der Bischof einer Nachbargemeinde gerufen, mit der man in »fellowship«, das heißt in religiöser Eintracht steht, um zu vermitteln. Doch jede Gemeinde ist autonom. Es gibt und gab schon große Dienerversammlungen, als praktisch höchstes Gremium der Kirche, zu denen die Bischöfe zusammenkamen, um gemeinsam zu beschließen, wie die Schrift hier oder dort auszulegen sei und wie das auf das praktische Amischleben angewendet werden müsse, was dann Jahrhunderte überdauerte oder schon bei der nächsten Versammlung wieder geändert werden konnte. Die amische Standardzunge hat es jedoch nie gegeben. Wuchsen doch einzelne Fraktionen aus dem täufer-typischen Gruppencharakter heraus oder sind konservativer geworden als selbst die Konservativen. So kann eine Welt dazwischen liegen, ob man nun Beachy-Amischer ist – also das Auto anstelle eines Pferdes im Stall stehen hat – oder ein Nebraska-Amischer, Teil einer 1881 in Pennsylvanien mit neuem Jenseitswissen gegründeten Gruppe, deren Männer das Haar noch wie im 17. Jahrhundert tragen, deren Frauen sich den flachen Hut der Schweizer Bäuerinnen aus der Zeit der Reformation aufstülpen. Daneben gibt es dann die Neuen und natürlich die Alten Amischen, die Amischmennoniten, Egli-Amischen, Stuckeymennoniten, Burkholder-Amischen, Renno-Amischen, die Stolzfuskirche oder auch die Bohnensuppler, die – der Name läßt es schon anklingen – nach dem Gottesdienst weiterhin einen Schwapp Bohnensuppe aus gemeinsamen Gefäßen löffeln, aber auch daran zu erkennen sind, daß ihre Kutschen einen gelben Aufbau haben.

Die Vielfalt im Spektrum der deutschstämmigen Täufer im Amerika von heute spiegelt sich sicher am ehesten in den großen Wochenmärkten um Lancaster, etwa in New Hol-

land, wo man montags Pferde, dienstags Buggys und Quilts und mittwochs Rindvieh ersteigern kann. Im Umland gibt es inzwischen alleine 90 Amischdistrikte (mal 35 Familien, mal sechs Personen), dazu Mennoniten alter Ordnung und jeder Färbung. Erst vor ein paar Jahren haben sich hier die sogenannten Neuen Amischen (optisch zu erkennen am gestutzten Bart) etabliert, die einst Teil der Alten Amischen waren, jetzt jedoch das Telefon, nicht aber das Auto akzeptieren. Daneben haben die neuen Querdenker das Rauchen verboten. So raucht, was auf dem Markt in New Holland ein Amischer alter Ordnung ist, recht spektakulär Zigarren oder dickbauchige Pfeifen, was die »Neuen« – so provoziert – bewußt vom Täuferbruder abgrenzt. Diese Trennung geht nach einer religiösen Massenflucht heute mitten durch Familien. Der alte Gauldentist Schmucker, der im Schmuckertal östlich von New Holland wohnt, damit grob gesehen in jener Gegend, in der die ersten Amischen in Amerika siedelten, weiß ein Lied davon zu singen. Wenn der Zahndoktor, auf gebleichte Pferdeschädel oder Behälter mit zahllosen gezogenen Gaulszähnen gestützt, aus dem Fenster seiner »Praxis« schaut, sieht er das Haus eines Sohnes, eines von fünf Kindern, die die Gemeinde in letzter Zeit verlassen haben. Nur einer, der Jakob, kam zurück, nachdem er Kalifornien, damit (zumindest für einen Amischen) die Hölle auf Erden gesehen hatte. Das alles grämte den Alten so sehr, daß er schwer erkrankte. Er sollte sich wieder erholen. Für ein paar Wochen waren verschiedene Gäule im Schmuckertal aber mit kräftigen Zahnschmerzen herumgelaufen, da niemand dem gestandenen Gauldentisten die Arbeit wegnehmen wollte. Und neuer Ärger bahnt sich an. Die Schmuckergemeinde – einige Glieder haben sich vom deutschen Schmücker über den Schmucker und Smucker schon zum Smoker gemacht – ist technologisch den anderen bereits etwas davongezogen, hat bereits der Wassertoilette im Haus zugestimmt, daneben stehen auf ihren Farmen auch Telefonhäuschen mit lauten Alarmanlagen bei einem Anruf. Das wollen die anderen Gemeinden jetzt nicht mehr dulden. Ob es darüber erneut zu einer Spaltung kommt?
Interessant auch, daß sich etwa die Neuen Amischen in

der Gegend von Berlin/Ohio – seit den Weltkriegen sprechen es selbst die Brüder wie Börrrlinn aus, da alles andere bei den Yankees einmal als Feindessprache galt – in vielen Punkten für konservativer halten als die Alten Amischen. Um Berlin gibt es heute 10 verschiedene Amischgruppen, darunter etwa die strengen »Swartzentrubers«, die man in Täuferkreisen als »Knuddelwoller« bezeichnet. Zehn Gruppen sind es hier, die in ihrer Pluralität als Symbol dafür gelten können, daß es längst nicht mehr die Weltlichen sind, die im Amischland für echte Krisen sorgen. Wann immer es heute zu religiösen Wechseljahren kommt, steht dahinter eine Selbstauslösung. Die Bedrohung von innen, das eigene religiöse Temperament sind so auch die größte Gefahr für den amischen Lebensstil. Denn daß die Gemeinden von draußen, von der Welt alleine, nicht zu ruinieren sind, hat ihre Geschichte hinreichend bewiesen.

Die Amischen glauben als Glieder der Gemeinde niemals, bereits gerettet zu sein, aber sie pflegen so etwas wie eine lebendige Hoffnung auf das Paradies. Wenn einer die Gemeinde verläßt – ein »Läufiger« wird –, dann ist er keiner der ihren mehr, dann bricht er mit allen und allem. Im besten Falle gibt man ihm für sein Leben draußen »noch a Kischt Henkl« mit, damit er nicht gleich verhungert. Sonst kommt von Brüdern und Schwestern, Familie und Freunden keine Hilfe mehr. Probleme schafft hier auch das amerikanische Erbrecht nicht. Ein Läufiger, ein Abtrünniger, erhält einen Dollar aus einer Erbmasse, ganz gleich wie groß sie ist, und den zahlen die Brüder freiwillig. Wann immer ein getauftes Glied die Gemeinde verläßt, werden die Regeln dort noch etwas strenger ausgelegt, und im Gemeindeparlament wird wieder etwas mehr über die eigenen Ordnungen gesprochen als über Jesus.

Trotzdem verlieren die Kirchendistrikte regelmäßig einige von ihren Frommen, ohne Zweifel gibt es im Amischland weit mehr Aus- als Einsteiger, und zu binden ist dieser Flugsand nie. In der Gegend von Lagrange/Indiana etwa muß ein Amischvater heute schon zehn Kinder zeugen, damit ihm zwei oder drei im alten Glauben erhalten bleiben. Nicht, daß jeder, der geht, sich nach der Welt sehnen und damit immun gegenüber der christlichen Botschaft würde.

Manchmal ist es nur die Suche nach einem neuen religiösen Selbstverständnis, das Junge wie Alte hinaustreibt. So zogen einmal nach einer Uneinigkeit gleich 23 Familien aus dem Allen County, doch nur, um sich im US-Staat Michigan wiederum in altamischer Gemeinschaft niederzulassen. Gleich am Rande der amischen Kirchendistrikte von Grabill haben sich jene Glieder der King-Gemeinde angesiedelt, die sich hier 1940 vom Hauptstrom abpanzerten, dafür gebannt wurden, um schließlich übers Pferd und Fahrrad zum Auto zu kommen. Obwohl es somit eine ganze Reihe von Täufern in die Welt – also in den außerchristlichen Raum – zieht, hat sich die Gesamtzahl der Heiligen in den letzten zwanzig Jahren aufgrund ihres großen Kinderreichtums verdoppelt. Ein Beweis dafür, daß der Herr nach seiner wenn auch hin und wieder in Teilen religiös kränkelnden Gemeinde schaut.

Die Gläubigen gehen davon aus, daß es mit dem Menschen so ist wie mit dem Tier in der Natur. Wenn er seine Herde verläßt, geht er unter. Im religiösen Sinne unter ... denn Nachkommen von Amischen sind heute praktisch überall in Nordamerika zu finden. Sie sind Soldaten und Professoren, Dichter und Politiker, Erzieher und Sportler, Vagabunden und Gourmets, fromm und unfromm.

# 5. Reformatoren ohne Luther

»Einen anderen Grund kann niemand legen als den, der schon gelegt ist« ... 1154 m hoch in einer dicht eingewachsenen Narbe des Berner Jura wirkt der Korintherspruch eher zynisch als beruhigend. Die Fahrt im Kleinwagen herauf von Courtébert scheint bereits »grundlos« gewesen zu sein. Ein schmaler, eisüberkrochener Streifen Naturweg, drohender Steinschlag, Schnee auch noch im Mai und dann eine Weggabelung mit der Kleinstnotiz der Touristenbehörde: »Pont des Anabaptistes«, Täuferbrücke. Es gibt in der Schweiz noch andere Stellen, die an die Täufer erinnern, doch die Täuferbrücke ist die einzige historische Stelle im Land, die heute offiziell den Namen der hier so blutig verfolgten Gruppe trägt, damit als Synonym für eines der erschütterndsten Themen der Schweizer Kirchengeschichte steht.

Die ursprüngliche Brücke im Berg ist längst keine Brücke mehr. In den Altersfalten eines düster durchträumten Wanderwaldstücks dämmert sie dem Vergessenwerden entgegen, eignet sich dabei so wenig zur Attraktion, daß drunten im Tal kaum mehr einer von ihr spricht. Eine Ausnahme ist die kleine Täufergemeinde von Courgenay, die dort am Ortsausgang eine Kapelle besitzt. Heute ächtet es im Schweizerischen Alsgau nicht mehr, ein religiöser Außenseiter zu sein. Früher mußten die Taufgesinnten aus der Gegend um Courgenay oder Courtébert noch rund zwei Stunden Arbeit am Berg auf sich nehmen, um zu ihrem geheimen Treffpunkt aufzusteigen. Dort, in der überbrückten wilden Schlucht, war man vor den Häschern sicher, immerhin so sicher, daß es sich die Gehetzten erlauben konnten, Namen und Jahreszahlen ins Gestein zu ritzen. Eine jüngere Täufergeneration, Nachfahren im Glauben, hat hier eine Gedenktafel aufgehängt, doch wie symbolisch findet auch sie nur, wer äußerst ernsthaft nach ihr sucht...

Die Alten vom Allen County werden nicht müde, den Jungen von der frühen Täuferhatz zu erzählen, um ganzen Generationen damit die Augen zu öffnen. Sie haben die Täuferbrücke nie gesehen, von der Schweiz oder Europa ganz zu schweigen. Doch sie lesen in ihren Schriften darüber nach, fühlen sich relativ wohl dabei, Opfer der Geschichte zu sein. Dabei gibt es den ganz echten amischen Zeugen, der nun ausschließlich für Jakob Ammanns amische Wahrheit gestorben ist, nicht, wurde ihre religiöse Gruppe doch erst gegründet, als die Täuferjagd bereits humanere Züge angenommen hatte. Doch die Vorfahren der eigenen Vorfahren sind da und lassen sich in Gemeinsamkeit mit dem Hauptstrom der Mennoniten und Hutterer, mit Lebenden, die meist erst durch ihren gewaltsamen Tod zu Helden wurden, durchaus verwenden.

Die lange Reihe der Märtyrer, in deren Gefolgschaft sich viele Evolutionsstufen später die Amischen vom Allen County sehen, beginnt mit Christus, dem »Haupt aller Märtyrer«. Ihm folgt Johannes der Täufer. Hiermit wollen die Brüder unterstreichen, daß ihre Geschichte nicht mit einem wurzellosen Kind der Reformation, sondern bereits mit dem ersten christlichen Jahrhundert und dort mit höchst christlichen Persönlichkeiten beginnt. Und je weiter sie graben, um so gesicherter wird die Erkenntnis. Groß ist die Zahl der Heiligen, die als antike Helden schon bald nach der Bethlehemer Stallgeburt – die Amischen legen den Zeitpunkt dafür mit »ungefähr dreitausendneunhundertundsiebzig Jahre nach der Schöpfung der Welt« fest – ihr Leben für den wahren Glauben ließen. Darunter befinden sich – im Zeitraffer – Petrus und der Evangelist Markus, Dionysius von Athen und Hermogenes, Antipas, der treue Zeuge Jesu, Philippus und Paulus »sammt einige seiner Freunde und Gehülfen«, so der *Blutige Schauplatz oder Märtyrer-Spiegel der Taufgesinnten oder wehrlosen Christen*, ein eintausendundneunundzwanzigseitiger harter Brocken Literatur für jeden Amischhaushalt. In dieser Tradition folgen dann die Christen aus dem Rom Neros oder die Berengarianer (der Diakon Berengarius hatte um 1060 gegen die Kindertaufe gestimmt), die Albigenser aus der Landschaft Albi oder die Waldenser. Menschen, die zu Tausenden einfach darum starben, weil sie sich als Christen zu erkennen gaben, unter ihnen auch immer wieder Gläubige, die ganz einfach nur »die Kindertaufe leugneten«, ein vortäuferisches Erbe des Christentums. Schon im zweiten Jahrhundert entdeckt der

Chronist Thieleman Janz van Braght in der erstmals im Jahre 1660 in holländischer Sprache herausgegebenen gewaltigen Schrift aufrechte Zeugen und Rufer in der Wüste dafür, daß im Sinn der Täufer »keine andere Gewohnheit zu taufen war als in fließendem Wasser, und zwar solche Personen, die wissen und verstehen konnten, welcher Nutzen durch die Taufe zu erlangen sei«. Die große Zeit der eigentlichen taufgesinnten Märtyrer, die sich »vom Sauerteig des Papsttums« gereinigt hatten, führt dann jener Felix Manz aus der Gruppe um Grebel an, der im Januar 1527, »als er die erkannte Wahrheit des Evangeliums mit großem Eifer belebte, lehrte und predigte ...«, von seinen Widersachern angeklagt, in Zürichs Wellenbergturm unterhalb der späteren Quaibrücke eingekerkert, danach gebunden und geknebelt in der Limmat gegenüber der Schipfe ertränkt wurde. Der Rat der Stadt versuchte mit der Maßnahme, täuferische »Redlisführer, Umschweifer und Lerer one alle Gnad zu ertrencken«, abzuschrecken, was sich sonst nicht abschrecken ließ. Manz, unehelicher Sohn eines am Zölibat vorbeilebenden Chorherrn am Großmünster zu Zürich, war von seinen protestantischen Henkern ins Wasser gestoßen worden, nachdem zwei Priester vergeblich versucht hatten, ihn zum Widerruf zu bewegen. Das täuferische Schwergewicht wählte den Foltertod, der ihm Grauen wie Glücksverheißung bedeutete.

Doch Manz ist nur der Auftakt, ihm folgen Tausende von Taufgesinnten in den Tod ... einen Tod als Höhepunkt des Lebens, wie einst von Christus eingeführt. Darunter 1527, im Jahr der ersten großen Verfolgungswelle, ein Georg Wagner aus Emmerich, vom Scharfrichter in München ins Feuer gestoßen, da er nicht glaubte, daß die Kindertaufe selig mache oder die Pfaffen den Menschen die Sünden vergeben könnten. Oder der zitatwütige Michael Sattler, unter dessen Federführung das Schleitheimer Glaubensbekenntnis entstanden war, den in Rotenburg am Neckar der Richterspruch traf: »Zwischen der Kaiserlichen Majestät Statthalter und Michael Sattler ist zu Recht erkannt worden, daß man Michael Sattler dem Scharfrichter in die Hände geben soll, derselbe soll ihn auf den Platz führen und ihm die Zunge abschneiden, ihn dann auf seinen Wagen schmieden und seinen Leib zweimal mit glühenden Zangen reißen; und endlich soll man ihn vor das Stadttor bringen und ihm daselbst fünf Griffe geben.« Das Urteil wurde dann an Sattler in dieser Reihenfolge vollstreckt, seine Frau ertränkt. Beide hatten bis zuletzt ihre Freunde damit getröstet, daß Gott den züchtige, den er liebe.

Der gelehrte Meßpfaffe Leonhard Kaiser, ein täuferisches Orakel, wurde in Schärding in Bayern festgenommen und am Freitag vor Laurentius 1527 kreuzweise auf eine Leiter gebunden und ins Feuer gestoßen. Als man seinen Leichnam unversehrt unter der Asche hervorzog, schlugen ihn die Henker in Stücke. Die Witwe Weynken von Monickendam wurde im Haag verbrannt, Leonhard Schiemer »und nach ihm wohl siebzig weitere Brüder und Schwestern« zu Rattenberg in Tirol enthauptet, der »früher römisch Pfaff« Hans Schlaffer, der nach der Folter ganz unten gewesen, aber nicht untergegangen war, starb in Schwaz im Inntal, ein Leopold Schneider in Augsburg. Auf dem Scheiterhaufen in Salzburg verbrannten mit genügend apokalyptischer Phantasie achtzehn Gläubige an einem einzigen Tag, der ehemalige Prämonstratenser Georg Blaurock, den sie den zweiten Paulus nannten, wurde in der Nähe von Klausen/ Südtirol gerichtet. Gerade Blaurock, der in Zürich, Appenzell, Bern, Basel, Bünden und St. Gallen missioniert hatte, galt als eine der bedeutendsten Erscheinungen der Schweizer Taufgesinnten. Für diese Frommen und viele andere neben ihnen war das Sterben häufig attraktiver als das Leben, da sie das Martyrium als die vollkommenste Form des Todes sahen ... der Grund vielleicht, warum Geschichtsbücher heute – wenn überhaupt – nur in Fußnoten von ihnen berichten. Das Ja zum Kreuz als Bedingung für die Erlösung, die hohe Zahl der Blutopfer, begann einige Gemeinden gerade in der Schweiz zu schwächen. An mehreren Stellen konnten kleinere Täufergruppen nur überleben, da sie sich zum Gottesdienst in der Anonymität der »Hölzli«, also irgendwo in den Wäldern trafen, in Verstecken wie der Täuferhöhle am Allmen bei Bäretswil oder unter der Täuferbrücke im Jura.

Taufgesinnte waren jetzt Stigmatisierte, Ausgegrenzte, Quarantänisierte, denen der Herr – so die »Christenpflicht des wehr- und rachlosen Christentums ...»sehr herrlich in die Herzen geleuchtet und geschienen hat ... so daß sie wacker geworden ihre Augen geöffnet und aus dem Schlaf aufgestanden und auf den Weg des Friedens und der ewigen Seligkeit in und durch Ihn gebracht waren«. Luthers Freund Justus Menius war da allerdings anderer Meinung. Wer nicht an der Seite des Wittenbergers stand, galt ihm als Gotteslästerer, die Taufgesinnten gar als »meuchlerische, leichtfertige Gottesdiebe und Seelenmörder«. Doch »die steubende aschen«, das Blut der Märtyrer – Kerben, die das Henkersschwert der Protestanten wie der Katholiken gleicherweise zieren, auch wenn für die Täufer in erster Linie »die Katholen« ein Volk von Tätern bleiben sollten –, wurde zur Saat für die Kirche.

Obwohl alle von der Reformation betroffenen Länder antitäuferisch eingestellt waren, reagierten ihre Fürsten und Herren doch verschieden auf die Herausforderung der »teuflischen Sekte«, wobei als legale Basis für die Verfolgung die Verletzung des Zivilrechts, Ketzerei und Rebellion, danach erst das Reichsrecht des Speyrer Reichstages genannt wurden. Lutheraner, Zwinglianer und Katholiken überboten sich in der Anwendung mittelalterlicher Strafen, gekrönte Häupter kämpften dagegen wie mit einer nationalen Revolution. Am Drehbuch arbeiteten viele Regisseure: Ein Mann wie der kluge Melanchthon, Luther in tiefer Loyalität verbunden, forderte für die Ketzer die Todesstrafe, und zwar nicht wegen ihres Glaubens, sondern »da der obrigkeit ufruhr zu strafen schuldig ist«. Melanchthon selbst begleitete »jämmerlich verirrte sinder« aufs Schafott. Nürnberger Juristen empfahlen, den Täufern die Ohren abzuschneiden, »um die Leute zu warnen und die anderen Ketzer schamrot zu machen«. In Augsburg dagegen konnte man sich eine Zeitlang aus der Stadt hinausschwören. In Aachen wurden die Hebammen eidlich verpflichtet, alle Eltern anzuzeigen, die ihre Kinder nicht taufen ließen. Bayern erließ den strengen Befehl, alle Wiedertäufer mit dem Tode zu bestrafen. Herzog Wilhelm erließ dort die Weisung: »Wer widerruft, wird geköpft, wer nicht widerruft, wird verbrannt«, wobei kein Alter, kein Geschlecht verschont werden sollte. Zahlreiche Städte im süddeutschen Raum folgten dem Beispiel.

Es gab vorerst keine Kompromisse zwischen Täufern, Regierenden und den großen Kirchen, nur hin und wieder Zeiten der Erschöpfung.

Besonders hart ging das evangelische Zürich gegen das, was man Ketzer nannte, vor. 1525 kamen Eltern, die ihre Kinder nicht taufen ließen, noch mit einer Geldstrafe von 5 Pfund davon, während eine Person, die wiedertaufte, zwischen 15 und 20 Pfund zahlen mußte. Ab 1527 wurden dann nach Manz hintereinander ein Heini Reimann und Jakob Falk, ein Heini Karpfis und Hans Herzog auf die Limmat hinausgerudert und ertränkt. 1530 erging vom Rat der Stadt – in einigen Züricher Bezirken hatten, wenn nicht Täufer selbst, so doch ihre Sympathisanten schon die Überhand gewonnen – der Befehl: »Darum gebieten wir scharf allen Einwohnern unseres Landes und denjenigen, welche einigermaßen damit vereinigt sind, namentlich den hohen und unteren Amtsleuten, Unteroffizieren, Stadtdienern, Richtern, Kirchenältesten und Kirchendienern, daß, wenn sie Wiedertäufer antreffen, sie dieselben vermöge des Eides, womit sie uns verbunden sind, anbringen, sie nirgends dulden noch sich vermehren lassen, sondern dieselben gefänglich einziehen und uns überantworten sollen, denn wir werden die Wiedertäufer und alle, die ihnen beistehen und anhangen, nach den Inhalten unserer Gesetze mit dem Tode bestrafen, auch wollen wir diejenigen, die ihnen Beistand leisten, sie nicht anbringen oder verjagen oder uns nicht gefänglich einhändigen, ohne Gnade nach ihren Verdiensten strafen als solche, die sich an der Treue und dem Eide, den sie der Obrigkeit geschworen, verschuldet haben.«

Ohne Gnade, das hieß in Zürich, daß Täufer ganz generell durch Gäßli und Sträßli aus der Stadt geschlagen wurden – wie einmal Jörg Blaurock, den man vom Fischmarkt bis zum Tor in Niederdorf prügelte – oder man sie als Ketzer ertränkte. Diese Politik hielt sich verhältnismäßig lange. Erst im September 1613 wurde mit Hans Landis aus Wädenswil am Zürichsee der letzte Täufermärtyrer auf Züricher Gebiet hingerichtet.

Im politisch mächtigen Bern, wo sich die Bürger »vom klar luther wort« schon früh angezogen fühlten, versuchte man ebenfalls, seine Menschen – wenn es sein mußte mit

Gewalt – zum evangelisch-reformatorischen Glauben zu bringen. Dabei standen den Mächtigen die Täufer im Weg, deren Spuren hier bis ins Jahr 1525 zurückgehen, deren »verirrte und elende Haufen ... je länger je mehr und gefährlicher überhand nehmen, wodurch in dem wahren christlichen Glauben großer Abfall und Zwiespalt, viel Jammer, Blutvergießen und Unruhe erwächst«. Selbst Zwinglis Schwager, der Schneidermeister Lienhard Tremp, soll sich den Neugläubigen im Berner Raum angeschlossen haben. Noch im Mai 1527 hatte im Rathaus an der Aare ein Religionsgespräch zwischen Taufgesinnten und der katholischen Obrigkeit stattgefunden, im August des gleichen Jahres erfolgte eine strenge Verordnung gegen die Neugläubigen, die noch von der römisch-katholischen Behörde ausging. 1528 fand in Bern eine große öffentliche Disputation statt, zu der sich Täuferlehrer unter anderem mit Zwingli trafen. Dem Glaubensgespräch folgten Ausweisung und die Drohung mit der Todesstrafe für die Rädelsführer, die man im Jahr darauf erstmals an drei Taufgesinnten – Hans Hansmann, Seckler aus Basel, Hans Treyer und Heini Seiler, Hutmacher aus Aarau – vollstreckte, »damit solches Unkraut ausgereutet werde«. Die Gläubigen wurden wahrscheinlich im Hafen, der Platz genug für eine größere Zahl von Zuschauern bot, ertränkt. Später wurden Berner Täufer dann dort gerichtet, wo sich bis heute die Kran- und Gerechtigkeitsgasse ausgerechnet mit der Kreuzgasse treffen – hier stand auch der Schandpfahl, an dem man Neugläubige ausstellte. Unter ihnen der Losenegger Moritz, der Anken Peter, der Oberlen Christian, der Gärber Waldi und ein Konrad Eichacher (Eicher, Eichner) aus Steffisburg. Eichners sind heute noch in der Gegend um Grabill zu finden.

Heftige Diskussion gab es in den betroffenen Schweizer Kantonen immer wieder darüber, wie man tote Täufer zu bestatten habe. In einigen deutschen Landen durften »unchristlich Gestorbene« nicht auf dem allgemeinen Friedhof beerdigt werden, sondern waren – zum Beispiel nach Hinrichtungen – in der Nähe der Richtstelle zu verscharren. Andere bekamen das sogenannte Eselsbegräbnis, ihr Leichnam wurde auf einem Eselkarren zum Begräbnis gefahren. Der Rat der Stadt Bern bestimmte 1541 immerhin auf eine Anfrage, ob man Leute, die sich im Leben absonderten, im Tod mit gemeinen Christen vereinigen sollte: »Wir wollen Gott der Täufer Seligkeit halber nicht ins Urteil greifen ... wollen ihre Leichname von anderen Gläubigen nicht sondern, dieweil doch anderer lasterhafter Menschen Leichname hiervor zum oberen Spital begraben werden.« Als sich einige »ehrliche Leute« gegen diese Praxis aussprachen, wurde bestimmt, daß Täufer »ohne Begleitung und Geläut« beerdigt werden sollten. Ab 1695 durften »Täufer als Exkommunizierte dann auf keinem Kirchhof oder sonst gewohnter Grabstatt« mehr beerdigt werden.

In Bern, das sich 1528 mit Zürich für das blutige Geschäft der Ketzerhatz zusammengeschlossen hatte, gingen die Herren Committierten mit Nachdruck ans »teüfferische geschäft«. Sie hielten ihre »Tage zur Abtilgung dieser unchristlichen, verdammten Sekte« ab, etwa um zu beschließen, daß man ab sofort »Mannsbilder dem Schwert, Wybsbilder dem Wasser« zu übergeben habe, wobei immer neue Mandate die Strafen entweder abschwächten oder wieder verstärkten. Zwischen Grimselpaß und Boncourt, Sustenpaß und der Gummfluh versuchten die Täuferjäger die Frommen »ans Seil zu legen und mit Martter zu befragen, sie an irem Leib, Läben und Gutt zu straffen«. Täuferehen sahen »die gnädigen Herren von Bern« als ungeschlossen an, Täufer somit nicht als rechte Eheleute, »sondern Hurer und Buben und Verachter christlicher Ordnungen«. Ihre Kinder galten als unehelich und hatten somit auch kein Erbrecht. Die Güter der Flüchtigen wurden zugunsten des Staatsschatzes eingezogen. Um die Taufgesinnten bloßzustellen, gingen die Berner gar so weit, das Tragen des Seitengewehrs in der Kirche zwingend vorzuschreiben, um die pazifistischen Täufer rein äußerlich zu zeichnen. Daneben konnte niemand mehr eine Arbeitsstelle ohne Zeugnis des lokalen »rechtgläubigen« Pfarrers bekommen. Zwischen 1528 und 1571 starben auf dem Felssporn über der Aare alleine vierzig Täufer den Märtyrertod, darunter der alte Täuferlehrer Hans Haslibacher von Haslenbach, der im Emmental, der ursprünglichen Heimat der Grabers vom Allen County, missioniert hatte.

Dieser Hans ist einer der ganz großen Toten der Amischen. Er ist einer von den Märtyrern, die sie am häufigsten besingen. Vertraut man der Legende, dann war der alte Haslibacher im Berner Gefängnis »hart angenommen worden«, hatte trotzdem auf seinem Glauben bestanden. Das alleine wäre noch kein Ausnahmefall gewesen. Als der Hans dann einmal mit ein paar Predigern disputierte, warnten diese ihn, daß man ihm »den Kopf vor die Füße legen wollte«, wenn er nicht abschwor. »Glaubwürdig erzählen nun Zeitzeugen« – so der Märtyrerspiegel und das letzte Lied im Ausbund –, daß der Hans in der Nacht vor seiner Hinrichtung einen Traum hatte, bei dem er seiner eigenen Hinrichtung folgen konnte. Dabei sah er auch, wie nach dem Henkersstreich sein Kopf in seinen Hut sprang, die Sonne über dem Berner Land sich blutrot verfärbte und im stadteigenen Stadelbrunnen Blut anstelle von Wasser floß.

Und am nächsten Tag ist's dann wohl auch so gewesen, wie es im *schön geistlich Lied vom Haslibacher wie vom Leben zum Tod ist gerichtet worden* – im Ton »Warum betrübst du dich mein Herz« – der Frommen vom Allen County heißt: »Danach man ihm sein Haupt abschlug, da sprang es wieder in sein'n Hut. Die Zeichen hat man geseh'n: Die Sonne wurd' wie rotes Blut, der Stadel-Brunn tat schwitzen Blut« (Ausbund, Lied 140, Vers 28). »Da sprach ein alter Herre gut: Des Täufers Mund lacht in dem Hut; Das sagt ein grauer Herr: Hätt' ihr den Täufer leben lan, es wär euch ewig wohl ergah'n ...« (Vers 29).

Der Stadel- oder Stadtbrunnen – ein Gebrauchsbrunnen über der Aare, schräg unterhalb des Rathauses – war in Zukunft die bevorzugte Stelle in der Schweiz, an der sich gerade jene Täufer, die nach Amerika auswanderten, noch einmal trafen, um vor der großen Reise noch einen Schluck Haslibacher-Wasser zu schöpfen. Noch heute zieht es Täufertouristen aus aller Welt in jedem Jahr an den Brunnen und von hier aus dann auch zum Haslibacherhof in Haslenbach im Emmental. Der gewaltige Bauernhof unter uralten Linden wäre inzwischen ein Wallfahrtsort, würden die Täufer an so etwas glauben. Das Land um ihn herum wird immer noch von den Haslenbachers bestellt, doch ihr Stammbaum zurück bis ins 16. Jahrhundert schweigt sich über den alten Hans vollkommen aus. Dafür hängt im Sechs-Häuser-Ort

Haslenbach heute eine schlichte Gedenktafel für »Hans Haslibacher, als Täufer enthauptet am 20. Oktober 1571«. Kein Wort weniger und kein Wort mehr.

Die Gefangenen – man nannte sie jetzt gerne auch Gartenbrüder, weil sie sich zur Nachtzeit heimlich in Gärten trafen, oder Stundeler (Stundisten, Stundenleute), da sie abseits oder neben der offiziellen Kirche auch Stunden bei anderen Gottesdiensten verbrachten – wurden jeweils im Beisein eines reformierten Pfarrers, eines Staatsanwalts, von zwei Ratsmitgliedern und einem Gesandten der Regierung verhört. Wenn es sich bei ihnen um hartnäckige Glaubensrebellen handelte, schleppte man sie – ohne Ansehen der Person oder des Geschlechts – ins »Marzili«, der Folterstätte an der Aare. Wer dort nicht freiwillig redete, wurde »mit Ruetten ausgestrichen und mit ein glühenden oder haisen Eisen durch die oren geprennt«. Den Berner Täufern – einmal gefangen – gab man praktisch folgende Möglichkeiten: Entweder sie ließen sich »bekehren« und gingen von nun an wieder in die etablierte Kirche, oder sie starben durch die Hand des Scharfrichters bzw. akzeptierten eine lebenslange Haft. Das eine schädigte Herz und Seele, das andere den Körper.

Die Verhöre wurden in den sogenannten Turmbüchern protokolliert, die zum Teil heute noch im Staatsarchiv Bern vorliegen. Aus diesen Unterlagen geht hervor, daß nicht alle gefangenen Täufer beständige Heilige waren, sondern nach Marter, Pein und Todesdrohung – die Berner nannten das Foltern »tümlen« – hin und wieder auch vom neuen Glauben abstanden. Wer sich »der täufferischen Sekt müssigte«, konnte gegen ein Bußgeld entlassen werden. Von den Überläufern erfuhren die Täuferjäger dann, wer etwa in der Nacht »im Hölzli Biglenmatt« oder im Wald bei Eggiswil einer Versammlung beigewohnt hatte, daß die neue Lehre auf den Bauernhöfen des Kurzen- und des Buchholterberges recht verbreitet oder daß ein »Fraueli by nächtlicher Zyt« unten an der Aare bei Kiesen in die Ehe gegangen sei.

So verfolgt blieben auf dem Kampfplatz der Täuferfront bald nur jene Frommen zurück, die besonders stark im Herzen und im Glauben waren. In Bern etwa gelang es, dem städtischen Täufertum den Todesstoß zu versetzen. Die neue Lehre wurde damit zur Sache der Handwerker und Bauern vorwiegend im bernischen Berg- und Hügelland südlich und östlich der Metropole. Eine Reihe von Schweizer Täufern flüchtete jetzt nach Mähren, wo Nikolsburg, Austerlitz oder Neumühl vorübergehend als gelobte Plätze der altevangelischen Bewegung generell, wo ihre Höfe bald zu Honigstöcken des Landes wurden. Vom – ausgerechnet habsburgisch-katholischen – Mähren aus gingen sie ans »Menschen fischen«, in die gefährliche Missionsarbeit, die nur wenige Prediger überlebten. Rund 200 Jahre später waren die Täufer in Mähren und in der angrenzenden Slowakei allerdings entweder in der katholischen Kirche aufgegangen oder wiederum ausgewandert wie jener kleine Rest der Hutterer, der sich über Rumänien und Rußland nach Amerika retten sollte.

Schweizer Brüder setzten sich daneben auf Einödhöfe der Juraberge ab, die bis zur Französischen Revolution zum Deutschen Reich gehörten, und erwarben dort nicht selten große Landstücke. Im Münstertal verfolgte ein katholischer Landesfürst die obwohl auch »im Heylligen Römischen Reich hochverdambte Secte« nicht so scharf wie die reformierten Berner. Andere retteten sich auf das Gebiet des Elsaß, Badens und der Pfalz, wo ihre Nachkommen stellenweise bis zum heutigen Tag ihre Höfe haben. Unter den Gehetzten mehrere Vorfahren der Amischen vom Allen County, darunter die Grabers, Unteremmentaler aus dem Blumenstädtchen Huttwil/Kreis Trachselwalde an der Langeten.

Ein Georg Graber war 71 Jahre nach dem Tag, an dem sich Grebel, Manz und Blaurock in Zürich gegenseitig getauft hatten, mit dem Gesetz der »hochgeachteten gnädigen Herren« des Kantons Bern in Konflikt geraten, da er mit »widertöufferischem Ungehorsam« einer verbotenen Kirche angehörte. Dieser Georg war von einem jener zahlreichen Wanderprediger getauft worden, einem einfachen Bauern, der im Winter als Hausweber über Land zog, an verschiedenen Stellen Arbeit aufnahm, um dann auch für den neuen Glauben zu missionieren. »An Eisen gefeßlet«, bestand Graber jetzt darauf, daß die vom Staat eingesetzten Geistlichen des Emmentals ihre Zeit zuallererst mit »liegen, triegen, verfüren, untertruken und reissen wie d'Wölff, rouben, morden, metzgen, schinden« verbringen würden, um »Volk und Unterthonen, an Lyb, Gut und Seel« damit zu verführen. Dies widersprach seinem Bibelglauben.

Danach verliert sich die Spur der taufgesinnten Grabers aus Huttwil – im Laufe der Jahrhunderte wurde der Name auch Gräber, Grayber oder Greber geschrieben, ein rätselhaftes Aktensterben im Huttwiler Rathaus erübrigt nähere Nachforschungen –, um erst wieder an der Wende des 17. und 18. Jahrhunderts deutlich sichtbar zu werden. Im Berner Land war ein neuerliches Mandat herausgegeben worden, wonach alle Täufer mit ihren Weibspersonen, die von ihrem Glauben nicht abstanden, einmal mehr bei »wirklicher Leibesstrafe« mit Ruten öffentlich geschlagen oder auf der »Schmeitzbank ausgeschmeitzt« und über die Grenze geführt werden sollten. Bei Rückkehr war ihnen mit dem Brenneisen ein Bärensymbol, das Berner Wappentier, auf die Stirn zu drücken. Daraufhin kehrten die Grabers Huttwil endgültig den Rücken. Ihr Besitz wurde konfisziert und ging in den Besitz der gegnerischen Kirche über. So leisteten die Grabers von Huttwil dann auch ihren unfreiwilligen Beitrag zum Neubau jenes Gotteshauses in ihrem Heimatort, in dem bald recht heftig gegen das Täuferwesen zu Felde gezogen wurde.

Dieses Emmental im Kanton Bern, inzwischen bekannt durch einen Käse, der Kennern weltweit durch den Magen geht, daneben durch des Lützelflüher Landpfarrers Albert Bitzius (alias Jeremias Gotthelf) Geschichten, gilt als so etwas wie die Urheimat der meisten süddeutschen Täuferfamilien, damit auch jener Taufgesinnten, die nach Amerika ausgewandert sind. Rund 200000 Nachkommen bernischer Täufer leben heute in Kanada und in den USA, wenn auch nicht unbedingt mehr in der religiösen Tradition ihrer Vorfahren oder gar als Amische. Das Tal der Emme, das in seinem oberen Teil in die Voralpen übergeht, im unteren Teil der Landwirtschaft einen harten Bauernalltag abzwingt, war das eigentliche süddeutsche Täufergebiet. Die Berner Akten über Verfolgungen und Hinrichtungen von Täufern führen so auch immer wieder in dieses grüne Herz der Schweiz und dort in »die vielleicht appetitlichsten Bauernhäuser der Welt« (Gotthelf). Hier waren besonders die Orte Summiswald, Rüderswil, Lützelflüh, Tannental, Schüpbach, Hasli, Langnau, Röthenbach und Signau recht täuferfreundlich gestimmt. Bis zur Wende des 18. und 19. Jahrhunderts mußten in der voralpinen Romantikerlandschaft noch Zwangstaufen an Kindern mit polizeilicher Gewalt durchgeführt werden, erst 1846 nahm man die religiöse Gleichberechtigung in die kantonale Verfassung auf.

Entgegen kam den Emmentaler Täufern, daß sie sich in ihrer Heimat lange auf die Zuarbeit zahlreicher »Halbtäufer« verlassen konnten, auf Menschen, die ihnen positiv gegenüberstanden, aber eben noch in die Staatskirche gingen. Sie waren es, die die Neugläubigen gelegentlich durch »Hornen, Schreie und dergleichen Zeichen« vor Häschern warnten, damit sie sich rechtzeitig in ihren »Täuferlöchern« verkriechen konnten. Das wurde dann auch hin und wieder so konsequent betrieben, daß bei den berüchtigten Täuferjagden die Bevölkerung handgreiflich gegen die Jäger vorging und sie auch einmal wie in Sumiswald »blutig schlug« (wofür der Gemeinde 100 Taler Strafe für entgangene Kopfgelder auferlegt wurden).

Auch der deutsch-römische Kaiser Karl V., Sohn Philipps des Schönen und Johannas der Wahnsinnigen, oberster Hüter des Katholizismus, verfügte jetzt, daß verschiedene Rottengeister, die gegen »unsre Mutter, die Heilige Kirche« Verachtung aussäten, zum Exempel anderer gezüchtigt und gestraft werden müßten. Besonders dachte das gefürstete Haupt dabei natürlich »an jene verworfene Sekte«, die eine große Menge Männer und Weiber verführt habe zu Schmach und Geringachtung des Sakraments der heiligen Taufe. »Welche man befinden wird, daß sie mit der verfluchten Sekte der Anabaptisten oder Wiedertäufer besudelt sind, wessen Standes oder Ranges sie auch sein mögen, ihre Rädelsführer, Anhänger oder welche Teil daran haben, ihres Lebens und ihrer Güter verlustig sein und ohne den geringsten Aufschub aufs schärfste mit Feuer gestraft werden sollen.« Dem Wiedertäufergesetz Karls V. von 1529, das der Reichstag von Augsburg 1551 erneuern sollte, schlossen sich außer Landgraf Philipp von Hessen alle deutschen Fürsten an. Die Kindertaufe war jetzt Staatsgesetz, die Weigerung, sie zu vollziehen, galt als todeswürdiges Verbrechen. Die Täufergeschichte war – ähnlich den Judenmassakern des 14. Jahrhunderts – damit endgültig zur Märtyrergeschichte geworden und sollte es zumindest für die kommenden 150 Jahre auch bleiben.

Bastian Glasmacher, zu Imst mit dem Schwert gerichtet und dann verbrannt ... Jakob Hutter, zu Innsbruck verbrannt ... Hans Peitz und einige andere, zu Passau im Gefängnis entschlafen ... zwölf Personen, Männer und Weiber, unweit von Herzogenbusch verbrannt und enthauptet ... Christina Michael Barents, zu Rotterdam ertränkt ... Anneken von Brüssel mit dem Schuhflicker Jakob mit zugeschraubten Zungen verbrannt ... sechs Brüder und zwei Schwestern zu Amsterdam lebendig an Pfählen verbrannt ... Andere wurden zur Ruderbank auf der Galeere verurteilt, wie es Frankreich mit seinen Hugenotten praktizierte, wieder andere »wohl elfmal von den Verfolgern gepeinigt und sind doch fromm entkommen«. Die Taufgesinnten hatten – so der Zeitgenosse Braitmichel – »mehr Feinde als Haare auf dem Kopf«. Doch überall in deutschen Landen gingen die Frommen, vom Tod bereits signiert, freudig zum Schafott, immer in Erwartung ihres endgültigen Sieges am Tage des Jüngsten Gerichts. Diesen Sieg hielten sie für eine täuferische Wahrheit, die untödlich war, die sich »gefangennehmen und kreuzigen ließ, um am dritten Tage wieder aufzustehen« (der Prediger Balthasar Hubmaier).

»Sie tanzen und springen in das Feuer, sehen das blitzend Schwert mit unerschrockenen Herzen, reden und predigen dem Volk mit lachendem Mund, sie singen Psalmen und anderen Gesang, bis ihnen die Seele ausgeht, sterben mit Freuden, als wären sie bei einer fröhlichen Gesellschaft, bleiben stark, getrost und standhaft bis in den Tod.« (Faber von Heilbronn) »Etliche von ihnen wurden gereckt und gestreckt, bis die Sonne durch sie schien, etliche wurden durch die Marter so zerrissen, daß sie danach gestorben sind, andere zu Asche und Pulver verbrannt, an Säulen gebraten, mit glühenden Zangen zerrissen, in Häuser gesperrt und angezündet, an Bäumen aufgehängt oder mit dem Schwert zerhauen.« (Braitmichel) Ihre Jungfrauen putzten sich fürs Feuer heraus »wie die Braut für den Bräutigam«, ihre Männer riefen das Volk zur Buße auf, und ihre Frauen starben mit dem Gebet auf den Lippen ...

Für Luther, der dem schadenfrohen Blick der römischen Kirche standzuhalten hatte, war diese Standhaftigkeit Teufelswerk. Der Reformator, allem empfindlich gegenüber, das nach Papst oder Zwingli roch, zudem seit dem Bauernkrieg mehr auf Bewahrung als Erneuerung bedacht, schloß daraus: »Man kann diese Ungeheuer weder durch das Schwert noch durch Feuer bändigen, sie verlassen Weib und Kind, Haus und Hof und alles, was sie haben.« Längst opponierte er in Täuferfragen nicht mehr gegen das katholische Prinzip des Mittelalters, nach dem die Kirche inquirierte, der Staat dann exekutierte. Doch auch der Gott der Täufer sparte mit seinem Urteil nicht. So berichten die Täuferchroniken davon, wie übel es hin und wieder ihren Richtern selbst erging. Einem Henker fiel die Nase ab, ein Bürgermeister verlor die Sprache, ein anderer wurde wahnsinnig, ein Richter starb überraschend, einer täuferfeindlichen Gemeinde brannte die Kirche ab, und in Rom trat der Tiber mit gewaltigen Wassermassen über die Ufer.

Die physische Schwäche gegenüber der Welt und ihren Organen beantworteten die Täufer mit einer übersteigerten Religiosität, mit seelischer Enge, Unduldsamkeit, mit schwärmerischen Strömungen, autoritären Maßnahmen und einer überharten Kirchenzucht. Diese Betäubungsmittel gegen den Schmerz wurden besonders dann zum Problem, als durch den hohen Blutzoll die theologisch gebildeten Führer der ersten Stunde fast ausnahmslos verschwunden waren und somit »den Samen des heiligen Evangelii nicht mehr nach Würde bekannt machen und unter die verfinsterten Menschen säen konnten«. Dadurch ging die Organisation der Heiligen hin und wieder auch an unfähige, an Leib und Psyche gebeutelte Personen über. Längst nicht jeder, der den Teufel an die Wand malen konnte, war ein christlicher Künstler, und kurz ist der Weg vom Angestellten Gottes zur Einbildung, in seinem Namen zu sprechen. Der Mangel an geeigneten Persönlichkeiten führte jetzt zu Bildungsfeindlichkeit und Weltflucht. Menschen mit Privatvisionen und endzeitliche Propheten machten sich daran, ihr irdisches Zion zu verwirklichen, betrügerische Rotten hängten sich den Mantel des Täufertums um. Immer neue radikale, ekstatische Gruppen – Beischläfer, Adamiter und Weiner, Stillschweiger, Bloßfüßige, Beter, Priestermörder oder Reinheilige – schossen aus dem Boden. In Teufen etwa, südlich von St. Gallen, fielen die Heiligen bei Versammlungen jetzt regelmäßig um, da sie das »Ich sterbe täglich« (1 Kor 15,31) recht wörtlich nahmen.

Tief griffen die Verfolgungen auch in das soziale Leben der Täufer ein. Stammten gerade die frühen Gläubigen noch aus allen Schichten, vom Mönch (Balthasar Hubmaier) über den Adel (Leonhard Liechtenstein) zum gelernten Handwerker (Jakob Hutter) und Bürger (Bergwerksrichter Pilgrim Marbeck) bis hin zum Emmentaler Bauern und Tiroler Kumpel, so verloren sie jetzt besonders im süddeutschen Raum ihre Anhänger in den Städten. Die Flucht in abgelegene Landesteile, wo arm an arm geriet, zwang die Verfolgten zu vorwiegend agrarischen Lebensformen.

Doch das Martyrium des einen stärkte nur die Hoffnung des anderen, um gerade auch den Prototyp des Schweizer Bruders immer tiefer in die puritanisch-pietistische Absonderung zu zwingen. Die Gemeinden wuchsen an verschiedenen Stellen trotz der Verfolgungen, »Gott, der Vater zeugte seine Kinder durch den Samen des göttlichen Wortes mit unaussprechlicher Lust ...« (Menno Simons). Damit war auch der Acker bestellt für einen Täufer mit Namen Jakob Ammann, einen jungen, unruhigen Eiferer, der zum Übervater der heutigen Amischen werden sollte. Ammann war wahrscheinlich – obwohl historisch nicht völlig abgesichert – ein Diener zum Wort, doch noch im Begriff, sich selbst zu schaffen, als er die Schweiz verließ. Wie zahllose Täuferfamilien vor ihm, dann auch die Vorfahren der Grabers vom Allen County, zog es den Prediger ins elsässische Hinterland, wo Täufer – wenn auch ohne offiziellen religiösen Status – geduldet waren. So finden sich dort im 17. Jahrhundert viele Amischnamen, die heute in Nordamerika üblich sind, darunter die Hostettlers, Yoders, Millers, Roths, Schmuckers, Kauffmans, Eichners und Freys.

In diesem Elsaß, einem traditionell liberalen Einwanderungsland, hatten Reformation und Gegenreformation als logische Folge des einmal von hier ausgehenden Humanismus eines Wimpfeling, Brant oder Geiler von Kaysersberg neben Anhängern der freier gerichteten erasmischen Richtung einen tiefen Einschnitt in der kirchlichen Entwicklung bedeutet. Luthers Lehre konnte sich aufgrund kirchenpolitischer Streitigkeiten, sozialer und sittlich-religiöser Umstände zuerst in Straßburg festsetzen, wo das Münster an den allein geduldeten protestantischen Kultus fiel. Danach ging eine ursprüngliche Gefahr für die elsässischen Reformatoren einige Zeit nicht von altkirchlichen Bestrebungen, sondern von den Täufern aus, womit sich auch hier erwies, daß Luthers gefährlichste Gegner häufig unter jenen Geistern zu suchen waren, die er selbst einmal gerufen hatte. So datiert der erste Protest gegen Taufgesinnte – ausgerechnet in Markirch abgefaßt, der »Geburtsstadt« der Amischen – bereits in das Jahr 1561 zurück. Damals hatte sich die Bergwerksgenossenschaft beim zuständigen Grafen Egenolph III. darüber beschwert, daß »Widderteuffer ohne Berueff allenthalben in die Häuser kriechen, lehren und predigen und das arme Völklien mit ihren Spitzfindigkeiten umgeben«. 100 Jahre später finden sich größere elsässische Täufergemeinden auch in Illkirch, Ohnenheim, Jebsheim und Baldenheim.

Das Elsaß war Grenzland mit seiner ganzen Eigenart, daneben Zwischenland und Straßenland, in dem neue Lehren relativ ungehindert reisen konnten. So erschienen auch Täuferführer wie Hubmaier, Denk und Hoffmann fast vollständig in Straßburg, neben Wittenberg und Zürich Mittelpunkt des deutschen Protestantismus. Schon 1533 mußte sich die Stadt gegen die radikalen Christen zur Wehr setzen, zwei Jahre später gab es auch hier einen Strafkatalog, wonach Täufer (1) zu verbannen waren, (2) wer zurückkam, vier Wochen bei Wasser und Brot erhielt, darauf erneut verbannt wurde, (3) wer wiederum zurückkehrte, in Halseisen gelegt, die Finger abgeschlagen bekam und gebrandmarkt wurde, und (4) wer wieder eingebracht wurde, zum Tod durch Ertränken zu verurteilen war. Trotzdem bot das territorial vielfach gespaltene Elsaß flüchtigen Schweizer Brüdern, also Eidgenossen, die den Eid als unchristlich ablehnten, weiterhin Asyl.

Nach den Verheerungen des Dreißigjährigen Krieges war das Tal des Leberbachs neben den kurpfälzischen Oberämtern Alzey, Heidelberg, Neustadt und Kaiserslautern sowie dann auch dem Herzogtum Zweibrücken ein bevorzugtes Einwanderungsgebiet der Schweizer Glaubensrebellen. Dort brachte man es relativ schnell zu Wohlstand, wurde zu etwas wie einem »Bürgertäufer«, wofür charakteristisch war, wenn sich die Heiligen zu ihren religiösen Übungen in einem Waldstück zwischen Markirch (früher Mariakirch, heute Sainte Marie-aux-Mines) und Schlettstadt trafen, aber auch zum Gottesdienst in die deutschreformierte Kirche gingen.

In Markich, der kleinen Stadt in einem reichen Bergbaurevier der Vogesen, trat Ammann erstmals um das Jahr 1692 auf. Der Ort war seit 1530 teilweise protestantisch, 1550 hatte ein Herr von Rappoltstein kalvinischen Bergleuten aus Frankreich die Gründung einer reformierten Gemeinde erlaubt, 1658 war eine deutsch-reformierte Pfarrei dazugekommen. Doch in Markirchs Gruben wie Rumpapump, Sankt Anna oder Eisenthür arbeiteten lange auch Kumpels aus Tirol und Sachsen mit einem schon traditionellen Hang zum Täufertum. Im Umkreis der Stadt lebten weitere Taufgesinnte als Bauern, Waldbauern und Müller, die Arbeit zuerst bei den Rappoltsteinern, dann bei dem Prinzen von Birkenfeld-Zweibrücken gefunden hatten, nachdem die Grafschaft durch Heirat an die Pfalzgrafen gegangen war. Die Bergstadt, die der Leberbach jetzt in eine protestantische und eine katholische Seite trennte, war so auch zu Ammanns Zeiten schon etwas wie ein Täuferzentrum.

Über Ammanns Rolle in Markirch und die eigentliche Rebellion des Heiligen gibt es heute verschiedene Versionen. Eine davon lautet: Gott schuf die Welt, der Jakob ein wahres Christentum, denn wo Gott eine Wüste wuchern läßt, besorgt er hin und wieder auch gleich einen Mose dafür. Der Amische Eli Gingerich aus Indiana stellt den Reformator der Reformatoren als einen »bekümmerten jungen Bischof« hin, der ernstlich daran arbeitete, die Gemeinde der Schweizer Brüder zum Buchstabenglauben der Schrift und des 1632 zu Dordrecht in Holland angenommenen Glaubensbekenntnisses zu bringen. Ammann schien wie einst dem Apostel Paulus ein Stachel im Fleisch zu sitzen, nur daß der Jakob sofort wußte, um was es sich dabei handelte. Wie die Gläubigen im Elsaß oder in der Schweiz ganz generell, hielten die Täufer im Lebertal nichts von der Fußwaschung nach dem Empfang des Abendmahls (nach Joh 13) als Ausdruck der Gemeinschaft, wie sie Jesus an seinen Jüngern vollzog und heute bei den Amischen vom Allen County als Zeichen der Demut noch streng praktiziert wird. Daneben gingen die Frommen nur ein- anstelle von zweimal im Jahr zum Abendmahl. Besonders erregte Ammann jedoch, daß in den Gemeinden der Schweizer Brüder der Bann, die strenge Gemeindezucht, häufig nicht nach seinem Glaubensverständnis, das heißt, so konsequent wie etwa bei den Mennoniten in Holland, gehandhabt wurde, also die Gebannten nicht »in leiblicher und geistiger Speise« ausgeschlossen waren. Der nur geistig Gebannte – so die Praxis generell im süddeutschen und Schweizer Raum – war zwar von der Gemeinde und ihren religiösen Übungen ausgeschlossen, konnte aber durchaus noch ein Glied der Kirche sein. Der auch leiblich Gebannte – so die holländischen Mennoniten – durfte weder den Tisch noch das Bett mit einem Ehepartner teilen, war also total aus der Gemeinschaft ausgeschlossen. Doch nur über den Bann und die strikte Meidung war – so Ammann – das Unreine vom Reinen zu trennen. Hier unterschied sich der Täufer ganz erheblich etwa von den Wittenberger Theologen, die glaubten, »daß alle Menschen schuldig waren, bei der Kirche zu bleiben, auch die, die übel lebten«.

»Etliche Sachen haben den Jakob bekümmert«, so Gingerich über Ammanns Protest heute. »Eins war, daß ein Weib war, das eine Sach verleugnet hat, danach aber, wenn Zeugen wider sie gekommen sind, hat sie es doch bekannt und aufgeeignet. Der Jakob fühlte, solche sollten in den Bann getan und gemieden sein bis zu Buß und Besserung des Lebens.« Daneben glaubte der Jakob auch, daß in Kleidertracht und Haarscheren (das Haar der Mannspersonen war zu lang, der Bart zu kurz) ein größerer Unterschied zwischen Heiligen und Weltlichen herrschen müsse (nach 1 Petr 3, 1-7). Schroff bekämpfte er die Mode der Schnürsenkel an Schuhen oder der Knöpfe an Kleidungsstücken. Schlimm war nach seiner Meinung auch der Umgang der Gemeinde mit sogenannten Treuherzigen, Personen, die als »halbe Täufer« zwar einer der Staatskirchen angehörten, bei den Radikalgläubigen jedoch als Sympathisanten eine Sonderstellung hatten. Ein halber Täufer, ein Grenzgängertyp, taugte für Ammann so wenig für das Paradies wie jeder Heide.

Schnell stieß der Prediger mit seinen Vorstellungen auf Widerspruch, wobei sich als geistiger Gegner besonders ein Hans Reist aus dem Obertal bei Zäzlwyl entpuppte. Als er auf einer Versammlung im Emmental, wo die anstehenden Probleme besprochen werden sollten, nicht erschien, wurde Reist von Ammann kurzerhand gebannt. In der Folge kam es zu einem generellen Streit zwischen den Täuferführern im Elsaß, in der Pfalz und in der Schweiz, die sich entscheiden mußten, ob sie dem Jakob folgen sollten oder nicht. »Man hielt viel Gespräch miteinander, aber keine gute Frucht wollte daraus erwachsen«, so Gingerich heute. Unter den Heiligen hob ein gegenseitiges Feilschen um die Auslegung des rechten Gotteswortes an, ein Abschnitt der Täufergeschichte, der – so spätere Generationen mit Mitgefühl – einfach der Schwachheit der Menschen zuzuschreiben war. Ammann reiste mit deutscher Ungeduld durch die Lande und ging dabei kräftig ans Sortieren. Er traf den Ältesten Nicholas Moser in Friedersmatt bei Bowill und den Hans Reist dann doch noch in Eutingen, den Peter Geiger in Reutennen oder eine Gruppe pfälzischer Täufer in der Mühle von Ohnenheim. Wer sich dem Prediger ernsthaft entgegenstellte, etwa dessen »Lehr und Glauben als sektisch empfand«, wurde exkommuniziert, also von jenem Bannstrahl getroffen, der eigentlich der Befreiung der Gemeinde »vom Sauerteig« diente. Durch Ammann war er zum Machtmittel geworden. Ohne Zweifel ging es ihm in erster Linie um die strenge Gemeindezucht, begann er seine Auseinandersetzungen mit den Brüdern doch immer mit der gleichen Frage, wie sie es denn mit dem »Scheuen und Meiden« machten, ob sie daran festhielten, daß der Sünder (nach 1 Kor 5) aus den Ehe- und Tischgemeinschaften ausgeschlossen werden sollte oder nicht.

Im Frühjahr 1693 lud der religiöse Fundamentalist alle

»Weibs- und Mannspersonnen, Diener oder Gemeinde Jünger« zu einer Versammlung der Verantwortung ein. »Die nicht erscheinen«, so schrieb »ich, Jagi Ammann«, »sind mit den andern Ausgebannten eins und sollen als sektische Menschen aus der Gemeinde Gottes geschlossen sein und gescheut und gemieden werden bis auf die Zeit der Bekehrung nach dem Worte Gottes.« Es half nichts, daß die Frommen besonders aus der Pfalz jetzt um Geduld und mehr Liebe baten. Unter den der Nachwelt überlieferten Schriften jener Tage befindet sich ein Brief eines Jakob Guth, der »seinen Verstand aus dem Spruch Pauli 1 Korinther 5« bezog und so auch glaubte, daß der Apostel mit dem »Ihr sollt nichts zu schaffen haben mit den Hurern« oder einem »Mit demselben sollt ihr nicht essen« einen geistlichen Bann gemeint hätte und nicht die totale Meidung. Guth befürwortete, daß ein Bruder, der ein Hurer war, zuerst ermahnt und nicht gleich der strengen Meidung unterliegen sollte, da durch deren Mißbrauch großes Unheil angerichtet werden könnte. Ein Gerhard Rosen aus Hamburg schrieb im Dezember 1697 an die Brüder im Elsaß, daß er kaum verstehen könnte, daß man das Gewissen des einzelnen an die Form des Hutes, der Kleider, der Schuhe und Strümpfe oder des Haares auf dem Kopf binde, denn hätten die Apostel es so gewünscht, dann hätten sie es doch in ihre Schriften gesetzt: »Woher nimmt sich denn der Freund Ammann vor, den Menschen Gesetze zu geben und die ihm nicht gehorchen wollen, aus der Gemeinde zu stoßen?« Denn wenn der Jakob tatsächlich leben wollte wie ein echter Diener des Evangeliums, dann dürfte er »nicht zween Röcke haben, noch Geld im Seckel, noch Schuhe an den Füßen«.

Im März 1694 trafen sich die Prediger wieder, allerdings ohne eine Einigung in den von Ammann aufgeworfenen Fragen zu erzielen. Daraufhin erklärte eine Gruppe, daß sie den Jakob und seine Anhänger nicht mehr als Brüder und Schwestern ansehen könnte. Wer jetzt mit Ammann ging, darunter die meisten Gemeinden des Elsaß, aber auch ein paar aus der Pfalz und der Schweiz – Ammanns Anhänger saßen besonders im Berner Oberland, konzentriert im Simmental, in Frutigen, in der Gegend von Thun und in Hilterfingen –, hatte sich vom täuferischen Hauptstrom abgeschnitten. Man erkannte ihn fortan rein äußerlich daran, wie er das Haar trug, daß er

»im Winter wie im Sommer in Leinwand« ging als Kind einer Zeit, in der die Gruppe dann auch versteinern sollte. Genannt wurden Ammanns Leute zuerst Häftler – sie trugen im Gegensatz zu den Mennoniten keine Knöpfe, sondern beschränkten sich wie der Elam von der Cuba Road heute noch auf Haken und Ösen – oder Fußwäscher, Bartmänner, Bartmennoniten, Amis, Amisch-Mennoniten und eben Amische.

Für den Eli Gingerich aus Indiana war alles halt so, »daß keiner hat nachlassen oder aufgeben wollen. Jeder war beschlossen in seiner Meinung, keiner hat Erlaubnis lassen wollen zum Selbstfehlen und Irren. Und so sind die Sachen rumgangen. Eine Spaltung war die Auskunft«. Ohne sie würde es die Amischen vom Allen County heute wahrscheinlich nicht geben. Sie jedenfalls lassen keinen Zweifel daran aufkommen, daß »der Jakob damals den rechten Glauben und die Grundprinzipien aus der Schrift hatte. Ist doch eine Gruppe von ungefähr zwanzig Bischöfen und Dienern hinter ihm und bei ihm und mit ihm gestanden«.

So ganz unfehlbar konnte der entflammte Prädikant Jakob allerdings nicht gewesen sein. Sicher hatte der Herr seinen Mund zum scharfen Schwert gemacht. Doch es existiert ein Brief vom Januar 1700 an die Schweizer Gemeinde, in dem er als Mitunterzeichner sein »herzlich Leid« um seine Fehler ausdrückt und gleichzeitig den Bann über sich selbst verhängt. Doch der Riß war bereits tief genug, um zu überstehen. Er sollte besonders für die Täuferbewegung der Schweiz noch lange nachteilige Folgen haben, verhinderte zum Beispiel in späteren Jahren eine geschlossene Auswanderung aus dem Kanton Bern, wie sie von holländischen Mennoniten (Doopsgesinnten) ermöglicht worden war. Viele Versuche wurden in den kommenden Jahrhunderten unternommen, um die Amischen in den Schoß der großen mennonitischen Gemeinde zurückzuführen. 1860 fanden nach dem Motto »Wer nicht sammelt, der zerstreut« Gespräche von beiden Seiten in Sembach statt, 1867 in Offental bei St. Goarshausen, 1871 in Kaiserslautern, 1873 und 1904 auf dem Weierhof in der Pfalz. Doch zu diesem Zeitpunkt waren die Amischen zum Großteil in die Neue Welt abgewandert und hatten etwa keinen Einfluß mehr darauf, als sich in Europa ihre letzten Gemeinden zur Herde unter einem Hirten in der mennonitischen Kirche vereinten.

Jakob Ammann, als Sammler der Gerechten und Richter der Welt, war nach bissiger Historikermeinung eher ein unbequemer als außergewöhnlicher Mann, auch keine heldische Existenz, was damit zusammenhängen mag, daß er zwar den großen Zorn des Propheten besaß, aber nicht im Rauch eines Scheiterhaufens oder unter dem Schwert umgekommen ist wie ein Jakob Hutter oder Michael Sattler. Selbst für den Fall, daß er einen Abgang als Märtyrer suchte, hat er ihn nicht gefunden. Seine Ordnungen können daneben nur als Trendwende, nie als Revolution gesehen werden, wobei eingeschränkt werden muß, daß die Ammann-Biographen meist Mennoniten, ergebene Rezensenten aus dem anderen Lager und damit dem Jakob nicht gerade freundlich gesinnt waren. Doch auch bei den Amischen selbst ist der Prediger heute nicht vor einer Erosion des Vergessens gefeit, die meisten Amischen wissen wenig über ihn, viele nichts, was über seinen Namen hinausginge. In ihren Gemeinden gibt es auch keine Ammanns mehr. Im Gegensatz zu den Mennoniten identifizieren sich die Amischen nicht mit ihrem Namensspender direkt, was dem strengen Monotheismus der Heiligen ohnehin widersprechen würde. Allerdings gehen sie durchs Leben, als hätten sie dem Jakob am Sterbebett ewige Treue geschworen.

Von Ammann, dessen Privatleben weitgehend in der Grauzone zwischen Geschichte und Legende liegt – er selbst hat sich nie ein Archiv geschaffen –, blieb der Nachwelt recht wenig erhalten. Zu kurz war der Jakob als Zugpferd ein Renner. Nie konnte zweifelsfrei geklärt werden, wo Ammann geboren ist, ob er Täufereltern hatte oder sich den Taufgesinnten erst später anschloß. Nachforschungen werden dadurch erschwert, daß der Name Ammann in der Schweiz recht gebräuchlich ist – unter einem »Ammann« verstand man im südwestdeutschen Sprachraum einen Gemeindevorsteher, dessen Zuständigkeitsbereich allerdings von Ort zu Ort wechseln konnte. Es wird angenommen, daß der Prediger aus Erlenbach stammte und um 1650 geboren ist. (Die Amischen selbst machen es sich zweifellos etwas zu einfach, wenn sie ihn in alten Schriften den »Jacob Amen, Bürger aus dem schweizer Amenthal« nennen.) Der Vater war wahrscheinlich ein Michael Ammann (dessen Totenschein vorliegt), die Mutter eine Anna, geborene Rupp. Jakob lebte – jetzt erst nachweisbar – eine Zeitlang in Erlenbach im Simmental, südwestlich von Spiez am Thuner See, und kann ab 1692 im Elsaß nachgewiesen werden, wo er in Kleinleberau (La petite Lièpvre) am Ortsausgang von Eckirch (Echery) wohnte, das heute administrativ zu Markirch zählt. Der Prediger verschwindet um 1712 im Nebel historischer Zweifel, ohne daß seine Gemeinde sein Todesjahr weiß oder die Stelle, wo er gestorben ist. Wo immer er auch hinging ... er warf fortan keine Schatten mehr. Eine der letzten Spuren von Ammann führt zu einem Dokument, das in Colmar aufbewahrt wird. Danach waren drei Personen dem Jakob 600 Livres schuldig geblieben aus einem Kaufhandel. Bei den Schuldnern handelte es sich um keine Täufer, unter denen es keine geschriebenen Verträge gab. Im November 1718 jedenfalls war Ammann tot, was aus Taufunterlagen einer Tochter hervorgeht, die sich in Wimmis bei Erlenbach der reformierten Kirche anschloß. Neues zu seinem Nachruhm gibt es nicht, außer eben der Tatsache, daß seine Amischen und ihre asketische Kultur im größeren Rahmen des Täufertums und zusammengehalten vom stählernen Band des Wortes bis zum heutigen Tag überleben konnten.

Daß Ammann weitgehend anonym bleiben mußte, könnte damit begründet werden, daß es sich bei ihm wahrscheinlich um einen Analphabeten gehandelt hatte. Im Elsaß gibt es heute rund 50 Dokumente, die von Ammann mit Ami, Amme oder Amen oder auch nur mit einem kindlich gekritzelten J. A. unterschrieben sind. Tatsächlich hatte Ammann für jedes Jahr eine andere Unterschrift. Interessant ist, daß immer dann, wenn er an seine Brüder etwa in der Schweiz schrieb, sein Namenszug vollständig war. Unter offizielle Dokumente setzte der Prediger allerdings nur seine Anfangsbuchstaben. Unschwer zu erkennen ist, daß bei den Briefen ein anderer für ihn unterschrieb, in einem Amt ihm jedoch keine andere Chance blieb, als selbst zu zeichnen. Ein Beispiel dafür ist ein Dokument, ausgestellt, nachdem der – recht schwerhörige – Ehemann einer Verena Zimmermann am 13. November 1697 im Lebertal mähte, ein anderer Täufer dort Bäume fällte, wovon einer Zimmermann erschlug. Die Amischen wählten daraufhin einen recht unkomplizierten Weg: Sie vergruben den Toten irgendwo, ohne den Unfall zu melden. Als die Polizei eingriff, wurde Ammann als Zeuge ins Amt bestellt und mußte eine Zeugenaussage unterschreiben. Er malte das J. A., tat's in seiner Kinderschrift, worauf ihm ein Notar bestätigte, Analphabet zu sein. Ammann täuschte somit seine Glaubensgenossen bewußt darüber hinweg, daß er weder schreiben und somit wahrscheinlich auch nicht lesen konnte. Überhaupt, was das Täuschen anbetrifft ... da war dann auch noch die Geschichte mit dem Gärtchen, das der Jakob eines Tages »hintenherum« verkaufte, also ohne Wissen der Gemeinde, was damals als absolut unüblich galt (und erst heutigen Historikern mit Interesse an Ammann auffiel). Artikel 15 der »von Dienern und Ältesten aus vielen Orten« entworfenen *Straßburger Ordnung* von 1568 – die erste (bekannte) Täuferordnung seit Schleitheim und damit auch für den Jakob gültig – hatte bestimmt, daß keine größeren Geschäfte von einem Täufer getätigt werden konnten, ohne daß die Gemeinde davon Kenntnis erhielt. Diese Regel war dazu da, die Gemeinde zu schützen, die im Falle eines schlechten Geschäfts für die Fehler eines Bruders oder einer Schwester aufkommen mußte. Aber vielleicht hatte der Jakob gedacht, ein kleines Gärtchen sei eben kein großes Geschäft ...

Die Amischen vom Lebertal wurden bei Protesten ihrer Nachbarn am königlichen Hof zu Versailles einige Male heftig angegriffen. Einmal hatten sie es jetzt zu etwas gebracht, daneben waren sie als Gruppe recht arrogant – es war bei ihnen zum Beispiel üblich, sich untereinander mit dem Kuß des Herrn zu begrüßen, dem Nichtamischen als Gruß aber ein »Der Herr komme Dir zu Hilfe« anzubieten – was dem Zusammenleben wenig dienlich sein konnte. Der Volkszorn entzündete sich auch daran, daß die wirtschaftlich und religiös unduldsamen Heiligen mit allen Tugenden, die den Menschen zieren, ausgestattet waren, allerdings auch mit Nuancen des Negativen. Sie verweigerten den Eid wie den Militärdienst und versuchten sich von öffentlichen Ämtern wie dem des Steuereintreibers (Heimburgers) freizukaufen. Sie waren für die Umwelt unbequeme Außenseiter, die ein Leben lang auf Kosten der Gemeinschaft dem Frieden und der Heiligung nachjagten und sich dabei mit dem Band der Vollkommenheit umschlungen hielten.

1712 erließ der Intendant des Elsaß ein Zirkularschreiben, wonach alle Täufer des Landes verwiesen werden sollten. Der Auszug aus der Gegend von Markirch, wo wahrscheinlich die größte Zahl von Täufern im Europa jener Zeit lebte, zeichnet sich in alten Unterlagen ab. 1713 wurden im Markircher Raum auffallend viele Häuser von Täufern verkauft, darunter 5 Gebäude, die offiziell der Gemeinde gehörten. Interessant dabei ist, daß das gesamte Vermögen der Taufgesinnten im Lebertal (zusammen 45000 Livres) in diesem Jahr einem Drittel des Gesamtvermögens der dortigen gemeinen Bevölkerung entsprach, obwohl die Täufer nur ein Viertel davon repräsentierten. Das Entsetzen, das der Ausweisungsbefehl in den Kanzleien auslöste – nach dem Täufererlaß wurde das geflügelte Wort eines »schwarzen Oktobers« geprägt –, ist verständlich, da in Zukunft auch ein Drittel der Steuern fehlen mußte. Einige der verbannten Heiligen kamen zum Teil schon bald wieder zurück, andere zogen jetzt in die Grafschaft Salm, in die elsässischen Gebiete der Grafschaft Leiningen, in die Landgrafschaft Hessen-Darmstadt, die Markgrafschaft Baden und in eine Reihe kleinerer geistlicher und adeliger Herrschaften, wo sie sich auf heruntergewirtschafteten oder verlassenen Höfen niederließen. Im Herzogtum Zweibrücken etwa, wo sich schon 1699 zwei Markircher Täufer um die Pacht des Hofes Dudenbrücken beworben hatten, erlaubten die Pfalzgrafen 1713 »einigen aus der Grafschaft Rappoltsstein ausgetriebenen Wiedertäufern«, sich in einem Waldgebiet der »oberen und unteren Frankenweide« anzusiedeln. Hier im Umland von Zweibrücken sollten sich die Amischen in Europa am längsten halten.

1988 war in der Markircher Gegend nur noch eine Mennonitenfamilie zu finden, die direkte verwandtschaftliche Bindungen zu den Amischen in Nordamerika hat. Es gibt zahlreiche typische Familiennamen der Schweizer Brüder, allerdings sind ihre Träger heute in der Regel Angehörige der reformierten Kirche. Ganz generell kann davon ausgegangen werden, daß die Amischen aus dem Lebertal entweder auswanderten oder sich ab 1840 wieder dem Hauptstrom der Mennoniten und anderen Kirchen anschlossen. Markirchs Täuferstuben in den altersgrauen Gassen sind inzwischen in Privatwohnungen aufgegangen, der mennonitische Betsaal ist in ein Gasthaus umgewandelt worden. Ältere Markircher erinnern sich aber noch durchaus an die Zeit, als hier mennonitische Gemeinden aktiv waren. Bis zum Zweiten Weltkrieg wurden in Kestarholz (heute Châtenois) noch mennonitische Gottesdienste abgehalten. Als 1986 in Schlettstadt der Film »Der einzige Zeuge« lief, wurden die Leute im Tal der Leber zum erstenmal wieder bewußt auf die religiöse Gruppe aufmerksam. Interessenten fanden im Markircher Archiv über »die Haupt-Milchlieferanten des Tales« entsprechende Unterlagen.

Noch heute stehen ein paar der großen Amischhöfe zwischen dem Zuckerbrot- und dem Kleinen-Bullen-Berg in La Haute Broque an der Peripherie Markirchs. Damit dort, wo die Straßen zu Gassen werden. Nur mit ihrer Originalität läßt sich nicht mehr allzuviel ausrichten. Zugegeben, die Keller der Höfe, in denen einst der amische Münsterkäse hergestellt wurde, sind noch aus Granit und damit recht täuferisch. Doch die Höfe selbst – etwa das Haus von Ives und Monique Jeanroy – liegen nur einen Steinwurf unter der verbunkerten Maginotlinie und damit an einer alten Grenze zwischen Deutschland und Frankreich. Verschiedene Kriege haben die Häuser bis auf die Grundmauern weggebombt. Das allerdings erst, nachdem hier bereits keine pazifistischen Amischen mehr wohnten ...

Nie so richtig heimisch im Elsaß war ein Peter Graber von Huttwil im Kanton Bern geworden, der – von Beruf Weber – etliche Jahre in Jebsheim verbrachte. Bereits 1708 verließ er das Land wieder und ließ sich auf einer Farm in Frédéric Fontaine in der Gegend von Mömpelgard nieder, das damals zu Württemberg gehörte (wo seit Mitte des 16. Jahrhunderts kein Täufer mehr hingerichtet worden war). Wie Mömpelgard dann zu Montbéliard wurde, sollte das einst streng katholische Frankreich, das selbst keine eigene Täuferbewegung hatte, bald zur rechten Täuferheimat werden. Zu diesem Zeitpunkt hatten die Frommen dort schon einen berühmten Fürsprecher. Voltaire führte in seinem Roman *Candide* seinen Titelhelden mit dem »Wiedertäufer« Jakob zusammen. Er nennt diesen »den besten Mann der Welt«, der zum Beispiel gegen jede Gewaltanwendung sei ... und damit treu zur täuferischen Tradition stand.

# 6. Idylle vor dem Sündenfall

Die Amischzeitung *Family Life*: eine Lektüre für den Kerzenschimmer, Tips für gute Nachbarschaft, den zu erwartenden Advent des Herrn, Ratschläge fürs gute Kutschieren: »Fahr so rechts wie möglich und nicht zu sehr aufeinander, daß überholende Autos vor dir einbiegen können, wenn der Verkehr sie dazu zwingt. Denk daran, daß dir die Straße nicht gehört, obwohl auch du Steuern zahlst. Die meisten Steuern kommen aber aus dem Benzinverkauf, und Pferde brauchen kein Benzin. Denk immer daran, daß es Christenpflicht ist, vorsichtig zu fahren.«

Ich stecke in schlaksigen Latzhosen, einer alten Jacke, die man nicht ohne Grund im Allen County auch »Sack« nennt, nehme einen der geländetauglichen Hüte und den Arschkorb, tatsächlich so genannt, weil er die realistische Form des menschlichen Hinterteils hat. So camoufliert mußte ich jedem Pferd, aber auch jedem Unheiligen wie ein Heiliger erscheinen. Allerdings nicht dem Kenner, der als meine Heimat sicher die als Amischfarmen aufgepeppten Häuser um Nappenee oder Berne vermuten würde, wo amisch verkleidete Yankees den Touristen einen derartigen Täuferhimmel vorgaukeln, als hätte Jakob Ammann gerade erst ihren Hof verlassen. Ich würde sicher auch an den Tresen des »Dutch Essenhaus« in Shipshewanna oder in dessen »Bock Kich« passen, wo man sich heute mit »deutschem« Bier und »amischer« Bockwurst abfüllen kann, um so gestärkt das umliegende Amischland zu bereisen.

Im Dämmerlicht des gewinkelten Stalls ertaste ich mir die Anatomie eines Vierbeiners, der nach Amischverständnis als »kindersicher« gilt, also aufgrund seines Alters ein gezügeltes Temperament hat. Trotz meiner Zeit bei den Amischen ist mein Verhältnis gerade zu den ehemaligen Rennpferden durchaus noch von Respekt geprägt, von Constable, dem riesenhaften Belgier mit den funkelnden Augen, gar nicht erst zu sprechen. Wie hatte Elam mich aufgeklärt? Ein Gaul ist nach längerer Standzeit besonders kitzelig am Bauch. Wenn ein Gaul böse wird, dann legt er die Ohren an, usw. Doch nicht dieser. Scheuklappen gegen den Rundblick, Aufsatzbügel gegen das Steigen, Fahrtrense, Kopfgestell ... Machtmittel auch des städtischen Menschen zur Lenkung eines Tieres. Tief blicke ich ins fuchsbraune Pferdegesicht, rede dem Partner dabei gut zu. Aber er zeigt sich durchaus kooperativ, schnaubt und zeigt jetzt Lust an der Bewegung.

Zur Ausfahrt steht einer der porträtreifen, altersschiefen Buggys zur Verfügung, ein Einspänner, wie er sonntags längst nicht mehr benutzt werden kann, da er eben als zu alt für den Weg zum Gottesdienst galt. Eine der stallwarmen, von Motten leicht angefressenen Decken auf dem Sitz, ein letzter Blick zurück ... wir waren schnell zu dritt: das Pferd, die Kutsche und ich.

Ein Amischgaul zieht an, wenn man laut und deutlich genug einen Kuß in Richtung Pferdeohren bläst. Im übrigen ist er dreisprachig, versteht englisch, bärndütsch und jene Urlautsprache, die eben nur die Vierbeiner der Heiligen verstehen und jene, die es ihnen beigebracht haben. Er läuft dann gemächlich an der Schüür vorbei und vom Schatten in die Sonne, in den Schatten den Farmweg entlang bis zur Straße. Dort legt er von sich aus allerdings gleich mächtig los. So auf dem Kutschbock hinter einem Pferderücken sich langsam einschunkelnd, den ans Gaspedal gewohnten Fuß gegen das Spritzbrett gestemmt, fühlt man sich dabei gleich als ganzer Mann. Der Buggy macht frei wie der Rütlischwur, zumindest bis ...

Wo die Straße x mit dem Weg y zusammenläuft gibt einer ekelhaft-gleichgültig ein paar hundert PS die Sporen. Länge sicher 20 m, Breite 3, zulässiges Gesamtgewicht wohl 40 Tonnen. Der Kerl kuppelt, gibt Zwischengas, kuppelt wieder. Ich glaube geradezu zu sehen, wie die Tachonadel in der Fahrerkabine des Brummers pendelt, der Drehzahlmesser vibriert. David gegen Goliath, Sattelschlepper gegen Buggy. Wie hatte der John in der Schule an der Cuba Road den Kindern erklärt? Gäule riechen besser als ein Auto und machen auch nicht soviel Krach. Aber was half es schon, wenn ein Pferd zwar durchaus gut roch, ein vorbeifahrendes Auto aber Krach machte, daß der Fuchs recht fuchsig würde?

Renntempo 10, 12 oder gar schon 15. Vorbei an zerrupften Vorgärten, schwertragenden Feldern, immer an jenen Spurbändern am Rande der Straße entlang, die die Amischkutschen im Allen County jeden Tag aufs neue ziehen. Der Rausch der Geschwindigkeit, ein Sitz wie im Sulky. Wenn ich einem anderen Amischgefährt begegne, nur ein kurzer Gruß von hüben nach drüben. Dazu blickt man kaum hoch, schaut nicht so richtig nach, wer der andere überhaupt ist. Die richtigen Amischen, also die, die sich theologisch und biologisch äußerst nahe sind, erkennen sich gegenseitig am Trab (ihrer Gäule), und zwar lange schon, bevor sie die Hand zum Gruß erheben. Tatsächlich trabt jedes Pferd anders. Mein Vierbeiner versucht hin und wieder, eine Weggabelung im Sinne des Heimwegs zu sehen. Dieser uralte Kampf zwischen Mensch und Pferd und Pferd und Wagen! Die Stute mit der verdächtig langen Schulter und der mächtigen Hinterhand ist für mich doch etwas heftig in ihren Reaktionen, zu durchtrainiert, zu aggressiv, zu sensibel, was immer. Das mußten die Stehtage aus ihr gemacht haben. Ich hatte sie unter amischer Zügelführung ganz anders in Erinnerung.

 Was heißt übrigens schon, ein Autofahrer kommt schneller ans Ziel? Der Kutscher in der modernen Welt des Flüchtigen, des Beschleunigens, des Künstlichen sieht mehr auf seinem Weg dorthin, auch wenn er den Weg nach Grabill kennt wie eine Westentasche, wäre sie ihm nur erlaubt: ein zartgrauer Himmel, ein maisgrünes Feld, ein semmelblondes Schulkind, ein wettergebräuntes Haus, die ganze Landschaft als Draufgabe. Die Luft schmeckt nach Erde, Pferd und Straßenverkehr, der Trabtakt entkrampft. Dazu fühlt man den Wind, auch wenn man nie weiß, wohin er weht. Wer hat als gestandener, zügelloser Automensch noch ein Gefühl für Entfernungen, für kurze Strecken, wie sie hinter dem Steuerrad zusammenschrumpfen. Die Fahrt mit dem Buggy schärft dieses Bewußtsein neu und noch manch anderes dazu. Den Mund voller Staub, das Hinterteil bereits leicht irritiert, kleine schwarze Schmeißfliegen am amischen Helden- oder Farmerlook, dazu unversichert ohne Bremse, ohne Hupe, da wer ans Versichern glaubt, kein Vertrauen in die himmlische Vorsehung hat. Wie lange sind vier, fünf Kilometer? Hochtourige Personenwagen flitzen an mir, neben mir – oder ist es gar unter mir? – vorbei. Diese Autos sind für einen Kutscher tatsächlich etwas wie Roms späte Rache an der Täufergruppe. Was wären die Amischen auf dem Kutschbock ohne die Ruhe ihres »Selig sind die Friedfertigen, denn sie werden Gottes Kinder heißen«? Verzweifelt versuche ich gegenzusteuern, doch der Amischrenner und ich sind längst nicht das allerbeste Gespann, das man sich in diesem Landstrich vorstellen kann.

An der Stoppstelle beim Grabiller Ortseingang, gleich hinter den Eisenbahnschienen, also im Dreieck, das die Souders Antiquitäten, der General Store, die Cabinett Company und der Hardware Store bilden, habe ich es geschafft. Von hier aus fuhr ich mit anderen Amischkutschen praktisch im Konvoi, dazu angstfrei, ganz nach Josephs Logik, wonach es beim Zusammenstoß von zwei Buggys einfach keine Toten gab. Doch dafür stieß ich mit etwas anderem zusammen: mit einem Kerl in kneifengen Bermudashorts, der hier offenbar angereist war, um Erfahrungen im Umgang mit den rechten Bartmännern aufs Zelluloid zu bannen. Antikes 1988 ... und Altertümer hatten bekanntlich Konjunktur. Wie glücklich der war, einen Alternativexperten mit Gaul und Kutsche vor sich zu haben, einen mit einer 400 Jahre alten Gesellschaftsmoral, mit 400 Jahren Schule in der Geduld der Täufer. Dazu mit den Eisenbahnschienen oder dem General Store, dem Hardware Store oder dem Band der Grabill Road im Hintergrund.

So begafft zu werden ... ich wußte, was ich zu rufen hatte: »Mir welles nüt«, nicht weniger und auf keinen Fall ein Wort mehr. Trotzdem zoomte sich der Kerl auf mich ein, ohne jedes Verständnis für das 2. Gebot: »Du sollst dir kein Bildnis noch irgendein Gleichnis machen, weder dessen, das oben im Himmel, noch dessen, das unten auf Erden ist.« Also auch nicht von dem, der im Einspänner die Grabill Road hinunterfahren wollte. Natürlich drehe ich Kopf und Hut gegen die Linse, um dem pfiffigen Frevel zu begegnen. Dies reizt den Fotografen dann offensichtlich nur noch mehr. Er springt von einer Straßenseite auf die andere, macht eine komische Figur, um das exotische Gewächs in vertrauter Umgebung in Nahaufnahme zu bringen. Keine Rücksichten auf amische Empfindlichkeiten, dabei war der

Die Amischen – die letzten einer alten oder die ersten einer neuen Welt? (Foto Längin)

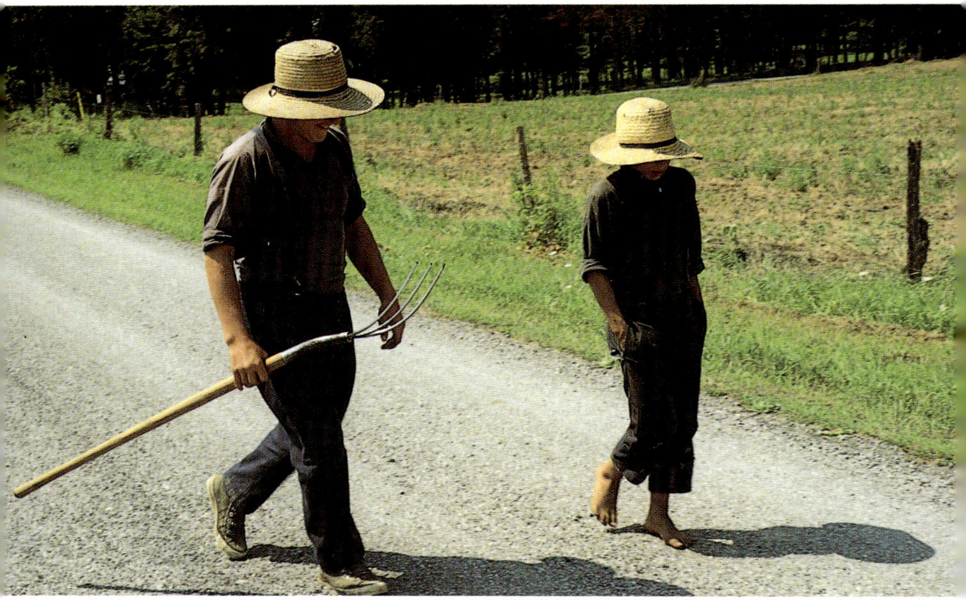
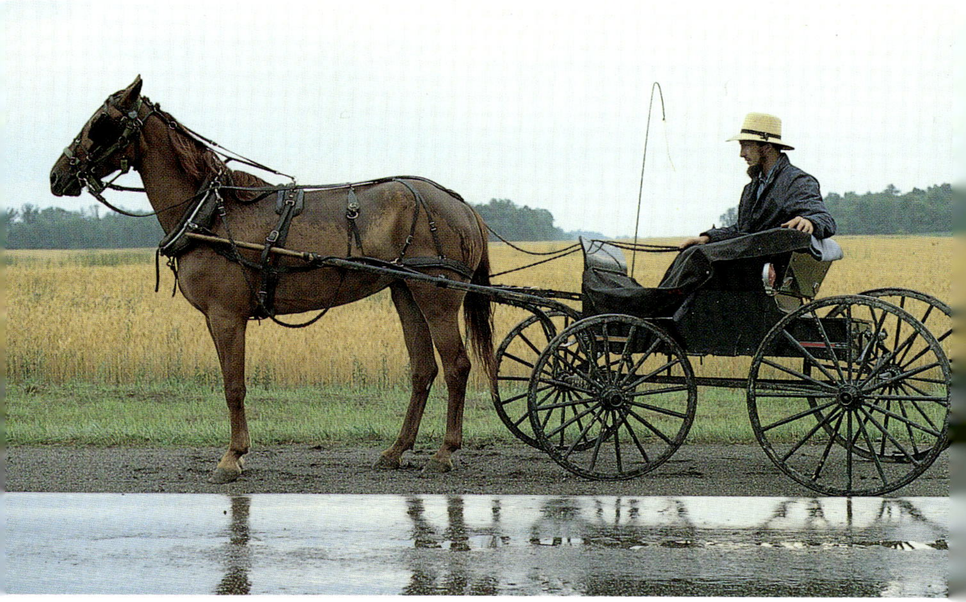

Kinderbuggy in Ohios Wayne County: Hinter einem PS sind die Amischen durchaus ernstzunehmende Verkehrsteilnehmer. (Foto Längin)

Den »Buwehut« gegen das Kameraauge: Swartzentruber Amische in Ohios Holmes County (Foto Längin)

Das Schweizer Buggy: Im Allen County gilt nur der offene Einspänner als recht gottgefällig. (Foto Längin)

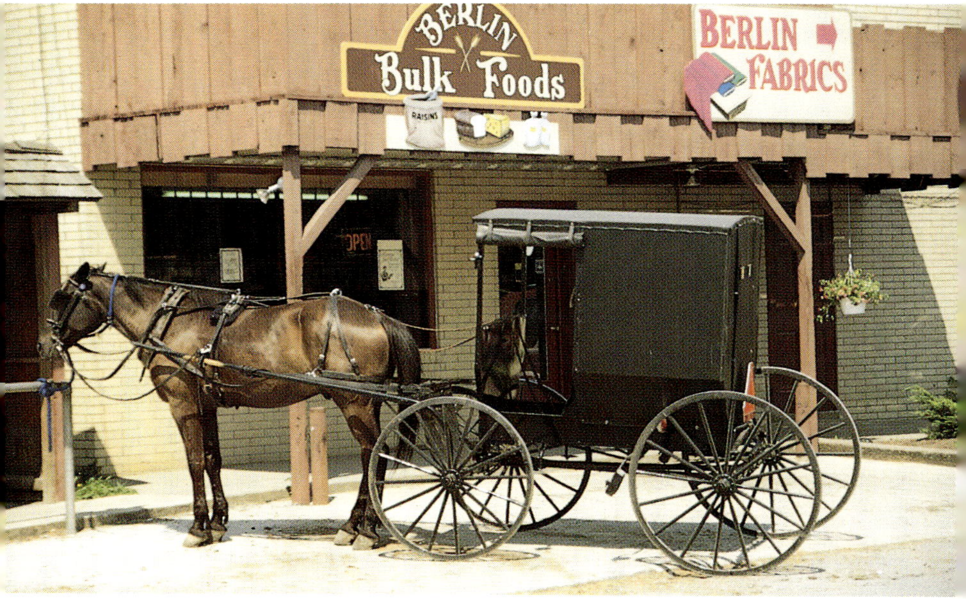
BERLIN
Bulk Foods
RAISINS
BERLIN
FABRICS
OPEN

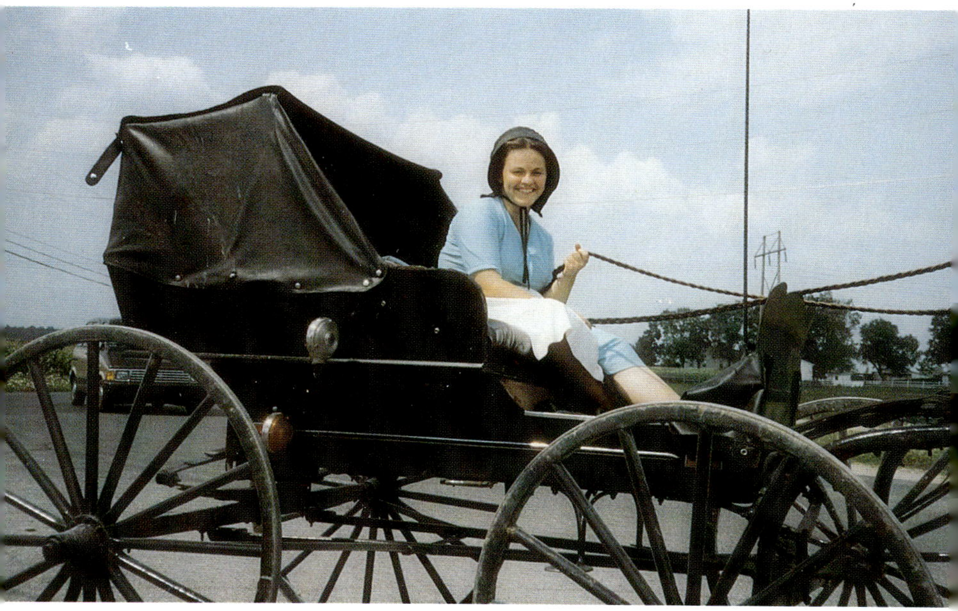

Das Täufversteck in der Tenne: Der alte Täuferhof »Hinter-Hütten« im Schweizer Trubtal (Foto Längin)

Dachwägeli in Berlin/Ohio: Am Buggy ist zu erkennen, wie religiös-konservativ eine Täufergruppe ist. (Foto Längin)

Mary-Mae Miller im Babybuggy: Die vom Allen County geben etwas darauf, schnelle Pferde und schöne Frauen zu haben ... (Foto Längin)

Eine Zwischenheimat für Religionsflüchtlinge: der historische Graberhof im französischen Couthenans (Foto Längin)

Ein berüchtigter Platz für »gefährlich eingeführte Täufer«: Schloß Trachselwalde im Emmental (Foto Längin)

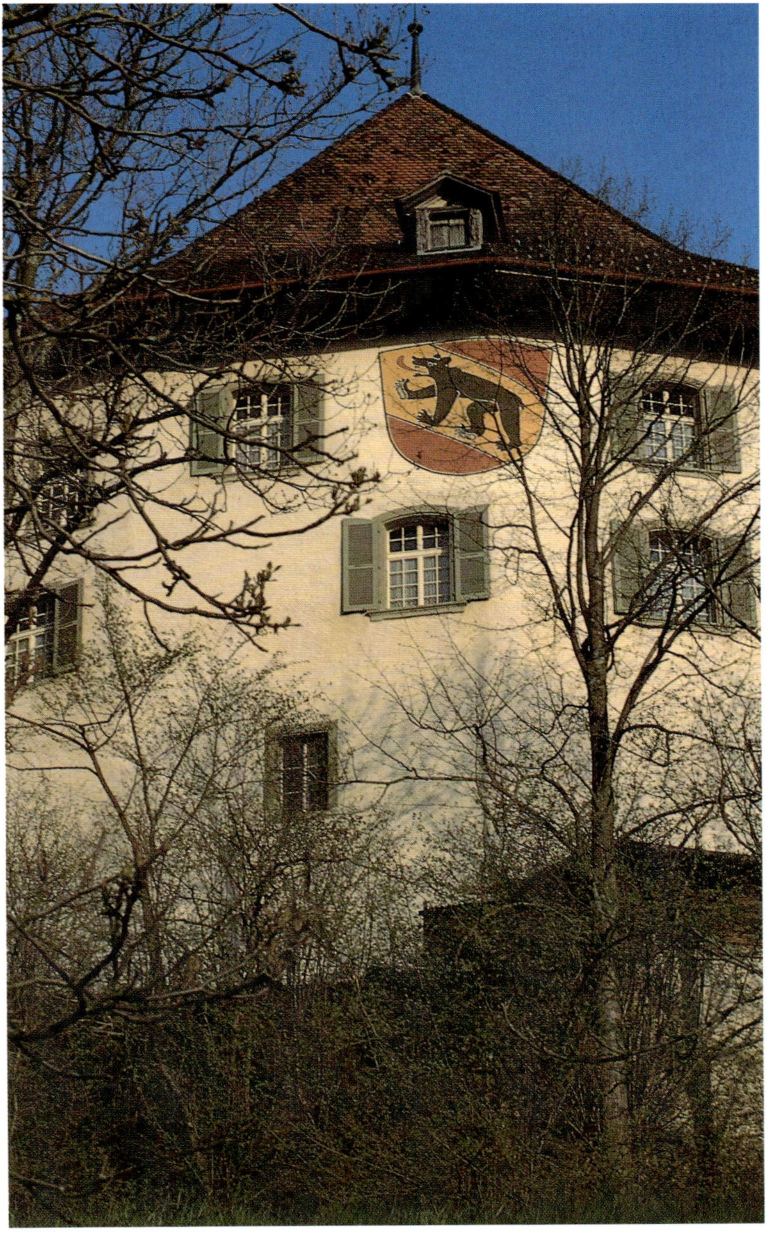

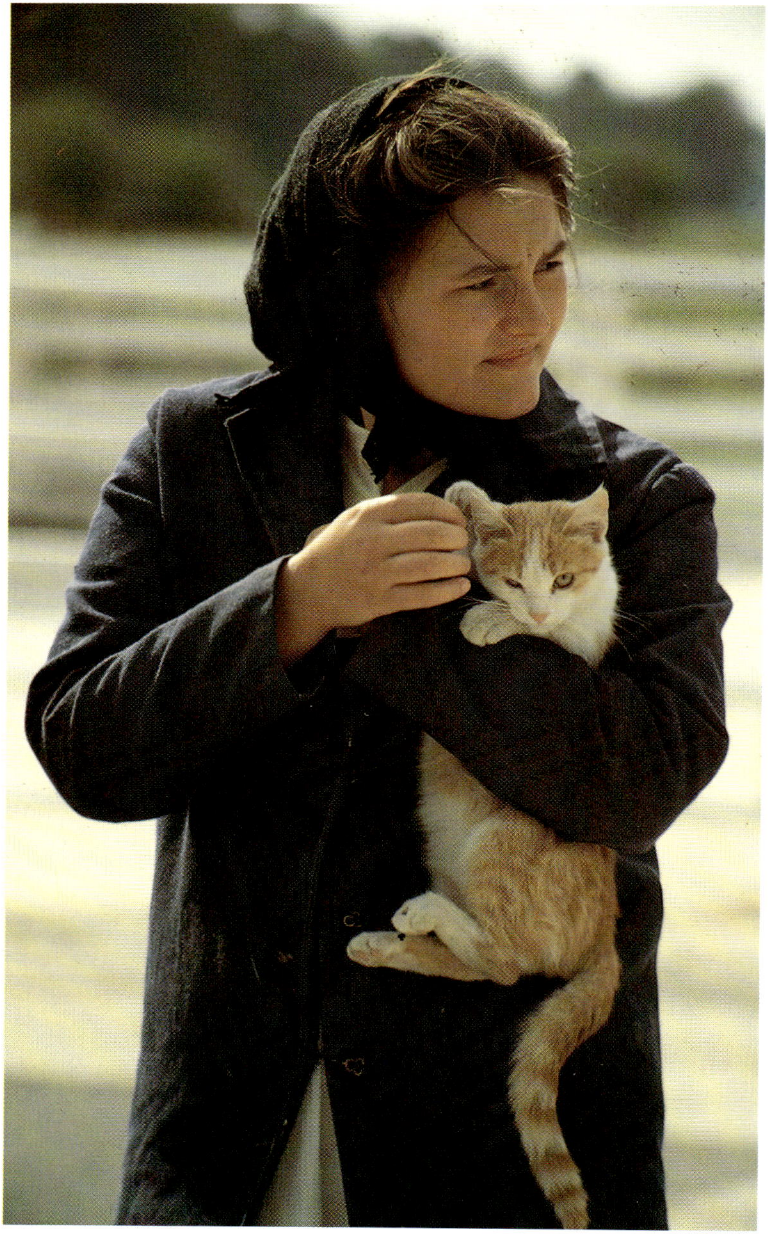

Der Melker: Wer auf festen Beinen stehen kann, hat seine Aufgabe. (Foto Längin)

Der Teenager: in die Welt verwoben, doch kein Teil von ihr (Foto Längin)

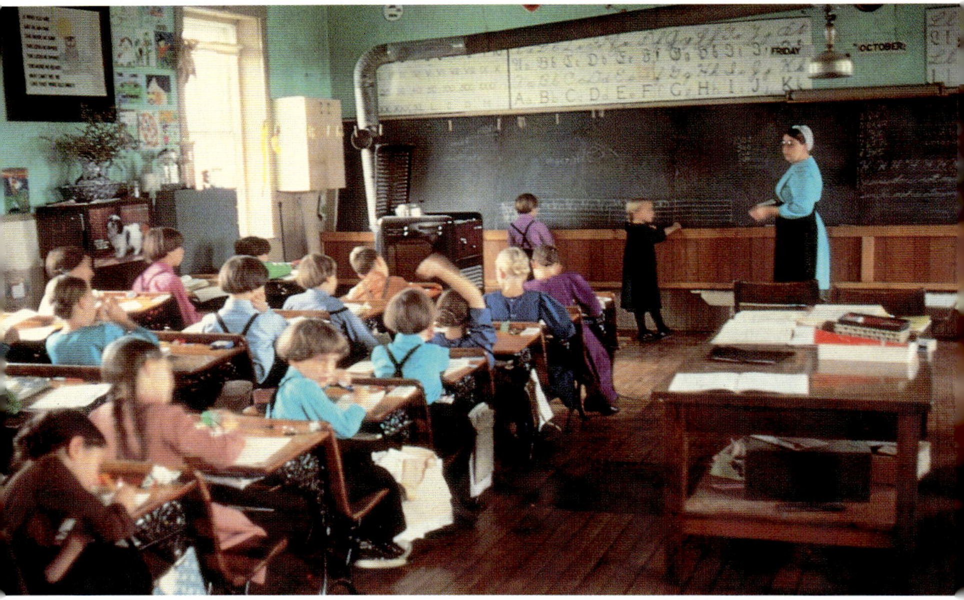
FRIDAY
OCTOBER
A B C D E F G H I J K

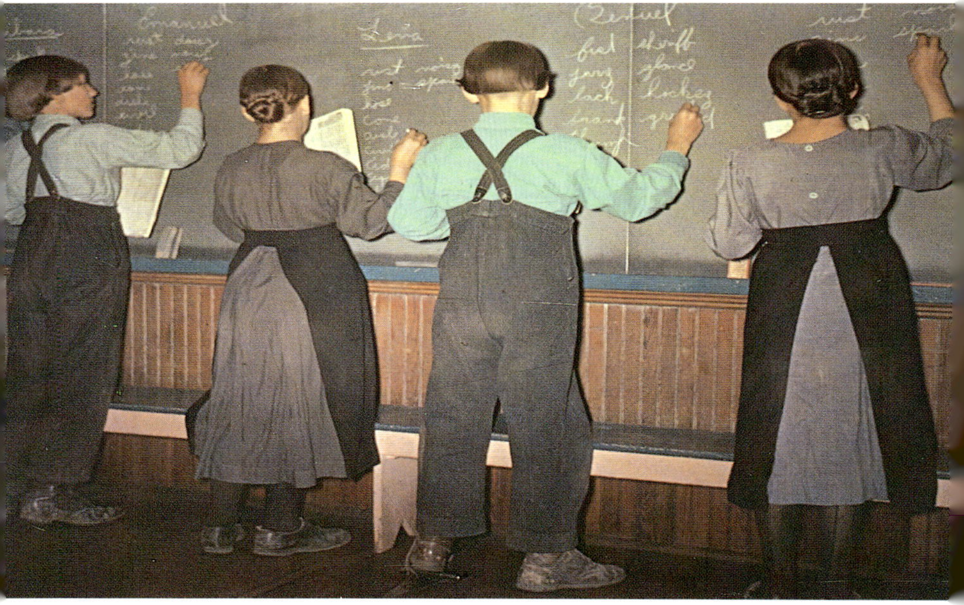
Emanuel
Lena

Schulhaus bei Nappanee/India: Die Amischen gehen 8 Jahre zur Schule und keinen Tag mehr. (Foto Längin)

Gemeindeschule im Lancaster County: Die Amischen erziehen ihre Jugend für den Himmel und ein Leben auf der Farm. (Foto Blair Seitz)

Beim Schulunterricht: »Mädli« und »Buwe«, die im Prinzip lieber Hufe klopfen als neues Wissen hören wollen. (Foto Vincent Tortora)

Ben Graber von der Cuba Road: Im Stall bewährt sich, was einmal in der Gemeinde glänzen soll ... (Foto Längin)

Kristine Kline aus dem Holmes County: Die Brüder und Schwestern geben etwas darauf, die besten Bauern Amerikas zu sein ... (Foto Längin)

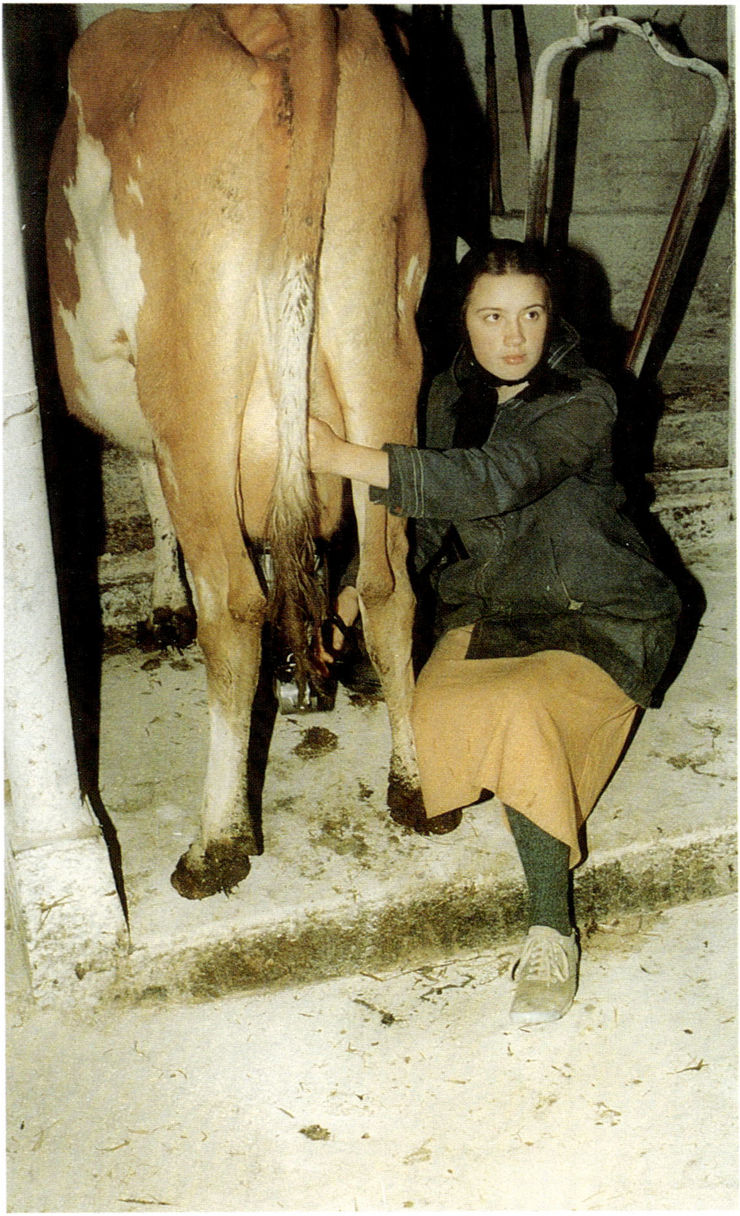

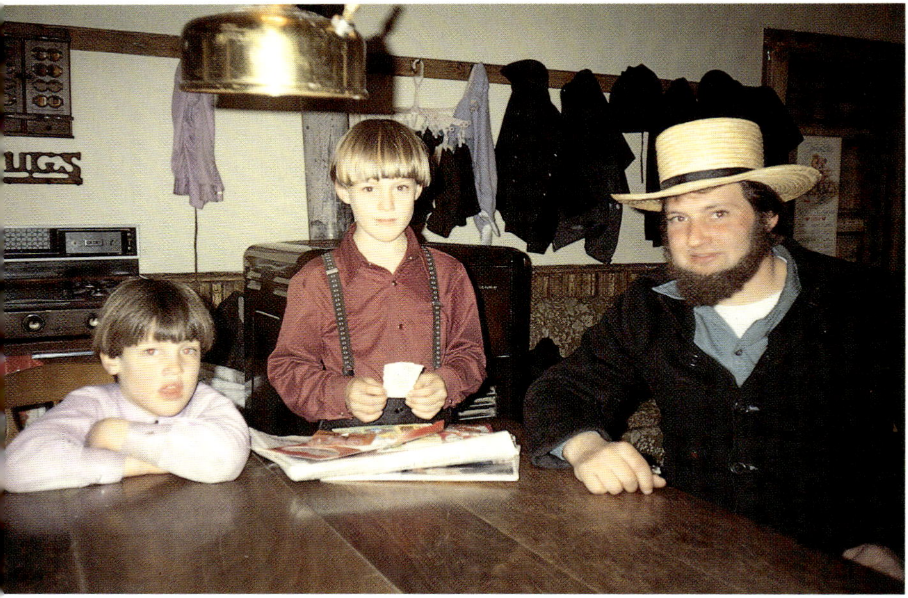

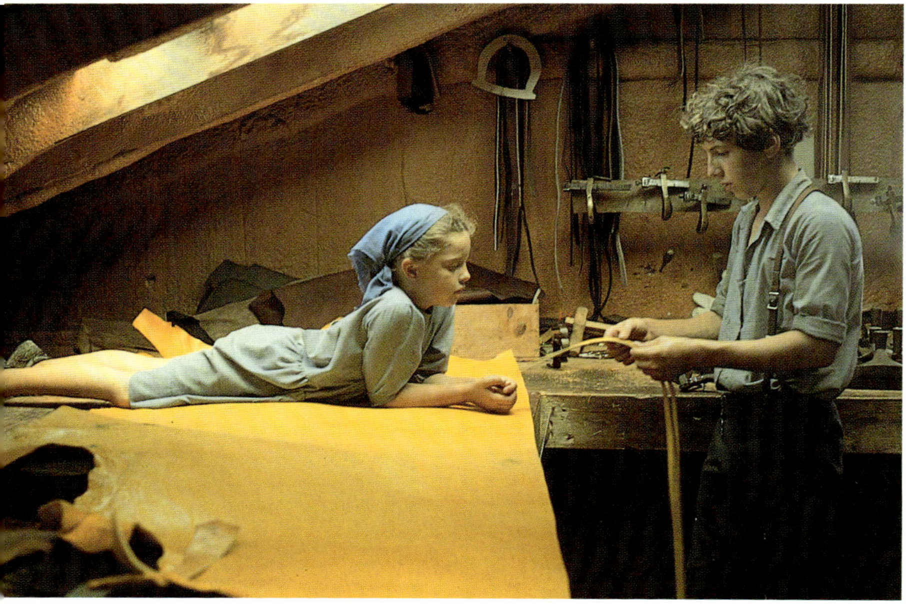

»Unsere Sort Lüt« auf der Grabiller Herbstauktion (Foto Längin)

Die Schmuckers von Pennsylvaniens Schmuckertal (oben links), Chris und Barbara-Ann Graber: Die Familie, die zusammen arbeitet, bleibt zusammen ... (Fotos Längin)

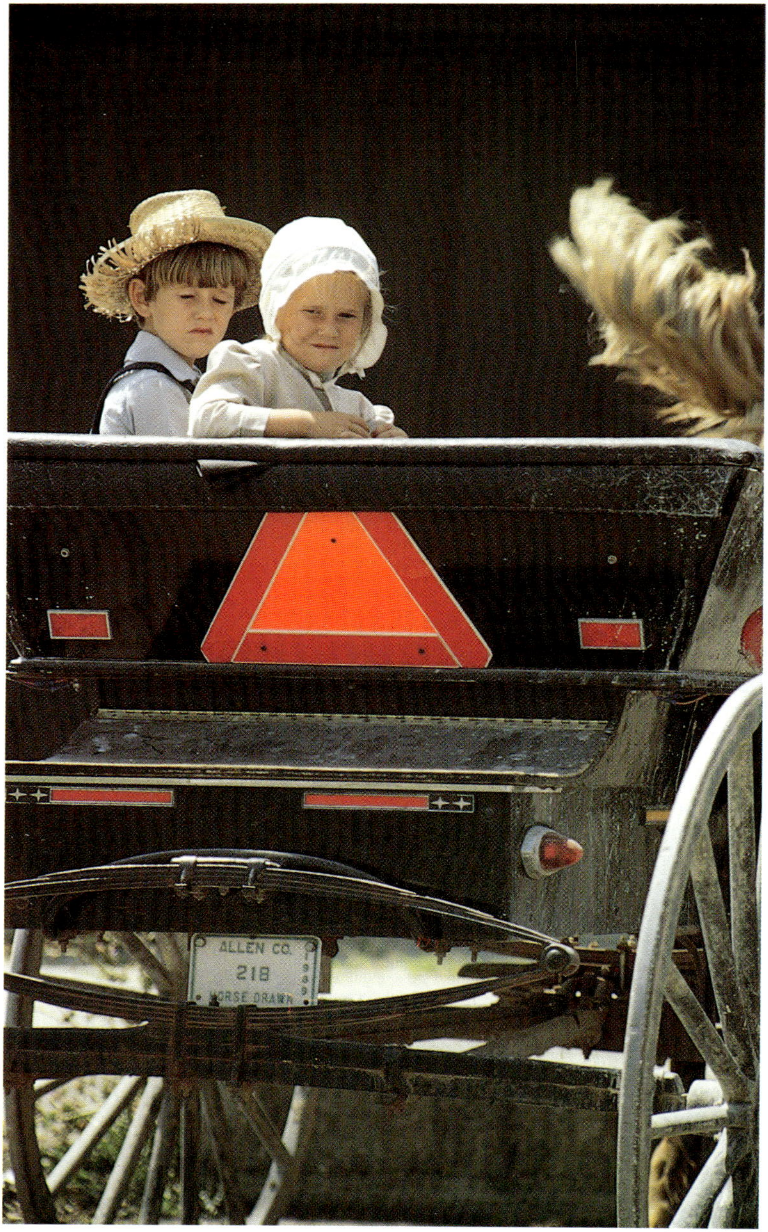
ALLEN CO.
218
1999
HORSE DRAWN

»Gestaltet euch nicht nach dieser Welt«: Der amische Nachwuchs, immer angezogen und nie ungezogen (Fotos Längin)

Fürs »Verschneiden« hat David Nolt ein einfaches Rezept ... (Foto Längin)

Elam Grabers Vermögen tummelt sich im Stall ... (Foto Längin)

Wegen des Warndreiecks hat es schon viel Leid gegeben ... (Foto Längin)

Die vom Allen County halten nichts von leichten Lösungen ... (Foto Längin)

Scheunenbau im Lancaster County: Bei den Amischen geht es zu wie im richtigen Leben ... aber eben wie vor ein-, zweihundert Jahren. (Foto Kenneth Pellman)

Feldarbeit im Lancaster County: Für den rechten Amischen ist der Acker die Welt geblieben. (Foto Blair Seitz)

Ernte im Allen County: Der Herr hat ihnen allerlei Kraut gegeben, das sich besamt zu ihrer Speise ... (Foto Längin)

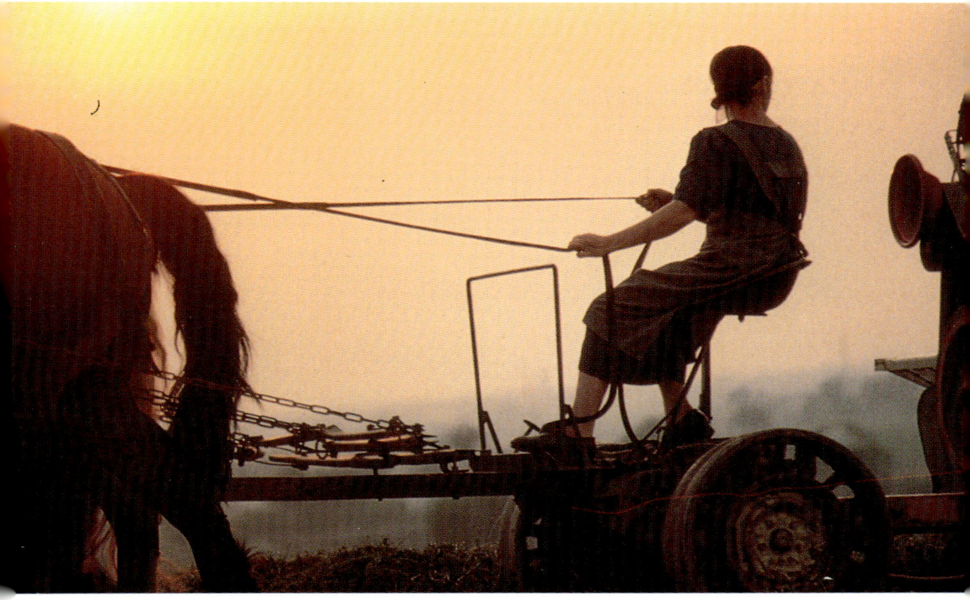

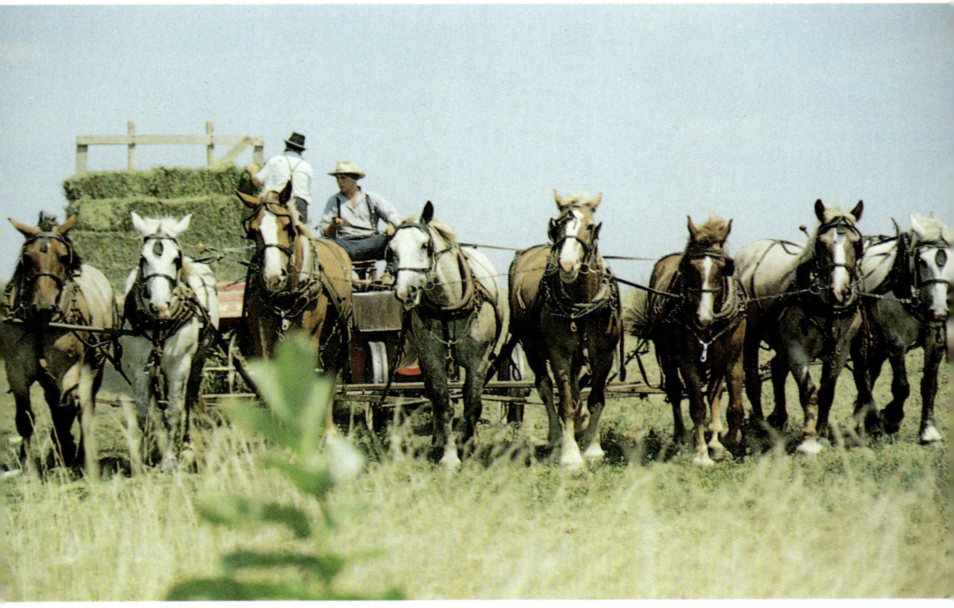

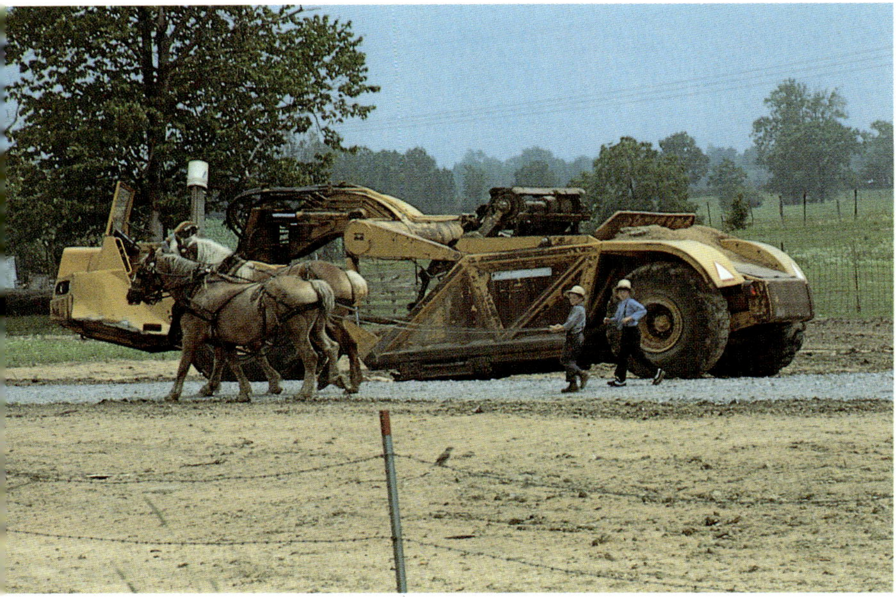

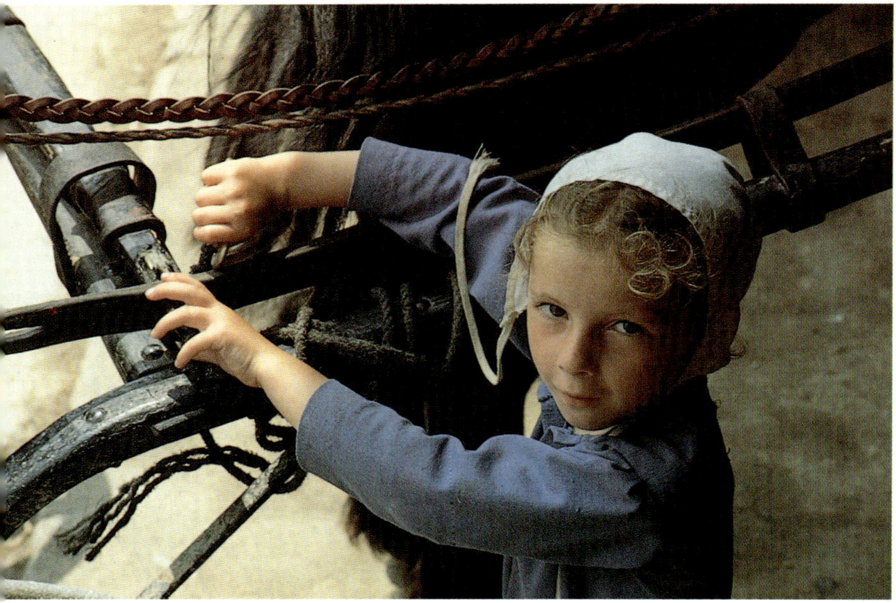

Bauernalltag auf Elam Grabers Farm: Nur ein volles Tagewerk kann die Erde füllen. (Foto Längin)

Amischbuben auf der Cuba Road: Die Kraft der Natur vor dem Fortschritt des Menschengeistes (Foto Längin)

Rachel-Mae Graber in hausgeschnittener Tracht: immer angezogen und nie ungezogen (Foto Längin)

Naemi Miller von der Cuba Road: Jeder bewährt sich dort, wo ihn der Herr hinstellt. (Foto Längin)

Die Grabermädchen: bei minus 32 Grad angefroren, den Schirm mit dem Plastik-Guckloch gegen den eisigen Fahrwind ... (Foto Längin)

Amischfarm in Wisconsin: Das Wohnhaus ist groß genug, damit die Gemeinde den Gottesdienst feiern kann. (Foto Längin)

Buggyauktion: Auf Wochenmärkten wie in New Holland spiegelt sich die Vielfalt der deutschstämmigen Täufer am besten ab ... (Foto Längin)

Farmfeuer im Lancaster County: Manchmal segnet der Herr sein Volk mit Strafen ... (Foto Kenneth Pellman)

Wiederaufbau in Gemeinschaftsarbeit: Wer nicht nach seinem Bruder sieht, ist ärger als ein Heide ... (Foto Kenneth Pellman)

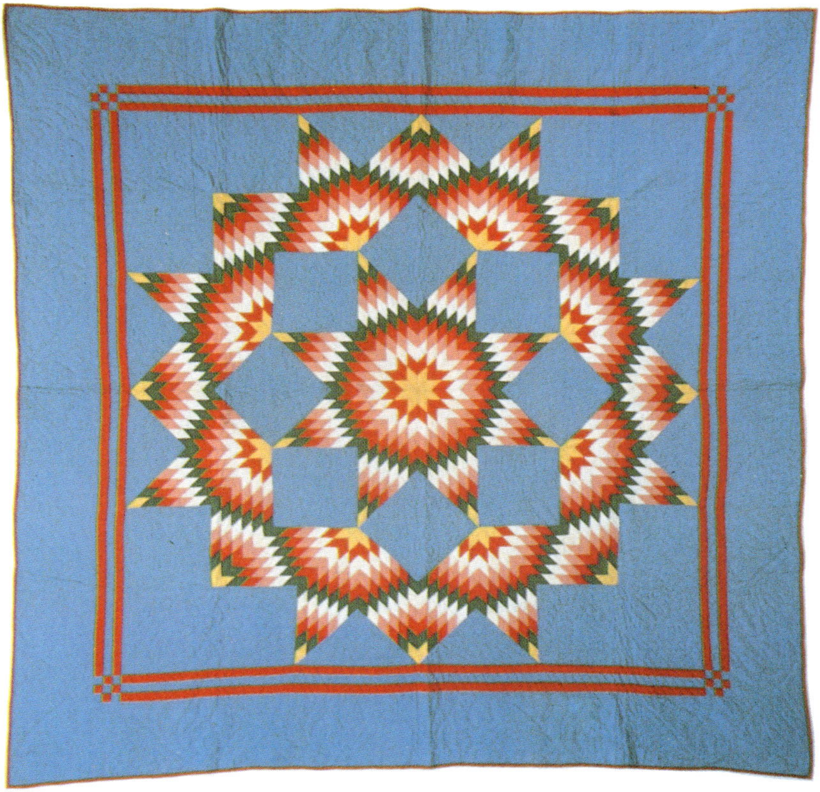

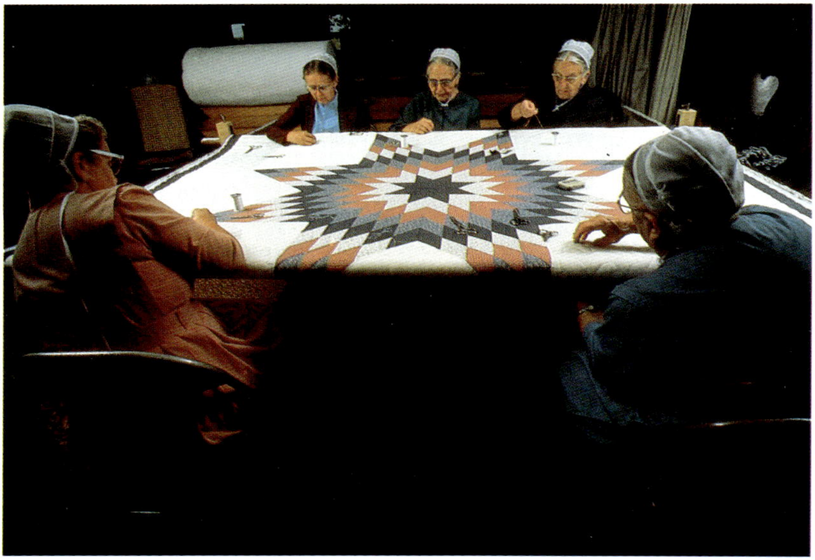

Amische Frauen im Lancaster County bei der Herstellung eines Quilts – Amische Quilts, die bunten Fleckerlteppiche mit den aus alten Quellen gespeisten Mustern, die heute Weltruf haben (Fotos Kenneth Pellman, S. 28 oben, S. 29; Blair Seitz, S. 28 unten)

Exlibris der Catharina Petersheim aus dem Lancaster County (Foto Kenneth Pellman)

Die Amischen gehen aus der Welt, wie es hier Mode ist: Trauerzug auf dem Weg zum Grabhof (Foto Blair Seitz)

Grabmacher im Lancaster County: Der Mensch kommt sterblich zur Welt, stirbt dann auch ... (Foto Blair Seitz)

Die Amischen haben einen gewaltigen Pferdeverstand, verstehen Pferde und Pferde scheinen sie zu verstehen ... (Foto Blair Seitz)

Kerl nur der Paukenschlag zur Ouvertüre. Ein Touristenbus hatte Grabill, den längst nicht mehr geheimen Bestseller der Gegend, angesteuert. Selbst durchaus »fortschrittlich« gesinnte Brüder führen Ernstliches gegen das »Bildle – oder Liknes – mache« (gesprochen Leiknes, von like aus dem Englischen – d.A.) ins Feld. Amische haben generell keinen Humor, wenn es um bewußt Amisches geht. Wer »poust«, sich also für ein Bild gar zurecht setzt, konnte mit Kirchenstrafe rechnen. Saß man täuferisch verkleidet in einer Kutsche in Grabill, so durfte das nicht übersehen, wer sich nicht in einen krassen Gegensatz zur bilderfeindlichen, ja das Bild geradezu fürchtenden amischen Gemeinschaft bringen wollte. Wortkultur gegen Bildkultur, so war es einfach. Das Bild ist einer der unüberwindlichen Gegensätze zwischen den Täufern und der Welt geworden. Beim »Liknesnehme« konnte es einem knipsenden Touristen hier schon einmal passieren, daß ihm ein extrem verletzter Amischer entsetzt entgegenhielt: »Du hasch mi gschtohle.« Und manchmal, aber auch nur manchmal, war von einem rauhschaligen Bruder mit bildkräftiger Sprache auch etwas mehr zu hören, wofür sich dieser dann bei seinem Herrn im Himmel etwas später zu entschuldigen hatte. Bei einigen Amischen ist es eben wie mit der Akropolis: Ein paar Jahre Touristen haben ihnen mehr geschadet als ein paar Jahrhunderte zuvor. Nicht, daß die amischen Teenager hin und wieder schon einmal gerne eine Aufnahme von sich hätten. Mir war es passiert, daß man mich bat, doch eine Aufnahme von dem oder dem Gaul zu machen. Dann stellte sich der eine oder andere einfach schnell dazu. Ein Foto somit, die Zehn Gebote ohne Mose, doch alles andere als die Regel im Amischland. Ein Foto fürs streng geheime Archiv, wozu jede Farm ihr Versteckchen hat.

Das alles hieß nun wiederum nicht, daß sich die Frommen weigern würden, Bilder anzusehen – gerade auch welche von sich selbst. Denn wenn's ohnehin nicht mehr zu verhindern ist, fehlt der Hinderungsgrund dafür. Ob sie sich, mit sich selbst konfrontiert, dann bis ins Detail so lieben, wie sie erschaffen sind? Darüber spricht man einfach nicht. Bei den Männern, als Krönung der Schöpfung, kann jeder davon ausgehen. Und die Amischfrau, der leichtere Lösungen – der Schminkstift, der Bronzeton, das Haarteil des »Towngirls« – rundweg verboten sind, wird sich jeweils im Erreichten einzurichten wissen.

Knipsende Touristen, die die Frommen nicht selten verfolgen wie der Großwildjäger seine Beute, sind eine Plage, denn Kamera hin, Teleobjektiv her ... der Gideon Fischer von Intercourse besteht darauf, daß ein Amischer sich trotzdem freundlich gegenüber seinen Mitmenschen verhalten müsse. So windet er sich halt wie der Wurm an der Angel, wenn vor ihm ein Bildlemacher auftaucht. Der kluge amische Buchautor besteht sogar darauf, daß die Rückkehr Christi auf diese Erde mit der Zerstörung von Kameras und des »Tiwis«, des Fernsehapparats, einhergehen wird. Dem haben amische Geschäftsleute im Lancaster County schon etwas vorgegriffen. Vor ihren Höfen stehen Schilder, die auf das Fotografierverbot hinweisen oder souvenir-suchenden Touristen – die es zum Beispiel auch schon fertiggebracht haben, eine Täuferschmiede in Sekundenschnelle bis zum letzten Hufeisen auszuräumen – kategorisch einfach jeden Zutritt verbieten.

Trotzdem gibt es heute Amischbilder und Symbole überall dort zu kaufen, wo Touristen bei den Frommen einbrechen. Kunst, Kitsch und Kommerz haben sich ihrer längst angenommen: Amische auf Pfefferstreuern, Sparbüchsen, Handtüchern, Speckseiten, Postern oder Kaffeekannen, nicht selten »made in Taiwan«. Um Lancaster machen es die Yankees heute möglich, die Frommen, die sich auf der Straße nicht fotografieren lassen, bei Rundflügen über Täuferland aus der Luft aufzunehmen. Im Elkhart County – am Highway der »Großen Armee« – verkaufen entsprungene Amische selbst noch in neonbeleuchteten Tränken jetzt Täuferpuppen im Schweizer Bauernlook. Es gibt Amische auch auf Postkarten. Diese flattern mir regelmäßig ins Haus. Absender die Grabers von Indiana oder die Hostettlers aus Pennsylvanien, die mir »Christliche Grüße aus ... zu dir nach Kanada« schicken. Doch auch hierbei beweisen die Amischen durchaus Stil. So verschickt Rachel etwa nur Ansichten von Amischen aus Iowa, die Hostettlers von Brüdern und Schwestern aus Indiana usw. So wird der

Friede in der eigenen Gemeinde nicht gestört. Gute Amischbilder werden daneben nicht selten mit nationalen und internationalen Preisen versehen ... eben weil es so schwer ist, im Amischland ausgesprochen gute Bilder zu machen.

Volldampf. Ich fahre mit Volldampf weiter, passiere Grabills Country Shop, die Missionskirche, die Autowaschanlage und biege beim C/C Super Valu nach rechts ab. Doch dort traue ich meinen Augen nicht. Der mit Kamera und in Bermudashorts war irgendwie schon vor mir da, kommt vom Paradox zum amischen Lebensstil, der Chevroletvertretung Max Hofman, herübergerannt, baut sich schon wieder freudestrahlend vor mir auf:

»You know, I bin Deutscher, you know, deutsch, Germany, Allemania so wie du.« Dem Zungenschlag nach süddeutscher Tourist, vielleicht Bayer, den Hosen nach Amerikaner. Ich spüre seine Aufregung durch mein schwarzes Amischwams, seine fotografische Begeisterung. So mochte er vor ein paar Tagen vielleicht noch vor dem Münchner Hofbräuhaus gestanden haben, vorgestern in Disneyland oder im Chicagoer Zoo. Wer kannte diese Aufnahmen von hoher historischer Attraktivität nicht, das heißt von sich biegenden und wendenden Frommen, die mehr über die Geisteshaltung der Fotografen aussagten als über das Abgebildete. Bilder von sich ängstlich hinter einem Hut verstekkenden Menschen, denen ein Bibelwort im Kopf herumgeht, Religion als Abenteuer. Schließlich hatte ich mich selbst lange genug in dieser Kunst versucht, hatte mir eigens dazu eine fernöstliche Linse angeschafft, die nach Norden zielen konnte und aufgrund eines eingebauten Spiegels nach Südosten schoß.

Ich will ihm einfach nicht erklären, daß ich kein Heiliger, kein Daueropfer mit Schafsgeduld, sondern nur einer aus der Luxuswelt der Sünder war. Einer von der stinknormalen Gattung, fleischlich gesinnt, wo er geistlich sein sollte. Einer, der das komisch-derbe Bärndütsch verstehen, aber immer noch nicht sprechen konnte. Im Taufgesinnten reflektierte sich die Ewigkeit, in mir doch nur Zeitgeist und Zeitliches. Die echten Amischen, Menschen eines alten deutschen Stammes, in dieser Welt, doch nicht vor ihr, das waren die Grabers, die Schmuckers, die Zehrs oder die Yoders. Was wollte man also von mir?

Da sitze ich, angelächelt, angestaunt, angefremdet, von einer touristischen Überdosis fotografiert, als gelte es, ein Jahrhundertereignis festzuhalten. Ein Exot und damit für jeden Amisch-Connoisseur vier, fünf Bilder, für einige einen ganzen Film wert, so wie man je nach Kasse seltene Vögel, Abnormes aus der Tierwelt oder neue Sterne bannt. Bildersammler – doch sind Sammler nicht Menschen, die Seltenes zusammentragen in der Hoffnung, daß es noch seltener wird? »Mir welles nüt!« Einen Augenblick erinnere ich mich an das ABC des wahren Christentums: Leiden, Hoffnung und Geduld. Doch was dabei rauskommt, ist blanke Ohnmacht, etwas so Gewisses, wie man das Götz-von-Berlichingen-Zitat zwar immer wieder ausrufen, aber auch beim besten Willen sich nicht selbst erfüllen kann.

Da haut mich eine sorglos gebaute Touristenfrau an, ebenfalls süddeutsch, ebenfalls in schrecklichen, papageienbunten Bermudas. Was immer sie auf dem großen Herzen hat, es klingt wie die Frage, ob wir schon Kartoffeln gepflanzt hätten. Kartoffeln, Krummbiere im Mai! Die steckten doch schon seit April im Boden, ebenso die Gerste, der Weizen und der Hafer. Das war keine intelligente Frage, doch sicher hatte man ihr zuvor erklärt, daß im Amischland Wissen nur aufblähe, man so dumm fragen sollte, wie es eben ging. Da waren die Amischen doch anders, bei ihnen hielten sich die Wibber in der Öffentlichkeit noch strikt daran: »Wenn die Frauen etwas wissen wollen, dann sollen sie daheim ihre Männer fragen« (1 Kor 14,35). Frauen in Hosen – bei den Frommen eine besonders verachtete Vokabel der Neuzeit – und Männer ohne Bärte. Wenn die Frommen einst davon ausgegangen waren, daß »Gott ein Dütscher« ist, so mußte es ihnen jetzt dämmern, daß er es ganz bestimmt nicht mehr war.

Als mir einer jetzt gar einen Geldschein anbietet, bedarf es keinen Augenblick der Vaterunserbitte »Und führe uns nicht in Versuchung«. Ich drehe noch einmal meinen Hut, ein bärndütscher Urlaut, wir schreiben einen Kreis in den Wind und preschen in Richtung Cuba Road davon. Jetzt lerne ich die fuchsfarbene Stute mit der langen Schulter und der mächtigen Hinterhand nach ihren Stehtagen schätzen. Die Touristen springen zur Seite, das war für sie wohl kein Amischland mehr, sondern Wilder Westen hautnah erlebt.

Sicher würden sie dem landeskundigen Fremdenführer – häufig ein Mennonit, der typische Baedeker der Gegend, der dort gerne absahnt, wo die Heiligen buttern – das Wort vom friedfertigen, so gelassenen Amischen nicht mehr widerspruchslos abnehmen. Vom ständigen Kostümfest im properen Grabill, von Menschen, bei denen deutsche Treue und Biederkeit noch gegen amerikanische Sittenverderbnis stand, hatten sie sicher trotzdem ihr Bild. Damit von etwas, wie es in den Fernwehkatalog des Touristen einfach paßte und wohl auch gehörte.

Schnell schrumpfen die in den Bermudas auf Fernsehformat zusammen. Am Abend, nachdem ich – wieder religiös kaserniert – zu eingedicktem Apfelmus mit Ben »Bei-, Für-, Neben-, Vor- und Verbindungswörter« für den Deutschunterricht gebüffelt habe, lesen wir im dünnen, strähnigen Licht einer leicht rußenden Lampe noch ein paar Sätze aus dem simpel moralisierenden *Neu vermehrten Lust-Gärtlein Frommer Seelen. Das ist! Heilsame Anweisung und Begehr zu einem gottseligen Leben wie auch schöne Gebete und Gesänge.* Eine Ausgabe von 1984, die zusätzlich »mit geistlichem Rauchwerk versehen« aus dem Verlag der Amischen Gemeinden in Lancaster County/Pennsylvanien auf den Markt gekommen ist. Vielleicht hätte ich es am Morgen lesen sollen. Aber »Liknesnehme« ... dabei waren die Touristen bei mir auf den Falschen gestoßen.

Apropos eingedicktes Apfelmus: Der Apfel ist für die Amischen das wichtigste Obst, sollte es für den aus dem Paradies vertriebenen Menschen generell auch sein.

Die Amischen haben einen gewaltigen Pferdeverstand, verstehen Pferde, und die Pferde scheinen sie zu verstehen. Die Rollenverteilung arbeitet, doch manchmal treibt es der eine oder andere auf dem Hof dann doch etwas zu weit.

In dieser duftschweren Nacht geht es ganz offenbar um die Damen des Stalls. Constable, Herdenchef der Belgier und als solcher äußerst polygam veranlagt, stand den Tag über schwer wie eine Panzerechse in seiner Beschälerbox, an und für sich die Ruhe selbst. Rein äußerlich ist das hochgezüchtete Kraftpaket auf dem Hof der Boß: rund eine Tonne schwer mit Riesenbrust und kurzen Beinen, Stockmaß 1.80 Meter, dichtes, grobes Langhaar, ein starkknochiges Schrittpferd, als Kaltblütler meist ein gutmütiges Muskelpaket von der Art, wie sie in Deutschland die Brauereiwagen zum Oktoberfest ziehen.

King ist ein Traber, der Menschen zu Menschen bringt, ein Haflinger mit dem Temperament der kaltblütigen Gebirgsrasse, auch wenn man darin einen Widerspruch erkennen könnte. Den Tag über hat er sich – außer einem Ausflug nach Grabill – als Rasenmäher beschäftigt. Vielleicht war es dabei schon gewesen, daß er den Duftstoff einer rossigen Stute aufnahm. Auf jeden Fall befanden sich King und Constable am Abend in übelster Brunftlaune. Zwei recht explosive, naturgestreßte Gemische, deren Paarungsbereitschaft sich nicht an irgendeine Zeit des Jahres gebunden fühlte. Beide standen in ihren Boxen in Einzelhaft, bis es ihnen mitten in der Nacht irgendwie gelang, daraus auszubrechen.

Jetzt stehen sie sich zwischen Scheune und Haus auf Rachels Rasen gegenüber, der schnell zur Fläche wird: Constable, eine Tonne wildgewordenes Fleisch, King wie ein jagendes Raubtier, den Kopf dicht über dem Boden. Mit wütenden Grunzschreien gehen sie auf die Hinterhand, dreschen mit den Vorderhufen aufeinander ein, versuchen sich durch den tödlichen Biß in die Luftröhre zu besiegen. Dazwischen Pirouettengehen, kräftiges Auskeilen und immer wieder der Einbruch, um an das Geschlechtsteil des anderen heranzukommen.

Elam – Klammer auf: im Schlafanzug der weltlichen Marke Liebestöter, Klammer zu –, Ben und Christ eilen aus dem Haus, bewaffnen sich mit Baseballschlägern, fahren mit Gottvertrauen und Männermut reich gesegnet zwischen die Hengste, als wollten sie jedem die 252 Pferdeknochen einzeln zerschlagen. Um sie herum sind die Hunde so aufgeregt, daß sie die letzten Wäschestücke von der Leine holen. Und im Stall apfeln die Pferdedamen aufgeregt mit der ihnen eigenen Solidarität. So ein Kampf zwischen Mensch, Tier und Tier hinterläßt dann Narben auf beiden

Seiten, so eine Nacht kann die Amischfarm ein (Pferde-) Vermögen kosten, wenn es ganz schlimm kommt, die Familie auch den Ernährer.

Positiv zu sehen war laut Elam dabei eigentlich nur, daß einmal mehr bewiesen werden konnte, daß der Schöpfer eben alles, aber auch wirklich alles richtig gemacht hatte. Dazu zählte das Genick eines Hengstes, etwa doppelt so kräftig wie das einer Stute. Gerade dort hatten sich Constable und King ineinander verbissen.

Am Morgen darauf ist wieder alles im Lot, doch inniger als sonst geht die Familie nach Stallarbeit und Frühstück heute zur Morgenandacht, zu einer ihrer regelmäßigsten religiösen Übungen, auf die Knie. Inniger richten sich die Augen auf Jesus Christus, der versprochen hat, wiederzukommen und seine Herde zu sich zu holen, damit sie auch dort sein konnte, wo Er war (nach Joh 14,3). Wer in der Nachfolge Christi steht, führt nicht nur ein anderes Leben, er hat daneben auch ein stärkeres Sündengefühl, das ihn zu einem intensiven Gebetsverkehr mit Gott herausfordert. Die Sünde ist existent von Ewigkeit zu Ewigkeit, Amen.

Elam liest mit schartiger Stimme aus *Der ernsthaften Christenpflicht*, dem Gebetbuch der Schweizer Täufer, der Quelle des Familienglaubens. Ganz generell beten die Amischen bei der Morgenandacht heute nicht mehr vor, sondern nur noch nach, was andere schon vor ihnen gebetet haben: »Vor allen gottlosen Erzfeinden aber, welche Du, o Gott, nach Deinem ewigen Ratschluß etwa nicht bekehren willst und sie zur ewigen Verdammnis verworfen hast, vor solchen bewahre uns auch ganz gnädiglich. Verhindere und wehre, zerbrich und zerstöre all ihr böses Vorhaben, und mache zuschanden alle ihre bösen Räte und Anschläge...« Dann fragt der Hausherr noch: »Wo kommt das her, Herr Jesu Christ, daß alle Welt voll Falschheit ist.« Darauf folgt das schnelle Kindergebet: »O Herr Jesus, mach mich fromm, daß ich in den Himmel komm.«

Ein Morgengebet, der frühe Verkehr der Heiligen mit Gott, hält häufig bis zu zehn Minuten an, ist so auch gerade lang genug, damit sich der Körper eines Nichtamischen auf dem harten Fußboden der Küche gegen diese Stellung noch wehren kann. Obwohl das Reich Gottes nicht das Reich der

Welt ist, schließen die Amischen – die selbst nicht wählen sollen, auch kein weltliches Amt annehmen dürfen, politisch also mehr oder weniger nur Zaungäste in Amerika sind – an jedem Morgen die gerade amtierende Regierung der USA mit in ihre Gebete ein ...»nicht den Bush als Person«, sondern die Obrigkeit generell als Helferin der Kirche und »Schwert der Christen«, die die Guten schützt und die Bösen straft. Die Guten, das sind die Amischen, die Bösen ... nun, ganz oben stehen hier die gottlosen Kommunisten, von denen man auch im Allen County immer wieder allzu Weltliches vernimmt. Der Elam – und nicht nur er – schließt daraus, daß er wie ein früher Märtyrer einen traditionellen Täufertod sterben müßte, würden »die böse Buwe vun Übersee« einmal ins Grabiller Umland kommen. Daß Kommunisten Antitäufer sind, setzt er voraus. Daß die kurzen Schmerzen eines Schwertstreiches nichts im Verhältnis zu den ewigen Qualen in der Hölle sind, sagt ihm die Bibel.

Erstaunlich, wie schnell jetzt das sinnvoll paradoxe Leben der Amischen die Sehnsucht des Weltlichen nach einer heute praktisch außerirdischen Wirklichkeit stillt, wie das Verbot des Telefons, des Radios oder Fernsehens den Alltag verändert, wie die Gegenwart noch die Vergangenheit wiederholen kann. Irgendwo singt der Elam: »Die Bibel ist ein süßes Buch. Aus ihr fließt Honig rein, erquickt, erfreut ist süßer noch, als edler Honigseim ...« Irgendwo trabt ein Pferd, denn getrabt wird hier immer, gehört es doch zur Musik eines Amischhofes wie Katzenmaunzen, Schweinegrunzen, Vogelzwitschern oder die Kinderstimmen der Fohlen. Vom Haus her das Rattern einer Nähmaschine, mit deren Hilfe sich die Amischfrau etwas auf den Leib schneidert. Nirgends akustischer Umweltschmutz, überall unbestrittene Lebenslust und der Mensch als Höhepunkt der Schöpfung. Stuten werden zum Hengst gebracht, Kinder trainieren sich am »Hutschela«, am noch unbeherrscht gehenden Jungpferd das Gefühl für Tiere an und gewöhnen dann ein Kalb an die Flasche. Christ spannt achtspännig ein ... »e Mutter un irre vier Döchter« und drei Belgierdamen aus anderer Familie. Barbara-Ann springt wie ein Pingpongball auf dem Trampolin, liebestolle Tauben hängen auf dem Silodach, ein stier glotzender Stier kickt Kuhmist hoch, dazu kommt

eine streunende Sau, um sich am gerade erst geflickten Tor der Schüür zu reiben. Die Hofhunde sonnen sich ausgerechnet in Rachels keuschem Blütenschaum, und wehe, es schaut einmal einer mit dem Auto hier vorbei, ein Geschäftsmann etwa, der den Geschäftsmann Elam sehen will. Dann stürzen sich die Hunde auf das Fremde. Nicht etwa, daß sie beißen würden, aber das Bein versuchen sie immer an etwas zu heben, das den Geruch hat, von draußen zu sein.
Das ist die Welt der Amischen, doch ist sie es wirklich? An diesem Tag, dem 22. Juli im 1988. Jahr nach der Geburt des Herrn, macht ein Gideon Hershberger in Minnesotas Fillmore County Jail wieder einmal (Täufer-)Geschichte. Sheriff Don Gudmundson hat sich von dem 62jährigen Amischen breittreten lassen. Hershberger – ohnehin mehr Opfer als Täter – trägt nicht die orangefarbene Gefängniskleidung wie die übrigen Häftlinge. Er sitzt mit blauen Arbeitshosen in seiner Zelle, dazu trägt er ein blaues Hemd und marineblaue Hosenträger. Die Bibel in Lutherdeutsch und der breitrandige Strohhut liegen neben ihm. Gideon teilt seine Zelle mit zwei Rauschgifthändlern, einem Totschläger und einem Brandstifter.

Was Gideon Hershberger ins Gefängnis brachte? Zuerst ist zu erwähnen, daß der Graubart aus einer Familie von »Rebellen« stammt. Doch welcher Amische tut das nicht. Hershbergers Vater war vor rund 50 Jahren drüben in Ohio ins Gefängnis gegangen wegen eines chronischen Konflikts zwischen der Täufergruppe und den Schulbehörden. Hershberger senior hatte dazu erklärt, der Weg ins Gefängnis sei wirklich das wenigste, was er für den rechten Amischglauben machen könnte. Auch Hershberger junior, trotzig-trutziger Fenstermacher, Vater von 13 Kindern, hatte jetzt der Distriktrichterin Margaret Shaw Johnson verdeutlicht, daß der Weg ins Gefängnis doch das wenigste sei, was er für den rechten Amischglauben tun könnte. Die Richterin wollte ihm nicht widersprechen. Allerdings war sie der Meinung, daß der Täuferglaube ein Gesetz des Staates Minnesota nicht so einfach vom Tisch fegen dürfe.

Gideon Hershberger war mit der staatlichen Autorität in Konflikt geraten, als er sich weigerte, ein orangefarbenes

Vorsichtszeichen an seinem Buggy anzubringen. Man nennt es hier ein SMV, ein »slow moving vehicle«-Zeichen, das den Autofahrer besonders in der Nacht rechtzeitig vor einer Kutsche als Verkehrshindernis warnt. 25 andere Amische weigerten sich mit dem Alten, sich in dieser Sache an amtlicher Leine führen zu lassen, und würden in den nächsten Tagen dafür ebenfalls vor Gericht stehen. Gideon bekam von der Richterin sieben Tage im Fillmore County Jail aufgebrummt, womit ein Ende der Schonzeit für die Brüder signalisiert wurde. Doch was bedeutete schon die Haft im Gegensatz zu dem, was Christus einmal für ihn, den Gideon, am Kreuz gelitten hat? Wer sagt daneben, daß man Gott nicht auch im Gefängnis dienen konnte?

Die Amischen vom Fillmore County streiten sich mit bleierner Gelassenheit mit weltlichen Autoritäten, seit sie 1973 von Ohio nach Minnesota übergesiedelt sind. Immer wieder ging es um die Farbe des Warndreiecks an der Pferdekutsche. Es gab Diskussionen, einen Mitleidbonus, Kompromisse von staatlicher Seite und natürlich Spaltungen bei den Amischen. Besonders die Jungen akzeptierten jetzt Orange, andere hefteten etwas Schwarzes, Dreieckiges mit einem weißen Kranz an den Buggy. Doch Standhafte wie Hershberger lehnten jedes Schild ab, beließen es bei einem weißen, wenn auch reflektierenden Haftstreifen. Die Amischen von Minnesota hatten dabei Vorbilder in den Amischen von Michigan, die von Michigan in den Amischen von Ohio. Auch dort waren die Gläubigen lieber ins Gefängnis gegangen, als Verkehrszeichen an den Kutschen anzubringen. Die einen wie die anderen sahen darin keinen zivilen Ungehorsam, sondern lediglich die rechte Amischtradition, nach der man Gott mehr gehorchen soll als den Menschen. Und der Gott der Amischen von Minnesota lehnt Verkehrszeichen, weltliche Symbole, noch dazu in der grellen Provokationsfarbe Orange ab. Hershbergers Vorfahren hatten kein Dreieck am Buggy, warum also ausgerechnet er? In Ohio hatten die Frommen recht behalten. Dort verabschiedete man einen Zusatz zum Gesetz, worauf die Gläubigen am weißen Klebestreifen anstelle eines Warndreiecks festhalten konnten. In Minnesota war man noch nicht ganz so weit.

Ohne Zweifel wußte auch der Gideon vor Gericht von keiner Bibelstelle, die die Farbe Orange verbietet oder gar verteufelt. Doch hielt er es mit dem, was ihm von Römer 12 aufgetragen wird, also mit der Scheidung von der Welt. Wer ein Dreieck im Verkehr dazu benutzte, andere vor sich zu warnen, vertraue dem Schild mehr als Gott. Ein grelles Orange stehe zusätzlich im Gegensatz zur Demutshaltung eines rechten Täufers. Orange fällt auf, aber Amische dürfen nicht auffallen.

Unter ihrem Weltverzicht müssen die Amischen heute immer wieder einmal kräftig leiden. Nehmen wir nur einmal den Tobi Graber, ein Kraftprotz, ein Kerl mit Haaren auf der Brust und Schmelz in der Stimme. Tobis Tochter war im Babyalter von einem Arzt im Allen County falsch behandelt worden und litt seither unter einem irreparablen Hörfehler. Arzt und Schwestern sollen dazu gesagt haben: »Gott sei Dank, ein Amischkind!«, da im Grabiller Land bekannt ist, daß die Amischen nie vor ein weltliches Gericht ziehen. Der Armendiener der Gemeinde mußte jetzt 17000 Dollar für die Nachbehandlung sammeln – wobei jede Familie eben gab, was sie gerade geben konnte.

Ein anderer Fall hatte sich auf der Cuba Road zugetragen. Immer wieder kracht es auf den Chausseen, jetzt war ein unbeleuchtetes Fahrzeug in der Nacht gegen einen Buggy gefahren und hatte einen Amischen so schwer verletzt, daß er ein Leben lang daran tragen würde. Der Polizeibericht nennt den Weltlichen ganz klar als einzigen Sünder, doch der Verletzte wird nie einen Cent dafür sehen. Auch hier muß die Gemeinde einspringen, was sie bereitwillig tut. Man gibt Bares, trägt gelegentlich auch einmal ein paar hundert Hühner zusammen, die dann bei einer Wohltätigkeitsveranstaltung verkauft werden. Die weltliche Obrigkeit in irgendeinem dieser Fälle anzurufen, hieße Menschen das Richteramt Gottes anzuvertrauen. Vor Gericht zu gehen könnte daneben bedeuten, daß ein Täufer den Eid leisten muß, doch Christus verbot den Heiligen das Schwören. Trotzdem befaßt sich das Gesetz – wie im Falle Hershbergers – immer wieder mit den Frommen, entscheidet dann mal so, mal so. 1972 befreite ein Gericht die Amischen vom Tragen von Schutzhelmen, wie es das Gesetz für bestimmte

Tätigkeiten vorschreibt. 1981 erkannte der Supreme Court der USA an, daß amische Geschäftsleute für ihre amischen Angestellten keine Sozialversicherung bezahlen müssen wie jeder andere Betrieb, da in ihrer Gesellschaft der eine den anderen liebe und nach ihm schaue, was eine Versicherung überflüssig mache. Noch 1972 lehnte es ein Richter in Ohio aber ab, Kinder für die Adoption durch eine Amischfamilie freizugeben.

In Ontario wurde ein Heiliger gerade zu 10000 Dollar Strafe verurteilt. Mit Pferd und Buggy hatte er einem Auto den Weg abgeschnitten, der Fahrer aus der Welt wurde dabei verletzt und klagte. Pech für den Frommen war, daß die Versicherung des Weltlichen in Ontario für den Schaden auch bei einem Unfall aufkommt, der von einer nichtversicherten Person verschuldet wird. Nur ... der Nichtversicherte muß motorisiert gewesen sein, also mehr als ein PS vor seinem Wagen haben. Kurios etwa auch der Zwischenfall, als durch das Unglück in der Nuklearstation von Three Miles Island ausgerechnet eine Gruppe von Amischen am ersten bedroht war, die dort in der Nähe des für sie technisch-satanischen Ungeheuers lebten.

Daneben gibt es auch ganz generelle Ausschreitungen gegen die Täufer. Abgesehen von sporadischen Stinkbomben der Presse, kruden Mischungen von Dichtung und Wahrheit, haben die Amischen immer mehr Feinde als Freunde. Da flogen schon Steine, wenn die Brüder irgendwo auftauchten, gelegentlich wird auch einmal auf sie geschossen. Eine besondere Gefahr ist die Haloween-Nacht im Oktober, wenn sich die Yankees für die angelsächsische Tradition des keltischen Neujahrs verkleiden, um manchmal wenig amüsante Spiele mit den Frommen zu spielen. Ein Mädchen wurde beim St.-Joseph-River, nördlich von Grabill, von einem erotisch aufgeladenen Nackten überfallen, ein Amischbaby wurde getötet, als junge Weltliche aus einem LKW einen Backstein in eine Kutsche warfen. Die Regierenden kommen auch schon einmal und pfänden Amischkühe oder -pferde, im Lancaster County selbst den einen oder anderen Misthaufen, um damit das eine oder andere zu erreichen, was die Brüder nicht immer verstehen. Manchmal meinte es die Obrigkeit auch gut, etwa damals,

als sie versuchte, den Amischen Zahlungen zur Sozialversicherung aufzuzwingen. Doch diese lehnten dankend ab, da bei ihnen bei Bedarf ein Bruder nach dem Bruder sehen muß. In Ohio war gar schon einmal im Gespräch, die Nationalgarde gegen renitente Amische einzusetzen, die sich weigerten, ihre Kinder in eine weltliche Schule zu schicken. Im Allen County zeichnet sich ein aufkommendes Gewitter ab, da die große Stadt Fort Wayne – einmal gute 15 Kilometer von Grabill entfernt – dem Provinznest jetzt täglich näher kommt. Schon regen sich die ersten Städter über den Geruch auf, der von den Amischfarmen bei Nordwind zu ihnen herüberweht. Bald werden die Grenzen zwischen Stadt und Land an dieser Stelle gänzlich verwischt sein. Doch Gottesrat und Menschentat – daraus entstehen Blessuren, mit denen man fertigwerden muß. Die Amischen, ganz im Glauben, daß ohne des Herrn Dazutun kein Haar von ihrem Kopf fallen kann, nehmen das alles recht gelassen hin, trennen sich nie vom Prinzip ihrer Wehrlosigkeit, denn selig sind nur die Friedfertigen, die einst Gottes Kinder heißen. Ihr Leben bleibt somit streng und klaglos, zielgerichtet und diszipliniert. Als auf einer Amischfarm bei Grabill kürzlich ein Rudel Yankeejäger einbrach, da riefen die Heiligen keineswegs die Polizei. Allerdings nahmen sie Äxte und Sägen aus den Schuppen und fingen an, auf dem bejagten Farmstreifen Bäume zu fällen, was sicher den gleichen Zweck erfüllte.

Für die Frommen kann das Gegenteil von Liebe niemals Haß bedeuten; wenn es sein muß, ziehen sie sich einfach in Dimensionen zurück, in die ihnen kein Weltlicher folgen kann. Geradezu sensationell wirkte so auch der lautlose Protest einer Gruppe von etwa 1000 Heiligen in Pennsylvanien, die das 100-Millionen-Dollar-Projekt eines vierspurigen Highways durch ihr Gebiet verhindern wollten. Hinterher bogen sie dann ihre Knie vor Gott, denn sie wußten, daß sie etwas Falsches getan hatten. Doch gerade im Lancaster County, wo die Menschen am Abend nicht einschlafen können, wenn sie kein Pferdegetrappel hören, zeichnen sich neue Probleme ab: Der Mist, den die zahllosen amischen Vierbeiner produzieren, dringt ins Grundwasser ein und gefährdet die Trinkwasserversorgung, wird vom

Regen in die Wasserläufe geschwemmt und sorgt bis hinunter zur Atlantikküste für Fischsterben. Umweltschützer sind auf den Barrikaden, die Regierung will den Täufern vorschreiben, jeweils nur ein Farmtier pro zwei acres Land zu halten. Ammoniakgase und Nitrate, Kohlenwasserstoff: besonders verwirrend ist das für die in amischen Dimensionen denkenden Frommen, da die Welt mit ihnen darüber in einer Sprache spricht, die sie einfach sprachlos läßt. Warum sollen ausgerechnet sie, die die pharmazeutische Aufrüstung der Farm, damit gestreßtes Hochleistungsvieh, chemisch gedopte Felder oder auch das Auto ablehnen, heute für allgemeine Umweltsünden, ja selbst schon für das globale Problem der Umweltzerstörung mitverantwortlich gemacht werden?

Und täglich prasseln neue Schläge auf sie ein, die für die überall an Endlichkeiten stoßenden Farmer auch zur existentiellen Herausforderung werden könnten: Noch ist es nicht allzulange her, daß sich Umweltschützer darüber stritten, ob die Frommen nun die letzten einer alten oder nicht doch die ersten einer neuen Welt sein könnten, da wird ihr Rindvieh plötzlich für Cholesterin verantwortlich gemacht, muß für Herzinfarkte herhalten. Ein Höhepunkt des Feldzuges gegen die alte Form der Farmwirtschaft ist neuerdings ein Boykottaufruf namhafter Wissenschaftler, die mit einer so neuen wie ganz und gar umwerfenden Logik vor der (Rind-)Viehhaltung ganz generell warnen: Eine Durchschnittskuh, ein Vierbeiner wie die Amish-Basie oder Susy, rülpst und furzt nach noch druckfrischen Presseberichten im Amischland die Welt zugrunde! Darm- und Magenwinde erleichtern den vollgepfropften Pansen eines einzigen Rindviehs pro Tag um rund 162 Liter brennbares Methangas. Beim Wiederkäuen passiert's! 122 Liter werden durch das Flotzmaul ausgerülpst, der Rest wählt den entgegengesetzten Weg. Umgerechnet auf die gehornte Weltbevölkerung wären das täglich rund 129 Milliarden Liter Faulgas, das so kräftig wie ständig an der Ozonlage frißt.

Wenn die Amischen gelegentlich die Welt nicht verstehen, dann versteht auch die Welt häufig die Amischen nicht. So gibt es eine Täufergruppe in Maryland, die sich jetzt nicht etwa wegen der Kutschen, der Bibel oder des Schulunterrichts mit ihren Nachbarn überwarf. Vielmehr ging es ums Hisli, um Toiletten. Unterstand sich die Welt dort doch, den Amischen zur Auflage zu machen, ihre Plumpsklos abzuschaffen, da sich in einer dichtbewohnten Gegend Bakterien ins Grundwasser geschlichen hatten. Die Frommen sollten sich an das Abwassersystem anschließen oder septische Felder anlegen, und zwar nur bei neuen Häusern. Doch nicht mit ihnen. Die Gemeinde baute einfach keine Häuser mehr und plant nun die Massenauswanderung aus dem Staat Maryland. Ihr Sprecher erklärte dazu der *Washington Post,* die Bibel trage ihnen auf, daß wer in einer Stadt angeklagt würde, eben in die nächste ziehen müsse. Zukunftsbange Amischpessimisten sehen immer die Gefahr, in der allgemeinen Zivilisation – im modernen Hisli etwa – Wert und Eigenart zu verlieren. Eine Wasserspülung verdränge die Kultur von gestern zugunsten der Zivilisation von heute. Je mehr sie dann in traditionellen Kategorien denken, um so kräftiger ziehen sie die Bremsen an, um das Leben nicht aus der Amischwelt hinauswachsen zu lassen.

Die Amischen beherrschen die Kunst des Besuchens geradezu perfekt. Gäste sorgen praktisch ständig für Unruhe und Leben, entsprechen daneben auch einem uralten Herdeninstinkt. Der Besuch zeigt – wie der Kirchgang – etwas vom amischen Gruppenritus. Auf einer Farm wie bei Joseph und Rosanna geben sich den ganzen Tag über die Graberkinder die Hand, tummeln sich Graberenkel im Baumschatten chinesischer Ulmen und des Ahorns. Auch die »Freundschaften«, wie die Täufer ihre Cousins des ersten und zweiten Grades, Onkel und Tanten nennen, treffen der Reihe nach ein. Sie kommen im Buggy, denn die Amischen laufen praktisch nie, wenn es nicht unbedingt sein muß. Dazu spannen sie ein Pferd so schnell ein, wie ein Weltlicher seinen Wagen aus der Garage fährt. Jeden Tag wird der behäbig hingestreckte, mehrfach renovierte Hof der Predigerfamilie so zu einem großen Buggyparkplatz, zu einem Platz zum »Klatsche und Schmatze«, kurz: zum Hockenbleiben.

Drei Grabergenerationen leben heute auf Josephs Hof, ein ideales Amischgebilde, wobei die Großeltern ihre eigene

Wohnung haben, da es keinen gemeinsamen Tisch für alle geben soll. Eltern müssen mit ihren Kindern zusammensein und sie erziehen, bis sie erwachsen sind. Doch dann mischt sich die ältere Generation, obwohl weiterhin hochgeachtet, nicht mehr in deren Angelegenheiten, solange sie gottgefällig leben. Nur wenn es unbedingt sein muß, melden sich die Alten – dann allerdings ganz bewußt – zurück. In der Regel leben sie der Familie einfach Haltung vor – familiäre Bindung, Tradition, Geschichtsbewußtsein, Norm, Verständnis –, was den Faden der Erziehung praktisch nie abreißen, den Zeitgeist von draußen nie einreißen läßt. Das Verhältnis Vater–Sohn und Mutter–Tochter ist ein Leben lang das gleiche, da es der Nachwuchs rechtzeitig lernt, sich mit den Eltern zu identifizieren. Ein alternder Amischer ist im Gegensatz zur informationsreichen, gesprächsarmen Neuzeit nie nur auf dem Altenteil, was dem Lebensherbst, wenn Knie schon knarren und Muskeln längst klemmen, noch viele schöne Tage gibt. Der Alte tut immer etwas, doch nicht mehr so regelmäßig im Tageswerk, um den Jungen eine Aufgabe zu geben. Er hält es für ratsam, den Nachwuchs nie so sehr zu entlasten, daß dieser zuviel Freizeit hat. Freizeit kann Langeweile sein (ein Grund für den täuferischen Appetit auf Arbeit), und Langeweile ist für jeden abgeklärten Veteran ein Synonym für Übel. Aber die Alten sind eben immer da, wenn sie gebraucht werden. Wer sich auf dem Amischhof auf einem Lorbeerkranz ausruht, hat ihn um den falschen Körperteil gebunden.

Auf einigen Amischhöfen gibt es heute so etwas wie die Ausdinghäuschen des Berner Mittellandes, die einst für die Altbauern errichtet worden waren. Hier in Amerika nennt man sie allerdings Grosdawdy-Häuser.

Die Arbeit auf der Farm des Predigers versehen heute weitgehend Tobi, dessen Frau Naomi und Josephs rehäugige Tochter Ruth. Als jüngste Kinder der Familie sind sie die Erben, obwohl sie ihre Geschwister einmal anteilmäßig ausbezahlen müssen. Diese Regelung hat Tradition, war es doch schon bei den alten Alemannen als einzigem deutschen Stamm üblich, daß immer der jüngste Sohn – oder die jüngste Tochter –, damit der sogenannte Hofengel das Gut der Eltern übernahm. Joseph hat es daneben als erfolgreicher

Geschäftsmann verstanden, allen seinen Kindern das Nest zu polstern. Seine Söhne sind zum Großteil ebenfalls Geschäftsleute, die Töchter mit solchen verheiratet. So sind die Grabers einfach gestrickt, denn mit jedem Tag werden hier die Jungen den Alten ähnlicher, übernehmen deren Geist, den diese wiederum von ihren Vorfahren haben.

Wenn es nur irgendwie geht, nutze ich die Gelegenheit, um mit Joseph über die Farm an der Cuba Road zu streifen. Dann spricht der alte Prediger praktisch über alles, läßt mir genügend Zeit, darüber auch nachzudenken, genießt wie nebenbei Landschaft und Farmvieh wie Kunstwerke, und wenn es nur deshalb wäre, daß er die Axt schon an der Wurzel des Baumes weiß ... das apokalyptische Bild der Amischen vom nahen Ende der Welt. Er ruft seine Herford- und Holsteinstiere, streichelt dem Black Angus über das schimmernde Fell und schätzt das Gewicht der Tiere, die ihm zur Zeit einen Dollar pro Pfund bringen. Er kann nicht umhin, immer wieder beinahe genießerisch darauf hinzuweisen, wie gut die noch jungen prächtigen Burschen – erst einmal in Rosannas Pfanne – schmecken müssen. Hin und wieder quittiert der Joseph dabei ein schnelles Vesper mit einem kräftigen Rülpser ... die Amischen sind unbekümmert sich selbst und nicht nur in der Einsamkeit am natürlichsten. Auch hierin durchaus ehrliche Fechter, die auf ihre Art leben und sterben, arbeiten und essen, da sie im Natürlichen das Menschliche sehen. Menschlich gehen sie durchs Leben, um danach auf einen übermenschlichen Gott zu treffen.

Gerade kommt der Prediger von einer Nachbarfarm, auf der er »mit dem Steckli« nach Wasser gesucht hat. Er gilt dafür als Experte. Den Stecken in der Hand, war er wie ein Rutengänger über das Land gegangen; als dieser ausschlug, erkannte er die Richtung, wo es Wasser im Boden gab. Tatsächlich sprang der Stecken dann auch noch so oft von oben nach unten, daß der Joseph seinem Auftraggeber genau sagen konnte, wieviel Fuß danach gegraben werden mußte.

Joseph, dieser standhafte Knecht Gottes, kennt die Geheimnisse des Amischlebens, er hat genügend Kinder produziert, 15 im ganzen, und sie alle großgezogen. Ausgenommen Sohn Daniel, der eines Tages tot unter einem der schweren Belgier gefunden worden war. Joseph hat dabei von der Familienarbeit profitiert, hat die Graberjungen und -mädchen arbeiten gelehrt, was keine weltliche Ausbildung besser verstanden hätte. Nun bleibt ihm die Hoffnung, daß seine Kinder es mit 53 Enkeln und vier Urenkeln genauso machen würden wie er. Obwohl der Joseph weiß, daß man den Himmel nicht auf die Erde holen kann ... ein Amischleben hat sich erfüllt, ein Heiliger kann »selig absterben«, wenn er das Bewußtsein hat, daß Kinder und Kindeskinder im rechten Glauben aufgezogen sind, unter »unsre Sort Lüt« heiraten und dann auf der Farm leben. Josephs Kinder sind alle Amische geblieben, haben der Versuchung widerstanden, die Kirche aus der Provinz herauszuführen in eine industrialisierte Welt.

Schwer litt der Alte bis zu diesem Tag noch unter Daniels frühem Tod. Doch war es nicht einfach so, daß Gott manchmal auch dadurch sprach, daß er den Menschen durch das Schicksal ein Bein stellen ließ? Vielleicht hat der Herr Ursache gehabt, zu schelten, hatte gewartet, bis sich die Familie oder Gemeinde aufs neue ihrer Lektionen besann, um sich ihrer danach wieder zu erbarmen. So war es bisher, und die amische Zukunft ist die amische Vergangenheit. Der Danny hatte Pferde gekannt, es gab keinen echten Grund, warum er draußen umkam. Farmunfälle sind generell der zweitgrößte Killer in den USA, sie machen vor den Amischen nicht halt. Aber ausgerechnet Danny? Zwei Tage vor dem Unfall hatte der Danny einen starken Lichtstrahl in der Scheune gesehen, wofür es keine Erklärung gab. Von Stund an hatte der Junge einen Glanz im Gesicht, den er immer wieder vergeblich versuchte, abzuwaschen. Der Danny war gezeichnet gewesen. Am Tag, nachdem er auf dem Feld gefunden worden war, hatten zwei Stuten dann je eine Fehlgeburt. Das Leid der Familie übertrug sich auf ihre Tiere.

Der evangelisch fromme Joseph gilt als einer der aufgeschlossensten Gesprächspartner im Allen County. Er ist ein guter Mensch, jedem echten Freund-Feind-Denken abhold und teilt es auch mit. Joseph kennt dabei niemanden, mit dem er tauschen wollte. Wie viele der älteren Amischen ist er keine komplizierte Natur. Alles, aber auch alles ist für ihn am Gegenteil zu erkennen, Licht ohne Schatten einfach nicht denkbar. Denn Joseph hat die Weisheit des Alters, er ist entspannt und abgeklärt, daneben erstaunlich belesen, ob es sich nun um alte Schriften der Täufergemeinde oder um das Buch von Hitlers Architekten Albert Speer handelt. Der Joseph weiß, von was und wann er über etwas spricht. Er schreibt sich in der alten deutschen Frakturschrift auf, was er nicht vergessen darf. Er ist ein Mann, der auch etwas anderes geworden wäre als ein amischer Bauer, hätte er es nur gewollt.

Dieser Joseph ist mit mir zufrieden. Mein sprießender Bart... ja mit Bart würde ich schon aussehen wie ein rechter Amischer. Erinnerungsselig streicht er sich durch das lange, eisgraue Haar, fragt, warum nicht alle Weltlichen einen Bart tragen würden. Christus sei Bartträger gewesen. Auch Daniel, Jonas, Johannes der Täufer und die Apostel hätten in der von Joseph geträumten Art auf die Zierde jedes Mannes nicht verzichtet. Wäre sie es doch, die den Mann vom Weib unterscheide, den Jungen vom Mann. Gott habe den Mann mit Bart geschaffen wie einen Löwen, die Frau mit einer Mähne wie ein Pferd, daran dürfe die Welt nichts ändern. Natürlich schreibe das Neue Testament das Barttragen nicht zwingend vor, aber es hieß dort auch nicht, man solle keinen Alkohol trinken, kein Rauschgift rauchen, und jeder wisse trotzdem, daß dies Sünde ist. Noch vor gar nicht allzu langer Zeit sei auch Amerika ein Land von Bartträgern gewesen, bis das Böse den Menschen hier einflüsterte, ein Mann sehe rasiert besser aus. So verkehrt sei eben die Welt von heute: Wer einen Bart trage, gelte draußen häufig als Tramp, als Außenseiter, mit dem stimme etwas nicht. Jahrhunderte hindurch war das umgekehrt, war das rasierte Gesicht das Zeichen des Antichristen.

Zuerst habe Gott den Adam geschaffen nach seinem Ebenbild, das heißt mit Bart, ja der Bart war da, bevor es eine Eva gab. Danach habe Gott das Weib geschaffen ohne Bart, damit sie erkenne, wer ihr Haupt war. In Ägypten befahl der Herr den Kindern Israels, Bärte zu tragen, um sich von den Einheimischen zu unterscheiden, im alten Rom waren es die Römer als Heiden, die sich rasierten, während

Gottes frühe Märtyrer bärtig in die Arenen gingen. Und zu allen Zeiten haben christliche Revolutionäre einen Bart getragen. Seit den frühen Tagen der täuferischen Rebellion war der Bart das Zeichen für den rechten Christen, stand er dafür, in welcher Solidarität sie lebten. Luther und Zwingli waren zwar rasiert, Menno Simons dagegen trug einen Bart. Versammlungen der Schweizer Brüder in Straßburg (1568) in Steinselz (1752) und in Essingen (1755) beschlossen, das Trimmen oder gar Rasieren des Bartes zu bannen. Zweifellos gab es immer und gibt es auch heute Bärtige, die eben keine Täufer, sondern regelrechte Antichristen sind. Doch der Herr hatte die Welt schon recht früh vor Wölfen in Schafspelzen gewarnt, das wahre Schaf durfte sich davon nicht schrecken lassen. Ja, wenn alle Menschen nur nach der Bibel lebten, dann könnte man eben 1000 oder auch 100000 Personen auf einmal treffen, und alle hätten die gleiche Meinung (und den gleichen Bart). Doch so stärke die Bibel eben nur die Amischen, die im Prinzip seit Generationen das gleiche denken, das gleiche tun... Das war der Prediger Joseph, ein Mann, der glaubte, was er sagte, und sagte, was er glaubte, einer, der erst Christ und dann Mensch sein wollte. Ein Mann, der eben wegen seines Bartes von Kindern im Grabiller Einkaufszentrum schon einmal gefragt worden war: »Bist du Jesus? Du siehst aus wie er.«

Mit Joseph habe ich viele, viele Stunden verbracht, am spiegelreinen Teich hinter seinem Farmhaus, im Stall, auf dem Feld oder in der großen Wohnstube, gleich unter dem Wandspruch »Teilen kann eine Menge bedeuten, Freundschaft ist das schönste Geschenk«. Von diesem wurzelfesten Prediger und seinem Zukunftsglauben weiß ich, wie die Amischen heute Buch und Rechnung führen. Auch Joseph, ob er nun im Archiv seiner Jugend blätterte oder aktuell wurde, bestand dabei nie darauf, gerettet zu sein. Er war sich nicht einmal sicher, ob Jesus, wenn er heute zurückkäme, tatsächlich zuerst die geschlossene Gesellschaft der Heiligen oder vielleicht nicht doch erst die Slums von New York oder Chicago besuchen würde. Er glaubte allerdings, daß er eines Tages im Leben nach diesem Leben einmal hundertfach zurückbekommen würde, was er auf Erden im Namen des Herrn erduldet habe. Diese Gewißheit dürfte natürlich niemanden selbstgerecht machen, sondern müsse zum Retten all jener anspornen, die den richtigen Weg zum Paradies suchten.

Joseph kannte die Schwächen seiner Gemeinschaft, sein asketischer Enthusiasmus war keine Selbstverständlichkeit, er kämpfte um ihn. Auch im Allen County gab es falsche Heilige, die etwa anstelle des Kreuzes Christi bei minus 30 Grad nicht auf dem Kutschbock, sondern im eigenen Auto saßen, das sie irgendwo versteckt hatten, peinlich darauf bedacht, sich nicht erwischen zu lassen. Oder andere, die sich im Arbeitsleben eine Altersversicherung erwarben, um sie einmal über fremde Konten abzukassieren. Doch dies waren Ausnahmen.

Und immer wieder entfuhr es dabei dem Alten, daß wenn alle Welt heute wie die echten Taufgesinnten wäre, es keine Kriege und kein Unrecht mehr gäbe. Ohne Zweifel hatte er damit recht, nur ... wo wäre die Welt, wenn sich tatsächlich alle Menschen zu Menno Simons oder Jakob Ammann bekennen würden? Joseph, immer warmherzig, verständig, doch was die Weltlichen anging, zeigte er nie Bedauern über die Sintflut, die eines Tages über sie hereinbrechen mußte. Hatten sich doch weder Protestanten noch Katholische bis zum heutigen Tag bei den Nachkommen der Märtyrer für ihre Exzesse im alten Europa entschuldigt. Die Weltlichen waren für ihn Menschen, die Wasser predigten und Wein tranken. Die Cuba Road, Grabill, Fort Wayne, Indiana, die USA: Alles würde dafür einmal noch so daliegen wie heute, und danach würde es schlagartig nicht mehr sein wie einst Sodom und Gomorrha, das in keiner ernsthaften Diskussion zwischen einem Weltlichen und einem Heiligen fehlen darf. Sodom und Gomorrha ... wer immer unter diesem Alpdruck lebt, braucht Selbsthypnose. Die Amischen denken mehr als jeder andere darüber nach. Außerhalb von Sodom und Gomorrha zu leben gibt ihnen das gleiche Sicherheitsempfinden wie den Hutterern der Anspruch, auf Noahs Arche im Meer der weltlichen Sünde zu dümpeln. Mit dem Untergang, der Aussicht auf das krachende Weltgericht zu leben heißt für sie, zukunftsfähig zu bleiben und wenn es sein muß, auch als einzige Menschengruppe der Welt. Dadurch können sich die Frommen heute auch wesentlich optimistischer geben als der Durchschnittsamerikaner. Amische kennen keine Zukunftsangst, denn was kommt, ist von Gott und damit ganz genau vorberechnet. Was von Gott kommt, ist gut.

Nun wäre es dem Joseph nie eingefallen, außer vermeintlichen katholischen Untergrundkräften – die Haltung der Amischen gegenüber 53 Millionen US-Katholiken und ihrem Papst als prominentestem Angstgegner hat sich noch längst nicht entkrampft – einzelne weltliche oder religiöse Gruppen herauszustreichen, sie direkt beim Namen zu nennen und zu verdammen. Das wäre nicht amisch, auch unhöflich dem Gast von draußen gegenüber gewesen. Er sprach nur ganz generell »von der Welt«, die für ihn dort begann, wo man Christus anbot, doch eben ohne den am Kreuz geschundenen Leib. Die Reformatoren hatten als »Welt« einst nur das katholische Wesen verstanden – das eitel Geschwätz, der falsche Gottesdienst, die Heiligenverehrung, den Mißbrauch des Abendmahls, das gottlose Wesen generell, von dem sich der rechte evangelische Christ abzusondern habe nach dem Bibelwort »Gehet aus von ihnen und sondert euch ab« (2 Kor 6,17). Das Reich Christi war »nicht von dieser (katholischen) Welt«, also konnte es das auch nicht für die strengen Täufer sein. Nach dem Eindruck, den die frühen Taufgesinnten dann schnell von den Evangelischen bekamen – »Die neuen Pfaffen hatten viel zu viel von den alten Pfaffen geerbt und übernommen« –, war ihnen auch dieses Wesen zu weltlich und damit nicht zu akzeptieren. So ist es bis heute geblieben. Das war's, was der Joseph, was die vom Allen County unter ihrem Lieblingsfeind Welt verstanden, ob sie es nun so sagten oder nicht.

Dabei urteilte Joseph mehr auf die passive Art, etwa wenn er über die Mennoniten sprach, die er schon aufgrund jenes Stücks Weges, das die Täufer einmal gemeinsam gegangen sind, als »gute Lüt« bezeichnete, aber eben »m'r däte sage, des sin eigensinnige Lüt«, damit anders als die Amischen. Die Hutterer waren für ihn ebenfalls gute, aber eben »komische Lüt«, da sie in einigen Dingen ein anderes Bibelverständnis als die Amischen haben, etwa das Haar kürzer tragen, was die Amischen für einen Mangel an Demut halten, oder den Hut mit der schmaleren Krempe vorziehen, der für sie Hochmut ist. Die Dütschen generell? Nun, der Joseph, auf einem Streifen Waldgrün hinter seinem Hof, verwechselte die kreuzbraven Herren Grebel, Blaurock oder Simons etwas mit ihnen, wie die Amischen ganz allgemein die Klopfzeichen aus den Särgen der Altväter-Märtyrer in dieser Hinsicht falsch deuten. Ganz prinzipiell war er hier aber der Meinung, daß sich Menschen – Dütsche oder nicht –, die sich heute ausgerechnet als geistig-neureiche Verwandten der Affen sahen, obwohl sie doch von Gott zu dessen Ebenbild geschaffen worden waren, eben keine rechten Bibelchristen mehr sein konnten. Und ich sah dem Alten an, daß ihn das regelrecht bekümmerte.

Dem Joseph werden neben seiner Fähigkeit, mit Wünschelruten Wasser zu finden, auch heilerische Kräfte zugeschrieben, wie sie schon unter den Amischen in der alten Heimat bekannt gewesen waren. Ein Vorfahre des Dieners am Wort, ein Peter Graber, war im Raum Montbéliard/Mömpelgard einst ein bekannter Heilkundiger gewesen, ganz generell hielt man die amische Heilkunst in Europa für ebenso erfolgreich wie geheimnisumwittert. Täuferische Naturärzte – wie etwa ein Hans Moser in Champoz im Berner Jura – waren einst weithin bekannt, besonders nachdem sich Täufer nicht mehr zu verstecken brauchten, damit bekannt sein durften. Joseph heilte so auch schon einmal selbst einen Weltlichen, sagte Besuchern, was ihnen fehlte, aus dem Stegreif zu. Besonders leicht schien dies für ihn bei Vitaminmangel zu sein. Nehmen wir nur meinen Fall, der bis zu einem Tag auf der Farm des Predigers eigentlich gar keiner gewesen war. In seinem Wohnzimmer zog mir der Alte dazu ein Stück Hand aus dem Hemd, hob meinen Arm an, bis er im rechten Winkel zum Körper stand, die Handfläche nach oben. Dann zog der Prediger eine Fingernagelzange aus der Tasche, die er, an einer dünnen Kette befestigt, ständig mit sich herumtrug. Für die Diagnose hielt Joseph nun die Kette mit der Zange peinlich still über die Mitte meiner Hand. Er selbst bewegte sich nicht. Doch siehe da ... die Zange machte genau das Gegenteil, fing plötzlich an, kräftig zu rotieren, sich im Kreise zu drehen. Genug für Joseph, um bei mir einen Mangel an Vitamin C festzustellen. Dagegen sollte ich umgehend etwas tun.

Und wie um sich selbst zu beweisen, nimmt mich Joseph am Tag darauf in das Umland von Berne, wo mit Solomon J. Wickey der heute erfolgreichste Naturheilpraktiker der Frommen in Indiana sitzt. Diesem Solomon wird ein steckbrieflicher Bekanntheitsgrad nachgesagt, tatsächlich hängen in seiner demütigen Praxis dann auch – meist weltliche – Patienten aus mehreren Staaten der USA herum. Darunter Frauen mit Schwangerschaften unter den Schürzen, Babys am Busen, Schwerbehinderte, Schwerkranke und chronisch Kranke, aber auch Fromme, die an Muskelschwund, der für Bernes Amische so typischen Erbkrankheit leiden. Solomon macht etwas, was auch Weltliche gerne machen ... nämlich Geld. Etliche Jahre zurück war er noch ein einfacher Schreiner im Berner Umland, damit in einer Gegend, von der die rückständigen Grabiller behaupten, sie sei eben noch viel, viel rückständiger als sie selbst. Eines Tages erkannte der Täufer dann sein Talent, Farmtieren aus den Augen Krankheiten ablesen zu können. Er wurde so etwas wie ein Heilpraktiker fürs Vieh, bekämpfte Fohlenlähme, Darmkoller und Beschälseuche. Bald öffnete er seine Praxis dann auch für Menschen, zuerst für Brüder und Schwestern, die zu ihm ein Verhältnis bekamen wie ein Indianer zu seinem Medizinmann – es gibt inzwischen kaum einen Amischen in diesem Landstrich, dem er noch nicht geholfen hat –, danach für die Welt. Jetzt erwuchsen dem heiter temperierten Solomon allerdings Probleme: Er wurde einfach zu reich. Nicht, daß er für seine Konsultationen Geld verlangen würde. Was er den Patienten aus seinem Pillenladen verschreibt, bringt das Geschäft. Solomon rezeptierte zum Beispiel ein gewisses Naturheilprodukt in einem Jahr so häufig, daß ihm die Firma dafür ausgerechnet ... einen Cadillac schenkte (den er allerdings nicht behielt). Dieser Erfolg war der Gemeinde dann auch äußerst suspekt. Erfolg ist keineswegs untäuferisch, aber was der Solomon da machte ...

Und so stand ich – der »Doktor der Schrift« – vor dem berühmten Amischdoktor in dessen engbrüstigem Behandlungszimmer, die Arme ausgestreckt wie der Gekreuzigte. Zuerst blickte der Solomon lange in meine Augen und entdeckte dort auch durchaus »deutsche Fasern«. Dann kämpfte er mit meinem rechten Arm, brachte ihn trotz Anstrengung nicht herunter. Jetzt nahm er eine Reihe von Naturheilprodukten – zum Beispiel Hagebuttenpillen mit viel Vitamin C –, gab sie mir in die linke Hand und versuchte sich wieder mit dem rechten Arm, der sich nun mit Leichtigkeit drücken ließ.

Die Amischen vom Allen County gelten als die besten Masseure in Indiana. Die Brüder haben viele weitgehend geheime Privatrezepte und Naturheilmittel, die sie bei Krankheiten hervorholen wie einst das Kräuterweiblein, obwohl sie in der Bibel keine Stelle finden, die ihnen etwa das Aufsuchen eines Krankenhauses verbieten würde. Doch zuallererst hat für sie jede Pflanze, jeder Baum, jedes Unkraut etwas, was Menschen dienen kann. Wenn uralte Rezepte – je älter desto besser – nicht mehr helfen, dann muß ein Mann wie Joseph »Gottes Name brauche«. Das hilft etwa bei Verbrennungen, bei Blutungen, bei Schmerzen ganz genereller Art, wenn der Prediger »Im Namen Jesu« um Heilung bittet. Dabei verneigt sich dann der Gottesknecht, legt seine Hand auf den Kranken. Im Allen County gibt es eine ganze Reihe von Patienten, die von Josephs Heilkunst überzeugt sind. Auch davon, daß das »Brauche« des Namens Gottes so recht biblisch ist. Amos Zehr etwa erinnert sich noch gut daran, daß in seiner Jugend, als er an den Masern erkrankt war, ein alter Diener zu ihm kam und fragte: »Du bischt unwohl, bischt du?« Darauf hatte er seine Hände genommen, so getan, als würde er sie waschen, und das gleich dreimal hintereinander. Der Amos fühlte sich schon wesentlich besser. Nicht, daß der Diener ihn geheilt hätte. Die Heiligen »gewet Gott d'Ehr, nüt de Mensche« für so etwas. Im Amischland sind Seine Wunder eben täglich noch sichtbar. Man muß nur fest an sie glauben, so fest wie ein Amischer, der um Regen betet, dann gleich auch den Regenschirm mit hinaus auf das von Dürre aufgesprengte Feld nimmt.

Die Amischen haben keine eigenen unbestrittenen Jünger des Hippokrates, auch keinen staatlich anerkannten Arzt fürs Vieh, da sie eine »höhere Ausbildung« ablehnen. Das macht sie von den Englischen abhängig, wenn ihre alten Rezepte oder Josephs »elektrischen Hände« einmal nicht mehr weiterhelfen. Natürlich ist es nicht immer einfach, den rechten Mediziner zu finden, mißtrauen die Brüder und Schwestern doch etwa einem, der zu gelehrt aussieht oder zu gelehrt zu ihnen spricht. Das sicherste Rezept für jedes Gebrechen bleibt damit das rechte Gottvertrauen. Wer etwa den 91. Psalm – so der Joseph – während schwieriger Operationen bei sich trägt, hat jeweils durchaus gute Chancen zum Überleben. Der Prediger kennt eine ganze Reihe von Amischen, die damit ihr Leben retteten. Und gesetzt den Fall, der Psalm half nicht, dann eignete er sich immerhin dafür, dem Sterbenden Trost zuzusprechen. Joseph jedenfalls glaubte ganz fest daran und trug nach einem Herzanfall die Abschrift des 91. Psalms ständig in der Hosentasche mit sich herum.

Noch gibt es auch Amischfamilien in der Gegend um Grabill, deren alte Bräuche mit einem kräftigen Schuß Aberglauben vermischt sind. Wie viele Amischfrauen etwa zwischen Weihnachten und Neujahr keine Nähnadel in die Hand nehmen oder das ganze Jahr über peinlichst vermeiden, daß ein Pferd durch das Fenster ihres Hauses schauen kann, ziehen manche Heilige auch heute noch drei mit Stutenurin getränkte Strohhalme durch den Mund, um sich von Halsschmerzen zu kurieren. Stinktierfett gegen Rheuma und wenn Arthritis aufmuckt oder einfach das Herumführen einer Schaufel mit heißen Kohlen, um einem Kranken, dessen Körper vor Fieber kocht, zu helfen. Es sind Heilmethoden wie das schlichte, unendlich häufig repetierte »Geh weg Weh, geh weg Weh« einer besorgten Mutter. Dieser Aberglaube scheint im Allen County allmählich wegzusterben, da der Durchschnittsamische heute mehr Bescheid weiß, im Gegensatz zu den ganz Alten, die häufig nur ein paar Jahre zur Schule gingen, weder richtig schreiben noch lesen gelernt hatten. Doch an Wunder glauben sie alle noch.

Ihren Gemeinschaftssinn unterstreichen die Amischen damit, daß sie etwa mehr Blut für öffentliche Anstalten spenden als jede andere Bevölkerungsgruppe der Gegend. In jedem Falle geben sie weit mehr, als sie nehmen. Wenn sie nicht wären, so die Auskunft eines Krankenhauses in Fort Wayne, hätte man dort gelegentlich erhebliche Versorgungsprobleme.

Die Amischen verstehen durchaus, Feste feste zu feiern, ein Ausgleich gewissermaßen für die oft einseitig physisch-psychische Belastung des Heiligenalltags und in keinem Fall etwas für zeitknappe Menschen. Dazu bläst der Wind kleine Ammoniakwölkchen aus der Richtung der Stallungen zu ihnen herüber, doch keiner der Brüder die Posaune des Evangeliums. Religiöses Pulver wird bei Gelegenheiten dieser Art meist trockengehalten.

Heute trifft man sich auf dem Hof von David und Barbara Nolt, die hinter einem Garten an der Cuba Road leben wie das erste Menschenpaar. Dort hat ein acht Rock starker Frauenhaufen mächtig aufgekocht, alles arbeitete zusammen wie ein ausbalanciertes Mobile. Eingeladen sind neben der Gesamtfamilie Graber-Nolt auch deren Freundschaften, daneben ein paar weltliche Geschäftsfreunde von Joseph, die wiederum Geschäftsfreunde mitbringen, die in ein paar Stunden eine verstaubte Gattung von Bibelchristen kennenlernen möchten. Damit jene enge Welt, in der man angeblich ohne jeden Luxus auszukommen hat. Männer in spesengepolsterten Nadelstreifen, Erfolgsmenschen, betasten so auch bald mit spitzen Fingern die warmen Hintern der jungen Stiere, suchen Pferde nach Muskeln ab, Kinder ziehen putzigen Ferkeln die Ringelschwänze lang, ordentlich ondulierte Damen der Gesellschaft stöckeln auf kotverschmierten Absätzen Fest-entschlossen durch Großviehmist und schlürfen dazu – obwohl Gin-verwöhnt – Wasser aus dem Whiskyglas. Alkohol bleibt tabu, denn der Heilige, der zur Flasche greift, ertrinkt in ihr schneller als die frühen Märtyrer in der Limmat. Weltliche und Heilige kommen sich nach etwas Anlaufzeit zusehends näher: Das ist ein Fest, wie es Amerikaner einmal im Jahr gerne besuchen, eine Sommeroperette unter freiem Himmel, von der es später in vertrauterer Runde dann etwas zu erzählen gibt.

David, der bärenhaft-bedächtige, höfliche Hirte, ist nicht als Kind einer Amischfamilie geboren, sondern stammt von Altmennoniten aus Pennsylvanien ab. Er hat sich dann aber zu der Amischkirche bekannt, um Josephs Tochter Barbara, eine verwitwete Miller, zu heiraten. Ein Beispiel für die vom Allen County, daß jeder zum rechten Glauben bekehrt werden kann, wenn er es nur will. Um amisch zu bleiben, mußte David natürlich da hinziehen, wo Amische waren. So lebt er heute an der gleichen Cuba Road wie Elam oder Joseph, arbeitet in der familieneigenen Holzfabrik, gilt neben dem Lehrer John als der beste Mann, wenn es ans Kastrieren von Farmtieren geht. Zusätzlich trainiert er Pferde – 15 Tage lang, um ihnen Manieren beizubringen, 30 Tage lang, um sie vor die Kutsche und an den Straßenverkehr zu gewöhnen. David hat sich in der Gemeinde voll eingegliedert, unterscheidet sich von keinem der anderen mehr, ausgenommen, daß er sich jetzt in Mississippi ein Saddle horse mit Namen Max für den für Amischverhältnisse recht hohen Preis von rund 1200 Dollar kaufte. David glaubt, daß der Hengst der schönste Gaul der Gegend ist, aber er sagt es niemandem so offen, denn das könnte als Stolz mißverstanden werden. Max hebt den Schwanz eben so, wie nur das Saddle horse – der Pfau unter den Pferden – den Schwanz heben kann, und läuft und läuft und läuft. Das mag dann für die Nolts schon einmal so aussehen, als würden die Traber und Pacer von den übrigen Höfen nur humpeln. Natürlich stimmen die Brüder und Schwestern, allesamt Pferdenarren, mit David darin nicht unbedingt überein, ohne daß es darüber zu einem falschen Wort kommt. Denn der elegante Max mag zwar ein schönes Pferd sein und auch gut laufen. Sein Nachteil ist nur, daß er Angst vor der Eisenbahn hat und dem David damit schon so manchen Streich beim Schienenstrang am Ortseingang von Grabill spielte.

Zu den »Neuigkeita« vom Tag zählt heute der Film »Witness« (»Der einzige Zeuge«), der in Amerika und in der Welt mit soviel Erfolg angelaufen ist, von den Heiligen jedoch als ein böser Eingriff in ihre Lebensphilosophie getadelt wird. Einige von ihnen sollen gar versucht haben, die Dreharbeiten in Intercourse zu verhindern. Dieser hollywoodgerechte Nervenkitzel zeigt einen Amischjungen, der in einer vom Hisli weit entfernten Bahnhofstoilette einen Mord miterlebt. Es geht dabei um Drogen und schlechte Polizisten, aber von dem allen versteht der kleine Samuel nichts, der im normalen Leben wie die übrigen Darsteller auch natürlich kein Amischer ist. Um es kurz zu machen: Samuel ist den Killern als Zeuge suspekt und soll aus der Amischwelt geschossen werden, denn in die hat er sich mit seiner – inzwischen weltbekannten schönen – Mutter Rachel zurückgezogen. Es kommt, wie es nach Meinung Hollywoods kommen muß: Der Detektiv John Brock, der die Gefahr sieht, in der sich der Junge befindet, und ihn beschützen will, verliebt sich in Rachel. Ein weiblicher Halbakt – Szenen, wie sie der Originalität einer Shakespeare-Aufführung eines Laientheaters entsprechen, denn im realen amischen Milieu hätte die Beziehung zwischen Rachel und John unwiderruflich zu Bann und Meidung geführt. Daß es jetzt nicht zum Happy-End – Weltlicher heiratet Amischfrau – kommt, ist dem klugen Regisseur Weir zu verdanken. Doch die Amischen vom Allen County befriedigt das nicht. Sie haben einmal etwas gegen das Bildle mache, ganz besonders gegen das Filmen – d'laufende Bildle – und die Verwendung morscher Amischattrappen. Sie lehnen jede Publizität ab, die nur wieder neue Touristenströme nach sich zieht. Mit einem stimmen sie allerdings überein: Die Filmer haben nicht alles falsch gemacht. So hätte man zum Beispiel bei der Hauptdarstellerin ganz genau sehen können, wie sie die Haare äußerst streng nach hinten gekämmt, ja richtig festgezurrt hatte, der Grund – so die vom Allen County –, warum bei den Amischfrauen von Pennsylvanien die Haare oft schon mit 35 Jahren einfach so vom Kopf fallen würden.

Die Weltlichen in der Runde sind nun höflich genug, nicht danach zu fragen, woher die Amischen den Streifen so gut kannten, um über ihn im Detail zu urteilen. Dürfen sie doch nicht ins Kino gehen, kann der Film auch nicht zu ihnen auf die Farm gekommen sein. Ob da einige der Heiligen nicht doch etwas gemogelt hatten, für ein paar Stunden weltlich geworden waren?

Viel lustiger geht es dann beim Erzählen einer geradezu schweinischen Story zu. Auf einem Hof war eine Jolanthe in Abwesenheit von Herrchen und Frauchen in ein Farmhaus eingedrungen und hatte sich dort ausgerechnet am gerade ausgelassenen Schmutz, also Schweineschmalz, gütlich getan. D'Söi warf ganze Schmalzbatterien um, suhlte sich im Fetten der Verwandtschaft, wodurch Küche und Wohnzimmer dann auch schnell zur Rutschbahn wurden. Als die Farmer zurückkamen ... nun, über diese Vorstellung konnten sich die vom Allen County nahezu kranklachen.

Nun folgte das große Essen, Essen im Sinne von Ernähren. Wer hierbei nicht auf seinen Kosten kam, war krank oder mußte zumindest als krank angesehen werden. Die Amischen sind als Gastgeber fast unschlagbar, wenn sie dem »Bauchgott«, vor dem die Altvorderen einst noch kräftig warnten, ihre Reverenz erweisen. Gerade beim Essen ist eigentlich am wenigsten von der Weltflucht der Täufer zu spüren, im Gegensatz hier etwa zu den Hutterern, die jeweils gegen die Uhr gabeln, damit ja nichts zum Genuß werden kann. Amische sind Menschen, die mit Pfunden nicht wuchern. Es gibt tolerant zubereitetes Huhn, den Brei der Krummbiere, Nudle mit brauner Soße – »Kennt man sell in Dütschland? Die Englische kennes nüt« –, Seitfleisch und süßen Salat, Gulasch (»Des Wort kensch sicher nüt«), wise und gäle Rübli, Brot mit Gschmier und natürlich jede Menge frisches Wasser. Da werden die Teller gefüllt, fliegen die Knochen auf den Tisch und wird die kulinarische Genugtuung mit ein paar kräftigen Rülpsern unterstrichen. Nicht zu verachten auch der »gute Furz zur rechten Zeit«, wie ihn schon Luther umschrieb ... den Brüdern hat es durchaus gemundet.

Dazu ein paar Kostproben des Amischhumors. Jede Gesellschaft hat offenbar ihren Hanswurst gegen den Kernernst, hier schließen sich die Heiligen nicht aus. Besonders hatte es der Runde dabei jener Witz von Tobi angetan, der sicher auch eine weltliche Party unterhalten könnte. Ausgerechnet ein amischer Prediger reiste per Autostopp durch die Gegend. Dem Heiligen fiel dabei auf, daß der Fahrer des Wagens, der ihn aufgenommen hatte, jeden Schwarzen am Wegrand einfach über den Haufen fuhr. Da sahen die beiden einen dunkelhäutigen Hitchhiker, der Fahrer reagierte prompt, konnte ihn aber nicht erfassen, worauf er seinem amischen Mitfahrer bedauernd erklärt: »Ich hab' ihn nicht getroffen.« Darauf der Prediger schmunzelnd: »Aber ich. Mit der Tür.« Amischhumor à la Grabill, aber auch etwas mehr: Die Amischen hier haben kein besonders gutes Verhältnis zu schwarzen Mitbürgern, was wohl in erster Linie daran liegt, daß ein schwarzer Polizist den Kutschern regelmäßig Strafzettel aushändigt, wenn sie im Ort eine Stoppstelle überfahren oder bei Ampelrot ihre Pferde nicht zügeln.

Die Brüder und Schwestern zählen für mich zu der mehr humorvollen Gattung unter den Täufern Nordamerikas, auch wenn ihre Anlässe zu einem großen oder kleinen Lachen nicht immer für einen von draußen voll verständlich sind (und umgekehrt). Sie haben ein sichereres Weltgefühl als die Altmennoniten, sie sind selbstbewußter als die Hutterer, vielleicht schon deshalb, weil ein Amischer wie etwa Joseph recht wohlhabend ist und nur versuchen muß, arm zu denken. Bei anderen Täufern ist die Armut dagegen echt. Es kommt vor, daß sich besonders konservative ältere Brüder gelegentlich am Lebenswitz der Jungen reiben, auch Elam gibt zu, daß vieles von dem, was inzwischen gang und gäbe ist, früher gebannt und als Sauerteig ausgefegt worden wäre. Aber man ist großzügiger geworden. Ja früher,»als die Menschen tausend weis seyn geschlachtet worden auf vielerley Art für unsere Freiheit ...«, da aß man eben noch nicht über das göttliche Wort hinaus, das heißt nur so viel, wie zur Notdurft unumgänglich war, da lehnten die frommen Seelen jedes eitle Wohlleben und Geschwätz noch ab. Doch die momentanen guten Zeiten machten auch aus den Amischen vom Allen County eben schlechtere Christen.

Für die Kinder der Auswendigen steht jetzt Wettspucken mit Sonnenblumenkernen und Ponyreiten im fahlen Grasgrün, für Erwachsene eine Fahrt in der Kutsche auf der Cuba Road auf dem Programm – eine museale Demonstration für Gäste. Dazu singen die Mädchen »Jesu mein Verlangen« und »Mei Voder isch en Appizäller«, Rosanna und ihre Mannschaft dann das Jodellied – wobei ich, halb helvetisiert, einfach mitmache –, und die Weise »von de bunte Küh«. Zwischendurch stiehlt sich einer der Jungen davon, um irgendwo in einer stillen Ecke eine Zigarette zu rauchen. Die Amischen haben nicht unbedingt etwas gegen das Rauchen, wenn es »im Heimeligen« geschieht; steht in der Bibel doch, nicht was in den Mund reingehe, sei schlecht, sondern das, was gelegentlich daraus komme. Ganze Amischdistrikte verdienen ihr Geld heute mit dem Anbau von Tabak, der sich am schnellsten in Bares ummünzen läßt, unterstützen damit die Herausgabe eines Produkts, das als einziges in Amerika mit dem Hinweis auf seine tödliche Gefahr verkauft wird. In manchen Kirchendistrikten sind Pfeife und Zigarren durchaus wohlgeduldet, schmaucht selbst manche Oma mit Bedacht. Dabei kann sie sich auf Uralt-Ordnungen berufen. Schon die Täuferversammlung zu Straßburg im Jahre 1607 hatte den Rauchern eine Hintertür offengelassen. Heißt es doch in ihrem Beschluß: »Was den Tabakgebrauch anbelangt, wird bekannt, daß das öffentliche Tabakrauchen ärgerlich sein und deswegen nicht gestattet werden soll. Wem aber solches zur Arznei von Nöten wäre, der soll es im Geheimen thun...« – »Leute mit etwas Klasse rauchen trotzdem nicht«, meint der Elam dazu, für den das Rauchen einfach »englisch schmeckt«. Dann spritzt er den braunen Saft des Kautabaks zur Seite. Man kaut eben ganz offen und raucht im geheimen.

Zum großen Finale holen die Amischen dann für eine »lustige Zit« noch ihre letzten Karten auf den Tisch. Da spielen sie »des Ding mit dem Flugpassagier«. Sie setzen sich so auf ein Brett auf zwei Böcken, daß, wenn sie aufstehen, ein ahnungsloser Weltlicher neben ihnen kräftig auf den Boden saust. Es folgt das Erdbebenspiel, das O-Hi-O, und zur Verdauung das »Moschballe«, bei dem sich Männer im Kreis aufstellen und versuchen, einen aus ihrer Mitte mit dem Ball zu treffen. Beim »Family Fly« setzt es ein paar kräftige Ohrfeigen von zarter Mädchenhand, der so populäre Auftritt der »Großmutter Schlapach«, eine Verkleidungskomödie, wird zum absoluten Höhepunkt. Ich frage mich dabei nur kurz, was wohl der alte Jakob Schlapach aus der Gegend um Signau zu diesem Spiel gesagt hätte, der noch als 84jähriger den Herrn Committierten des Kantons Bern während der blutigen Verfolgungszeit als »sonderlich boshafter Erztäufer« galt. Ein Großenkel des Jakob sollte später einmal ein respektiertes Mitglied des preußischen Abgeordnetenhauses werden, Schlapachs gibt es heute in zwölf US-Staaten und eben in Form der Großmutter bei zahlreichen Amischfesten.

Nachdem die übrigen Weltlichen gegangen sind, wird im müden Licht der Kerosinlampen von Frauen aufgeräumt. Dazu noch ein paar »schnelle Liedle« aus dem »dinne Büchli«, die im schroffen Gegensatz zu den »longsame

Liedle« aus dem »dicke Büchli«, also dem Ausbund stehen. Auch die schnellen Lieder haben einen religiösen Inhalt, absolut nichts typisch Deutsches über Wein, Weib und Wald, heißt es von ihnen doch, daß sie »der Ackersmann in seiner Einfalt hinter dem Pflug, der mühsame Schnitter beim Schneiden der Frucht, der Gärtner vor einem kräftigen Halleluja« singen könnten. So dürfen selbst die Alten jetzt noch die Augen schließen und sich ins Paradies träumen. Gilt der Gottlosen Gesang doch dem Herrn als ein Greuel, aber die Heiligen, deren Herz und Mund voll Lobens, Dankens und Betens ist, sind dem Herrn wohlgefällig.

Und am späten Abend, wenn nur noch die Jungen, die Pferde, die Kutschen, die zahllosen Feuerfliegen und das frostige Lachen der Kojoten übrig sind, lassen sie dann ihre Winde los. Niemand, der jetzt keine Hufe klopfen hören möchte, so wie andere Radeln, Surfen oder Fallschirmspringen. Western-Time im Amischland, Wettrennen nach Täuferart in einer Nacht, in der kein Stern am Himmel fehlt. Schlafen wäre Zeitverschwendung.

Ein paar Reiter und ein paar Kutschen stellen sich auf der nachtleeren Cuba Road auf. Es ist spät genug, um die Autos von der Straße zu halten. Auf ein Kommando hin jagen die schnellen Traber und Pacer los, genau dem tiefstehenden Mond entgegen. Die Einspänner kommen oft bis auf Zentimeter aneinander heran, alle sind unbeleuchtet, ohnehin selbst am Tag nachtschwarz. Der Tobi jodelt vor Freude wie ein Schweizer Gebirgler, von den weiblichen Teenagern kommen die besten Ratschläge. Als Schiedsrichter fungieren zwei Brüder auf ungesattelten Rennern. Ich sitze – das Schwergewicht aufs Hinterteil konzentriert wie ein Skifahrer – neben James und hinter Christa, der Stute, die gerade erst richtig eingefahren ist und mich umgehend schwindelig läuft. Als Kind hatte es für mich eine Zeitlang nur den einen Wunsch gegeben, Cowboy zu werden, Rodeoreiter oder so etwas. Ein harter Mann also im Stil der Marlboro-Reklame. Aber irgendwie mag das Cowboy-feeling jetzt nicht aufkommen. Ich bin zu diesem Zeitpunkt schon viele Meilen in amischen Stiefeln gelaufen, habe gelernt, Gott im Vaterunser täglich um Vergebung und um das Kommen seines Reiches zu bitten. Ich kann generell glaubhaft vom Glauben reden. Ich selbst verstehe es, mit dem Buggy auch dem trainiertesten Freizeitradler der weltlichen Umgebung davonzufahren. Ich bin in den düsteren Tarnfarben der amischen Kleidung rein äußerlich auch ein Amischer... im Herzen, hinter der Christa dann eben doch ein verängstigter Weltlicher. Das hat nichts mit den Amischen zu tun (statt zu zügeln geben sie noch die Sporen). Sie verstehen sich auf den Umgang mit Buggys und Pferden: Burschen wie der James, die Hand am abgegriffenen Peitschenstil, dabei behauptend, er wäre nun seine Kupplung. Er imitiert mit (sicher) christlichem Optimismus Zwischengas, Gang rein, wiederum Gas, fragt ein ums andere Mal »Lebsch no?«, als rechne er durchaus damit, daß einer von uns an diesem Abend im Himmel (er), der andere in der Hölle (ich) landen könnte. Und Christa läuft dazu so schnell sie eben laufen kann, so als hätten Pferd und Kutscher mit dem Leben abgeschlossen. Doch eine strenge, zuverlässige Vorsehung schützt beide. Sie und der Schutzengel, an dessen Existenz ich mir erlaube zu glauben.

So ein Rodeo à la Amisch ist schon ein Zirkus, auch wenn die Clowns für mich nicht lustig sind. Wer gewonnen hat, spielt dann auch längst keine Rolle mehr. Ich bin es, der sich beim Nachschwitzen in Davids Schüür wie ein Sieger fühlt. Ich hatte überlebt. Vielleicht war der Grund dafür auch nur, daß »Christa« eigentlich noch »Holy Ghost«, also »Heiliger Geist« geheißen hatte, als sie die Brüder kauften. Ein Pferdename jedoch, der auf einem Amischhof im Allen County natürlich überhaupt keine Chance hatte.

Meine Bewunderung gehörte fortan dem James und der Christa gleichermaßen. Immerhin war sie es gewesen, die an diesem Abend mit ihren Hufen ein in meinem Bewußtsein verankertes Klischee zertrampelt hatte: »A Kutscher kann a jeder wer'n, aber fahr'n, des können's nur in Wean«?... A so an Schmäh! Sicher, die einen wußten nichts von den anderen. Aber fahr'n konnten sie auch auf der Cuba Road im rund 5000 km von Wien entfernten Allen County.

# 7. Friede als Lebensstil

Der Westfälische Frieden, der den religiösen Status quo von Augsburg bestätigte, gleichzeitig Zugeständnisse auf die Reformierten ausdehnte, hatte nur den drei großen Konfessionen die volle evangelische Freiheit zuerkannt. Das hieß nicht, daß jetzt die zum Teil erbitterten Verfolgungen der Gruppen untereinander – Katholiken, Lutheraner und Reformierte – geendet hätten. Gewissensfreiheit gab es nur für jene, die sich von vornherein absolut zur jeweils in einer Landschaft herrschenden Lehre bekannten. Noch bestand die rücksichtslose Vergewaltigung in Glaubenssachen, das verhängnisvolle »cuius regio, eius religio«, und gerade die Bewohner der Pfalz, Zwischenheimat vieler Schweizer Brüder, mußten darunter kräftig leiden.

In der Schweiz hatte das Jahr 1648 endgültig die Unabhängigkeit der Eidgenossenschaft vom Deutschen Reich gebracht, in Zürich und Bern herrschte ein strenges kalvinisches Kirchenregiment. Kerker- und Folterkammerjustiz trieben die Täufer, die den Schatten von Münster nie losgeworden waren, weiterhin aus dem Land. Zürich war ab der zweiten Hälfte des 17. Jahrhunderts dann auch praktisch täuferfrei, die Berner konnten die Gruppe zwar nie gänzlich ausrotten, doch nach Schweizer Art durchlöchern und ihre Gemeinden in die Bedeutungslosigkeit hinunterdrücken. Die meisten Brüder wohnten jetzt in Emigrantengemeinden in der Diaspora, der mangelnde Kontakt untereinander ließ sie geistig verschiedene Wege gehen, trennte Bruder und Schwester und sollte bis heute zu immer weiteren Trennungen führen.

Im Kraichgau verließen sich die Ritter darauf, daß Täufer ihre vom Krieg verwüsteten Güter hochwirtschafteten, Brüdergemeinden saßen im Hessischen, in der Eifel, im Elsaß, um Mömpelgard, im Jura, besonders aber in der Gegend von Zweibrücken, rund um die Versammlungsplätze Offweilertal, Kirschbach, Kirschberg, Ringsweilerhof, Bickenaschbach, Unterhof, Klosterberg und nach einer Spaltung auch in Ixheim. Die Zweibrücker Amischen traten bei den großen Zusammenkünften in Essingen bei

Landau 1759 und 1779 als selbständige Gemeinschaft auf, die sich dann wiederum spaltete, als die Pfalz französisch wurde. Ein neuer, wenn auch nur teilweiser Exodus ging jetzt vom Pfälzischen aus in Richtung Bayern, wobei lokale Autoritäten wie einst im Lebertal die Taufgesinnten nur ungern ziehen ließen. So heißt es in einem Schreiben des Präfekten des Moselbezirks: »Die Auswanderung dieser wiedertäuferischen Landwirte ist unheilvoll, denn sie sind die tüchtigsten, dazu sind sie sonst dem Gesetz sehr untertan. Mehrere Familien aus der Gegend von Zweibrücken sind schon von dem Kurfürsten, ihrem früheren Landesherren, nach Bayern gelockt worden ...«

In der vom Krieg schwer heimgesuchten, zum Teil entvölkerten Kurpfalz sicherte eine Generalkonzession von Kurfürst Karl Ludwig den asketischen Protestanten religiöse Duldung, doch war diese Toleranz kaum uneigennützig, was die jährlich auferlegten »Mennoniten-Recognitionsgelder« neben weiteren Sonderabgaben unterstrichen. Den Täufern, die behaust, aber nicht beheimatet waren, schrieb man vor, »sich der Wiedertaufe zu enthalten ... aber das Land ordentlich zu bebauen und was noch mit Dornen, Hecken und Sträuchern verwachsen oder sonst verwildert ist, gänzlich auszurotten, zu säubern und in guten Genuß zu bringen«. Weiterhin waren die Frommen wegen ihrer einfachen altevangelischen Verkündigung der Lehre Christi von den Angehörigen der drei anerkannten Konfessionen als Ketzer verschrien, von der Zensur entmannt, um so auch als Menschen dritter Klasse behandelt zu werden. Ihr Platz war unten, ganz unten. Die Zahl der Täufer, die in einem Landstrich als Temporalbeständer oder Leibgedinger leben durften, wurde willkürlich herauf- und wieder heruntergesetzt, was die Frommen dann zum Kommen oder Gehen zwang.

Der Religionskampf Katholische gegen Protestanten, Protestanten gegen Katholische, beide zusammen gegen »Sektierer« wie die Taufgesinnten, wurde mit Verbitterung geführt. Daneben nahm der Steuerdruck allgemein erheblich zu, Besthaupt, Zehnt und Laudemium wurden mit großer Härte eingetrieben, Frondienste in kaum bekanntem Ausmaß gefordert. Kein Wunder so auch, daß viele Täufer ihre Bleibe gerade in der unglücklichen Pfalz nur als vorübergehend sehen konnten und sich in ihrer Heimatlosigkeit auf eine Auswanderung »im Glauben gehorsam wie einst Abraham« nach Preußen vorbereiteten, wo ihnen König Friedrich Wilhelm I. Schutz anbot, oder gar in das »engelländische Amerika«. Dieses Wanderfieber – immer mit dem Blick des Apokalyptikers auf das nahe Weltende – war eine Folge des Wanderzwanges als Begleiterscheinung der Glaubenskämpfe, von Reformation, Gegenreformation und sozialer Enge mit ihren alltäglichen Niederlagen. Doch tiefer noch als der Wunsch nach kirchlicher Duldung saß die religiöse Sehnsucht ganz allgemein, war damit eine seelische Stimmung. Die Täufer trennten sich von ihrer irdischen Scholle, machten sich zu Pilgern, um vor der Wiederkunft des Herrn in einer hoffnungsvoll freien neuen Welt »beyzeiten eine Arche Noah, ein Zoar« zu suchen. Sie glaubten mit der Wanderung den Leidensweg Christi fortzusetzen, auch wenn die Verklärung des Märtyrertodes jetzt nicht mehr wiederholt werden konnte. Trotzdem war der Abschied nicht leicht, stand doch der Möglichkeit, über dem Meer ein gottgefälliges Leben führen zu können, jenes »Bleib im Land und nähr dich redlich« entgegen. Auswanderung entstand aus Not, hatte häufig aber auch Not im Gefolge. Daneben aber auch die Unsicherheit des Reisens ganz generell, das etwa auf dem Weg nach Übersee damit begann, daß an Bord der Schiffe auf allerengstem Raum rechte Heilige neben rechten Sündern leben mußten.

Den Täufern wurde die Auswanderung zusätzlich auch durch die Obrigkeit erschwert. Die Herrscher in der Pfalz beeilten sich, Personen, »welche ohne ausdrückliches Vorwissen obrigkeitlicher Erlaubnis zu emigrieren sich unterwinden sollten«, mit entsprechenden Strafen zuvorzukommen, da in der »Vielheit der Unterthanen ein großer Reichtum des Staates« gesehen wurde. So versuchte es der Kurfürstliche Rat von Schmitz in einer Denkschrift unter der peinlichen Aufschrift *Die Bestraf- und Einziehung des Vermögens derer ohne landesherrliches Vorweisen auswandernden freien sowohl als leibeigenen Unterthanen in entfernte fremde wie auch innere Reichslande betr.* zuerst im Guten. Als dies nichts half, schlug er vor, Menschen wie die Täufer – »bedürftige oder sonsten mittelmäßige Einwohner« – umgehend auf öde Plätze der Pfalz zu versetzen, um ihrer Wanderlust nach englischen Pflanzstätten vorzubeugen.

In deutschen Landen waren in jenen Tagen – »in geld- und nahrungslosen Zeiten« – sogenannte »Neuländer« aktiv geworden, Auswanderungsagenten, häufig regelrechte Seelenverkäufer, die Personen gegen ein Kopfgeld mit übertriebenen Versprechungen zur Auswanderung nach Amerika verleiteten. Besonders das im Reich als »Insull Phanien« bekannte Pennsylvanien, das vielleicht als einziger Platz der damaligen Welt mit Luthers Vorstellungen der Gewissensfreiheit Ernst gemacht hatte, erschien attraktiv. William Penns Schrift in deutscher Sprache *Eine Nachricht wegen der Landschaft Pennsylvania in Amerika, Amsterdam 1681* zirkulierte bei führenden Täufern, denen der Autor – für einige Zeitgenossen der »Entvölkerer Deutschlands« – von seinen Reisen her persönlich bekannt war. Penn hatte ihnen versprochen, in seinem Land »den Menschen eine Chance zu geben, gut zu sein«. Und das war es, was die Frommen hören wollten. In Bern, das gerade wieder einen Auswanderungsstopp für Täufer erlassen hatte, wurden daraufhin alle Nachrichten über und aus Amerika strikt verboten, ausgenommen jene negativer Art.

Kein Wunder somit, daß ausgerechnet die Täufer unter den ersten deutschen Gruppeneinwanderern nach Nordamerika waren. Das Eintreffen von Mennoniten und Quäkern an Bord des Dreimasters »Concord« im Jahre 1683 in der Mündung des Delaware – damit rund 60 Jahre nachdem die Puritaner bei Plymouth Rock gelandet waren – gilt heute ganz offiziell als Beginn der deutschen Völkerwanderung in die Neue Welt. In den folgenden rund 300 Jahren kamen dann Menschen vieler Konfessionen aus dem Mutterland. Nahezu alle änderten sich und ihre Gebete im Wandel der Zeit. Nur die Amischen, die Alt-Mennoniten und die Hutterer nicht. Die »Concord« stand als deutsche »Mayflower« am Anfang jener Westwanderung, in deren Echo in unseren Tagen eine Volkszählung mit dem Ergebnis endete, daß jeder vierte Amerikaner – oder rund 54 Millionen US-Bürger – von deutschen Einwanderern abstammt.

Deutsche Täufer machten sich etwa zur gleichen Zeit, als die Türken Wien berannten, an die Gründung von Germanopolis, später Germantown, im Wald und Gestrüpp zwei Fußstunden vor den Toren der gerade einjährigen Quäkerstadt Philadelphia. Dieses Germantown, »welches der Teutschen Brüder Statt bedeutet«, wurde anfänglich auch Armen-Town genannt, da sich viele Einwanderer, so ein Augenzeuge, »nicht auf etliche Wochen, geschweige denn auf Monate verprovisionieren konnten«. Trotzdem stand hier ab 1708 ein Gotteshaus, das erste mennonitische Bethaus in der Neuen Welt. Täufer, christliche Außenseiter mit einer transportablen, verpflanzungsfähigen Religion, waren jetzt unter den ersten Deutschen, die Amerikas Urwald rodeten, ganze Landstriche prägten, um in der Agrargeschichte dafür einen Ehrenplatz zu erhalten.

Der Damm brach endgültig, als die Brüder Martin, Johannes und Jacob aus der Familie Thielmann Kolb 1707 den Sprung aus der Kurpfalz nach Übersee wagten, um dem permanenten religiösen Belagerungszustand zu entgehen. Thielmann Kolb sollte später einmal einer der bedeutendsten Täuferführer in Amerika werden, er war maßgeblich daran beteiligt, daß dort schon bald ein erster *Blutiger Schauplatz oder Märtyrer-Spiegel der Taufgesinnten* in deutscher Sprache erschien.

Der erste Mennonit, ein Pieter Cornelliß Plockhoy, war bereits 1663 mit 25 Täuferfamilien in Nordamerika gelandet und hatte im späteren Manhattan den Versuch mit einer Siedlung Neu-Amsterdam gestartet, in der eine klassenlose Gesellschaft verwirklicht werden sollte ohne Landlose, Knechte und Herren. Schon zu dieser Zeit hatten auch Züricher Täufer die Auswanderung in die Neue Welt geplant, aber nicht durchführen können. Plockhoys Projekt wurde von Indianern bis auf das letzte Brett vernichtet, als sich die Holländer England ergeben mußten, er selbst endete schließlich als blinder Bettler in Germantown. Frühe Amische könnten bereits um das Jahr 1710 nach Pennsylvanien gekommen sein, einige Historiker vermuten eine Gruppe aus dem Pirmasenser Raum dort allerdings erst um 1728. Der amische Buchautor Gideon Fischer behauptet felsenfest aufgrund von Dokumenten, die er eingesehen hat, daß erste Amische 1714 ins Land gekommen sind. Gideon, der im alten Farmhaus an der Peripherie von Intercourse weltliche

Besucher gerne mit »Sei en braver Bu« verabschiedet, kann seine eigene Familie auf amerikanischem Boden sieben Generationen zurückverfolgen. Nach seinen Worten kam der erste »christliche Fischer« 1757 ins Berks County und legte dort den Grundstein zu inzwischen rund 11000 Nachkommen. Tatsächlich sind nahezu alle Amischen um Lancaster irgendwie mit ihm verwandt.

Mit letzter Sicherheit nachzuweisen als Urpioniere sind dann die Familien Tschantz, Kurtz und Gerber, die dem Zwischendeck der »Charming Nancy« 1737 entrinnen konnten, um im Osten Pennsylvaniens eine frühe Gemeinde zu gründen. Ihnen folgten die Müllers, Yoders, Naffzigers, Gingerichs, Brennemanns, Souders, Wengers, Stauffers, Oberholtzers, Kolbs oder Würz, die in den kommenden 150 Jahren – Amische kamen in größeren Schüben zwischen 1735 und 1755, dann wieder zwischen 1815 und 1860 konzentriert in die Neue Welt – 40 Kirchendistrikte in den USA aufbauten. Die Amischen, die heute in Pennsylvanien leben, sind zuallererst Nachkommen von rund 50 Täuferfamilien. Die Schiffslisten jener Zeit zeichnen allerdings nur die Namen der Einwanderer auf, nicht ihren Herkunftsort, da alle deutschen Einwanderer damals – wenn auch irrtümlich – von vornherein als Pfälzer galten. Die Taufgesinnten waren von der Registrierung in Pennsylvanien ausgeschlossen, da sie aus religiösen Gründen den Eid ablehnten, wofür die lokalen Quäker, die selbst nicht schwörten, durchaus Verständnis aufbrachten.

Als Europa nach Amerika kam, bot sich Penns heiliges Experiment Pennsylvanien als geradezu ideales Asyl für die Täufer an. Ein Ankerplatz für den Fliegenden Holländer, weit genug von Rom, aber auch von Bern oder Zürich entfernt. Amerika versprach, versprach. Das Land war von der Natur reich ausgestattet, vom Meer her leicht zugänglich, das Klima für den Europäer gut verträglich, mit den Indianern gab es Freundschafts- und Kaufverträge bis hinüber zu den Blauen Bergen. Im Gegensatz zu allen anderen amerikanischen Provinzen war Pennsylvanien nach dem Willen Penns ganz bewußt eine Zuflucht für die Bedrängten Europas, für Menschen aus dem täuferischen »Babel der Christenheit«. Allerdings hatte auch Penn eine Ausnahme gemacht ... Papisten, also Katholiken, waren hier etwa genauso gerne gesehen wie die Franzosen in der Pfalz. Penn – das englische Königshaus hatte seiner Familie das Land am Delaware aufgrund einer Schuld überschrieben – war Quäker, und die Quäker hatten vieles gemeinsam mit den Mennoniten. Besonders augenfällig darunter, daß auch sie den Kriegsdienst verweigerten. Dadurch angezogen wanderten genügend Deutsche ein, daß Pennsylvaniens Gouverneur Thomas bald zusammenfassen konnte, seine Provinz habe seit Jahren als Zufluchtstätte für verfolgte Protestanten der Pfalz und anderer Teile Deutschlands gedient. Er glaube so auch mit Wahrheit sagen zu können, daß Pennsylvanien seinen gegenwärtigen blühenden Zustand größtenteils dem Fleiß dieses Volkes zu verdanken habe. Und in Täufergottesdiensten wurde von Menschen, die weder englisch sprechen, denken oder empfinden konnten, lauthals zu ihrem Gott gebetet: »Und da dir's gefallen hat, diesen Staat insonderheit durch die Deutschen zu einem blühenden Garten und die Einöde zu einer lustigen Aue zu machen, so hilf, daß wir unsere Nation nicht verkennen, sondern dahin trachten mögen, daß unsere liebe Jugend so erzogen werde, daß deutsche Kirchen und Schulen nicht nur erhalten, sondern in einen immer blühenden Zustand gesetzt werden.« Das konnte nicht als übertriebener Nationalstolz gelten, waren doch auch die Puritaner trotz ihrer Verfolgung in der Heimat in Amerika Briten geblieben.

Den Täufern gelang es, »an den Endgrenzen Americae in der Westwelt gelegen«, einen regelrechten deutschen Lebensraum zu schaffen, bei Erhaltung der deutschen Sprache – in diesem Fall »e kräftige und säftige Sproch«, die man Pennsylvaniendeutsch nannte und die bis zum heutigen Tag von den Amischgemeinden in Pennsylvanien als Haussprache gesprochen wird. Die Ausgewanderten schrieben zurück in die Heimat, beschrieben Amerika, wo es Farmen gäbe, die so groß seien, daß man schon tüchtig einspannen mußte, um mit dem Wagen an einem Tag um das Land zu fahren. Dieses Amerika sei noch lange nicht voll, obwohl inzwischen viele hierher reisten, obwohl man mindestens drei Pferde zum Arbeiten brauche. Tatsächlich wanderten jetzt Personen in so großer Zahl nach, um den Regierenden geradezu Angst einzujagen. Benjamin Franklin argumentierte gegen die Gruppe, daß es sich bei den deutschen Einwanderern schlichtweg um »Pfälzer Bauernlümmel ... die dümmsten der Nation« handle, die sich in die englischen Ansiedlungen drängten, in Rudeln zusammenlebten, ihre Sprache und Sitten festigten zum Verderben der englischen, die das Land germanisierten, anstelle sich selbst zu anglisieren. Aus der Sorge heraus, hier könnte ein Deutschland in Amerika entstehen, ließ man die Neueinwanderer den Eid auf den König von England leisten, bevor sie an Land gehen konnten. Als dies nicht die gewünschte Einschränkung brachte, wurde Ausländern an Amerikas Küste Kopfgeld von 40 Schillingen auferlegt.

Ein neuer Abschnitt in der Geschichte der deutschen Einwanderung nach Pennsylvanien, die dem Charakter nach vorerst noch fast ausschließlich protestantisch war, begann mit der Besiedlung des fruchtbaren Bodens im Großraum von Lancaster/Pennsylvanien durch altevangelische Brüder aus der Schweiz, dem Elsaß und aus Kurpfalz, unter ihnen auch Amische. Der Berner Ludwig Michel, ein früherer Offizier, hatte das Gebiet an Pequea und Conestoga einige Jahre zuvor bereist und dabei dessen Wert für die Kolonisation erkannt. Zurück in der Heimat, reichte er zusammen mit den Kaufleuten Rudolf Ochs und Georg Ritter Bittgesuche bei der Berner Regierung ein, Schweizer Täufern die Auswanderung zu erlauben. Tatsächlich stimmte der Rat der Stadt dem zu und übertrug Ritter 1710 gegen die Entschädigung von 45 Talern pro Kopf die Deportation gefangener Taufgesinnter nach Amerika, was allerdings bei der Ankunft des Rheinschiffes in Holland durch die Intervention dortiger Glaubensgenossen verhindert wurde. Wer von Holland weiterzog, trat die Reise von hier aus freiwillig an.

Pennsylvaniens Kolonialbogen, eine religiöse Demokratie, die nicht perfekt, aber die fortschrittlichste der damaligen Welt war, englische Politik und deutsche Kultur ... das Land am Delaware galt schnell als so etwas wie ein Paradies für Kirchendeutsche, aber auch für die verschiedensten Sektierer aus deutschen Landen, darunter Dippliianer, Gichtelianer, Schwenkfelder, Herrnhuter, Tunker, Siebentäger,

Sündenlose, Neumondler, Separierte, Inspirierte, Neugeborene und Socianer, um nur einige zu nennen. Dabei schadete jetzt kaum etwas dem Deutschtum in Amerika mehr als die mangelnde geistige Einheit – so wie im Vergleich die Polen zusammen streng katholisch, die Skandinavier lutherisch oder die Briten kalvinisch-methodistisch waren. Ein Versuch, diese Wunde zu schließen, ein Zusammenschluß von »deutschen Menschen, die bekannten, daß sie alle Lügner waren, daß ihr Fleisch schuldig ist und die sich unter dem friedlichen Feigenbaum oder Weinstock der Liebe treffen sollten« – der protestantisch-deutsche Bund in Pennsylvanien –, scheiterte am Eigensinn einzelner Gruppen wie jener der Amischen. Zu sehr standen die Einwanderer in ihren geistigen Anschauungen noch unter dem Eindruck der Alten Welt, zu sehr gab sich etwa der Lutheraner jetzt plötzlich lutherischer, der Mennonit mennonitischer, der Amische amischer...

Obwohl der Großteil der Taufgesinnten die Kosten für die Reise nach Amerika aufbringen konnte, waren auch unter den Amischen einige, die sich des Redemptionssystems bedienen mußten. Ursprünglich dazu angelegt, Auswanderern, die die Überfahrt nicht selbst finanzieren konnten, die Reisekosten vorzustrecken, hatte diese Einrichtung eine Zeitlang durchaus ihre Berechtigung gehabt. Doch dann wurde sie durch gewissenlose Praktiken, Sklavenmarktmethoden von Reedern und Kapitänen zum regelrechten »Deutschenhandel« mißbraucht, wogegen sich das mit dem Westfälischen Frieden von der Weltmacht in die Ohnmacht versunkene Deutschland nicht wehren konnte. Die auf Kredit gekommenen Auswanderer mußten in Amerika in Stellungen, die gefährlich nah an der Leibeigenschaft lagen, auf Zeit und Gesindekontrakt ihre Schuld abarbeiten. Auch Amische wurden jetzt in amerikanischen Zeitungen wie Vieh angeboten, »verserbt«, wie man in Pennsylvaniendeutsch dazu sagte: »Zu verkaufen einer Magd Dienstzeit... Zu verkaufen ein Junge, der noch fünf Jahre, vier Monate abzudienen hat...« Familien wurden auseinandergerissen, Menschen versteigert, die für den Käufer dann tatsächlich noch den Vorteil gegenüber schwarzen Sklaven hatten, daß sie ganz einfach billiger waren als diese.

In jenen Tagen trennten noch keine Welten die heute so touristenträchtigen Farmen der Amischen in Pennsylvanien von denen ihrer andersgläubigen Nachbarn. Für beide hatte man das technische Zeitalter noch nicht entdeckt. Die deutschen Täufer waren in der Regel etwas ungeschlachte Kleinbauern, selbst wenn sie nebenbei noch kleine Handwerksbetriebe unterhielten. Sie waren jederzeit bereit, sich nach dem Muster der Urkirche untereinander beizustehen. Allerdings galten die Bedürfnisse des einzelnen auch in anderen frühen Siedlungen der USA noch als Teil der Gemeindepolitik. Die Amischfarm, der deutsche Hof ganz generell, unterschied sich rein äußerlich von der anglokeltischen Anlage, was mit der verschiedenen Wirtschaftsethik beider Volksgruppen zusammenhing. Der Engländer oder Schotte bestellte sein Land, um es später einmal gewinnbringend zu verkaufen, der Amische plante von Anfang an, in seinem Haus den Rest seines Lebens zu verbringen und es für folgende Generationen im Familienbesitz zu halten. Das bedeutete, daß die Deutschen nach der Errichtung der Wirtschaftsgebäude große Wohnhäuser bauten, ein Charakteristikum des pennsylvanischen Ostens. Die Farm mußte für den Amischen eine Profitwirtschaft sein, da er während seines Arbeitslebens dafür zu sorgen hatte, einem reichen Kindersegen – Gebären war religiöse Pflicht – mit immer weiteren Landkäufen die Vorbedingung zu einem christlichen Bauernleben zu schaffen. Die Frommen erreichten dies durch die Einschränkung des persönlichen Bedarfs auf das absolut Notwendige. Durch die Landkäufe blieben die Amischen dann auch praktisch durch Jahrhunderte ein Pioniervolk, viele Generationen ein Leben lang Auswanderer.

Auf die Amischfarmen hatten die bedächtigen Heiligen die harte Frauen- und Kinderarbeit ebenso wie ein enges Verhältnis zwischen Mensch und Natur importiert, beides in diesem Ausmaß den Anglokelten fremd. Typisch dafür war, daß die Frommen immer nur soviel Land besaßen, wie sie mit Hilfe der eigenen Familie gerade bearbeiten konnten. Die »Buwe« bereiteten sich auf ein Farmerleben wie einst der Vater vor, die »Menscher« lernten früh das Melken, die Haus- und die Gartenarbeit, das Spinnen und das Nähen der Kleider. Kinderarbeit wurde großgeschrieben ... sie wird bis heute immer wieder gegeißelt von Leuten, die beim Anblick der Täuferjugend aus Mitleid weinen, um dabei zu übersehen, daß es die Amischen immer verstanden, ihren Kindern neben der Arbeit auch die Liebe zu ihr beizubringen.

Die Amischen in Pennsylvanien – im 18. Jahrhundert mochten rund 500 übers Meer gekommen sein – hatten sich aus der Heimat einen sicheren Blick für besonders fruchtbare Böden und die Zeichen des Himmels erhalten. Sie bevorzugten beim Landkauf Gebiete mit dichtem Waldbestand und schweren Holzarten, da darunter – wenn auch erst nach schwerer Rodungsarbeit – jeweils das beste Erdreich zu finden war. Sie wirtschafteten mit der ihnen in Europa angelernten Sparsamkeit der kleinen Verhältnisse, die auch dafür stand, daß sie im großen Amerika selbst den kleinsten Fußbreit Boden nutzten. Sie pflanzten Weizen, Gerste, Hafer, aber auch Handelsgewächse wie Flachs und Hanf. Noch aus Übersee stammten Setzlinge für den Obst- und Gemüsegarten, für Apfel, Pfirsich und deutsches Küchenkraut. Sie betrieben neben der Farm Korn-, Säge- und Hanfmühlen, zu denen die Flüsse die Energie lieferten. Amischdistrikte hatten ihre eigenen Huf-, Nagel-, Sichel- und Sensenschmiede, ihre Wagner, Zimmermänner oder Sattler. Das Land war noch nicht Heimat, der Boden aber Boden.

Eine Ausgabe der *Philadelphiaer Zeitung* aus dem Jahre 1889 berichtet über die Amischen: »Arme gibt es unter ihnen kaum; noch nie ist ein Amischer dem Armenhaus zur Last gefallen. Ihre Wohnungen sind wahre Muster der Reinlichkeit und Nettigkeit, einfach und bequem möbliert und frei von allem Firlefanz der Mode. Ihre Lebensweise ist frugal. Ihre Gastfreundschaft ist sprichwörtlich ... Bei ihrer Feldarbeit folgen sie gewissenhaft den von ihren Voreltern erlernten Grundsätzen und stets mit Erfolg, wie ihre reichen Ernten beweisen ... Im Verkehr mit anderen erfreuen sie sich der allgemeinen Achtung. ›Eines Amischen Wort ist so gut wie sein Bond‹ ist eine bekannte Redensart unter solchen, die Geschäfte mit ihnen machen. Sie führen keine Prozesse, nehmen kein öffentliches Amt an, taufen nur Erwachsene, nachdem solche den Glauben bekannt haben, und schwören keinen Eid, selbst nicht als Zeugen vor Gericht, und tragen keine Waffen. In patriarchalischem Familienleben, bei fleißiger Arbeit, mit striktem Gehorsam gegen Gesetz und Obrigkeit, glücklich in ihrer einfachen gläubigen Gottesverehrung leben sie ihre Tage. Ein gesundes, blühendes Geschlecht, das der Kommune und dem Staat zur Ehre und zum Segen gereicht.«

Doch die steril-isolierte Lebensweise der Amischen in ihren abgeschlossenen ökonomischen und gesellschaftlichen Gemeinschaften, das Drücken vor den Herausforderungen der Zeit und ihr Einspruch gegen die eifernde Anglisierungssucht der Engländer gefiel längst nicht allen. Stand diese Haltung doch im krassen Gegensatz zum geplanten amerikanischen Schmelztiegel. Der aufs praktische Leben übertragene religiöse Fanatismus, der angebliche Geiz wie der Reichtum der Frommen waren bald so sprichwörtlich wie ihre Lebensferne in herber Abgeschiedenheit. Asketische Starre, die über jedem sinnlich-gefühlsmäßigen Kulturelement stand, die Ablehnung jeder weltlichen Annehmlichkeit und von außen erkennbarer Freude zeichneten sie. Diese Isolation war es jedoch auch, die den Frommen dabei half, ihre deutsche Eigenart und Sprache dort zu erhalten, wo bei dem Durchschnittseinwanderer der äußere wie innere Identitätsverlust nicht aufzuhalten war. Allerdings behielt man als Täufer durch den Zwiespalt des Sichlösens und trotzdem nicht Gelöstseins von der alten Heimat so auch länger den typischen Hergelaufenenkomplex des Immigranten in Amerika.

Um 1812 waren die Gemeinden der Amischen in den USA weitgehend gesichert, wenn auch nach einigen schweren Prüfungen, wie sie etwa der von der britischen Wirtschaftspolitik ausgelöste Unabhängigkeitskrieg mit sich gebracht hatte. Den Pazifisten, deren Siedlungen ausgerechnet in heftig umkämpften Landschaften lagen, wurden schwere Geldbürden auferlegt – die Amischen zahlten im Gegensatz zu den Quäkern eine Kriegssteuer, lehnten allerdings öffentlich den Verwendungszweck dafür ab. Da die Brüder völlig wehrlos waren, sich nicht zu den Waffen rufen ließen, gerieten sie schnell in den Ruf, Volksfeinde zu sein. Während der Geburtswehen des Landes wurden mehrere Amische dann auch als »Verräter« festgenommen und in das Gefängnis von Reading/Pennsylvanien gebracht. Andere wurden gemeuchelt, ohne sich dagegen aufzulehnen, Opfer von Indianerhorden, die mit den Engländern verbündet waren, denen man – pfälzisch gebabbelt – den Unterschied zwischen einem Pazifisten und einem Krieger nicht hatte beibringen können. Doch nach dem Diktat der Schrift galt den Täufern das »Mein Reich ist nicht von dieser Welt. Wäre mein Reich von dieser Welt, meine Diener würden darum kämpfen« (Joh 18,36) mehr als das eigene Leben. Ein Jakob Hochstettler, 1736 aus Europa eingewandert, wurde mit zwei Söhnen von Indianern gefangen – ein weiterer Sohn, Tochter und Ehefrau waren skalpiert worden – und mehrere Jahre festgehalten. Diese Kollision mit dem amerikanischen Ureinwohner zog nach sich, daß die Indianer noch in unserem Jahrhundert bei vielen der ohnehin ständig über die Schulter rückblickenden Amischen schlichtweg als Höllengeister gelten.

Eine Reihe von Historikern glaubt heute, im Zeitraum zwischen dem amerikanischen Unabhängigkeits- und dem Bürgerkrieg eine gewisse Verknöcherung des Täufertums in Amerika zu entdecken. Tatsächlich verließen auch viele junge Amische jetzt ihr Elternhaus und schlossen sich anderen Kirchen an. Ein Grund dafür wird darin gesehen, daß die großen Führer der ersten Stunden in Amerika, Leitbilder, mit denen man sich identifizieren konnte, gestorben waren und die Bindungen nach Europa zusehends oberflächlicher wurden. Bibeln, Katechismen und Testamente fehlten häufig, von den geistigen Entwicklungen in Deutschland war man räumlich viel zu weit entfernt, als daß man dadurch profitiert hätte. Den neuen Strömungen Amerikas dagegen schienen die Frommen wiederum noch nicht gewachsen. Dadurch entstanden Phasen, in denen der durch innere Gegensätze erzeugte Überdruck etwas zum Platzen brachte, was häufig nur vom noch gefährlicheren Druck von außen wieder zusammengeflickt werden konnte. Einige Mennoniten und fast alle Amischen reagierten darauf mit vertiefter Isolierung, mit noch größerem Argwohn gegenüber den Englischen. Äußere Formen wie Kleidersatzungen wurden übertrieben, Wesentliches mit Unwesentlichem vermengt, wobei man Nebensächlichkeiten plötzlich als zwingend wichtig erkennen wollte. Viele Täufer widersetzten sich zum Beispiel der Einrichtung der öffentlichen, mit Regierungsgeldern finanzierten Schule. Genügte dem aufrechten Schüler doch ein Minimalwissen, was dann auch schnell zu einem Tiefstand der täuferischen Bildung führen mußte. Typisch für die Haltung gegen Studieren oder Erlernen war etwa, daß jetzt jene Diener schlecht auffielen, die zu gelehrt predigten, da man von ihnen annahm, sie hätten ihre Predigten vorher einstudiert, also sich nicht ausschließlich auf die Eingebungen des Heiligen Geistes verlassen, so wie das heute noch in die Pflicht jedes Dieners im Allen County gehört.

Neue Erweckungsbewegungen, die die Fortschrittlichen von den Traditionellen schieden, gewannen an Bedeutung. Vom Kern der deutschen Täufer spalteten sich die Flußbrüder – »die am Fluß« Susquehanna wohnten –, da sie noch wehrloser als wehrlos sein wollten. Danach die Maple Grove Mennoniten und die Allensville Mennoniten, die Beth-El-Mennoniten und die Holdemänner (auch Gemeinde Gottes), die bis heute einem John Holdemann anhängen, der einmal behauptete, die Gabe der Prophezeiung und der Deutung von Träumen und Gesichten zu haben. Gerade auch die Amischen hatten mit inneren Streitigkeiten und Angriffen von außen fertigzuwerden: In der Gegend um Lancaster, mit einer gewissen topographischen Ähnlichkeit zu Süddeutschland, erinnerte nun auch das religiöse Leben mit Nachdruck an deutsche Lande. Taufgesinnte wurden »erweckt« und »erleuchtet«, traten den »Vereinigten Brüdern in Christo«, den »Weinbrennianern« oder den »Albrechtsleuten« bei. Amerikas deutsche Christen, davon abhängig, welchem Jesus sie nun folgten, zerteilten immer wieder den Heiligen Rock, wobei sich jeder das Stück davon nahm, das er gerade wollte oder für das beste hielt. Und nirgends wurde der Pluralismus der Christenheit augenfälliger als an dieser Stelle der Neuen Welt.

Es gab jedoch auch immer Amische, die auf dem alten Weg gut vorankamen. Das religiöse Bewußtsein an den Bildern einer rückwärtsgewandten Utopie gestählt, hielten sie an den Lehren Grebels, Simons oder Ammanns fest genug, um auch in der Zerstreuung, im scharfen Gewürz der

Fremde und trotz der Reibung mit fremden Völkern eine historische Realität bis zum heutigen Tag zu bleiben. Eine größere Täufergruppe zog ab 1809 von Pennsylvanien nach Ohio, die Mehrzahl der Amischen blieb jedoch vorerst in der Gegend um Lancaster zurück. Dort, um Intercourse, Soudersburg oder Bird-in-Hand, wurde der Landbesitz mit großer Zähigkeit in den Händen der täuferischen Pionierfamilien gehalten und stieg dann zum landwirtschaftlich reichsten Bezirk der gesamten Vereinigten Staaten auf (nach einer Erhebung von 1910), trotz oder gerade wegen der konservativen Anschauung der Farmer. Die Amischen saßen jetzt auf einem der teuersten landwirtschaftlichen Böden in Nordamerika. Doch dieser Boden garantierte, daß die Farm auch noch für die Jugend attraktiv blieb.

Nach 1814 kam es im Nachhall der Französischen Revolution, von Napoleons Kriegen und wirtschaftlichen Schwierigkeiten, zur zweiten größeren Einwanderungswelle von Täufern aus Europa, darunter auch rund 3000 Anhänger der Ammanschen Lehre. Nach Pennsylvanien erhielten nun die Staaten Ohio, Illinois, Maryland, Iowa, New-York-Staat und Indiana oder Missouri Taufgesinnte aus Elsaß/Lothringen, Hessen-Darmstadt, Waldeck, der Pfalz, Bayern, Hessen und Frankreich, die jeweils auch eigene kirchliche Erscheinungen mitbrachten. War für die frühen Pioniere die Reise über das Meer noch in erster Linie von apokalyptischen Erwartungen getragen, so bedeutete für die Nachzügler jetzt Auswanderung in erster Linie Einwanderung, ein illusionärer Idealismus war einem mehr illusionslosen Realismus gewichen. Amerika war nicht nur das Land der religiösen Freiheit, sondern auch der wirtschaftlichen Möglichkeiten. Die neuen Amischen rieben sich etwas an ihren Brüdern und Schwestern, die bereits in den USA lebten und generell etwas konservativer als die schon konservativen »Europäer« waren. Trotzdem wurden und werden bis heute zum Teil enge Verbindungen von Kirchendistrikt zu Kirchendistrikt gepflegt.

Droben in Kanada zählten Mennoniten und Amische aus den USA zu den Pionieren der Provinz Ontario, nachdem dort von der Regierung ein Landstrich für die Täufergruppe reserviert worden war. Auf Einladung des Vertreters der

Königin zogen die Frommen auf dem 400 Meilen langen sogenannten Conestogatrail von Pennsylvanien nach Upper Canada, die einen zu Fuß oder zu Pferd, andere in dem berühmten Conestogawagen, den die Mennoniten des Conestogatales in Pennsylvanien um 1736 entwickelt hatten und mit dessen Hilfe der Wilde Westen erst erobert werden konnte. Legenden und Geschichten machen diese Täufergruppe zu heldenhaften Gestalten, die den Susquehanna überquerten, den Niagara und das Alleghenygebirge, die ihre Conestogas auseinandernahmen und stückweise durch unwegsames Gelände trugen. Von besonderer Bedeutung für die Täufer war, daß sie in Kanada praktisch vom Wehrdienst befreit wurden, das heißt, daß sie sich in Kriegszeiten mit fünf pounds und in Friedenszeiten mit 20 shilling – zu zahlen einmal jährlich von allen Männern zwischen 16 und 50 (später 60) Jahren – freikaufen konnten, ähnlich wie es in Pennsylvanien und in Preußen der Fall gewesen war. Während des Krieges von 1812 bis 1814, der die Vereinigten Staaten gegen England und Frankreich sah, leisteten Täufer dann »Ersatzdienst«. Sie fuhren Proviant für die eine oder andere Seite.

Amische aus Europa wanderten in Kanada ein, nachdem 1822 ein Christian Naffziger, Bauer aus Bayern, als Kundschafter im Waterloo County aufgekreuzt war. Per Anhalter hatte er den Weg aus dem Süden Deutschlands nach Amsterdam zurückgelegt, dann das Schiff nach New Orleans genommen. Nach Pennsylvanien ging er zu Fuß und besorgte sich erst dort ein Pferd für die Strecke hinauf in den Norden. Nafziger bekam für seine noch zurück in Bayern ausharrende Gemeinde ein Stück Land im Wilmot Distrikt: den in Ober-, Mittel- und Unterstraße aufgeteilten sogenannten German Block. Danach reiste er nach London, um den Kauf mit König Georg IV. persönlich perfekt zu machen. Der Herrscher, der ihn tatsächlich auch empfing, stellte finanzielle Mittel für die Emigration der Amischen nach Kanada bereit. Auf seinem Weg nach Bayern schilderte Nafziger dann den in der Pfalz verbliebenen Brüdern seine Eindrücke von der Neuen Welt, um damit schnell eine allgemeine Aufbruchsstimmung auszulösen. Und damit zeichnete sich jetzt der Tag ab, an dem die Amischen – als landfremder Entwurf zwar, doch gerade dadurch miteinander verbunden – nur noch in Nordamerika zu finden waren. Für sie hatte sich die Schrift einmal mehr erfüllt, das »Du wirst zerstreut werden in allen Königreichen der Erde (5 Mose 28,25)«, aber auch die Verheißung: »Der Herr wird dich wieder sammeln aus allen Völkern, unter welche er dich zerstreut hat.«

In Ontarios German Block siedelten bald Amischfamilien wie die Schwarzentrubers, Goldschmidts, Brennemanns, Kipfers, Roths, Schultz', Gingerichs, Boshardts, Hondrichs, Erbs, Gardners und Litwillers. Da die meisten von ihnen direkt aus Europa nach Kanada gekommen waren, hier das Buschleben nicht kannten, mußten sie gerade im Anfangsstadium auf die Hilfe von Weltlichen vertrauen, was ihre Gemeinden zu einem gewissen Grad nach draußen öffnete. Heute gibt es dort trotzdem eine ganze Reihe konservativer Mennoniten- und Amischgemeinden besonders in der Nähe von Städtchen mit Erinnerungsnamen wie Zurich, Manheim, Strasburg, Breslau, Baden oder New Hamburg.

Trotz der regierungsamtlichen Befreiung von allen weltlichen Händeln traf der Erste Weltkrieg, gleich nach dem Tag, an dem in Kanada und in den USA das Frankfurter Würstchen zum Hot Dog, das Sauerkraut zum Liberty Cabbage geworden war, gerade auch die Amischen besonders hart. Obwohl sie daran erinnerten, daß sie ins Land gerufen worden waren, um hier die Wildnis zu bekämpfen, nicht um Blut zu vergießen, war die öffentliche Meinung gegen sie. Der »englische« Goliath hatte den amischen David gefunden. Man warf den Täufern Deutschfreundlichkeit vor, obwohl die Regierenden wußten, daß ein Amischer aufgrund seines Glaubens den Krieg einfach in Frieden lassen mußte. Die »Englischen« schufen weit entfernt von den großen Schlachten damit künstlich einen Nebenkriegsschauplatz. Da wurde dann von aufgebrachten Mengen schon einmal versucht, einen Bischof zu teeren und zu federn, einer der vorerst letzten Tropfen des bitteren Bechers, den die Frommen auszutrinken hatten. Doch beharrlich bestanden sie auf dem Grundsatz der frühen Schweizer Brüder, auf dem Vorbild des Herrn, der Petrus befohlen hatte, das Schwert in die Scheide zurückzustecken. »Raubt nüt, kriegt nüt, schlägt nüt zu Tod sondern leidet eher alle Ding...«, eine Mitgift der europäischen Täuferlehrer, die das Gewaltmonopol alleine Gott zusprachen. Das Schwert, im Prinzip nur für rechte Heiden gemacht, galt ihnen weiterhin als eine Ordnung Gottes, das den Guten schützt und schirmt, den Bösen aber bestraft. Doch das Schwert zu führen war die Aufgabe der Weltlichen. Denn das weltliche Regiment ist nach dem Fleisch ausgerichtet, so wie das der Christen nach dem Geist, die Weltlichen waren gerüstet mit Stahl und Eisen, die Christen aber mit dem Harnisch Gottes.

In Indianas Allen County war von 1919 bis 1923 der Schulunterricht in der Feindessprache verboten. Im Zweiten Weltkrieg, als die Alten hier noch jung waren, wurden die Amischen aufgefordert, mit Traktoren anstatt mit Pferden das Land zu bearbeiten, um in der Notzeit mehr zu produzieren. Daneben fraß das Pferd den Fleischproduzenten auf der Weide auch einfach zu viel weg. Doch die Frommen hielten den Traktor für einfach zu schwer für den Boden und erklärten das auch. Die jungen Männer wurden zum Ersatzdienst gezwungen, wie später noch während des Koreakrieges. Dieser Dienst, etwa in Heimen für geistig Behinderte oder in CBS Camps, mußte mindestens 70 Meilen entfernt vom eigenen Kirchendistrikt angetreten werden, was große Probleme in den Gemeinden verursachte. Häufig war es so auch einfacher für einen jungen Mann, ins Gefängnis zu gehen, als draußen den Anfechtungen der Weltlichen zu widerstehen. So will sich der Joseph vom Allen County heute noch daran erinnern, wie gerade die weltlich-weiblichen Kollegen der im Ersatzdienst stehenden Amischen ganz wild auf die Brüder gewesen wären. In erster Linie darum, weil die Frommen – so der Prediger – aus Prinzip »keine Weiberverschlager« waren. Das wiederum brachte die Heiligen in Wallung. Liebe statt Hiebe: Ein Amischer, der sein Weib nicht verschlug, stand damit durchaus in der täuferischen Tradition. Verkuppelte ihn dieser Vorzug draußen aber mit einer weltlichen Frau, so mußte er Abschied vom wahren Glauben nehmen. Die Proteste der Frommen wurden in Washington gehört. Schon bald durften die jungen

Männer ihren Ersatzdienst in einer anderen amischen Gemeinde, die weit genug vom eigenen Kirchendistrikt lag, leisten.

Einige Mennoniten waren durchaus bereit, die Waffe zur Hand zu nehmen. Die konservativen Amischen ließen jedoch keinen Zweifel daran aufkommen, daß wer in den Krieg ziehe, ausgestoßen würde. Die Heiligen vom Allen County versprachen jedoch, für ihre Wahlheimat zu beten, die ihnen – an der eigenen Geschichte gemessen – heute eine komfortable Exilexistenz bot. Und wer die Brüder kannte, wußte, daß sie die USA und deren Wohlergehen jetzt in ihre täglichen Morgenandachten einschlossen. Daran, daß sie die Menschheit ganz generell, also auch das Deutschland der Altväter, in ihren Gebeten berücksichtigten, konnte es allerdings ebenfalls keine Zweifel geben.

Die Amischen waren dann unter den ersten, die nach den Weltkriegen Hilfspakete ins verwundete Deutschland schickten. Heute schicken sie sie ins notleidende Rumänien.

Und Pazifisten sind sie geblieben. Dies heißt wiederum nicht, daß die Frommen heute prinzipiell keine Waffen besitzen würden. Ohne jeden Zweifel ... die Altväter könnten darüber zornig, die Rechte der Toten geschmälert werden, doch in manchen Gemeinden wird inzwischen durchaus geduldet, daß die Burschen und Männer sich bewaffnen, um auf die Jagd zu gehen. Zugegeben auch, daß etwa die im Nachtfrost bibbernden Frommen, die Anfang Dezember am Rande der Achterbahnstraßen des Holmes County in Ohio auf Gänse warten, weit eher einem Faschingsscherz als Erben Jakob Ammanns gleichen. Denn düster gekleidet wie immer, tragen die jagenden Brüder zum Gewehr aufgrund gesetzlicher Bestimmungen jetzt große Stofflappen in roten Ketchup-Farben ... ausgerechnet in roten. Doch hier haben sich amischer und weltlicher Geist vermählt, hat man eine Grauzone hin zur Welt geschaffen.

Die Grabers vom Allen County gehen daneben mit dem Luftgewehr auf den Feldzug gegen Ratten. Sie schießen ihr Farmvieh beim Schlachten. Und nur beim Notschlachten kann es passieren, daß ein Frommer dazu die Hilfe eines Nachbarn anfordert, wie jener erdhafte Naturbursche im Weichbild Grabills, dessen Pferd im Winter 1988 bei 32 Kältegraden »die Lunge explodiert« war. Denn zum eigenen Buggypferd haben die Amischen häufig nun doch ein recht enges Verhältnis. Jedenfalls so eng, daß sie es selbst nicht schießen wollen. Ist doch bereits die Vorstellung schlimm genug, daß man einem der treuen Renner eines Tages, nach Abdeckerei und Weiterverarbeitung, in Form von Seife wiederbegegnen könnte. Geschossen wird hin und wieder auch bei den Klines vom Holmes County. Dort gehört es zu den Dauerhausaufgaben des Jüngsten, des Michael, daß er jeweils in dem Augenblick mit dem (ungeladenen) Luftgewehr zu knallen hat, wenn die zum Melken in den pieksauberen Stall einstürmenden Kühe den Schwanz heben wollen. »Schieße gegen scheiße« meint der Michael dazu, denn letzteres sollen die Kühe besser draußen auf der Weide tun. Und vom Knall des Luftgewehrs erst einmal erschreckt, reagiert das Rindvieh dann auch wie genormt darauf.

Doch der Umgang mit der Waffe bleibt auf den Umgang mit dem Tier begrenzt, entspricht ganz und gar der biblischen Rolle für den Menschen, seiner Vorrangstellung durch die Gottebenbildlichkeit. Er bearbeitet die Welt unter Eingriff in fremdes Leben. Dazu gehört, daß er Tiere züchten und züchtigen und dann auch schießen kann. Und die Amischen meinen, die Tiere sähen's ähnlich.

# 8. Die Gegenwart der Vergangenheit

Ein Sonntagmorgen im Herbst. Das Klima hält das Gras bereits kurz, Luzerne ist zum zweitenmal geschnitten, die Ernte weitgehend eingefahren. Die Äpfel sind »gerupft«, der Futtermais trocknet in vergitterten Silos. Die Amischen, die »liab zum Bode« sein müssen, waren es auch. Ihr Land ist zum Teil vom zehnscharigen Pflug schon wieder schwarz gepflegt. Alles weist auf die Jahreszeit hin, gleicht trotzdem einem einzigen Maimorgen. Der Himmel ist nah, die Welt so fern. Ein Tag in der Gegenwart, über dem der Schimmer der Vergangenheit liegt. Ein Tauftag. Eine Sternstunde für die Gemeinde, auch eine für Featureschreiber.

Die Amischen haben im Grunde genommen zwei heilige Dinge, das Abendmahl und die Taufe (oder Tunken), denen drei weitere Handlungen an Bedeutung kaum nachstehen: Buße, Amtsübertragung und Ehe. Der Taufe kommt dabei besondere Bedeutung zu, war sie es doch, die die Frommen in den Augen der Welt zuallererst zu Außenseitern machte, die zum Stigma für ihre Gruppe wurde. Die Kindertaufe ist für die vom Allen County eine lästerliche Abgötterei, weil Kinder »bei Vernunft« keine Sünden haben können. Ebenso wie bei Katholiken oder Protestanten wird bei ihnen ein Mensch durch die Taufe in die Kirche aufgenommen, rein kirchenrechtlich darf diese Eingliederung wie auch draußen in der Welt nie mehr rückgängig gemacht werden. Den frühen Täufern war aufgestoßen, daß wer im Säuglingsalter oder aus einem kindlichen Gewohnheitsglauben heraus getauft wurde, dafür kaum ein Erwachsenenleben lang verantwortlich gemacht werden könnte. Erst dem reifen, unterrichteten Menschen war zuzumuten, sich für oder gegen eine Aufnahme in die oder jene Kirche zu entscheiden. So darf im Allen County auch nur zur Taufe gehen, wer versteht, was Buße ist, wer an die Wahrheit glaubt und daran, daß Christus die Sünden vergeben kann. Wer zusätzlich mit Christus wandeln und im Tod begraben sein möchte, um mit ihm aufzuerstehen: »Mit dem werden ausgeschlossen alle Kindertaufen, des Papstes höchste und erste Greuel.«

Natürlich bot die Taufhandlung, gerade wegen ihrer wichtigen Stellung im Leben eines Heiligen, gelegentlich schon Ansatzpunkte zu erheblichen Differenzen innerhalb der amischen Bruderschaft, eben immer dann, wenn man sich einigte, sich nicht einigen zu können. Die vom Allen County halten es heute damit so: »Was die Taufe angeht, so sind wir noch bei dem, mit welchem sich unsere Vorväter begnügten. Wir meinen damit das Begießen in Häusern oder dort, wo es am dienlichsten ist. Wir sind dabei gänzlich einig mit dem, was der Paulus sagt, nämlich daß derer keiner etwas ist, weder der da pflanzet noch der da begießet, sondern Gott allein, der das Gedeihen und Wachsen dazu gibt. Die Taufe ist der Bund eines guten Gewissens mit Gott. Und wenn wir durch die Gnade Gottes so weit kommen, die innerliche Geistestaufe recht zu erlangen, dann hoffen wir, daß wir es nicht nötig haben, uns wegen der äußerlichen Wassertaufe viel aufzuhalten, denn es gibt nach unserer Einsicht keine Schrift und kein ausgedrücktes Wort, daß die Taufe im Wasser oder aus dem Wasser geschehen soll.«

Ein Sundigmorge im Amischland. Auf dem Hof kehren ein paar natürlich gedeckte Stuten arg zersaust von der Hochzeitsnacht zurück, Hunde suchen nach bevorzugten Kutschenrädern, Katzen, Hühner kreuzen den arg verspurten Weg. Schwalben krabschen im Tiefflug nach fetten Motten, Kühe lecken ihre Kälber trocken, Stechmücken hängen über den Trögen. Alles ist da, was seinen Platz auf einem Bauernhof hat. Ein Tag, so scheint's, wie jeder andere auch. Doch dann kommen die polierten Buggys von der Straße her, schaukeln über den Holperweg wie Schiffe auf hoher See. Ein paar überernste Mannsbilder in reverslosen Joppen aus schwerem Stoff, das Gesicht durch den Sonntagshut halbiert. Ältere Frauen in kragenlosen, tiefdunklen Kleidern, mit im Wind wulstig aufgeblähten Röcken. Junge Frauen, Schwangerschaften vor sich herschiebend. Mit ihnen verunsicherte Kinderrudel, die herumflattern wie große schwarze Vögel – eine kräftige Brise Romantik, ein Cocktail aus Wirklichkeit, ein Bild als Destillat aus ein paar hundert Jahren.

In der Schüür im Baumschatten der Ulmen biegen sich

Decken, knarren Dielen, sinken Böden und welken rührend krumme Trägerbalken. An den Wänden die Wetterfarbe alter Häuser. Doch mittendrin nußbraune Bankreihen auf feingeharktem Boden, abgeteilt für eine Männer- und eine Frauenseite. Dazu die leere Bank für die Täuflinge, die in die Gemeinschaft der Heiligen aufgenommen werden sollen.

Langsam füllen sich die Reihen mit wuselnden Familienscharen – im Amischland geht mit Bedacht, wer weiterkommen will. Gäste treffen ein und nehmen Platz, darunter auch Prediger und Bischöfe der Nachbargemeinden. Wer sich verspätet, hat das Pech, ganz hinten zu sitzen, dort wo das gestapelte Stroh einem pausenlos in den Rücken piekt.

Jetzt folgt zuerst einmal das amische Spiel mit der Stille, diese gelassene Ruhe in bläßlicher Illumination, die Freude daran, traurig sein zu dürfen. Meditation, Rasten, Ruhe, jeder einzelne so sehr mit sich selbst beschäftigt, daß er alles, aber auch alles um sich herum vergißt. Da legen die Frommen ihre schweren Häupter wieder in die Handflächen, da wippen ein paar ganz Alte, auf ihre Krückstöcke gestützt, da fließen im Frauenteil schon die ersten Tränen. Über allem hängen die Geruchspartikel von Stall und toten Grasballen, was jedoch nur Verständnislose als Gestank bezeichnen würden. Die Szene ist damit perfekt für den Taufgottesdienst, das der »Gemee noch geh«, ein wenn auch entfernt mit der Konfirmation vergleichbares Initiationsritual. Amische werden nicht nur von der Mutter geboren, sondern danach noch einmal durch die Taufe. Und grundsätzlich ist es damit so: Wenn ein Mensch weiß, was gut und böse ist, dann hat er das Alter dazu, um getauft zu werden.

Ein Taufanwärter ist in der Regel zwischen 17 und 19 Jahren alt, Josephs Tochter Ruth etwa hatte sich mit 17 Jahren, 7 Monaten und 5 Tagen in die Gemeinschaft der Heiligen eingetragen. Der Bischof als Täufer der Täufer und die Prediger haben um Pfingsten herum die, die im rechten Alter standen, aufgefordert, sich taufen zu lassen, nein zu der Welt und ja zu Christus zu sagen. Gleichzeitig wurden ihnen die Grenzen zwischen Gipfel und Abgrund aufgezeigt, dabei auch erklärt, noch sei es besser für jeden einzelnen, sich im Glauben nicht festzulegen, als das Gelübde später einmal zu brechen. Die Gemeinde wurde befragt, ob irgendeiner etwas gegen einen der Taufwilligen vorzutragen habe.

Bei einem ersten Treffen mit den kirchlichen Autoritäten hatte dann jeder Täufling – wo, bitte, geht's zum Paradies? – die Gründe für seine »Begarung« zu nennen. Das klang so: »Mi Begarung is dos ir mir eigedenkt seid in eirum Gebate, das ich Austritt machen kent aus die auriche base Welt, un ein Eintritt in die auriche Neue Testament, um mit Gott un seine Gemein ein ewige Gebund und Frieda mache durch Jessum Christum. Amen«, da man in diesem Alter mit der Sprache Luthers noch etwas auf Kriegsfuß steht. Die Schulung der jungen Amischen erstreckte sich über 18 Sonntage, an denen Gottesdienste gehalten wurden, also über einen Zeitraum von 36 Wochen. Man unterrichtete in den 18 Artikeln des Glaubens, im Glaubensbekenntnis, Jesu Leben und Wirken, mit besonderem Gewicht auf dem Inhalt der Bergpredigt. Jetzt mußte ein Amischer alles ablegen, was er hatte oder machte und was gegen die Ordnung war.

Den Auftakt zum Taufgottesdienst macht wie immer ein Vorsänger mit kraftvoller Erzengelstimme: »Stimmt an, ihr Heiligen dem Herrn, stimmt an ein Lied mit den himmlischen Chören das obere und untere Jerusalem, ja alles, was Odem hat lobe den Herrn.« Heute beginnt er mit einem Tauflied aus dem Ausbund, der Nummer 54, zu singen im Ton »Erhalt uns Herr bey deinem Wort«. Die ersten Takte kommen mit den größten musikalischen Längemaßen der Tonkunst, und kräftiger als sonst stimmen die Frommen mit ein, während sich Bischof, Prediger und Armendiener zurückziehen, um noch ein letztes Mal mit den Täuflingen zu sprechen. »Merkt auf ein Sach und die ist wahr, Bezeugen will ich's hell und klar, Wiewohl darum g'schicht mancher Streit, Vom Schriftgelehrten dieser Zeit. Anfang und End in Christo b'staht, Der uns verkünd des Vaters Rath, Derwegen wir den Kindertauf Durch G'schrift ersuchen in dem Lauf ...« Dieses Lied zieht alle Register der täuferischen Begründung, warum die Kindstaufe nun unbiblisch ist, und endet dann mit einem: »O frommer Christ, nun richt und sag, Wie es die Heilig Schrift vermag, Gieb Gott die Ehr und sag dabey, Wer jetzt der Wiedertäufer sey.«

Nach dem Singen kommen Älteste und Täuflinge in die

Schüür zurück. Die Jungen – die Buben von der Feldarbeit dezent gebräunt, die Mädchen von Erregung angehübscht – sind zu diesem Anlaß durchweg neu eingekleidet, ist der Tauftag doch ein absoluter Höhepunkt im Leben eines Amischen. Die Mädchen tragen Schwarz, dazu ein weißes Halstuch, das Kleid ist über der Brust mit Stecknadeln gesichert. Die Burschen gehen im typischen Sonntagslook.

Nach der »Tauflehr« wird den zu Taufenden, die dem Gottesdienst bis hierher, tief versunken in die eigene Meditation, gefolgt sind, erklärt, daß sie jetzt – »Ihr wißt die Sprüch« – genug unterrichtet sind nach dem Befehl des Herrn. Wenn sie immer noch hoffen und glauben würden, würdig und bereit zur Taufe zu sein, so sollten sie sich in Gottes Namen nun auf ihre Knie niederlassen. Dazu fragt der Bischof – für die in scheuem Charme erstarrte Frauenseite noch tränentreibender als zuvor – nach dem Glauben der Täuflinge, nach ihrem Halt an alten Werten:

»Könnet ihr mit dem Kammerer bekennen: ›Ich glaube, daß Jesus Christus Gottes Sohn ist‹?« (Ja) »Saget ihr auch ab der Welt, dem Teufel samt seinem anweisenden Wesen wie auch eurem Fleisch und Blut, und begehret Christo Jesu allein zu leben, der für euch am Stamm des Kreuzes gestorben und auferstanden ist?« (Ja) »Versprecht ihr auch vor dem Herrn und der Gemeinde, daß ihr diese Ordnung wollet helfen handhaben, raten und arbeiten in der Gemeinde und nicht davon abweichen mit des Herrn Hilf, es gelte euch zum Leben oder zum Sterben?« (Ja). Danach folgt das Gebet aus »Der ernsthaften Christenpflicht«, die Täuflinge knien dazu, die Gemeinde hat sich erhoben. Schließlich legt der Bischof die Hand auf den Kopf jedes einzelnen und erklärt ihm: »Auf deinen Glauben, den du bekannt hast vor Gott und vielen Zeugen, wirst du getauft im Namen des Vaters, des Sohnes und des Heiligen Geistes. Amen.«

Der Armendiener schüttet etwas Wasser in die Hand des Bischofs, der es langsam auf den Kopf des Täuflings rinnen läßt, um ihn für seine Wiedergeburt zu reinigen. Damit sind junge Menschen religiös volljährig, Amische geworden. Wiederum ist es der Bischof, der dem Bruder oder der Schwester die Hand reicht mit den Worten: »Im Namen des Herrn und der Gemeinde wird dir die Hand geboten, so stehe auf. «Zum Schluß küßt der Völlicherdiener die jungen Männer, seine Frau die Mädchen, eben so, wie es unter Hausgenossen bei den Amischen immer üblich war.

Jetzt ist es vorwiegend an den Bischöfen und Predigern, die als Gäste aus den anderen Gemeinden gekommen sind, als Zeugnisgeber alles, was sie gesehen und gehört haben, zu bestätigen: »I ka nix anneres sage als daß des, wos i ghört hob isch wohr« ... »I hon nix anneres verschtande, als was Gottes isch« usw. Nach vier Stunden Krummsitzen ist man jetzt hungrig. Die Gemeinde kommt zum Liebesmahl zusammen. Die Alten unterhalten sich, berauschen sich an Wundern, die Täuflinge sitzen im Herbstlicht zusammen und scheinen vom Paradies zu träumen wie ein Weltlicher von einem Sechser im Lotto. Doch nicht alles ist Traum. Als Startkapital verfügen getaufte Amische über ein ganz gehöriges Quantum an religiösem Urvertrauen. Sie brauchen es, denn auch für sie ist das neue Leben kein einziges Fest.

Elams Christ – bis er einmal heiraten würde, rasiert er sich noch an jedem Morgen – fährt seit seinem 16. Geburtstag regelmäßig aus, um – so Rachel – »nach de scheene Mädli zgucke«. Dazu spannt er ein muskulöses Standardbred ein, ein auf Standard hin für Trabrennen gezüchtetes Pferd, das eine Meile in einer bestimmten Geschwindigkeit herunterlaufen kann. Beide Schwestern von Christ sind noch zu jung, um beim »Rumschpringe« als Chaparones zu dienen. So ist der Junge auf sich selbst angewiesen, wogegen er nichts zu haben scheint. Ab 16 blickt der Heiligennachwuchs mit veränderten Augen auf das andere Geschlecht. Die Jungen sind jetzt wesentlich mobiler als zuvor, die Mädchen – mit dem unschuldigsten Sex-Appeal, den es gibt, für den Weltlichen immer angezogen und nie ungezogen – blühen auf wie Frühlingsblumen. Jetzt fliegen besonders bei gemeinsamen Singstunden die ersten erotischen Funken, ohne daß die Teenager gleich konkret werden. Trotzdem kommt es schon vor, daß der Sohn oder die Tochter eines Hauses eine ganze Nacht irgendwo außerhalb der elterlichen Obhut verbringt, auch wenn dies nicht unbedingt gebilligt wird. Die Zeit zwischen dem 16. Lebensjahr und dem Ehestand dürfte dann zur glücklichsten Periode in einem Amischleben zählen. Tatsächlich gibt es selbst im Allen County eine Reihe junger Leute, die ihre Taufe künstlich etwas hinauszögern, denn ohne Taufe gibt es keine Ehe. Die Ehe aber ist gleichbedeutend mit einem streng regulierten Leben ... die dann regelmäßig eintreffenden Babys sind nur ein Teil des neuen Pflichtenkatalogs.

Der Brauch, wonach Türen blau verstrichen werden, wenn im Haus eine heiratsfähige Tochter wohnt, war nie überall üblich, und selbst Joseph weiß von ihm nur vom Hörensagen. Durchaus noch in der Tradition sehen sich die jungen Pärchen allerdings etwa im Lancaster County, die an Sonntagabenden im »shai Weggele« hinter einem »shaine Gaul« in halsbrecherischem Tempo auf dem Old Philadelphia Pike durch Ortschaften wie Intercourse jagen. Jetzt geht es schon einmal darum, ob der Yonnie und die Levina oder der Henner und die Katie das schnellere Pferd eingespannt haben, wer als PS-Protz seinem pennsylvaniendeutschen »Maydel« am besten zu imponieren versteht.

Die Jugend kennt sich im Amischland, nicht zu übersehen ist, wer wo und wann ans Heiraten denkt. Von Josephs Tochter Ruth etwa wird behauptet, daß sie als Teenager eine recht verwegene Reiterin gewesen sei. Doch dann sorgte sie sich von einem Tag zum anderen darum, was die Buben über dieses Hobby denken könnten, und stieg vom Gaul. Die amischen Mädchen haben für den Weltlichen durchaus den Reiz des Exklusiven und verstehen es, wenn auch nur im eigenen Rahmen, ihre Weiblichkeit auszuleben. Fromm und heiter stehen sie meist mit beiden Beinen in der (Amisch-)Welt, haben dabei etwas von der totalen Unschuld ihrer hausgemachten Puppen. Wann hört man schon einmal einen Donnerschlag von ihrer Seite! Gewiß, sie behaupten sich auf dem Melkschemel, im Kampf mit nachtragendem Vieh. Keineswegs ist es etwa so, daß sie sich einfach dackeln lassen, doch ihre Stärke ist mehr von der sensibel-sanften Art. Das Mädchen, das den Mund aufmacht, wirkt anmutig und geduldig. Und wenn so ein Geschöpf dann gar zu jodeln anfängt wie ein Gebirgler ... Doch verbindliche Kennzeichen gibt es auch hier nicht. Die Grabers etwa sind meist dunkelhaarig mit dunkel blitzenden Augen, mediterranem

Temperament und alemannischer Statur, die Brandenbergs eher blond und norddeutsch unterkühlt. Alle zusammen verstehen es schon früh, mit Täuferlust zu arbeiten, und wenn eine Oma Graber, Brandenberg, Schmucker oder Zehr im Alter dann auf ihr Leben zurückblickt, so hat sie wahrscheinlich 73000mal eine Kuh ausgemolken, acht oder mehr Kinder aufgezogen, 160000mal im Stall gefüttert, 182000 Stunden bei der Hausarbeit verbracht, weitere 55000 Stunden in Stall und Garten und sich kein einziges Mal deswegen beschwert.

Im Verhältnis zwischen jungen Leuten untereinander sind die Amischen Fleischblütler, das heißt Menschen wie alle anderen auch: Ihre Buwe und Menscher fangen sich nach dem Schmelzen des letzten Babyspecks etwa im gleichen Alter wie die Weltlichen an zu küssen, was hier noch unter das vorsichtig gehaltene »miteinander rumschpringe« fällt. Der Gott der Amischen ist nicht prüde, im Sexuellen auch kein Spielverderber. Teenager legen sich zum sogenannten »Bundling« schon recht früh zusammen ins gleiche Bett, was in einigen Kirchendistrikten geradezu mit System praktiziert wird. Dazu geht man mit einer Gesetzmäßigkeit vor, die etwa vorschreibt, daß Gemeinsamkeiten dieser Art immer im Haus des Mädchens stattzufinden haben. Vorschrift ist daneben auch, daß dieses frühe Erlebnis nicht zu einer sexuellen Lehrzeit wird, da Jungfräulichkeit vor der Ehe als unantastbarer Wert gilt, alles andere als Inbegriff des sündigen Fleisches.

Da sich die Jungen beim Bundling nicht immer ans Gebot hielten, war es häufig zum Problem ausgeartet. So warnen die zum Teil noch in Europa aufgesetzten Ordnungsbriefe seit eh und je die Heiligen auch davor, ohne die Praxis jemals abschaffen zu können. Auf altem Papier ist nachzulesen: »Die Eltern sollen wohl forsichtig seyn und in ihren Hausern gute Ordnung halten, dan jeder Hausvatter und Hausmutter seyn verantwortlich for Gott für ihre Kinder, wan durch ihre Schuld und die Luste der Jugend etwas verlohren geht. Die Eltern sollen nicht ungestraft bleiben, wenn durch ihre Nachlässigkeit die jungen Leut zusammen liegen des Nachts. Geschiehet es aber hinter ihrem Rüken rum, dann seyn sie frei.«

Da zweifeln frühe Täuferlehrer auch schon einmal daran, ob das »in Kammern geil werden« noch mit dem Auftrag der Märtyrer in Einklang zu bringen ist, auch daran, was die Welt von jenen Menschen denken müßte, »die sich das erwählte Volk Gottes heißen«, bei denen es dann aber für die Ehe pressiere. Wird es dem Amischen doch etwa im Hebräerbrief befohlen, alle Sünde abzulegen, die ihm anklebt und ihn träge macht. Von Paulus stammt die Aufforderung, sich von der Befleckung des Fleisches zu reinigen. Und Bundling ist – so wurde immer wieder erkannt – eine Befleckung. Dazu eine, die schon viel »Trubel, Kummer und Sorgen« bereitet hat. »Doch ob man es wahrhaben will oder nicht ... was früher einmal von Hunderten praktiziert wurde, heute machen es Tausende«, so noch Bischof David Troyer im Jahre 1870 in Ohio. Für ihn war dieses Bundling ein Greuel vor Gott, »der unehelich Beischlaf des Satans größte Kraft in der Sach«. Doch auch dem David ist es nie gelungen, diese »schändlich Brunst auszuwürzeln«, so hart er sich darum bemühte. Dies war auch in Zukunft immer wieder an der Zahl der Kinder abzulesen, die »aus unehelichem Beischlaf geboren, von der Bosheit wider die Eltern zeugen, so man sie fragt ...«

Ironischerweise lebten die Amischen noch im letzten Jahrhundert in den USA in Landstrichen, in denen der uneheliche Beischlaf von der Obrigkeit offiziell verboten war, in den Gemeinden aber durchaus praktiziert wurde.

In manchen Distrikten wird das Bundling weiterhin sauber praktiziert, in anderen gibt es Anlaß zu niederer Moral und frühzeitigen Schwangerschaften. Wenn Gelegenheit Liebe macht, ist ein Beischlaf zur Probe durchaus nicht ausgeschlossen, obwohl jeder weiß, daß er sich damit vor Gott einen schlechten Namen macht. Wenige »Traditionen« haben so auch unter den Heiligen so häufig zu Diskussionen geführt wie das »ins Bett gehe«. In Elams Gemeinde ist es gar verboten oder besser, man legt die Jungen mit der Auflage in Schranken, sich beim Umbalzen nur bei Licht zu begegnen. Dabei sollen sie züchtig über der Gürtellinie bleiben, über jener Linie, wo Weltliche einen Gürtel tragen, der Amischen wiederum verboten ist.

Die Frommen glauben fest daran, daß es sich beim Bundling um einen uralten deutschen Brauch handelt. Schließlich bildeten sich ihre Traditionen nie von selbst. Tatsächlich war es früher gerade auch im Berner Alpenvorland einmal durchaus üblich gewesen, daß sich junge Menschen am Abend platonisch unter einer Bettdecke trafen, da die Bauernhäuser nicht warm genug zu heizen waren. Nun wären die Amischen durchaus in der Lage, auch Traditionelles abzuschaffen. Aber so ganz unrecht ist ihnen das Brauchtum nun auch wieder nicht, verewigt es doch weit mehr als die Feierabendatmosphäre zurück im Mutterland. Den Eltern, ja selbst der Gemeinde ist es durchaus lieber, zwei amische Teenager liegen vorehelich zusammen, als daß sich einer von ihnen mit einem Weltlichen träfe.

Dieses Bundling sieht in der Praxis so aus, daß sich ein junger Mann, der mit einem Mädchen ernsthaft »rumschpringt«, am Abend an das Haus der Auserwählten heranmacht. Geduldig wartet er, bis deren Eltern jetzt ins Bett gehen, blinzelt dann mit der Taschenlampe ein paarmal an das Fenster der jungen Frau. Diese öffnet die Haustür und nimmt ihn mit auf ihr Zimmer. Ein Mädchenzimmer ist dafür – etwa an der Cuba Road – in der Regel urgemütlich eingerichtet, vielleicht mit Kunstrosen, Pfauenfedern und dem Cowboyhut an der Wand etwas zu amerikanisch angehaucht. Sind das doch Dinge, womit sich die Amischfrau in der Öffentlichkeit nicht sehen lassen dürfte. Auch nicht riechen: Das für diesen Abend aufgelegte Eau de Cologne der bevorzugten Marke »Making Love« ist dafür viel zu aggressiv.

Wenn sich die beiden jungen Leute treffen, so heißt das nie, daß sie unbedingt auch zusammen ins Bett steigen müssen ... doch wenn schon, dann ist geboten, daß der Junge zumindest Hemd und Hose anbehält, während seine Partnerin das Kleid, aber nicht die Unterwäsche über den noch unfertigen Körper streifen darf. Jetzt der »Fleischeslust zu folgen« wie der ganz gemeine fleischliche Sünder, ist – wie gesagt – tabu, auch wenn dies immer wieder einmal übersehen wird.

Die gängige Behauptung, wonach in allen Amischgemeinden das Bundling noch praktiziert wird, ist etwa so unwahr wie jene, wonach alle weiblichen Spinnen ihre Männchen nach der Paarung fressen. Daß es den Brauch aber überhaupt gibt, hat zum Beispiel die Hutterer des Jahres 1988 veranlaßt, ein Pamphlet zu drucken und ihren jungen Leuten weiterzugeben, um ihnen an einem täuferischen Beispiel zu zeigen... nun, wie man es eben nicht machen sollte. Die weltlichen Spötter generell, die hutterischen Mahner speziell, haben recht, doch sie haben auch unrecht. Amisches Bundling ist inzwischen so konkretes Menschenwerk, daß es von Menschen einfach nicht mehr zu entwirren ist.

Dazu brauche ich mich nur an jenen Abend im Holmes oder Wayne County in Ohio zu erinnern – an einen Landstrich mit einer der stärksten Konzentrationen von Amischen in den USA, nach Täuferverständnis damit so etwas wie eine zweite Arche Noah. Hier sind die Amischen unter sich, hier wird auch das Bundling ab dem Alterslimit von 16 Jahren noch besonders stark gepflegt.

Um diese Zeit waren die Kühe zu Hause, das Nageln des Dieselmotors längst erstarrt. Nach einem prallen Sommertag ist man im Farmhaus zur Ruhe gegangen, hat im zweiten Stock jedoch irrtümlich noch eines der kalt-bleichen Gaslichter brennen lassen. Plötzlich erwacht der Farmer am Ächzen eines Pferdegeschirrs ... der Familie steht der Besuch Lust-lustiger – vielleicht sogar wildfremder – Amischbuwe ins Haus. Diese versuchen, vom Gaslicht angezogen, mit sintemal lästerlichen Temptationen durch die Eingangstür und in den zweiten Stock vorzudringen. Dort schlafen die reiferen Amischmädchen.

Nicht, daß der Hausherr über den Besuch nun verwundert wäre, aber mit jener sympathischen Portion Gelassenheit, die die Amischen allgemein auszeichnet, ist es bei ihm vorbei. Und er wächst mit dem Gewicht der Aufgabe, die jetzt an ihn gestellt ist. Der Zwischenfall salzt nun aufs neue die Wunden im Amischland, denn die Burschen sind an diesem Abend an das falsche Farmhaus geraten, da sich die Frommen hier wegen des Bundlings streng getrennt haben. Über die Kluft zwischen Gottesliebe und Fleischestrieb ist es dabei zu vielen psychologischen Narben unter den Jugendlichen selbst, aber auch unter Erwachsenen und Gemeinden gekommen, die darüber auseinandergehen wie schlecht geleimte Möbel. Jene, die das Bundling erlauben, die Angst haben, die Tradition zu ändern, nennen sich weiterhin Altamische, »zu alt«, um sich für Neues zu motivieren. Und fraglos sind sie in der Überzahl. Aber die Abgesplitterten, die man dafür als Neuamische bezeichnet, wenden sich um so strikter gegen den Brauch.

David Kline, als Viehhirte wie der biblische Abraham dem Natürlichen durchaus zugänglich – ein Mann, der mit einer an zwei Autobatterien angeschlossenen elektrischen Schreibmaschine Bücher über das amische Leben und damit auch über das Bundling schreibt – erklärte mir in grollendem Deutsch zwar einmal, daß Bundling eigentlich nur Balz, damit religiös hygienisch und mit den Mustern der amischen Vergangenheit abzudecken sei. Junge Pferde – kraß versachlicht – müßten bewegt werden, und die Buwe kämen wirklich nicht, um männliche Großtaten zu vollbringen. Aber der Mann im Mann dürfte doch nicht übersehen werden, der Teufel, der ihm sagt: »Mach das, mach das, mach das ...« Nun, der Gedanke daran und an zwei rundweg telegene Töchter hatten den David selbst zum Neuamischen werden lassen.

So ein Abend brennt sich dann ins Herz, gerade auch bei den amischen Teenagern, die anders sein sollen als jene, die die Vergangenheit hüten. Nicht immer hilft dabei der Trost, daß etwas weh tun muß, was helfen soll. Die Mädchen der Neuamischen lernen ihre Männer dann auch nicht bei Bundling und Heimvorteil, sondern am häufigsten beim Sonntagabend-Singen kennen. Während dort noch nach Geschlechtern getrennt gebetet wurde, singen die züchtig aufgereihten Jungen nun gemeinsam nach den alten Noten. Ihre Liedvorträge bleiben an Gott und gute Christen gerichtet, konzentrieren sich allein auf ihre Glaubensrichtung. Doch die Mädchen sind es, die für den guten Ton, für einen Abend für Geist und Auge gleichermaßen sorgen.

Endgültig wird die Sache mit dem Bundling, wie noch so manches andere im Amischleben, somit wohl erst im Himmel zu klären sein. Während der Stunde Null, die rundweg kein Erbarmen kennt.

Amischen wird gelehrt, ihre Partner nicht aus fleischlicher Lust zu wählen, also nicht nach Äußerlichkeiten, da der Urmensch, jeder Mensch, einmal als Ebenbild Gottes geschaffen wurde, ihm also jeder ähnelt, ganz gleich wie groß die Nase, wie schief das Auge oder wie mächtig das Hinterteil ist. Ihr »Glück hängt nicht am Fleisch«. Daß sich die Jungen daran halten, ist jedoch Legende wie die des geizigen Schotten. Was Gott gemacht hat, ist gut ... das mag in diesem Zusammenhang ein wenig nach Theorie klingen und ist es auch. Die Jungen und Mädchen wissen durchaus, was »schee isch vum Angesicht«, was somit gefällt. Die Frage etwa danach, wie in Deutschland die Mädchen aussehen und ob sie hübsch seien, wird durchaus gestellt. Selbst der Joseph ist der Meinung, daß es in seiner Familie Mädchen gäbe, »wie sie schöner einfach nicht gemacht werden können«. Und so unrecht hat er nicht. Ehe ohne Trauschein als aktuelle Lebensform ist ausgeschlossen. Unter den 300 Amischfamilien im Allen County findet sich heute kein einziges uneheliches Kind, wobei rein rechnerisch natürlich hilft, daß der Amische, der eine Frau schwängert, sie auch heiratet ... oder eben kein Amischer mehr ist.

Ein Frommer darf nur eine Fromme heiraten und umgekehrt. War doch schon Israel vom Herrn geboten worden, daß beim Heiraten jeder Stamm bei sich bleiben sollte, damit im Erbteil keiner verringert wurde. Steht schon im Alten Testament, daß man Baumwolle nicht mit Schafwolle, eine Tierart nicht mit einer anderen vermischt. Das mit den Tieren halten die Amischen nicht mehr ganz so streng, am Beispiel des Maulesels in Pennsylvanien und Ohio abzulesen. Ist der Maulesel doch eine recht erzwungene Zucht, da der Stute die Augen zugebunden werden müssen, damit sie den Hengst akzeptiert. So jedenfalls die vom Allen County, die diese Mischung als wenig gottgefällig ablehnen. Doch was in der Landwirtschaft vielleicht gerade noch geht ... bei einer Ehe kennen die Gläubigen aufgrund ihres Schriftprinzips absolut keinen Pardon. Nur über diese Regelung ist es ihnen nach ihrer Meinung bis heute auch gelungen, »daß auswendige (sprich: nichtamische – d. A.) Wibber nicht mit Hilfe des Satans das Volk von den Wegen Gottes abführten«. Schon die Ehe mit einem Mennoniten der wehrlosen Verfassung würde zum Ausschluß aus der Gemeinde führen, es sei denn, der Partner »aus dem abfälligen Volk« würde sich zur Amischlehre bekehren lassen wie etwa der

David von der Cuba Road. Als Mischehe gilt jede Verbindung mit Leuten, die »nicht aus dem Haus des Herrn sind«. Wer aus der Gemeinde heiratet, für den gibt es kein Zurück. Die Amischen gehen davon aus, daß Gott »bei zwei neugeschaffenen Personen im Paradies« selbst den Ehestand eingesetzt hat. Nach dem Sündenfall entsprossen dann daraus zwei Völker: die Kinder Gottes und die Kinder der Menschen. Als nach einer gewissen Zeit die Kinder Gottes auf die Kinder der Menschen sahen und diese zu ihren Weibern nahmen, reute es den Allmächtigen, daß er den Menschen gemacht hatte. So erinnern die vom Allen County daran, daß der Allmächtige die Kinder Israels davor warnte, sich »mit auswendigen Wibbern« zu vereinigen, auf daß sie nicht durch dieselben zur Abgötterei verführt würden. Als schlechte Beispiele dienen der von Gott geliebte, weise König Salomon, der gegen höhere Weisung ausländische Frauen genommen hat, worauf im Alter sein Herz zur Abgötterei neigte. Wegen dieser Sünde war es, daß dann sein Königreich geteilt wurde. Israel, das sich durch die midianitischen Weiber hatte verführen lassen, wurde so gestraft, daß 24000 starben. Wer trotz dieser Hinweise als Amischer noch nach einem Partner aus der Welt Ausschau hält, dem wird das Wort Pauli auf den sündigen Leib geschrieben: »Wer an der Hure hanget, der ist ein Leib mit ihr, denn sie werden zwei in einem Fleische sein. Wer aber dem Herrn anhanget, der ist ein Geist mit ihm.«

Aus alten Tagen stammt die Vorschrift, wie nah die Amischen untereinander heiraten dürfen. Sie war einmal notwendig geworden, da die Heiligen häufig isoliert lebten und keine geregelte Verbindung zu anderen Gemeinden hatten. Und ganz überflüssig ist sie bis heute nicht. So ist Elams Rachel etwa eine geborene Graber und eine verheiratete Graber. Und um sie herum grabert es, wohin man sieht. Tatsächlich sind die rund 33000 Hutterer (15 Familiennamen) und die ca. 100000 Amischen (100 Familiennamen) die ingezüchtetsten Gruppen in Amerika. Als Ergebnis davon gibt es in einigen Gemeinden Zwergwüchsige, Personen mit sechs Fingern, ganze Familien mit kurzen Oberlippen oder bestimmten Krankheiten, wobei häufig noch genau die Person der Einwanderung bestimmt werden kann, von der entsprechende Erbanlagen stammen (die sich heute dann auch noch in der Schweiz wiederfinden lassen). Inzuchtprobleme haben die Amischen immer gekannt, sie stellen heute nach Untersuchungen in den USA allerdings kein größeres Problem wie in der weltlichen Gesellschaft dar. Geehelicht werden darf nach der Vorschrift »in die Blutsfreundschaft« nicht näher als der Geschwister Enkel, also der zweite Cousin.

Der Ehepartner, der in eine Gemeinde heiraten will, muß eine Art Führungszeugnis seines Kirchendistrikts bringen, das den Brüdern und Schwestern vorgelesen wird, bevor sie bestimmen, ob man ihn bei sich aufnimmt oder nicht. In der Regel verläßt der Mann das Elternhaus und zieht – wenn auch nur vorübergehend – bei seinen Schwiegereltern ein, ist es doch schriftlich, daß er Vater und Mutter verlassen muß und seinem Weibe anhängen soll. Eine Zeit der Verlobung gibt es nicht.

Geheiratet wird, wenn beide Partner getauft und damit in die Gemeinde aufgenommen sind, ganz allgemein aber erst, nachdem sich Mann und Frau etwa drei bis vier Jahre näher kennengelernt haben. Am häufigsten tritt vor dem Ehebündnis der Armendiener als »Schteklimann« der Gemeinde in Aktion. Wenn Zeit zum Heiraten ist, wird er vom Bräutigam zu den Brauteltern geschickt, um auszukundschaften, ob die Verbindung willkommen ist. Vater und Mutter müssen zustimmen. In vielen Gemeinden nimmt der Schteklimann auch das Jawort der Braut entgegen. Von ihm erfährt dann der Bischof von der geplanten Ehe, vom Bischof wiederum die Gemeinde.

Wer »hürat«, muß damit rechnen, daß er von allen Seiten deswegen derb gehänselt wird. Aus diesem Grund wahren die Brautleute ihr Geheimnis auch so lange es nur geht. Doch wenn auf einem Hof mit Heiratsfähigen in einer Saison etwa riesige Mengen Sellerie gepflanzt oder weit mehr Mais als sonst üblich getrocknet wird, wenn Kälber über die Zeit hinaus gemästet werden, weiß ohnehin jeder vom bevorstehenden Fest. Gerade Sellerie wird bei den Hochzeitsfeiern der Amischen in Unmengen geschluckt.

Geheiratet wird am häufigsten vor der Einsaat oder nachdem die Ernte eingefahren ist. Einmal ist der Arbeitstag jetzt noch nicht oder nicht mehr so ausgefüllt wie während der Zeit der schweren Feldarbeit, daneben haben die Buben im Herbst – so Elam – häufig einfach keine Lust mehr dazu, ihre Mädchen einen weiteren Winter im offenen Einspänner durch kräftige Minusgrade zu fahren. In kälteren Jahreszeiten ist es auch erheblich einfacher, die gewaltigen Mahlzeiten vorzubereiten und ohne modernes Gerät frisch zu halten. Eine »Hochzüt« wird dann zum riesigen Familienfest, hat etwa bei Tobi Graber und seiner Naomi aus dem Haus Brandenberg auch rund 2500 Dollar gekostet. Bei der Trauung von Martha Graber von der Campbell Road und Wilmar Schmucker aus der Gegend um Berne waren 500 Gäste eingeladen.

Die Gemeinde übt bei der Eheschließung eine gewisse Zuchtübung aus, so wie es früher auch bei der Volkskirche üblich war. Personen werden gezeichnet, die nicht ganz rein in die Ehe gehen. Während in alten Tagen die Volkskirche das Tragen von Brautkranz, Brautschleier oder Ehrengeläut in diesem Falle verbot, werden bis heute im Allen County Brautleute mit vorehelicher Praxis, ganz besonders »wenn's pressiert«, nur sonntags während des normalen Gottesdienstes getraut. Die Reinen und Standhaften dagegen bekommen fürs Gelübde einen Wochentag, denn nur so sind hier die Ehrlichen zu loben, die Unehrlichen aber zu strafen. Um sicherzugehen, fragt der Bischof vor dem Traugottesdienst die beiden Ehewilligen, ob sie denn auch bis zu diesem Tag rein geblieben seien ... wobei er sich nicht ganz so fein ausdrückt. Im Amischschwätze lautet die Frage vielmehr, ob sie denn auch ganz frei von Hurerei seien. Geheiratet wird ein bis zwei Wochen nach der »Ausrufung« beim Gottesdienst, nie an einem Freitag, da an diesem Tag einst Christus am Kreuz gestorben ist, und auch nicht an einem Montag, da man am Sonntag dazu keine Vorbereitungen treffen dürfte.

Beim Gottesdienst, der von 9 bis 12 Uhr häufig in einem Nachbarhaus stattfindet, da der eigene Hof für die Hochzeitsfeier hergerichtet wurde – die »Kirche« kann auch eine Scheune sein –, »nimmt es einen Bischof, um zwei Seelen zu verheiraten«. Nach dem offiziellen Begehren »... in ein glücklich Stund in den Ehestand nei ztrette«, muß das

Brautpaar für ein ganzes Täuferleben lang versprechen, nach christlicher Ordnung Mann und Weib zu sein, für sich »wenn einer sollte in Leibes Schwachheit, Krankheit oder einigerlei solche Zufällen kommen« zu sorgen, und Lieb und Leid miteinander zu tragen, bis daß der Tod sie scheide. Der Bischof nennt das »d'Ehpflichte«, die befolgt werden müssen, um nicht einmal mit einem Handicap vor dem Richter zu stehen. Mann und Frau halten sich dabei an den Händen, vielleicht das einzige Mal in der Öffentlichkeit in ihrem Leben.

Die Predigt erstreckt sich von der Erschaffung der Welt bis zur seegängigen Arche Noah, wobei daran erinnert wird, daß auch Noah tatsächlich nur ein einziges Weib hatte. Dem Brautpaar wird erklärt, warum es Mann und Frau überhaupt gibt: »Im Anfang sollte die Schöpfung alleine Adam sein, aber als Gott sah, daß es nicht war, daß der Mensch allein ist, gab er ihm ein Weib.« Dann kommt die Rede auf Isaak, den Sohn Abrahams, wie er Rebekka freite, und Jakob, Sohn Isaaks, der die Rachel nahm. Salomons Vielweiberei ist immer auch hier ein Thema, da sie dem Volk zum Unsegen diente. Am Ende fragt der Bischof, ob jemand Einwände gegen die zu schließende Ehe habe. Nach der Trauung folgen ein Gebet aus der Christenpflicht und das 122. Lied des Ausbund, im Ton »Mensch nun wilst du selig seyn«.

Amische tragen keine Ringe, tauschen in der Öffentlichkeit keine Küsse – ein Kuß ist Leidenschaft, diese wiederum weltlich –, geben sich keine Kosenamen und schenken keine Blumen. Für die Frau gibt es dafür Küchenutensilien, für den Mann etwa Hammer und Schaufel. In Ohio erhält der Bräutigam vom Brautvater eine Kuh. Und nicht etwa, daß man jetzt dem Ehepaar ein gutes Zusammenleben wünscht. Nein, das wird bei den Frommen vorausgesetzt. Dafür wird in einigen Kirchendistrikten – neben einer Reihe anderer Tricks – der Bräutigam nach der Trauung über einen Zaun, von der jungen in die alte Gesellschaft geworfen. Der Braut wird ein Besen vor die Füße gelegt, wenn sie darüber stolpert, gilt dies als böses Omen. Tradition ist auch, daß Amische, die sich bei der Einladung übergangen fühlen, mit Hammer und Säge auftauchen, um damit protestierend gegen die Wand des Farmhauses zu klopfen, in dem gefeiert wird.

Während der anschließenden Hochzeitsfeier, die sich über den Rest des Tages hinzieht – das Brautpaar sitzt in der »Eck« hinter einem gewaltigen Speisenberg, die Frau links vom Mann, so wie später auch im Buggy –, kommen die Amischen ohne jede musikalische Umrahmung aus. Man singt und jodelt zwar wie die Schweizer, zu »fiddeln wie die Römer« dagegen wäre total unangebracht. Auch diese Praxis war nicht immer unumstritten. Als vor etwas über 100 Jahren in einigen Gemeinden Klaviere aufgestellt wurden, hatte das schnell die Opposition der Konservativen auf den Plan gebracht. Die Verwendung von Musikinstrumenten wurde daraufhin von einer Dienerversammlung – »auch für die Kindeskinder nach uns« – als »ungebührlich« erkannt, denn »wir lesen zwar im Alten Testament, daß Miriam sang und den Weibern vorging mit der Pauke. Gott gebot Mose auch, zwei silberne Trompeten zu machen zum Gottesdienst, David spielte die Harfe, um den bösen Geist des Saulus zu vertreiben«. Doch im Neuen Testament sage der Paulus: »Singet und spielet dem Herrn in eurem Herzen.« Am Anfang der Sintflut stünden die Geigen und Pfeifen der Menschenkinder, beim Goldenen Kalb die Musiker, zum Tanz der jüdischen Herodestochter – Grund für die Enthauptung des Johannes – mußte ebenfalls einer aufgespielt haben, sonst hätte die Salome ja nicht tanzen können. Schließlich trieb der Heiland beim toten Mägdelein die Pfeifer hinaus. Und jetzt war es an den Instrumentalisten zu beweisen, daß der Heiland oder seine Apostel jemals hinter einem musikalischen Instrument gesessen oder befohlen hätten, sich hinter ein solches zu setzen.

Anstelle des Hochzeitstanzes rückt der hier so populäre »Eckball« nach den Regeln der Altväter. Dazu stellt sich eine Gruppe mit Frommen in eine Ecke des Hofes und versucht mit einem Ball einen Gegenspieler zu treffen. Wer getroffen wird, der scheidet aus.

Aufgekocht haben Freunde der Familie, Kochen und Kellnern ist bei einem Anlaß wie diesem eine Ehre. Acht Köche – vier Ehepaare – sind das absolute Minimum für die Zubereitung des Fleisches (in manchen Gemeinden ist es üblich, daß der Bräutigam das gesamte Geflügel köpfen muß), Kartoffelköche – drei weitere Paare – kümmern sich um die Beilagen, ein »Schnützler« schnitzelt Äpfel usw. Kartoffelköche und Schnützler haben den Vorteil, daß sie wenigstens einem Teil der Trauung folgen konnten. Natürlich wissen sie ganz genau, bei welcher Predigt- oder Bibelstelle sie den Gottesdienst verlassen und zurück zur Arbeit müssen, spielt sich das alles doch immer im gleichen Rahmen ab. Gegessen wird dann in Schüben, sogenannten Sitzungen. Nachdem die ersten abgefüttert sind, wäscht man Geschirr (manchmal auch nicht, da es ohnehin gleich wieder benutzt würde) und versorgt die nächsten.

Besonders aufregend ist jede Hochzeitsfeier für die Jugend. Am Abend des Feier-Tages werden von der Braut – hin und wieder kräftig manipulierend – junge Pärchen zusammengestellt, die jetzt nach der Tischordnung zusammensitzen müssen. Junge und Mädchen Seite an Seite, wenn sie schon eine Weile miteinander »rumschpringe«. Andere Formationen sind dagegen besonders für die Eltern von einigem Interesse und sorgen auch schnell für Gesprächsstoff.

Die erste Nacht verbringt das Paar in der Regel im Haus der Brauteltern. Nach Amischtradition sollen sich dabei ebenso wie in den beiden folgenden Nächten »der willige Knabe und die Jungfrau« nicht gleich ans eheliche Werk machen, also jedes natürliche Lustverlangen zügeln, sich enthalten und lieber beten wie der biblische Tobias, als geschlechtlich werden. Erst dann können sie mit gutem Gewissen ans »heilige Fach des Vermehrens« (so der Joseph) gehen, nach dem Auftrag Gottes: Wachset und vermehret euch. Flitterwochen kennen die Heiligen nicht. Beim Eintritt in den Ehestand ist die Frau um die 23, der Mann nur unwesentlich älter. Geheiratet wird praktisch immer – Junggesellen sind die absolute Seltenheit. Ohne Mann hat die Amischfrau wenig Gewicht, wer nicht heiratet, sollte einen guten Grund dafür haben, denn es steht geschrieben, daß sich der Mensch vermehren, dazu heiraten soll – ein bedeutender Aspekt im religiösen Überlebenskampf.

Wo der Mann ist, ist von nun an die Herrlichkeit. In gewissem Sinne kann die Amischgemeinde als eine Männerwelt gelten, nicht ganz so ausgeprägt wie auf einem Bruderhof der ansonsten fortschrittsgläubigeren Hutterer, aber trotzdem offensichtlich genug. Der Mann ist ganz bewußt das Haupt der Familie, ein Männlichkeitsgefühl, das auf physischer Kraft und festgefügten patriarchalischen Familienverhältnissen nach dem Bibelwort beruht, damit zur psychischen Grundsubstanz eines Amischhaushaltes gehört. Ein Amischer verehrt zwar seine Mutter über alles, im eigenen Haus ist er jedoch der Herr, voll im Mythos der männlichen Überlegenheit. Das männliche Geschlecht wird aus der Linie Gott-Vater-Sohn abgeleitet, der die Gottebenbildlichkeit des Mannes entspricht. In der Kirche hat die Frau außer beim gemeinsamen Gesang zu schweigen. Hier hält man es einmal mit dem Apostel Paulus, der den Mann als Abglanz Gottes, die Frau lediglich als Abglanz des Mannes sah (1 Kor 11,7). Dieser Paulus, Standardzunge aller Täufer, ohne die auch das Weltchristentum nicht denkbar ist, rät, daß die Frau in der Gemeinde schweigen und sich unterordnen soll. Den gleichen Paulus aber legen die Amischen beiseite, wenn es ums Eheleben geht. Denn auch ein Apostel kann sich täuschen, etwa wenn er empfiehlt, »daß ein Mann keine Frau berühre« (1 Kor 7,1) und am besten auch nicht heirate (1 Kor 7,8), also schlicht im Fleisch nichts Gutes findet.

Die Amischen teilen sich dazu auch Luther, der einst erklärte, Frauen seien dazu geschaffen, die Männer zu erfreuen, ansonsten redeten sie gerade in öffentlichen Dingen »wirr und unpassend«. Das mit der Freude haben die Heiligen akzeptiert, ihren Frauen gestehen sie heute dagegen eine Stimme in öffentlichen Dingen zu. Allerdings lehnt man jedes »Regiment« der Frau in weltlichen wie religiösen Angelegenheiten ab, nennt doch die Bibel keine einzige Frau, die sich etwa gegen Christus aufgelehnt hätte. Gott hat dem Weib einen Platz zugewiesen, den es einzunehmen hat. Im Amischland kommt so auch zuerst der Herr im Himmel, dann Christus als sein Sohn, dann der Mann und schließlich, am Schluß, dessen Frau. So wie Christus dem Willen des Vaters unterworfen war, der Mann Christus untersteht, hat sich die Frau dem Manne unterzuordnen. Es gibt im Amischland Frauen, die reiten können wie ein Hunne und

Turnen wie Jane Fonda, die besser aussehen als eine Filmdiva und mehr leisten als ein Schwerarbeiter ... die sich trotzdem nach den Spielregeln der Frommen zu häuslichen und gebärenden Wesen entkernen lassen und ihre Rolle anstandslos akzeptieren.

Nach der Eheschließung ist es die vornehmste Aufgabe eines jungen Paares, die Welt mit Heiligen zu bestücken, frei nach dem Motto des Joseph von der Cuba Road: »Gott hat die Welt gemacht für die Gläubigen. Was ist, wenn ausgerechnet wir keine Kinder machen würden?« Er selbst hat sich daran gehalten. Ein Gläubiger ist dem Herrn – so der Prediger – mehr wert als 1000 Ungläubige. Joseph hat 15 Kinder, die demnach gut für 15000 Ungläubige stehen, wobei sich der ergraute Prediger nie anmaßen würde, sich ganz so deutlich auszudrücken. Meisterhaft befolgte ein Mose Burkholder dabei Gottes Auftrag. Noch zu Lebzeiten – Kinder und Kindeskinder legten ihm pausenlos etwas in die Wiege – hatten er und seine direkten Nachkommen mit rund 550 Menschenkindern die Erde kräftig nachgefüllt.

Mit diesem Auftrag, die Welt von sich aus zu bevölkern, entschuldigen sich die Amischen gerne dafür, eine wichtige Auflage der Schrift heute arg zu vernachlässigen: die Mission. Amische missionieren mit ganz wenigen Ausnahmen nicht außerhalb der eigenen Kirche, des ureigenen Kosmos, in dem sie leben. Der Joseph erklärt mir auch warum. Nach seinen eigenen Kindern zu sehen – »D' Buwe un Mädli lehre, Gott zfürchte und recht zdu« –, das ist für ihn Missionsarbeit, selbst wenn es etwas zu egoistisch erscheinen mag.

Babys werden im Allen County im Hospital geboren, mehr und mehr auch wieder im eigenen Heim, da die Hebamme hier nur ein Fünftel von dem kostet, was die Krankenhausrechnung ausmacht. Die Amischfamilie hat im Schnitt heute zwischen sechs bis acht Kinder, was sie – obwohl die Elterngeneration häufig noch zwölf und mehr großzog – im richtigen Verhältnis gesehen, zu einer der am schnellsten wachsenden religiösen Gruppen in Amerika macht, zu einer demographischen Zeitbombe, wenn man so will. Doch Kinderreiche sind bei ihnen nicht arm dran. Die Amischfrau bleibt ohne Schwangerschafts- oder Mütterurlaub, aber immer mit Arbeitsplatzgarantie und Aussicht auf das nächste Baby. Sie ist dazu geboren. Geburtenkontrolle, Chemie als Konkurrenz zur Natur, ist nachdrücklich verboten. Auch hier regelt's doch der Herr in Weisheit: Er läßt das Wibb altern, nimmt dem Mann eines Tages die Kraft aus den Lenden, trennt ihn somit vom großen Vorbild Noah, der seine Söhne noch im Alter von über 500 Jahren zeugte. Dem Kommando, der Natur jeweils ihren Lauf zu lassen, stellen einige Ehepaare allerdings trotzdem alte Mittel und neue Pillen entgegen, eventuell auch eine Sterilisation. Doch Mutterschaft ist in den Kirchendistrikten keine rein private Sache, entspricht eher der traditionellen Rolle der Frau im alten Europa, auch wenn diese dort längst vergessen ist.

Die Geburt eines späteren Pflügers, eines Metzgers, einer Hausfrau oder einer Melkerin ist willkommen, ganz gleich, ob das Kind nun gewollt oder einfach nicht zu verhindern war. Einen nennbaren Vater gibt es immer. Kinder sind hier verplanbare Größen. Man gibt ihnen gerne Bibelnamen aufgrund eines verblüffend einfachen Rezepts, wonach es einfach besser ist, die »Bobbeli« nach guten Leuten als nach schlechten zu nennen. Kleinkinder auf einem Amischhof können dann nichts falsch machen, bis sie das Laufen erlernt haben. Noch wird ihnen die Unterscheidung zwischen Gut und Böse nicht zugetraut. Dann aber müssen sie allmählich lernen, Respekt vor den Eltern, den älteren Geschwistern, Erwachsenen im allgemeinen zu haben. Schließlich auch, daß Deutsch mehr gut und Englisch mehr schlecht ist. Die Kindererziehung entspricht grob gesehen noch Menno Simons Anleitung, wonach die Jungen zu jenen Tätigkeiten angeleitet werden sollten, die ihrem Alter und damit ihren Fähigkeiten entsprechen. Unsinnige Liebe ist etwas Negatives, da Eltern durch sie blind werden und die Fehler ihrer Kinder leicht übersehen könnten: »Spart die Rute nicht, wenn sie nötig ist.« Natürlich soll die Strafe ohne Zorn und Bitterkeit, also immer »mit Maß« erfolgen. Die Mutter lehrt das Kind mit den ersten zu stammelnden Worten das Gebet, der Vater lehrt es mit manchem Machtwort »Jesus nicht zu betrüben«.

Amische Eheleute können sich trennen, wenn es sehr

gute Gründe dafür gibt – zum Beispiel wenn ein Partner
»ungläubig« würde –, aber niemals scheiden lassen, was
automatisch Bann und Meidung nach sich zieht. Das sechste
Gebot hat im Allen County damit noch durchaus seinen
Sinn. Ehebruch als nationale Tugend kennt nur die Welt, als
»unehelich Beischlof« müßte er der Gemeinde sofort ge-
meldet werden und zöge ernste Konsequenzen nach sich.
Die Ehe ist und bleibt eine Institution, der man nicht ungestraft entgehen kann. Ihre Heilighaltung gilt als selbstver-
ständliche sittliche und religiöse Pflicht. Differenzen unter
Partnern sollen nach dem Gebet im persönlichen Gespräch
behoben werden.

Amischehen scheinen für den Außenstehenden glücklich
zu sein, viele sind es sicher auch. Ein entsprungenes
Amischmädchen – ich nenne es hier einfach Leah –, mit der
ich einmal im Liesel-Restaurant in Lagrange zusammensaß,
gab mir allerdings eine konträre Darstellung. Doch wie erwähnt ... sie war längst keine Heilige mehr, gab auch zu,
daß ihr etwa Michael Jackson heute viel, viel mehr bedeute
als Jakob Ammann jemals zuvor.

Nach Leahs Worten können die Brüder zwar weltlich lei-
denschaftlich sein, wären dann aber doch schrecklich unbe-
gabt und sittlich viel zu ernst, als daß eine Ehe auf diesem
Gebiet harmonisch sein könnte. Brüder und Schwestern
wüßten zwar, was Leben, doch nicht was Lust und Liebe ist,
und könnten so auch mit Sexualität einfach nichts anfangen:
angstbesetzte Sexualität mit einer aufgesattelten Katholi-
kenmoral, die weit zurück in die Geschichte geht. Eine hohe
emotionelle Bindung unter Partnern gebe es dadurch praktisch nie, Verbindungen seien in erster Linie loyale Freundschaften. Bei aller Fortpflanzungsfreude ... sie liebten einfach falsch oder würden von den Falschen geliebt. Amischfrauen litten aus diesem Grund häufig unter Depressionen,
ganz sicher würden sie ein Leben lang etwa nie die – für zu
weltlich gehaltene – Versicherung ihres Ehemannes »Ich
liebe dich« hören. Ein besonderes Problem sei, daß sich die
Ehefrau, die Fehler an ihrem Mann erkennt, dagegen nie
aussprechen kann, da es sie über ihre gottgegebene Rolle
stelle.

So sah es Leah aus ihrer kritischen Distanz heraus, eine

Ex-Amische auf der Suche nach einem neuen Gesicht: die Wimpern mit dickem Mascara gemörtelt, das Haar mit Haarspray und Farbe revuehaft auffrisiert und die ganze Person im studentischen Gammellook übertrieben herausgeputzt – so eben, wie sich Amischmädchen eine Zeitlang geben, wenn sie die Gemeinde verlassen. Wie erwähnt, sie war längst keine Amische mehr, lebte im Spaghettiviertel von Fort Wayne, hatte von einem Extrem ins andere gewechselt. Amischsein war für sie jetzt zur religiösen Einfalt geworden, mehr Tradition als Religion.

Der Elam, von mir einmal auf Leah angesprochen, sagte nichts dagegen, nickte nur ernst mit dem Kopf und fragte dann, ob in der Bibel nicht stehe, an den Taten, nicht an den Worten sollte man den rechten Christen erkennen. Und Taten des Mannes ließen sich bei der reichen Kinderschar der Amischen doch nachweisen. Oder etwa nicht?

An einem Sundigmorge im September kutschieren wir ins bereits herbstlich getönte Umland von Harlan, wo Josephs Kirchendistrikt heute seine Ordnungsgemeinde hält, eine Art Schlichtungsversammlung, die zwei Wochen vor das Abendmahl gehört. Ihr Sinn ist, dem Bruder (oder der Schwester) jetzt noch einmal aufzuzeigen, wie er mit seinem Bruder (oder seiner Schwester) handeln soll. An den Sonntagmorgen zwischen Ordnungsgemeinde und Abendmahl fasten die Frommen vor dem Kirchgang ebenso wie an Karfreitag und Himmelfahrt.

Alles beginnt wie ein normaler Gottesdienst, nur daß die Familien heute noch früher als sonst auf dem Hof eintreffen. Also werden die Bänke, die an den Wänden stehen und damit Rückenstützen haben, schnell zu kurz. Die Predigt dagegen ist ellenlang. Der alte Joseph macht nach dem Liedlisinge den Anfang. Er fühlt sich nach einer gerade überstandenen Krankheit etwas zu schwach, um »de schweere Deel«, also die Hauptpredigt zu halten. So steht er wie der Fels in der Brandung zwischen Küche und Wohnzimmer, zwischen Männer- und Frauenteil, und beschränkt sich auf starke 20 Minuten. Ihm folgt etwas weitatmiger der Armendiener Jakob Zehr. Die eigentliche Predigt hält dann Henry Zehr. Er beginnt im Paradies, erwähnt dabei die absolut böse Rolle der Schlange und wird auch schnell praktisch: »Deswege ischs heit noch so, daß dr Gaul scheut, wenn d'Schlong übber de Weg läuft. Deswege tun mer se mit dem Fuß au verdappe, au verdappe.«

Nach zwei Stunden – in der Reihe neben mir ist ein Bruder tief eingenickt, schnarcht wie ein Büffel – wirft der Henry mit Blick darauf ein, daß er jetzt tatsächlich schon rund 120 Minuten geredet habe, aber ob zwei oder drei Stunden, was wäre das schon im Verhältnis zur Ewigkeit und für den Preis, daß eine Seele vom Feuer errettet werden könnte. Gegen 12 Uhr sind wir dann mit den Kindern Israels am Roten Meer.

In einer Weißblechdose wird Wasser herumgereicht, dann Chipstüten aufgebrochen. Die Kinder, obwohl wiederum äußerst diszipliniert, haben sich unter den Bänken breitgemacht, schlafen tief oder lächeln – je nach Männer- oder Frauenseite – die Beine ihrer Mütter oder Väter an. Natürlich regen sich bei den Frommen nach nunmehr vier Stunden Sitzzeit jetzt auch durchaus menschliche Gefühle. Der Tobi ist's, der mir ein »Wilscht mitkumme in de Stoll?« herüberbläst. Hier sucht man nicht das Weite, um Naheliegendes zu tun. Im Stall stehen Heilige neben Heiligen, dazwischen ein »Doktor der Schrift« im farblosen Einton, lässig-selbstverständlich in einer Reihe mit Kuh- und Pferdehintern beim kleinen Geschäft. Atmosphäre ersetzt den fehlenden Komfort. Dabei ist die Predigt des Henry schon arg im Gespräch, die Amischen diskutieren darüber wie andere den Sport- oder Wetterbericht. Die Wibber wählen aus frauenspezifischen Gründen in der Regel das Plumpsklo, wobei die Amischen vom Allen County hier schon etwas fortschrittlicher sind. Gibt es doch zum Beispiel in Iowa Kirchendistrikte, die selbst noch das einfachste Hisli als weltlich ablehnen. Dort sind dann auch im Laufe der Zeit die Menschen in ihrer Natürlichkeit ihren Tieren immer ähnlicher geworden. Für Frauen und Kinder steht im Haus ein tragbarer Behälter zur Verfügung, Männer müssen fürs große und kleine Geschäft unweigerlich in den Stall. Das hat durchaus auch praktische Gründe, denn ob es sich nun um den »Mist« von Mensch oder jenen vom Tier handelt... alles zusammen landet schließlich doch eines Tages auf dem Feld.

Zurück im Farmhaus donnert Henry: »Wir sind frei und keine Knechte«, erinnert – apropos Knechte – an jene üblen Buben, die auf Jesus 39mal herumgetrampelt sind, bevor sie ihn ans Kreuz geschlagen haben: »Und geschwitzt hot dr Herr, sWasser unds Blut sind grad so runnergloffe an ihm.« Doch auch der Henry kann nicht alles erzählen, ist es doch auch nicht notwendig, da jeder im Haus weiß, »was der Jesus jetz gschwätzt hot«.

Gegen 13.30 Uhr, etwas früher als sonst, ist der Henry zu erschöpft, um weiterzumachen. Der Arbeiter im Weinberg des Herrn kürzt ab, läßt noch etwas Spielraum für die Vermahnung. Ist es doch die Aufgabe der Ordnungsgemeinde, dem »Ospruch« vor dem Abendmahlssonntag, herauszufinden, wer oder was innerhalb des Kirchendistrikts gerade für Ärger sorgt. Denn – frei übersetzt –: »ans Osterlämmli kann nur ran, wer würdig ist, so wie Israel schon dafür sorgte, daß kein Unreiner oder Unbeschnittener davon gekostet und sich mit Paulus damit selbst zu Gericht gegessen hat«. Nur wenn alles im Einklang miteinander steht, kann das Abendmahl gefeiert werden. Sollte es Differenzen geben, dürfen die Heiligen nicht an den großen Kelch des Herrn heran. Die Feier müßte verschoben werden, bis die Gemeinde »gereinigt« ist. Alle, die das Brot brechen zum Gedächtnis des gebrochenen Leibes Christi und einen Schluck nehmen zum Gedächtnis des vergossenen Blutes, müssen vorher einig und vereinigt sein. So kann ein einzelner – ein »Trunkenbold« oder »Abgöttischer« – vom Abendmahl ausgeschlossen werden, wenn bei ihm etwas nicht so ist, wie es sein soll.

Heute hat die Gemeinde nicht viel zu bekennen. Nur der Bischof erinnert mit typischem Jenseitsblick daran, daß das »am Bart hantieren mit dem Schermesser« doch verboten sei, ebenso das dreieckige Halstuch, scheckige Stoffe generell. Er vermahnt zu Niedrigkeit und Demut, daß deshalb die Röcke der Frauenkleider wieder etwas länger werden sollten, und erklärt schließlich – immer auf der Suche nach einem Herrn, der einen prügelt –, daß er in keinster Weise Verständnis dafür habe, wenn einige Familien sich jetzt weiße Öfen in ihre Küche stellten. Wer immer einen weißen Ofen im Haus habe, müsse ihn postwendend schwarz umfärben oder sich seiner einfach »entblößen«. Ein paar fromme Reparaturen, und jeder kann sicher sein, daß sie auch ausgeführt werden.

Etwas anderes ist es mit dem kerosinbetriebenen Eisschrank, der in der Gemeinde prinzipiell verboten ist. Doch er ist wirtschaftlich einfach zu interessant für einige Familien, die ansonsten an jedem zweiten Tag Eis für 3,25 Dollar kaufen müßten. Da man weiß, daß es darüber zur Diskussion kommen könnte, wird das Gerät vor der Ordnungsgemeinde einfach ab- und erst wieder nach dem Abendmahl angestellt.

Elams Rachel hat in diesem Jahr den Auftrag bekommen, das Brot für das Abendmahl, die Wiederholung der Tischgemeinschaft des Herrn mit den Sündern, zu backen, was als eine ganz besondere Auszeichnung gilt. Zweimal im Jahr, einmal am »Oschterdag«, einmal im Herbst, wird das Abendmahl, eine Großgemee, gehalten. Dieses zweimalige Bündnis mit Gott innerhalb einer Jahresfrist war einer der Gründe der Trennung der Amischen vom Hauptstrom der Mennoniten gewesen, was von Jakob Ammann so erklärt wurde, daß Personen, die zum Beispiel an Ostern erkrankt dem Gottesdienst fernbleiben mußten, eine zweite Chance erhalten sollten.

Zum Abendmahl oder »Brott breche zu der Gedechtnuß des brochnen libs Christi« kann jeder gehen, der getauft und gewillt ist, alles um die Wahrheit zu wagen, sein Hab und Gut, sein Leib und Blut, dazu sein eigenes Leben, wie es noch offiziell in Erinnerung der Schleifspuren früher Märtyrer heißt. Die Schweizer Brüder halten am symbolischen Charakter der heiligen Handlung fest, lehnen die Zusicherung der Sündenvergebung, also der Selbstwirksamkeit ab. Das Abendmahl ist für sie – nach Menno Simons – »ein Vermahnungszeichen, das der Sohn Gottes uns durch das unbefleckte Opfer seines unschuldigen Fleisches geschenkt hat«. Die Großgemee – die Frommen lassen dazu ihre Kinder zu Hause, was ihnen dort dann auch »die schönsten Stunden nach dem Schulpicknick« beschert – kann als höchstes religiöses Fest im Jahreszyklus der Amischen gelten. Dem entspricht auch das religiöse Zeremoniell, das sich von morgens 9.30 Uhr bis 15 Uhr erstreckt. Erst dann wird das Brot gebrochen, bevor man zur Fußwaschung übergeht.

So singen sie jetzt in der »longsome Weis« ihr Abendmahlslied: »Kommt her, ihr Menschenkinder, Kommt, seht was soll geschehn, kommt alle her ihr Sünder, Kommt, wollt ihr Jesum sehn! Allhier im Tränental, Steht er am Marterpfahl, Und will sich geißeln lassen, Aus Lieb für sein Gemahl ...« Und um die Stunden zu füllen, holen die Prediger noch kräftiger als sonst zum Redemarathon aus. Gewöhnlich beginnt dies mit einer Lesung aus Matthäus 18. Dann wird den Frommen detailversessen praktisch die ganze Bibel vorgehalten. Sie machen die Schöpfung bis zur Erschöpfung durch: der Fall des Menschen durch Evas Apfelwunsch, der »gebenedeite Weibssamen«, der Eva zur Stammutter der Menschen werden läßt, Noahs Arche zum Heil der Menschen- und Tierwelt, die Verheißung, die Abraham empfing, wonach durch ihn und seinen Samen alle Geschlechter auf Erden gesegnet sind. Es folgt Isaaks Aufopferung, Esaus Geburt, Josephs Zeit in Ägypten. Um die Mittagsstunde müssen Moses letzter Segen und die Weissagung auf das Kommen Christi abgehandelt sein. Die verbleibende Zeit gehört dem Wirken Jesu, der frohen Botschaft von Leiden und Tod, der Warnung der Heutigen vor der Welt und dem Appell für amische Ordnungen. Wann immer einem Prediger während dieses Mammutgottesdienstes die Worte ausgehen, greift er wie zum Atemholen zum Notausgang: »Ihr wißt selle Sprüch, die muß ich euch jetze nüt au noch sage.« Er sagt sie trotzdem.

Beim Abendmahl selbst gibt es dann Hausgemachtes, »Brot und Wii« von Amischhöfen. Der Armendiener schneidet Gebackenes in lange Streifen, wovon sich der Bischof ein erstes Stück abbricht. Danach ist er es, der die ordinierten Männer bedient, dann die Männerseite generell und schließlich die der Frauen. Nach einem Gebet aus der Christenpflicht wird der Wein gereicht.

Als einer der Höhepunkte der Feier gilt die Fußwaschung, mit der die Heiligen zeigen wollen, daß jeder einzelne von ihnen, ganz gleich welches Standes er ist, sich als Diener des anderen zu fühlen hat, so wie Jesus einst seinen Aposteln die Füße wusch. Die Fußwaschung dürfte aus der

Tradition der Waldenser stammen, deren Wanderprediger diesen Brauch regelmäßig ausübten. Menno Simons hatte einmal gefordert: »Wascht die heiligen Füße, schämt euch des Herren Werkes nicht ... auf daß alle Demütigkeit nach göttlicher Art in euch befunden werden kann.« Nach einem Gebet spricht einer der Prediger über die Fußwaschung als »Zeichen der wahren Demut und Niedrigkeit«, dann trennen sich Männer und Frauen. Sie werden auf verschiedene Räume verteilt, um sich gegenseitig die Füße zu waschen. Der Armendiener schleppt einige blechern scheppernde Eimer mit Wasser herein und hält auch die Handtücher bereit. Während des Zeremoniells singt die Gemeinde. Hinterher wird die für die Amischen so wichtige symbolische Handlung, die ihnen in Europa auch den Spitznamen »Fußwäscher« eingetragen hatte, mit dem heiligen Kuß besiegelt. Und ganz zum Schluß geben die Amischen ihre Almosen, das Armengeld, jeder immer so viel, wie er eben gerade geben kann.

Die Amischen nennen niemanden gerne einen Sünder, da sie alle Sünder sind und wegen den dem Zeugnis des Evangeliums innewohnenden Auflagen jeden Tag aufs neue dazu werden. So erklärt es mir jedenfalls der Elam. Im Prinzip müßte ein Heiliger im Leben ganz bestimmte Erwartungen erfüllen und wenn nur darum, daß er sich damit von der Welt abhebe. Jeder einzelne von ihnen wüßte, was er darf und was er zu tun hat. Ja, man könnte den Amischen durchaus auch als das Salz der Erde sehen. Wenn dieses Salz dann eines Tages schal schmecke, wäre etwas ernstlich damit verkehrt.

Um sich gegen den Feind innerlich und äußerlich zu festigen, um zu verhindern, daß »das Unkraut nicht bis zum Gericht Jesu wächst«, legen die Frommen ganz besonderen Wert auf die Gemeindezucht, über die sie jeden, der hier zur Seilschaft gehört und »nicht in Jesu bleibt«, wegwerfen wie eine Rebe, die verdorrt, »und man sammelt sie und wirft sie in das Feuer« (Joh 15,6).

Die Täufer fühlen sich nach dem »Sündigt aber dein Bruder ... (Matth 18,15-16) in der Pflicht, eine strenge Zucht untereinander zu üben, und dafür die jeweils geeigneten

Zuchtmittel anzuwenden. Für sie hat jedes Paradies seine Schlange. Das Ziel der Frommen ist dabei immer zuerst die Besserung des Sünders, ihn von seinem Unrecht zu überzeugen und der Heilung zuzuführen, ihn also zu erziehen. Daneben dienen Zucht und Bußübungen der Reinhaltung der Gemeinde, dem Schutz vor dem sittlichen Verfall, auf »daß die Gemeinde herrlich sei, ohne Flecken und Runzeln«. Dazu ist es notwendig, das Amischleben mit 1000 Sicherungen zu versehen. Bei einem Jugendlichen ist dies noch relativ einfach und unkompliziert. Für junge Sünder gibt es alte Strafen. Da halten sich Eltern und Lehrer an das Wort der Offenbarung: »Welche ich liebhabe, die strafe und züchtige ich«... für das Schwimmen gegen den eigenen Strom – wenn es eben sein muß – mit einer kräftigen Tracht Prügel.

Doch nehmen wir einmal an, der Daniel, so genannt nach dem Meister der babylonischen Weisheit, der irgendwo westlich der Cuba Road wohnt, besorgt sich eines Tages während einer durchaus gängigen Flohmarktpirsch in Shipshewana ein Radiogerät und bringt es nach Hause. Daniel, ein kerniger Kerl wie aus dem Bergroman, ist getauft und weiß somit, daß er damit systembedingte Grenzen überschritten hat. Kurze Zeit später hört der Aaron, ein Bekannter von der Graber Road, verdächtige Töne aus Daniels Buggy, als dieser an seinem Hof vorüberfährt. Bei nächster Gelegenheit spricht er den Daniel darauf an. Er tut es ruhig, bedächtig, ohne jeden Zeugen, aber Auge in Auge. Natürlich wisse auch er, der Aaron, daß »mir gern viel hätte, aber mir müsse s'Fleisch kreuzige, d'Welt nüt lieb habbe«.

Dieses Gespräch unter zwei Brüdern hat einen rein seelsorgerischen Charakter. Dem Aaron geht es um die Person des Sünders, keineswegs um eine Bestrafung. Er will Daniel auf seinen Fehltritt aufmerksam machen und empfiehlt ihm, das Radio auf den Farmmüll zu werfen. Dieser kann sich von der Strafbank herunterreden, er sagt zu, und Aaron läßt nach Hause traben im biblischen Gefühl, »so hast du deinen Bruder gewonnen«.

Nach einigen Wochen bemerkt Aaron allerdings, daß Daniel das Teufelsding immer noch in der Kutsche versteckt hat. Jetzt meldet er den »Fall« der Gemeinde, die ihr

Recht geltend macht, den Daniel zu korrigieren. Dieses Recht hatte er ihr mit der Taufe zuerkannt. Die fällige Bußübung hat nun in der Öffentlichkeit zu erfolgen. Einer der Ältesten könnte sich nun zusammen mit einem Zeugen – »Nimm noch einen oder zwei zu dir« – den Daniel vorknöpfen, um ihn zurechtzuweisen, doch wird beschlossen, daß er sich wegen des Radiogeräts vor der ganzen Gemeinde – »Sag es der Gemeinde« – verantworten soll. Daniel stimmt zu, nach einem Gottesdienst »Confession zu mache«. Das heißt, er nutzt die Gelegenheit nach der Predigt und vor dem Liebesmahl, den Brüdern und Schwestern zu erklären: »I bekenn, i hab en Radio kauft und so um die sechs Woche ghabt. I will die Gemee froge um Vergebung und daß sie Geduld mit mir hät.« Daniel darf während des Geständnisses auf seiner Bank sitzenbleiben.

Ihm wird vergeben, schließlich haben die meisten Amischen irgendwann im Leben einmal ein Radiogerät besessen. Doch stellt sich wiederum ein paar Wochen später heraus, daß der Daniel das Gerät immer noch besitzt. Wieder wird er zum »Confession mache« vor die Gemeinde zitiert. Jetzt allerdings muß er vor ihr aufstehen. Nicht daß er versucht, aus einem Elefanten eine Mücke zu machen. Nachdem die Fuchtel des Gewissens geschwungen worden war, erklärt er: »I hab en Radio kauft und im Buggy versteckt. I erkenns a un frog um d'Vergebung, denn sisch gege d'Ordnung, i weiß des«, auch wenn dieses Geständnis nun schon so abgegriffen ist wie ein altes Gesangbuch.

Wieder wird ihm vergeben, ebenso das nächste und damit letzte Mal, als der Daniel – jetzt auf Knien – der Gemeinde sagt: »I bitt' euch auf de Knie um Vergebung ...«

Ein Bruder schreibt dem bös auf den Leumund gefallenen Daniel nun einen Brief: »Gnade, Friede und Barmherzigkeit von Gott dem himmlichen Vater, die Liebe Christi, samt der mitwirkenden Kraft des Heiligen Geistes, wünsche ich Dir, wenn Dir dieses geringe Schreiben zu Ohren kommt, um mit mir im gleichen Glauben und in der Hoffnung zu stehen, um sich zu befleißen, mit treuem Herzen nach der Lehre Christi zu wandeln, zum herzlichen Gruß ...« Daniel wird vor der Schlange gewarnt, die zu Eva kam, mit Falschheit und Wahrheit gemischt.

Als feststeht, daß der Daniel ein paar Wochen später das Teufelsding immer noch besitzt, kommt es schlimm. Dem Daniel will die Gemeinde die rote Karte zeigen. Eine harte, für die Amischen jedoch durchaus schlüssige Konsequenz. Er soll gebannt werden, denn die Kirchenstrafe ist angebracht »bei all denen, so sich dem Herrn ergeben haben, nachzuwandeln in seinen Geboten, und mit allen, die in den Leib Christi getauft worden sind und sich lassen Brüder und Schwestern nennen und doch etwas entgleiten und fallen in einen Fehler und Sünde«.

Gebannt wird bei den Amischen nicht schnell, es sei denn, die Sünde läßt nichts anderes zu. Was die Meidung anbetrifft, so soll sie ohne Ansehen der Person gehalten werden, da die geistliche Ehe, die der Amische mit dem himmlischen Bräutigam eingegangen ist, keine Unterschiede zuläßt, das Natürliche dem Geistlichen weichen muß. So treffen sich auch im Falle des Daniel jetzt erst einmal die Ältesten, um darüber zu entscheiden, ob der Bruder gebannt und gemieden werden soll oder nicht. Da der Daniel reichlich gewarnt worden war, kommen sie zu dem Schluß, der Gemeinde den »Vorschlog« zum Ausschluß Daniels zu machen, denn bei den Amischen gibt es im Prinzip keine Halbheiten. Ein bißchen Amischsein ist für sie ebenso unmöglich wie ein bißchen Schwangerschaft. Sünde vor der Gemeinde ist Sünde vor Gott. Sie fordert die Disziplinargewalt des Heiligenparlaments heraus.

Grundsätzlich hat jeder getaufte Bruder und jede Schwester ein Mitspracherecht bei wichtigen Entscheidungen, aber eben auch die Pflicht, die ihnen anvertrauten Heilsgüter rechtmäßig zu verwalten und zu schützen. Es könnte jetzt sein, daß sich während der Verhandlung über den Daniel ein Fürsprecher von der Bank erhebt und um etwas Geduld für das »schwache Schäflein« bittet, um ihm noch eine einzige Chance im Stall des Herrn zu geben. Bei der Besprechung, der der Sünder beiwohnt, bei der er sich verteidigen kann, um erst für die Abstimmung über ihn den Raum zu verlassen, herrscht schnell eine Stimmung wie bei einer Beerdigung. Die näheren und ferneren Verwandten Daniels beweinen das Unglück, das über die Familie gekommen ist und beten zu Gott, daß er den bitteren Kelch doch noch vorübergehen lasse. Der Bann könnte jetzt verschoben werden, doch an diesem Tag scheint jeder davon überzeugt, daß den vielen Worten wegen des Radiogeräts vom Flohmarkt in Shipshewana jetzt Taten folgen sollten. Daniel wird aus der Gemeinde ausgeschlossen. Der Bischof übergibt ihn vor der Gemeinde ganz offiziell dem Satan. Der Bann bedeutet für Daniel den Ausschluß aus dem geschützten Leben der Amischkirche, vom »Essen, Trinken, Handel und Wandel« innerhalb der Gemeinschaft.

Die Tradition des Banns ist am ehesten dazu geeignet, den Sünder reuig zu machen, geht dabei tief in die Täufergeschichte zurück, und wird, wenn es an der Zeit ist, die Tenne auszufegen, ohne Ansehen der Person angewendet. So prägt den Beginn der amischen Bewegung innerhalb der Täuferkirche der Bannstrahl Jakob Ammanns gegen all jene, die nicht auf dem nach seiner Meinung richtigen Weg zur Ewigkeit gingen. Gebannt wird bis heute, wer etwa eine falsche Doktrin verbreitet, da schon ein wenig Sauerteig den ganzen Teig versäuert (1 Kor 5-6), wer in Sünde lebt oder Unfrieden in die Gemeinde bringt. Gebannt wird etwa auch der Homosexuelle, da er »Schande treibt wie Sodom und Gomorrha«. Sünde ist hier praktisch alles, was mit den Zehn Geboten kollidiert, Sünder, wer eine Seele hat und alt genug ist, um dafür verantwortlich zu sein, trotzdem etwas Falsches tut.

Dabei unterscheiden die Amischen zwischen großen und kleinen Sünden. Trunkenheit oder der Besuch einer weltlichen Veranstaltung, persönliche Zurschaustellung, das Tragen »der hohen Tracht im Rock, hohen Hüten oder einem Kamm in den Haaren« oder ein Anflug von Stolz sind kleine Sünden, die mit einer Entschuldigung, der Bitte um Vergebung und einer seelsorgerischen Zuchtübung abgegolten werden können, sofern sie sich nicht wiederholen. Als große Sünde gilt, was die Bibel damit bezeichnet und dann automatisch Bann und Meidung nachzieht: Ehebruch etwa, das Verlassen der Gemeinde als Getaufter – die totalste aller Niederlagen – oder die Lästerung des Heiligen Geistes, wobei kaum ein Amischer so richtig weiß, was damit eigentlich gemeint ist. Die Aussicht, daß der Gebannte mit dem Ausschluß aus der Gemeinde auch automatisch vom

Tisch des Herrn verstoßen wird, ist im religiösen Bewußtsein der Frommen tief verankert.

Luther hatte sich in einer Zeit, als das Christentum als Weltanschauung den weit größten Teil des Volkes beherrschte, ganz klar gegen den »großen Bann«, die *excommunicatio maior* mit seinen weltlichen Straffolgen ausgedrückt: »Die Prediger sollen in die geistliche Strafe oder Bann nicht mengen die weltliche Strafe.« Er befürwortete den »kleinen Bann«: »Offenbarliche, halsstarrige Sünder soll man nicht zum Sakrament oder in die Gemeinschaft der Kirche kommen lassen, bis sie sich bessern und die Sünde meiden.«

Alle konservativen Amischen wenden heute den Bann an, um die »Heiligkeit der Gemeinde« zu garantieren. Er ist es, der verhinderte, daß die Täufer zu einer Volkskirche werden konnten (die ja keine Vereinigung von Heiligen sein will, da sie auch die Schwachen und »Werdenden« in ihrer Reihe akzeptiert). Der Bann verhindert auch, daß die Amischen heute Menschen von der Welt in größerer Zahl in ihre Kirche locken könnten, selbst wenn sie es wollten. In eine Kirche, die nahezu ausschließlich auf Kinder der ihr aus dem Kreis der in Zuchtübungen geschulten Amischeltern zuwachsen.

Gerade der Bann und seine Ausübung, etwa ob man die »Meidung im Natürlichen halten soll« – sich also der Mann, der beim Weib oder das Weib, das beim Mann die Meidung nicht hält, verunreinigt oder nicht –, war unter den Heiligen häufig ein Ansatzpunkt für Streitigkeiten und führte zu Spaltungen, da es zu allen Zeiten strikte und milde Verfechter der Kirchenzucht gab. Die konservativen Vorväter waren in der Regel dafür, daß wenn gemieden wurde, dann richtig. Also habe »das Natürliche« hinter dem Geistlichen prinzipiell zurückzustehen. Auf der großen Dienerversammlung im Wayne County/Ohio im Juni 1862 waren allerdings auch Stimmen laut geworden, nach denen man doch lieber nach christlichem Maß bannen sollte. Oftmals würden die Abgesonderten einfach zu weit verstoßen, da doch nur die Tat und nicht die Personen zu hassen sei, also Zugeständnisse gerade im Falle von Eheleuten angebracht wären. Als Beispiel diente der Fall, daß ein Weib – »welches doch das schwächste Werkzeug ist« – bestraft wurde, nachdem sie mit ihrem gebannten Mann noch einmal »natürlich« gewesen war, also im Ehebett gelegen hatte. Als sie sich dann von ihm trennte, wurde sie wieder bestraft. Dieses Mal wegen Ehebruchs. Doch das gleiche könnte heute im Allen County wieder passieren.

Die Amischen folgen bei Bann und Meidung dem Wort, wie es nur die radikalsten Täufergruppen tun: Wer gebannt ist, darf nicht mehr am gleichen Tisch wie die eigene Familie essen, sondern sitzt jeweils alleine oder zusammen mit ungetauften Kindern. Er wird zur Unperson, unrein, wie einst unter den Israeliten unrein wurde, wer einen Toten anrührte. Der Ehepartner muß das gemeinsame Schlafzimmer verlassen, eine Ordnung, die in Täuferkreisen seit 1568 besteht, die 1607 zu Straßburg erneuert und 1779 in Essingen in der Pfalz von den Dienern der Gemeinden neu unterschrieben worden war. Kein Amischer darf Dienste eines Gebannten in Anspruch nehmen, etwa mit ihm als Kutscher im gleichen Buggy fahren. In absehbarer Zeit muß ein Ausgeschlossener eine Wohngemeinschaft, selbst mit seinen Eltern, verlassen, da man seinen schlechten Einfluß auf den Rest der Familie fürchtet. Wer Verkehr mit einem Gebannten hat, wird bestraft, wer wissentlich mit einer gebannten Person tafelt und gabelt, kann ebenfalls gebannt werden, ganz im Sinne des Bibelworts: »Ihr sollt nicht mit einem zu schaffen haben, der sich läßt einen Bruder nennen und ist ein Unzüchtiger oder ein Geiziger oder ein Götzendiener oder ein Lästerer oder ein Trunkenbold oder ein Räuber; mit dem sollt ihr auch nicht essen.« (1 Kor 5,11)

Schwierig wird es so auch, wenn ein Amischer etwa in ein Restaurant geht, wo er ausgerechnet von einer Ex-Amischen bedient wird. Wenn diese vor ihrem Ausbruch aus der Kirche bereits getauft war, muß der Amische ihre Dienste ablehnen. Das Essen am gemeinsamen Wirtshaustisch mit Gebannten ist dagegen erlaubt. Man speist ja nicht aus der biblischen »gemeinsamen Schüssel«, wie es im eigenen Haus der Fall wäre. Doch auch hier praktiziert die eine Gemeinde noch nicht, was in anderen längst üblich ist. In Sarasota/Florida, dem amischen Geheimtip für ein rechtes täuferisches Urlaubsparadies, traf ich eines Tages den Christian

Kurtz aus Ohios Holmes County. Das heißt, der Christian lebt den Sommer über in seiner Gemeinde und fährt mit seiner Frau mit dem Omnibus in den sonnigen Süden, sobald es dort droben schattig wird. Ganz offiziell entschuldigt er das dann mit einem »Schnaufproblem«, das in Herbst und Winter eines jeden Jahres eben besonders auffällig wird. Christians Frau backt im warmen Florida Limonen-, Kürbis-, Kokosnuß- und Rosinenpie für Yoders alkoholfreies Restaurant in der Bahia Vista Straße in Pinecraft. Der Christian selbst sitzt dort gerne an einem »Tisch der Versuchung« – eben weil er den Pies seiner Frau am nächsten steht – und trinkt seinen Orangensaft. Beides ist strenggenommen aber streng verboten, da es sich bei den Yoders um weltlich gewordene Heilige und damit um Gebannte handelt. Aber da machen die Amischen einiger Gemeinden eben Unterschiede. Die Yoders, so erklärt mir der Christian, weil er es so will, seien zwar gebannt, da sie ihre Gemeinde in Nappanee verlassen hätten, aber schließlich seien sie doch noch recht gute Christen. Jakob Ammann würde sich im Grabe herumdrehen, aber die amischen Urlauber, die bei den Yoders heute ihre Krautwickel und gebackene Leber essen oder für sie arbeiten, haben in diesem Fall einfach den Bann von den Gebannten genommen. Zugegeben ... nicht viele Gemeinden erlauben ihren Gliedern die Reise nach Florida gerade auch wegen dieser Praxis.

Allerdings züchtigt die Gemeinde nicht nur, zum Beispiel käme sie dem Daniel auch jetzt noch zu Hilfe, wenn seine Scheune abbrennen würde. Denn der Bann hat nichts mit Haß zu tun, er ist nach Amischverständnis ein Akt der Liebe. Und wenn der Gebannte gar zurück in den Schoß der Kirche will, steht ihm die Tür meist offen, abgesehen, er war kein großer Sünder. Er muß die Gemeinde dazu um Vergebung bitten, Frieden mit den Brüdern und Schwestern schließen. Die Heiligen helfen dem Reuigen bei seinem Wiedereintritt in den Kreis der Auserwählten, die Angehörigen versuchen ihn dafür weichzubeten. Die Kirche kann den Sünder wieder in ihren Kreis aufnehmen nach der Vollmacht der Schrift (Joh 20,23): »Welchen ihr die Sünden erlasset, denen sind sie erlassen und welchen ihr sie behaltet, denen sind sie behalten.«

So kann es durchaus auch sein, daß der Daniel in absehbarer Zeit wieder vor der Gemeinde steht, denn verlorengehen tatsächlich nur die Verlorenen. Bevor er sich vor Scham in die Mistgabel stürzt, wirft er das Radiogerät wirklich weg und bittet für seine Verfehlung um Vergebung. Nach dem Verlesen eines Lukaskapitels knöpft ihn sich nun der Bischof zur religiösen Nachrüstung vor: »So du gefallener Bruder, der in der Hoffnung dasteht, daß der himmlische Vater dir so weithin entgegenkommt und wieder gnädig ist, so kannst du dich auf deine Knie niederlassen in Gottes Namen. Kannst du bekennen, daß du diese Strafe verdient hast, und daß sie nach einer christlichen Ordnung über dich gekommen ist:« – »Ja.« – Haltest Du auch Gott und die Gemeinde herzlich um Geduld an?« – »Ja.« – »Versprechst du ferner vor Gott ... wie du versprochen hast in deiner Taufe, vor Gott und vielen Zeugen?« – »Ja.«

Nun wäre der Daniel also wieder ein Glied der Gemeinde, ein runderneuerter Heiliger, so wie er es schon einmal durch die Taufe geworden war. Der Bischof unterstreicht dies mit einem Händedruck und dem Auftrag: »Gang hin, sündt nimmer!« Das hat sich der Daniel dann auch sicher ernstlich vorgenommen.

Es ist schon vorgekommen, daß sich ein Gebannter an ein weltliches Gericht gewandt hat, um eine Gemeinde zu verklagen. Und es kam auch schon vor, daß der Gebannte von einem weltlichen Richter dann recht bekam. Gelegentlich wird auch einmal eine ganze Gemeinde gebannt, etwa wenn sie sich für den Bau eines Gotteshauses entscheiden sollte. Daneben gibt es Fälle, wonach einzelne Amische oder ganze Familien den Kirchendistrikt bewußt provozieren, um sich selbst den Abgang leichter zu machen. Am besten erkennt man das dann daran, daß ein Ehepaar etwa ein paarmal unentschuldigt beim Gottesdienst fehlt oder ein Amischkutscher vor aller Augen mit gummibereiften Rädern durchs Land traben läßt. Die Brüder und Schwestern stehen nicht untätig dabei.

Gerade zeichnet sich auch neuer Ärger ab. Geradezu Undenkbares ist im Amischland publik geworden. Ein paar junge Männer aus Tobis Gemeinde haben sich zusammengetan und ... in Jamaika ein Restaurant gekauft. Natürlich lag ihnen daran, ihr Investment auch vor Ort zu begutachten. Dazu setzten sie sich ins Flugzeug, generell ein Zeichen der Wollust. Die Sünder wurden gebannt. Ob sie jemals zur Kirche zurückfinden würden, ist eine offene, viel diskutierte Frage.

Ein Herbsttag auf dem Friedhof der Amischen vom Allen County. Der Totengarten oder Grabhof liegt an der Roth Road, jener naturgedeckten Straße mit dem Namen der Täuferfamilie Roth (auch Rott, Rod) aus Diessbach und Steffisburg im Kanton Bern. Ein schöner Platz für Menschen, die im Leben gewohnt waren, anders als die Welt zu sein. Rund 600 letzte Ruhestätten haben sich hier über die Jahre angesammelt, darunter auch die Gräber der Grabers, der Urpioniere, die einmal mit Bibel und Beil in diesen Landstrich eingewandert waren. Die Grabstellen selbst sind ungezeichnet, tragen jeweils nur ein spitz zugeschnittenes, rohes Stück altersgraue Weißtanne. Jede Amischgemeinde führt ihr eigenes Buch darüber, wer unter welchem Holzpflock liegt, die Heiligen wissen es also, und die Welt geht es nichts an. Die Täufer räumen ein Grab niemals ab, pflegen es allerdings auch nicht, da man einem Menschen Blumen zu Lebzeiten schenken soll, nicht dann, wenn er schon gestorben ist. Nur wenn das Stück Holz über dem Schädel des Heiligen, der zu den Heiligen eingegangen ist, genug verrottet ist, wird ein neues dafür eingeschlagen.

Die Amischen legen ihr Pilgerkleid ab, wenn der bestimmte Tag, die bestimmte Stunde gekommen ist, in der Gott der Tod eines Frommen wertvoller erscheint als dessen Leben, der Herr »solche Menschen wie den David oder die Rebecca braucht«. Mit diesem Tod als Resultat von Adams Sünde wird ein Leben lang gerechnet wie mit der Geburt eines Kindes, mit dem Frühling, mit Sommer, Herbst und Winter. Es gibt ihn, seit der Herr »aus einem leimigen Kloß Erde die Gestalt eines Menschen schuf, dem er einen lebendigen Odem, die vollkommene Erkenntnis und eine vernünftige Seele gab«, der trotzdem dann straffällig wurde.

Der Mensch kommt sterbend auf die Welt, stirbt dann auch wie dieser Tage eine Oma aus dem Schmuckerclan. Ihre Familie hat darauf unter Freunden und Bekannten vier

»Grabmacher« ausgewählt, die am gleichen Abend noch die Grube an der Roth Road aushoben. Um eine »Totelad« brauchen sich die Schmuckers nicht direkt zu kümmern. Jeder Kirchendistrikt hat ständig einen kompletten Satz Särge vorrätig, jeweils einen großen, einen mittleren Kasten, einen für ein etwa zwölf-, einen anderen für ein sechsjähriges Kind und einen fünften für ein Baby. Sie sind jederzeit zu einem Satz zwischen 50 und 75 Dollar pro Stück abzurufen, obwohl sie nicht ungenutzt herumstehen. Auf einigen Farmen dienen Särge der Aufbewahrung einer Ladung Äpfel oder Kartoffeln, helfen damit den Lebenden schon einige Zeit vor ihren Toten. Die Gemeinde übernimmt die Beerdigung, junge Burschen melden sich zur Arbeit im Stall, Mädchen für die Küche im Trauerhaus. Ein Problem ergibt sich aus der Frage, wie man am schnellsten Personen informiert, die informiert werden müssen. Die Amischen vom Allen County gehen dafür zu einem weltlichen Nachbarn mit einem Telefon oder ins Telefonhäuschen in Grabill. Von dort »ringen« sie wiederum weltliche Nachbarn eines Amischen an, der diesem dann Meldung erstattet.

Die Amischen haben – vielleicht gerade wegen ihren starken Antennen für Fragen der Ewigkeit – durchaus Furcht vor dem Sterben, obwohl für sie das Leben eigentlich von vornherein eine mehr oder weniger belanglose Episode, einfach notwendig auf dem Weg zur Ewigkeit sein soll. Elams Rachel – aus einer Gesellschaft, in der Männer älter werden als die Frauen – meint dazu, es wäre einfach leichter zu sterben, wenn man wüßte, daß auf der anderen Seite wirklich das Paradies auf einen warte. Aber das weiß eben auch ein Amischer nicht, der nur davon ausgeht, daß ihm nach einem rechten Leben die »lebendige Hoffnung« auf einen Platz am Tisch des Herrn zusteht. Ohne sie wären seine Erdentage ein schrecklicher Irrtum gewesen. Direkte Angst vor dem Tod bedeutet so nur soviel wie Unsicherheit, ist nicht typisch für ein schlecht gelebtes Leben. Brüdern und Schwestern ist es daneben aber nie ganz gelungen, das Tabu Tod aufzubrechen.

Ganz generell hat der Tod den Bauern immer mehr beschäftigt als den Städter, lebte er doch ein Leben lang mit dem Kommen und Gehen in Feld und Stall. Die Verwandtschaftsverhältnisse eines Kirchendistrikts führen den Amischen zusätzlich öfter an ein Grab als den Weltlichen. So betet er auch jeden Tag, als wenn er heute sterben könnte, lebt und haushaltet dagegen, als wäre er für immer auf dieser Welt. Die Amischen wissen, daß ihr Leben automatisch ein Nachspiel haben wird, was nicht heißt, daß gerade die Älteren unter ihnen in der Regel nicht auch durchaus bereit zum Sterben sind, wenn der Ruf dazu ergeht. Rührend ist die Ruhe, mit der sie sich im Herbst des Lebens darauf vorbereiten, daß es bald Winter werden wird. Dabei überlassen die Frommen nicht alles der totalen Vorsehung. In ihren Häusern stapeln sich durchaus Heilmittel vom Käuflichen gegen Hüftspeck über »Mach dich fit«-Vitamine bis zur Kräuterkombination gegen Schlimmeres. Man stirbt, wenn's irgend geht, zu Hause und nicht in einem Hospital.

Dem Tod, dem Tag, der keinen Abend hat, ist es egal, wie einer stirbt, doch trifft er die Familien nicht ganz so hart wie in der Welt, wo man nach Amischmeinung gerne »wie ein Teufel lebt und sich wie ein Engel verabschiedet«. Über Auferstehung wissen die Brüder und Schwestern nicht viel mehr, als daß die Guten eben dadurch zum ewigen Leben gelangen können, die Bösen aber zum Gericht. Dazwischen bleiben Fragezeichen, denn bei Gott ist alles möglich. Genaue Voraussagen lassen sich dadurch nicht machen. So verabschieden sich sterbende Amische, wenn ihnen die Zeit dazu bleibt, auch gerne mit einem sinngemäßen »Auf Wiedersehen«, doch »Auf Wiedersehen hoffentlich in einem besseren Land!« Im Himmel also, an jener Stelle, wo sich die Amischen treffen.

Hoffentlich. Hoffentlich.

Wenn einer Sterbenden, wie der alten, von Herzattacken heimgesuchten Oma Schmucker noch soviel Spielraum bleibt, um den am Totenbett versammelten geliebten Gliedern der Gemeinde ein letztes Mal tüchtig einzuheizen, dann ist dies durchaus keine Ausnahme. Ans Krankenbett kommt nach und nach die gesamte Nachbarschaft und wenn es nur für ein paar Minuten ist. Schon bald macht dann die Runde im Allen County, »was die Schwester Schmucker gesehen und gesagt hat, als sie sterbenskrank war«. Da hat sie noch einmal gegen alle Pflanzen im Feld losgezogen, die der Herr nicht säte, gegen die streifige

Pracht der Weltmode und gegen den Hochmut, der von Gott ablenkt, gegen Gewitterruten und fotografische Bilder, die dazu verwendet würden, Gottes Ebenbild, den nach ihm geformten Menschen in Hosentaschen herumzutragen. Die Geschäftsleute sollten sich vor der Kaufmannschaft hüten, sei es doch der Heiland selbst gewesen, der die Händler und Krämer aus dem Tempel warf, die Jungen vor dem »After- und Hinterreden« und dem Besuch der Trinkhäuser, auf daß kein verkehrter Glaube einkomme ...

Dann verabschiedete sich die Oma Schmucker, die so lange kein Alter fürs Sterben gefunden hatte. Und wer dabei ist, kniet jetzt nieder und liest ein Gebet aus dem *Lust-Gärtlein* für das Ohr des Herrn. Ohne Zweifel war es der Schmuckerin zu Lebzeiten gelungen, die Welt zu überwinden, was im gewissen Sinne bei den Angehörigen für emotionelle Entlastung sorgt. Je älter und kleiner sie geworden ist, um so größer mußte sie nun vor Gott erscheinen, dem ältesten Bekannten, den sie hatte und der noch lebte. Jetzt war es an der Zeit gewesen, daß er das Seine zurückholte. Als Mensch geboren und als Heilige gestorben – so ruht sie auch auf weiß überzogenem Schaumgummi in der roh gezimmerten Totelad.

Die Betroffenheit hat genügend Hände, wenn der Tod zuschlägt. Viele Räder rollen für die Tote und ihre Angehörigen, ansonsten liegt tiefe Ruhe über dem Hof der Verstorbenen. Vier Männer übernehmen die Totenwache in den ersten beiden Nächten, vier weitere – jetzt sind es die »Grabmacher«, die das Grab geschaufelt haben – die letzten Stunden im Farmhaus. Freunde und Verwandte kommen und betrachten im Kerosinlampenschein die ganz in weiß gehüllte Tote – »Die werden mit mir wandeln in weißen Kleidern, denn sie sind's wert« (Off 3,4-5) –, sitzen so lange bei ihr, bis die ganze Familie zusammen ist. In manchen Gemeinden wird den Toten im Gegensatz dazu tiefes Schwarz angelegt oder einfach soviel von der Hochzeitskleidung angezogen, was noch da ist. Der Rest stammt von jener Stelle im Kleiderschrank, wo das beste Sonntagszeug hing. Dabei hat man von Distrikt zu Distrikt ganz genaue Vorstellungen davon, was ein Heimgegangener auf seinem letzten Weg zu tragen hat. Große Aufregung etwa im Allen County, als man bemerkte, daß ein Toter ohne Hosenträger bestattet worden war. Natürlich bestanden die Angehörigen darauf, daß man ihn wieder ausgrub. Es hängt auch vom Kirchendistrikt ab, was mit dem Toten vor der Beerdigung noch passiert. Manche Amischen geben sich weltlich, übergeben den Verblichenen einem Beerdigungsinstitut, das ihn dann so schnell wie nur möglich wieder zurück auf die Farm bringt. Für andere ist diese Praxis zu modern oder auch nur zu teuer. Sie legen den Toten bis zur Beerdigung im eigenen Haus auf Eis und reiben ihn in regelmäßigen Abständen mit Alkohol ein.

Am Tag der »Abdankung« wird im Farmhaus für etwa 90 Minuten die »Leichred« gehalten, wobei je nach Kirchendistrikt der Sarg offen oder geschlossen ist. Der Brauch, wonach die Schwestern jetzt ins eigens angefertigte »Trauerhanki« – ein schwarzes Taschentuch – weinten und schnupften, ist im Allen County abgeschafft. Beerdigungen wie die der Oma Schmucker – die Heiligen nennen die Feier eine »amischi Leicht« – werden immer am Vormittag abgehalten. Hymnen werden dazu gesprochen und nicht gesungen, ein Diener liest aus dem Gebetbuch der Toten. Die Seelsorge vor dem Gang zum Grabhof kümmert sich wenig um die Heimgegangene, korrespondiert praktisch nie mit deren Vergangenheit. Alles was über sie gesagt wird, ist ihr Name, ihr Alter und die Zahl der Nachkommen. Das Gericht über sie wird Gott überlassen, wie es im Handbuch für den Amischprediger heißt: »Des Verstorbenen gute Eigenschaften können als Exempel und Beispiel aufgestellt werden, aber das nimmt nicht viel Zeit. Der frommste Mensch hat noch zu viele Schwachheiten, als daß er als vollkommenes Exempel sollte aufgestellt werden.« Dafür erreicht das Wort der Schrift hier die Trauernden ganz besonders direkt: »Denn alles Fleisch ist wie Gras und alle Seine Herrlichkeit wie des Grases Blume. Das Gras ist verdorrt und die Blume abgefallen, aber des Herrn Wort bleibt in Ewigkeit.« Der Prediger liest dazu gerne Johannes, Kapitel 5, 24-35, um einmal mehr daran zu erinnern, daß der Mensch aus Staub gemacht ist und eben wieder zu Staub werden muß.

Auf dem Weg zum Grabhof – der Trauerzug der Buggys ist gelegentlich bis zu einer Meile lang – achtet man peinlich darauf, daß die Tote mit dem Kopf zuerst aus dem Haus getragen wird, so wie sie später an der Roth Road auch mit dem Kopf hin zum Aufgang der Sonne in der dunklen Indiana-Scholle ruhen muß. Wenn die Totelad das Haus der Oma Schmucker verläßt, ziehen die Brüder ihre großen schwarzen Hüte und winken dazu ein allerletztes Auf Wiedersehen. Danach formieren sich die Amischkutschen zum PS-Konvoi in einer langen Schlange. Die Tote ruht in einem der einfachsten Buggys, denn die Täufer werden es nie verstehen, daß die Welt ihre Toten in einem Cadillac zu Jesus fährt.

Zum Abschluß des Tages findet das große Essen statt, wo Hunderte von Heiligen verköstigt werden müssen. Jung und alt stürzen sich auf opulente Mahlzeiten und trösten sich dabei mit der Auferstehung. Wenn sie zustande kommen soll, dann muß zuerst der Tod einsetzen, was mit dem Ersterben des Weizenkorns so vieles gemein hat. Es wird gesät verweslich und wird auferstehen unverweslich, es wird gesät in Schwachheit und wird aufstehen in Kraft. Generell sind die Amischen der Meinung, daß alle Menschen auferstehen werden. Wie weit es sich dabei um eine grobsinnliche fleischliche (leibliche) Auferstehung handelt oder mehr um eine geistliche, bleibt dahingestellt.

Die Frauen der unmittelbaren Familie gehen ein Jahr nach dem Tod der Oma Schmucker nach deutscher Trauertradition in der schwarzen »Leibfarbe«, Nichten dagegen nur drei Monate. Männer tragen Dunkel praktisch ohnehin ein Leben lang. Für die Enkel der Verstorbenen schreibt die Tradition vor, daß sie sich bei bestimmten Anlässen bis zu sechs Monaten nach dem Todesfall dunkel kleiden sollen.

# 9. Gottes zweite Wahl

Im französischen Couthenans in der Nähe von Montbéliard steht an der *grande-rue,* an einer Stelle, wo alte Bauernhäuser vorherrschen, der historische Graberhof. Noch immer leben Grabers hier, obwohl das Türschild die Hückels als Bewohner ausweist. Doch Jean Hückels Mutter war eine geborene Graber. Mitte des 18. Jahrhunderts ist dieser Bauernhof so etwas wie ein Mittelpunkt für jene Grabers gewesen, die entweder eines Tages nach Amerika gingen und heute Landschaften wie das Allen County bevölkern oder aber im alten Europa zurückblieben. Ein Dokumentenbündel mit Daten aus der Geschichte der Täuferfamilie liegt beim Bürgermeister. Auf inzwischen arg gealtertem Papier wird von Geburten, Hochzeiten und Todesfällen berichtet und kein Zweifel daran gelassen, daß die Grabers im Ort einmal wer waren und ihre Nachkommen heute noch wer sind. Allerdings gehören die Hückels mit der Ausnahme eines Sohnes zu keiner Täuferkirche mehr. Sie sind aus der Familiengeschichte ausgewandert. Längst herrscht damit auch neues Leben hinter altem Fachwerk.

Der Großraum Montbéliard im östlichen Frankreich, dicht an der Grenze zur Schweiz, ist heute noch eine bevorzugte Heimat der Taufgesinnten. Er ist's tatsächlich seit jenen Tagen im frühen 18. Jahrhundert, als vertriebene Berner Religionsflüchtlinge – meist auf dem Umweg über das Elsaß – hier religiöses Asyl fanden. Noch leben die Yoders in Florimount, die Roths in Hericourt und Saint Louis, die Widmers in der Stadt Montbéliard selbst, Grabers und Eichers wiederum im nahen Elsaß... Namen somit, wie sie auch im Allen County inzwischen alltäglich sind.

Über der Eingangstür des Graberhauses in Couthenans wurde das Jahr 1751 als Stempel der Geschichte in den Stein geschlagen. Dieses Datum ist es dann auch, das hier Vergangenes vermuten läßt. In der gewaltigen Bauernküche etwa, wo in längst verwelkten Zeiten einmal das Liebesmahl für eine Gemeinde hergerichtet worden ist: die in gewaltigen Schüsseln servierte traditionelle Bohnensuppe, die von jeweils sechs bis acht Personen pro Gefäß gemeinsam ausgelöffelt wurde. Dazu als Zugabe Milch und Brot. Im Wohnzimmer, das den religiösen Schwung von gestern, die von Angst und Hoffnung gespeisten Diskussionen erahnen läßt: die Worte eines Ältesten, der hier mit Nachdruck auf die Endzeit einging, um »d'Herze und d'Ohre zu stärke gege de böse Find« und danach die Gemeinde in der Bettlerkleidung der frühen Täufer mit dem aaronitischen Segen entließ.

An einer Kreuzung von Couthenans, nicht weit vom Graberhof, steht ein Denkmal auch für einen Paul Graber, der in französischer Uniform während der Ruhrbesetzung gefallen ist. Ein Zeugnis dafür, daß die Grabers die Wehrlosigkeit ihrer Vorväter im französischen Exil aufgegeben hatten, nachdem es für sie Heimat geworden war. Vielleicht aber auch, daß sie sich hier mit der Einführung des Volksheeres dem Dienst mit der Waffe einfach nicht mehr entziehen konnten. Der letzte Weltkrieg hatte dann sogar das praktisch Undenkbare für frühe Täufermärtyrer gebracht, als Frontschwein hier gegen Frontschwein dort, französische Grabers aus der Gegend um Montbéliard gegen elsässische Grabers in der deutschen Wehrmacht kämpfen mußten. Beide hatten den gleichen Stammbaum bis zurück ins Berner Land.

Im Jahre 1707 waren der Webermeister Peter Graber und Ehefrau Elisabeth aus Huttwil in Jebsheim im Elsaß aktenkundig geworden. Aus alten Dokumenten, die heute in Colmar liegen, geht hervor, daß am 12. Dezember 1707 in Jebsheim ein Hans geboren ist, »Sohn von Peter Graber, des Wiedertäufers« und Elisabeths, seines Weibes. Beide wären erst 14 Tage vor der Geburt dahergekommen und hätten sich beim Majer (ein herrschaftlicher Beamter – d.A.) im oberen Schloß aufgehalten. Der Majer des Jebsheimer Schlosses war zu jener Zeit der Täufer Felix Kleiner, dem Christian II. von Birkenfeld das Anwesen vermietet hatte.

An die Emigrantengemeinde der Täufer erinnert in Jebsheim heute praktisch nur noch das Kirchenbuch, zwei Kriege haben dem Ort schwer zugesetzt. Wer die Nachkommen Schweizer Brüder sucht, wird in den elsässischen Nordvogesen eher fündig als hier oben in der Gegend um Markirch. Gerade auch in Jebsheim verwendete die evangelisch-lutherische Kirche einmal viel Zeit auf die »Bekehrung« von Täufern, die sich dagegen wehrten, »Schantzen und Wachten am Rhein zu besetzen«, von vornherein also schlechte Mitbürger waren. Alte Kirchenbücher belegen schwarz auf weiß, daß man nichts unversucht ließ, um die Angehörigen der Gruppe vom rechten Weg zu überzeugen. Manchmal hatte man damit auch durchaus Erfolg. Ein Eintrag von 1679 belegt den Übertritt eines Taufgesinnten gleich auf ganzen 25 Seiten. Mit Stolz verkündet der zuständige Pfarrer dort, daß ein Jacob Baumann jetzt endgültig bekehrt sei.

»Kannstu auch bäten?« so hatte er den Jacob wörtlich gefragt, »Wie bätest dunn?« und »Wiltu deines Irrthums loss werden?« Darauf der Jacob: »Es ist der Irrthum, in welchem die Wiedertäufer stecken, die unter anderen vielen Irrthümern auch diese haben, dass sie die Heilige Taufe der kleinen Kinder verwerfen und also wider Christi Befehl handeln ...«

Nicht so die Grabers. Peter und Elisabeth – ein bißchen Schweizer Brüder noch, ein bißchen Amische schon – waren 1708 mit Sohn Hans vor dem ständigen Druck der etablierten Kirche von Jebsheim nach Frédéric Fontaine gekommen, wo Peter in die Dienste des Grafen Leopold-Eberhard von Württemberg trat, der damals Herr von Mömpelgard war. Mit den Grabers kamen die Schmuckers, ursprünglich aus Grindelwald, die Roths aus Diessbach und Steffisburg, die Kauffmans aus Steffisburg und Grindelwald, die Hochstettlers aus Schwartzenburg, die Zimmermanns aus Zollikofen, die Lichtis aus Biglen, Eggiswil und Heimeswill, die Bachmanns aus Röthenbach, Augsburgers aus Langnau, Klopfsteins aus Laupen, Hildebrands aus Ober-Oenz oder die Eichers (Eichners) aus Schartzenegg und Diessbach. Sie setzten sich in einem Landstrich fest, der immer noch unter den Folgen des Dreißigjährigen Krieges litt, was die landwirtschaftlich erprobten Täufer zu begehrten Pächtern machte. Allerdings waren sie auch hier vorerst nur geduldet, erhielten keine schriftliche Aufenthaltserlaubnis dafür. Der schnell wachsenden Gemeinde wurde zwar zugestanden, einen eigenen Friedhof und Schulen einzurichten, Kirchbau oder Landkauf wurden jedoch von vornherein verboten. Die seit Jahrzehnten gehetzten Frommen zeigten sich trotzdem dankbar dafür, führten in Mömpelgard die Kartoffel ein, lange bevor sie in Frankreich heimisch war.

Der nach zwei großen Wanderungen völlig verarmte Peter Graber nahm bei der Herrschaft einen Kredit auf, um sich Saatgut für das erste Jahr zu beschaffen. Ein Zubrot verdiente er sich als Müller, Holzfäller und mit der Herstellung von Holzkohle. Doch der Peter starb bereits mit 45 Jahren und hinterließ neben seiner Frau sechs Kinder. Auf Sohn Hans sollte schon bald ein Sir Berdot, Arzt und Berater der Herren von Württemberg, aufmerksam werden. Er brachte den tüchtigen Landwirt auf seine Farm in Couthenans.

1793 wurde die Grafschaft Mömpelgard von den Franzosen eingenommen und im Frieden von Lunéville acht Jahre später zu Frankreich geschlagen ... nur wenige Monate, nachdem wiederum ein Peter Graber, Sohn des Hans, den Hof an der heutigen *grande-rue* gekauft hatte, da die Idee der Französischen Revolution nun auch den Täufern Landbesitz ermöglichte. Ein weiterer Graber konnte im gleichen Jahr in Monteprevoir/Distrikt Montbéliard ebenfalls einen Hof erwerben, der heute noch in Betrieb ist. Ein Graber entkam jetzt nur knapp der Guillotine, dem Rasiermesser der Französischen Revolution. Alle Grabers zusammen vermehrten sich nun nicht, sondern vervielfältigten sich in der rechten Täufertradition. Doch viele Kinder waren hier einen Tugend und sind es zumindest bei den Vettern und Cousinen im Allen County bis heute geblieben.

Gott war der beste Ackermann, die Täufer kamen gleich nach ihm, wobei ihnen ihr religiöser und wohl auch Schweizer Individualismus ein kräftiges Stück entgegenkam. Die Frommen gehörten hier zuerst fast ausschließlich dem bäuerlichen Stand an wie die ersten Menschen, sie bearbeiteten die Erde, aus der der erste Mensch einmal geformt worden war. Als besonders erfolgreicher Landwirt entpuppte sich bald jener Joseph Graber aus Couthenans, der lokales Simmentaler Rindvieh zur Montbéliard-Rasse aufkreuzte, die ab 1870 mit großem Erfolg im ganzen Land gezüchtet wurde. Noch heute spricht man dort, wenn auch scherzhaft, von einer »Mennonitenkuh«. Dies brachte Joseph die Ernennung zum Offizier der französischen Ehrenlegion ein. Er hatte sich jetzt um sein Land verdient gemacht. Und nicht nur, daß sein Produkt als Milch- und Fleischlieferant hervorragende Ergebnisse erzielt hätte und weiterhin erzielt. Vor dem Deutsch-Französischen Krieg wollte Graber sein Rindvieh patriotisch noch Elsaßkuh oder Elsaßbulle nennen. Nach dem Waffengang – das Elsaß war wieder einmal deutsch geworden – hatte er der Rasse den Namen Montbéliard (nicht Mömpelgard) gegeben, um das Französische in ihr zu verewigen.

Die Grabers aus der Gegend von Montbéliard – die alten Kirchenbücher der Täufergemeinden sind noch erhalten – heirateten bevorzugt in Familien wie die Widmers, Roths, Kauffmans oder Schmuckers, so wie sie es heute in Amerika noch tun. Ein Problem wurde allerdings ähnlich wie zuvor im Elsaß, daß die Frommen auch in und um Montbéliard bei Nachbarn und Dienstherren eher als Arbeiter begehrt denn als Menschen beliebt waren. Ein Grund dafür, daß ein Teil von ihnen – darunter auch Mitglieder des Graberclans – jetzt »auf der Dunau bis in Wien und weitters« nach Wolhynien zogen, wo sie sich unter Führung des Predigers Samuel Stoll in Eduardsdorf niederließen. 1790 können Familienmitglieder in Einsiedl/Österreich nachgewiesen werden, 1797 in Michelsdorf/Polen, 1837 in Horodischtsche und Waldheim, 1861 in Kutusowka (Wolhynien). Der Großteil von ihnen wanderte ab 1874 als Reaktion auf die allgemeine Russifizierung, Wehrpflicht eingeschlossen, nach Amerika aus. Dieser Familienzweig ist heute besonders in Kansas und Süddakota zu finden. Denn Grabers gibt es längst nicht nur im Allen County – in den gesamten USA lebten 1988 rund 10000 Personen in 1200 Graberfamilien, die ihre Abstammung auf die gleiche Schweizer Täuferfamilie zurückführen können.

Die Folgen der Französischen Revolution trafen die in der Gegend von Montbéliard zurückgebliebene Gemeinde hart, die sich aufgrund ihrer sittlichen Maßstäbe weigerte, den Eid zu leisten, die deutsche Sprache aufzugeben oder sich zum Dienst in der Nationalgarde einschreiben zu lassen. Zum Hauptproblem wurde dann Napoleons Ruf zu den Waffen. Wo immer der Herrscher siegreich einzog, hob er die Befreiung der Täufer von der Wehrpflicht auf. Brüder, nach Paris entsandt, wurden vom großen General nicht empfangen, immerhin wurde einigen Gemeinden danach aber zugestanden, Fuhrdienste für das Heer zu leisten. Der europäischen Kriegshändel müde, trafen sich 1818 bei Schlettstadt im Elsaß mehrere Täuferprediger, um zu beschließen, den Brüdern und Schwestern in Amerika nachzuwandern. War es jetzt doch einfacher und billiger geworden, eine Schiffsreise zu finanzieren, als sich von der Waffe freizukaufen.

Dem Beschluß der Diener folgten mehrere Grabers, die ersten gleich 1819. 1834 landete ein Daniel Graber mit dem Segler »Troy« in der Neuen Welt und ließ sich mit nicht viel mehr als Hoffnung in der Tasche in Ohio nieder. (1837 wagten Katharina Graber und Ehemann Peter Stoll aus Couthenans den Sprung übers Meer, 1852 Christ Graber.) Daniel war am 31. August 1794 der Amischkirche beigetreten, um dann Maria Frey zu ehelichen. Die beiden sollten die Stammeltern der meisten Grabers werden, die heute in Nordamerika noch als Amische leben. Denn kräftig gingen er und seine Nachkommen auch hier ans Vermehren. Ins Ahnenbuch Josephs, Elams oder der Rachel von der Cuba Road schrieb sich etwa Rosa Veronica Graber, geborene Schwartz ein, die im Allen County Mitte des vorigen Jahrhunderts zwölf Kindern das Leben schenkte. Danach ihr Sohn Christian, der 15, Sohn Peter der 14, dessen Sohn Aaron, der wiederum 18 Kinder hatte, und immer so weiter.

Daniels Sohn Peter, eines von elf Kindern, heiratete 1839 eine Anna Müller in Ohios Wayne County und zog auf einem Ochsenwagen im November 1852 mit seinen Brüdern Jakob und Johann in die Gegend von Grabill im heutigen – je nach Sicht – Bibel- oder Maisgürtel des sogenannten »Alten Mittelwestens« der USA. Allerdings waren die Grabers nicht freiwillig aufgebrochen. Anfang der 50er Jahre hatte in Ohio unter den Heiligen der sogenannte »große Unfrieden« geherrscht. Zuerst war es nur darum gegangen, ob nun die Taufe »im Wasser« oder »mit Wasser« mehr biblisch sei, also ob man den Täufling hinaus zu einem Bach führen oder aber zu Hause mit Wasser – aus demselben Bach – taufen sollte. Hier wurde schließlich ein Kompromiß gefunden. Die einen bekannten, daß sie »Geduld mit den anderen haben könnten«. Kritisch wurde es dann allerdings, als ein Bischof Yoder – zu dessen Gemeinde die Grabers gehörten – die Behauptung aufstellte, nicht die Schlange, sondern Eva habe einst im Paradies gelogen. Einer der Grabers, selbst »Diener am Wort«, stellte Yoder aus diesem Grund zur Rede. Nach einem zeitgenössischen Bericht erklärte er dem Yoder: »Wenn Du solches so lehrst und behauptest, so bist Du ein Engel des Abgrundes.« Dafür wurde Graber gebannt. Eine einberufene Dienerversammlung konnte den Streit nicht schlichten, was eine größere Spaltung quer durch die Gemeinde in Ohio nach sich zog.

Ganz in der Nähe, wo heute der Hof des Predigers Joseph steht, doch damals noch hinterstes Hinterland, kaufte sich Peter ein 40 acres großes Grundstück. Den acre zum Preis von einem Dollar in einer Zeit, als der Weizen noch 30 cents pro bushel, das Korn 10 cents brachte. Hier wuchsen jetzt die ersten Blockhäuser, danach das, was die Frommen ein Sommerhaus nennen und schließlich die Gebäude der späteren Generationen. Nach der Rodung lief die Zeit langsam im Amischland. Peters Haus steht immer noch – wenn auch leicht abgewohnt – im Norden von Grabill an einer Stelle, die außer der Graber Road kein Denkmal für ihre Pioniere hat. Im Verhältnis ist es kein großer Bau, doch der Überlieferung nach wußte der Peter, der, wenn er sprach, Trompete spielte, einmal so laut zu predigen, daß die Gemeinde durchaus auch in der rund 100 Meter davon entfernten Scheune sitzen konnte, um ihn noch gut zu verstehen. Bei der Wahl der Grundstücke hatten die Frommen nach erhöhten Stellen gesucht, um feuchten Jahren vorzubeugen, daneben Waldstücken mit Eschen, Eichen oder Ahorn den Vorzug gegeben, unter denen sie einen leicht öligen, guten Boden wußten. Im Allen County waren die Amischen Pioniere und ihre Farmen wie bei den Brüdern um Lancaster von vornherein keine spekulativen Einkommensquellen, also als Heimstätten für ungezählte Nachkommen gedacht.

In diesem Indiana – zu deutsch »Land der Indianer« – sollten die Grabers als deutschsprachige Einwanderergruppe lange keine Ausnahmeerscheinung sein. Seit dem Unabhängigkeitskrieg siedelten hier deutsche Emigranten, vom fruchtbaren Boden angelockt oder von den Kämpfen gegen die Indianer, an denen man sich kräftig beteiligte. Seit 1835 waren Schweizer Taufgesinnte der – eher mennonitischen – Hauptrichtung gekommen, zuerst aus dem Jura, dann mehr und mehr auch aus dem Emmental, besonders der unmittelbaren Gegend um Langnau. Die ersten Amischen wanderten aus Pennsylvanien ein und ließen sich 1839 bei Goshen im Elkhart und im Lagrange County nieder. Unter ihnen neben den Yoders, Hostettlers oder Millers die Borntragers, Schrocks, Schlapachs, Masts, Troyers und Christners. In das Adams County, damit in die Nähe von Berne, zog es Amischfamilien aus dem Elsaß und aus Lothringen, darunter die Eglys, Liechtys, Schindlers und Stuckeys. Und während die Grabers jetzt Land um Grabill rodeten, versuchten sich die Kurtz', Lantz' und Harzlers in der Nähe von Topeka. Um Indianas Amische herum wuchsen Siedlungen wie Neu-Elsaß, Mülhausen, Neu-Oldenburg, Luzern, Elberfeld, Hamburg, Bremen, Berlin oder Lippe. Fort Wayne wurde zur Hauptstadt des Kirchendeutschtums, Schweizer führten in Indiana den Weinbau ein, die religiös-kommunistische Siedlung Neuharmonie der Rappisten, einer kirchlichen Splittergruppe aus Württemberg, war als landwirtschaftlicher Musterbetrieb die erste große gewerbliche Niederlassung im mittleren Westen. In der Hauptstadt Indianapolis agierte der deutschstämmige mehrfache Präsidentschaftskandidat Eugene V. Debs, im amerikanischen Bürgerkrieg stellte Indiana dann das rein deutsche, mehrfach ausgezeichnete 32. Freiwilligen-Regiment unter Oberst August von Willich. Es gab Zeiten, zu denen in Indiana bis zu 30 deutsche Zeitungen erschienen, sich deutsches Leben in 176 Vereinen und Verbänden abspielte.

Die Amischen waren Deutsche, doch sie sahen sich nie im Rahmen der allgemeinen deutschen Einwanderung nach Indiana. Ihre Welt war nach innen gerichtet, in die ethnische Isolation der Familie und Gemeinde. Die übrigen Deutschen wirkten dagegen mehr nach außen. Während die Jugend der Pioniere in Hannover/Indiana oder Hessen-Cassel dann auch schnell verenglischte, die übrigen deutschen Kirchenkörper Sprache und Tradition aufgaben, hielten jedoch gerade die jede Neuerung ablehnenden Täufer ihr Deutschtum aufrecht. Sie waren einfache Menschen geblieben, in den ersten beiden Generationen häufig viersprachig, da sie Schwyzerdütsch zu Hause pflegten, ihre Gottesdienste auf hochdeutsch hielten, das Französisch ihrer Zwischenheimat noch nicht ganz verlernt hatten und bereits das Englisch der Wahlheimat verstanden. Doch nur über das »Dütsche« blieb man im Gespräch mit den Vorfahren, damit gewappnet gegen geländegängige Anpassungen jeder Art, die einem unverkürzten Christentum hätten schaden können.

Die Brüder Graber – Peter, Jakob und Johann – sollten alle drei Bischöfe der Amischkirche werden. Das heißt, daß sie nach täuferischem Konzept Männer waren, die ihren Leib im Zaum halten konnten, die Früchte des Heiligen Geistes in sich kräftig verspürten, um so gestärkt den Weg der Wahrheit lehren und mit dem Wort Gottes die rechte Frucht heranzüchten zu können. Doch wie in den übrigen Amischsiedlungen davor und danach gab es auch in der Grabiller Gegend schnell schwere innere Differenzen unter den Heiligen, die sich dann auch in drei Gruppen spalteten: in Traditionsamische, liberalere Amisch-Mennoniten und fortschrittliche Mennoniten. Dazu trug nicht zuletzt Jakob Graber bei, der sich auf einer Dienerversammlung im Juni 1864 kräftig gegen neue Bräuche innerhalb der Gemeinde ausgesprochen hatte. Etwa dagegen, daß einer aus der Gemeinde heiratete, sage doch der Apostel ganz klar: »Was gehen mich die draußen an?« Die Konservativen bestanden auf Alteingeführtem, auf ihrer Ablehnung von Betsälen oder der Sonntagsschule, auf ihrer Opposition gegenüber dem »Englischen«, auf ihrer schweren halbleinenen Kleidung. Die Liberaleren wollten es mit »neuen Springweisen« anstelle der alten Liederbücher versuchen, akzeptierten mehr und mehr auch »äußere Pracht«. Die einen kämpften mehr gegen den Teufel ganz generell, die anderen zusätzlich auch noch gegen die Welt.

Die Frommen vom Allen County entwickelten sich auseinander. Grabers sollten bald in allen drei Richtungen zu finden sein. Ab 1880 stellten sie in der konservativen Gruppe zahlreiche geistliche Führer, dazu Männer, die durchaus auch etwas vom Geschäftemachen verstanden. Andere zogen von hier aus in alle Richtungen der Windrose, gründeten als die Leisen, mit knurrigem Unterton gegen die

Lauten, im Lande neue Kirchendistrikte oder schlossen sich einfach der Welt an.

Täufer haben allgemein ein sehr starkes familiengeschichtliches Bewußtsein. Was sie für wichtig halten, schreiben sie häufig in die Vorsatzblätter ihrer alten Bibeln und Gesangbücher, um es der Nachwelt zu erhalten. Da auch die weltlichen Behörden aus naheliegenden Gründen die Taufgesinnten gerne registrierten, kann heute auf eine ganze Reihe von intakten Chroniken vieler Amischfamilien zurückgegriffen werden. So muß auch davon ausgegangen werden, daß die Grabers von Huttwil zu ganz »echten« Amischen erst in Amerika wurden. »Ein bißchen Amisch« waren Familiensplitter – so der Graberenkel Hückel in Couthenans heute – schon im alten Europa, aber daneben auch noch immer etwas Schweizer Bruder jener Richtung, die sich einmal Jakob Ammann entgegengestellt hatte.

In der Gegend von Montbéliard sind die Nachkommen der Amischen aufgerieben in der Konkurrenz der Religionsgiganten, somit schon lange nur noch in anderen Kirchen zu finden, da es halbe Heilige nicht geben kann. Doch die Geschichten gerade der frühen Grabers haben sich im hier weitverzweigten Familienkreis erhalten: jene etwa von der Maria Graber, die so stark gewesen war, daß sie drei Sack Kartoffeln auf einmal tragen konnte, jene des Peter, der den Jacobinern nur mit knappster Not entkommen konnte, oder jene von einem anderen Peter, der wie der Joseph heute das Talent hatte, »Im Namen des Vaters, des Sohnes und des Heiligen Geistes« auf Schmerzen oder auch nur Warzen seiner Mitmenschen einzuwirken.

Außergewöhnliches weiß man indessen auch heute noch in Couthenans zu berichten. Da kreuzte doch kürzlich ein Amischer der ganz konservativen Richtung – also einer direkt aus Jakob Ammanns monumentaler Hinterlassenschaft – auf, um das Haus seiner Vorväter zu besuchen. Natürlich reiste er vollkommen inkognito, nicht einmal seine eigene Gemeinde wußte von dem Ausflug. Manchmal... aber nur manchmal leistet sich eben auch ein Heiliger einen kräftigen Seitensprung.

Trubach im Trubtal, Gemeinde Trub, ist heute ein Platz in der Schweiz wie jeder andere der Gegend auch. Hier sind die Berge teilweise so hoch, daß sie die Sonne verschlucken, hier ist man vom Kraftverkehr so weit entfernt, daß die Wälder wohl ewig rauschen werden. Die Menschen auf den umliegenden Höfen gehören zu ihrem Land wie das Höhenvieh an die Hänge des Hauses Hinter-Hütten am Hüttengraben. Nichts ist hier außergewöhnlich, und nicht einmal jeder 10 000. Tourist, der sich ins Tal verläuft, weiß, daß der alte Hof an einem Naturweg in der Nähe des Napfs durchaus etwas vorzuzeigen hätte.

Der Hinter-Hüttenhof war einst ein bewährtes Täuferversteck im Trubtal, Teile der Familie Fankhauser damals, als sie sich noch Fanghauser schrieb, durchaus rebellisch in Glaubensfragen eingestellt. Ein Fanghauser saß 1709 in Bern wegen seines Bekenntnisses im Gefängnis, ein weiterer wurde zwangsverschickt und wanderte nach Pennsylvanien aus. Wohnung, Stall und Scheune unter einem Dach – im Gebälk ein 1608 eingeritzt –, bot das Haus den von Täuferjägern bedrohten Frommen des Umlands nach einem so einfachen System Zuflucht, daß es heute schon beinahe genial erscheint. »Die Töfer«, so Hans Fankhauser auf der »Bühni« seines Hofes heute, waren einst da, und wenn sie flüchten mußten, gleich darauf wie vom Erdboden verschwunden. Und sie waren's tatsächlich.

Wenn dazu die Warnung kam – Sympathisanten stießen beim Auftauchen der Häscher kräftig ins Kuhhorn –, rannte, wer damals hier zu rennen hatte, die Auffahrt zur Tenne des Hinter-Hütten-Hofes hoch, trat im hinteren Ende des Bodens auf ein Kippbrett, das man im Trubtal »Gampfilade« nennt, und sauste dann automatisch in ein etwa 2 x 2 Meter großes Loch. Das Kippbrett beruhigte sich über ihm wieder, wer nachfolgte und nichts davon wußte, mußte Brett und Versteck einfach übersehen. Die Täufer – Schlitze gegen Laube und Tenne sorgten für frische Luft – blieben dann so lange im Loch, bis die Herren der Täuferkammer oder ihre Schergen wieder abgezogen waren.

Routiniert in Überlebensfragen, ist es Berner Taufgesinnten – wenn auch nur in kleiner Zahl – gelungen, bis heute in der Tradition der frühen Schweizer Brüder zu bleiben.

Besonders ihre Kirche im Bereich der Emme ist nie ganz ausgestorben. Noch während und dann auch nach der eigentlichen Verfolgungszeit wurden dort, wo sich gewaltige Höhenzüge zu Tälern zusammenfalten, zeitweise an 38 Plätzen Gottesdienste und »Kinderhütedienste« abgehalten. Man traf sich bei den Röthlisbergers im »Mättenberghüsi«, bei den Gerbers »im Stock« oder bei den Mosers auf der »Pfaffenbachscheuer« und tut's zum Teil auch heute noch. Klein ist die Gruppe, doch Emmentaler Täufer stehen inzwischen selbst in der Mission in China, in Angola, auf den Philippinen und in Kamerun.

Im Emmental hat es nie echte Amische gegeben, Fußwaschung und Meidung wurden hier nicht im Sinne Jakob Ammanns praktiziert. Die Emmentaler, deren Nachkommen in Amerika leben, sind erst in der Diaspora zum radikalen Täufertum gestoßen. Doch etwas von ihrem Geist scheint sich bis in unser Jahrhundert herübergerettet zu haben. Heute gibt es in Langnau Neutäufer, die sich 1835 von den Alttäufern trennten, sich dann noch einmal aufsplitterten, um nun innerhalb ihrer Gemeinde eine strenge Zuchtordnung zu befolgen: Die Frauen dürfen wie bei den Amischen das Haar nicht schneiden, wenn's sein muß, wird auch gemieden. Hans Rüfenacht aus Emmenmatt – von dort, wo Emme und Ilfis zusammenfließen –, Ältester der rund 550 Mitglieder starken Gemeinde der »Alttäufer«, nennt die Gruppe der Neuen »sektierisch«, eben so, wie man einst die Frommen um Jakob Ammann oder zuvor die Taufgesinnten ganz generell nannte. Seit dem Zweiten Weltkrieg sind Rüfenachts Alttäufer auch als Mennoniten bekannt, doch im Emmental lieben sie diese Bezeichnung nicht. So singt man hier auch lauter als anderswo: »Nach keinem Mann, nach keinem Ort soll sich die Gemeinde nennen.« Die Emmentaler sind lieber »altevangelisch« und erklären den eigenen Wandel damit, daß in ihrer Heimat über die Jahre eben viel bewußt kaputtgemacht worden ist.

Nicht nur im Emmental. Wer etwa die Amischen heute kennenlernen will, muß inzwischen nach Amerika. In Europa, wo sie einmal in rund 40 Gemeinden ihren religiösen Lebensstil pflegten, gibt es keinen Nachfolger Jakob Ammanns mehr, lediglich ein paar Zeugen und Zeugnisse ihrer

Geschichte, die sie nicht selten mit anderen Täufern teilen. Vor dem Auszug der letzten Gemeinden hatte hier die Erkenntnis gestanden, daß in der Alten Welt alleine mit dem Maß der Bergpredigt kein Staat zu machen war (wie dann auch ein Bismarck erkannte). So verschwanden die Heiligen aus der Schweiz, aus Deutschland, Frankreich, Holland, Polen und Rußland, und wo sie geblieben sind, haben sie ihre amische Unschuld längst verloren.

In der Urheimat der Altevangelischen Täufer, in der Schweiz, gab es vor rund hundert Jahren noch zwei Gemeinden, die die Fußwaschung praktizierten, sich allerdings nicht Amische nannten. Hier hatte die Französische Revolution vorübergehend für Glaubens- und Gewissensfreiheit gesorgt, als das alte Kirchenregiment abgeschafft wurde. Nach Napoleons Sturz war es dann zu schweren konfessionellen Kämpfen zwischen Konservativen und radikalen Gruppen gekommen. Besonders die Täufer wurden in ihrer Glaubensausübung dadurch wiederum stark eingeschränkt. Erst 1848/1874 kam es als Antwort auf den Sonderbundkrieg zur schweizerischen Bundesverfassung, die die völlige Religionsfreiheit garantierte. Davon profitieren bis heute die rund 3000 Mennoniten im Land, die konzentriert im Emmental und im Schweizer Jura leben. In Bern wurde 1963 wieder eine »Altevangelisch-Taufgesinnte Gemeinde« gegründet.

Die heutige Gemeinde der Mennoniten in Basel (Holeestraße) war ursprünglich amisch und kann ihre Geschichte bis in das Jahr 1777 zurückführen. Bis in die jüngste Zeit hing ihr so auch der Spitzname »Häftligemee« an, im Gegensatz zur rein mennonitischen Basler Schänzligemee. Eine Erinnerung an jene Tage, als die Amischen sich noch von den reinen Mennoniten mit der Begründung absonderten: »Die mit Haken und Ösen (also die Amischen – d. A.) wird der Herr erlösen, die mit Knöpfen und Taschen wird der Teufel erhaschen.« Doch Jakob Ammann ist auch hier schon eine gute Weile tot.

Dicht an der Schweizer Grenze ist heute ein Jacques Graber Ältester der elsässischen Mennonitengemeinde Altkirch-Birkenhof, in der bis zum Jahr 1957 das Abendmahl noch mit anschließender Fußwaschung gefeiert wurde. Die

Gemeinde ist zweisprachig, deutsch und französisch, wobei bei älteren Gemeindegliedern tatsächlich wie bei den Amischen in Nordamerika weiterhin die Vorstellung vorherrscht – so Graber –, daß Gott deutschsprachig sei und somit auch der Gottesdienst in seiner Sprache gehalten werden müßte. In der Gemeinde Altkirch-Birkenhof halten die Bauern noch immer die Grabersche Musterzüchtung, die Montbéliard- oder Mennonitenkuh, die als besonders originell gilt, wenn sich die drei roten Flecken auf ihrem Fell nicht berühren.

Jacques Graber weiß auch zu berichten, daß seine Familie, der durch Verordnung der Berner Regierung von 1711 »das Land- und Mannsrecht für sich und ihre Nachkommen für immer« aberkannt worden war, inzwischen wieder volles Heimatrecht in Huttwil/Kanton Bern genießt.

Im Elsaß und in Lothringen leben zur Zeit rund 3000 Mennoniten, die zum Großteil von Amischen abstammen, religiöse Altlasten allerdings abgestreift haben. Nachdem die frühen Gläubigen aus der Gegend um Markirch vertrieben worden waren, gingen sie bevorzugt nach Montbéliard, nach Lothringen und in die Pfalz, von dort wiederum nach den USA. Größere Täuferkonzentrationen finden sich auf dem Geisberg, gleich neben jener Stelle, wo im August 1870 die Franzosen eine der ersten großen Niederlagen des Deutsch-Französischen Krieges erlitten haben. Auf dem Geisberg werden bis heute große Pfingstfeste gefeiert, und drunten im Tal wissen die Protestanten davon zu berichten, wie tiefreligiös die Täufer auf der Höhe noch sind. Erinnerungen an frühe Taufgesinnte finden sich im Täufergässl in Birlenbach/Gemeinde Drachenbronn – hier sprechen ältere Bürger durchaus noch von früheren taufgesinnten Nachbarn – oder am Mahlstein der Mühle in Steinselz, von der angenommen wird, daß dort 1752 die große Dienerversammlung der Amischen stattgefunden hat. Alte Täuferhöfe stehen noch in Orten wie Nehweiler, Riedseltz, Dernbach, in den Gemeinden Windstein, Lembach, Reichshofen oder Gundershofen, ganz besonders auch im Tal der Leber.

In Deutschland siedelten die Amischen, deren Zahl zur Blütezeit der Gemeinden zwischen 6000 und 7000 Gliedern lag, einst besonders im Pfälzischen. Probleme entstanden ihnen hier durch das enge Zusammenleben von Weltlichen und Heiligen, durch ständige Repressalien von weltlicher wie kirchlicher Seite, daneben aber auch wegen der Entfernungen von Hof zu Hof, da die Gruppe keine zusammenhängenden Landstücke kaufen konnte wie später in Amerika. In Kirchendistrikten um Kaiserslautern, bei Essingen in der Nähe von Landau oder um Zweibrücken, wo man erst 1937 in der dortigen Mennonitengemeinde aufging, waren Amische besonders aktiv und konnten sich auch relativ lange halten. Die Pfälzer Gruppe, die nach Bayern, in die Gegenden um Ingolstadt, Regensburg und München zog, vermischte sich dort mit Glaubensgenossen aus Elsaß/Lothringen, Nachkommen sind heute bei Regensburg zu finden. Größere Gruppenauswanderungen fanden im 19. Jahrhundert nach Kanada statt. Die Spuren der bayerischen Gemeinden verlieren sich um die Jahrhundertwende. In Regensburg und München haben sich die letzten Amischen 1892 mit den Mennoniten zusammengeschlossen.

Kleinere Amischgemeinden lebten in der Eifel und in der Gegend von Neuwied. 1730 siedelte eine Gruppe in der Region Hessen-Kassel in Wittgenstein (später Waldeck), um 1800 eine Gruppe im Tal der Lahn in der Nähe von Marburg. Um 1900 hatten sie sich aufgelöst. Waldecker und Marburger sind heute besonders im Somerset County/ Pennsylvanien, Garett County/Maryland und im Butler County in Ohio zu finden. In Baden, etwa im Raum Bruchsal, zerflossen die Gemeinden bereits im 18. Jahrhundert.

Die kleine Amischgruppe, die von der Pfalz zusammen mit Täufern aus Montbéliard nach Galizien und Wolhynien auswanderte, wo reiche Landbesitzer auf sie aufmerksam geworden waren, verlor ihre Identität durch das Zusammenleben mit Mennoniten. Noch bevor sie 1874 nach Freeman/South Dakota und Moundridge/Kansas weiterzog, hatte man das Ende der amischen Geschichte beschlossen.

Die am längsten überlebende Amischgruppe in Europa war somit der Kirchendistrikt Ixheim bei Zweibrücken. Erst kurz vor dem Zweiten Weltkrieg wurde dort das eigene Bethaus aufgegeben, die Gemeinde ging fortan nach Ernstweiler »in die Versammlung« (mennonitisch für Kirche). Am 17. Januar 1937 gaben sich zwei Gemeinden, die in der gleichen Tradition standen, in der Mennonitengemeinde Zweibrücken die Bruderhand. Allerdings standen die deutschen Amischen zu diesem Zeitpunkt schon lange nicht mehr auf gleicher Stufe mit den Brüdern und Schwestern in Amerika. In Europa waren Lehren und religiöse Richtlinien zu einem gewissen Grad verwässert, bedeuteten viele Ordnungen nichts, die in der Neuen Welt etwas galten. Das alte Bethaus der Amischen wurde zum Wohnhaus umfunktioniert. Typische Amischnamen in dieser Gegend sind noch Stalter, Oesch, Gingerich, Guth, Hauter, Naffziger, Reidiger und Schertz. Auf dem Schmalfelder Hof bei Marnheim in der Pfalz lebt heute ein Emil Guth, der sich gerne als »der letzte deutsche Amische« bezeichnet. Er stammt aus der Gemeinde Ixheim.

In Deutschland gibt es noch eine ganze Reihe von alten, weiterhin praktizierenden Mennonitengemeinden, zum Beispiel in Emden (seit 1530), in Leer-Oldenburg (seit 1540), in Krefeld (seit 1600), in Hamburg (seit 1601), in Friedelsheim/Pfalz (seit 1650) oder in Worms-Ibersheim (seit 1660).

Die Amischen, die Europa nur als »Fremde und Pilger« durchwanderten – neben religiösen Zwängen stand ihnen besonders auch das Landzuwenig und Bevölkerungszuviel im Weg –, können in Amerika heute praktisch ohne ernsthaften Einspruch von weltlicher Seite ihren Idealen leben, was ihnen in der alten Heimat bis zur Auswanderung nie gelungen war. Doch auch in der Neuen Welt wird ihre Geschichte jetzt mehr und mehr von einer gewissen Unruhe, von der Suche nach Land geprägt, nach einem ruhigen Platz, dicht bei der Natur, bei Gott und der Familie. Schwierig muß es auf Dauer für die Amischen sein, immer neuen Boden für immer neue Höfe zu finden, die sie brauchen, da sich ihre Zahl etwa alle 20 Jahre verdoppelt. Im Wettlauf stehen sich Storch und Pflug gegenüber. Die Bruderschaft muß sich ausbreiten, doch das Farmland ist gerade dort am teuersten, wo die alten Siedlungen liegen. Im 18. Jahrhundert gab es gerade drei amische Kirchendistrikte in Nordamerika, darunter als älteste, heute noch existierende, die Gemeinde um Lancaster (seit 1760). Im 19. Jahrhundert, als man begann, sich nach Westen auszubreiten, wurden 22 Kirchendistrikte gezählt. Inzwischen sind es bereits rund sechshundert, darunter neuere Amischsiedlungen in Missouri (seit 1947), Wisconsin (1925), Minnesota (1972), Montana (1975) oder Texas (1982). Einige Distrikte wurden wieder aufgelöst, vielleicht weil sich die Frommen dort in guter Tradition zerstritten oder weil ihnen die Schulgesetze des Landstrichs nicht gefielen. Gelegentlich zog man auch hin und her: Zum Beispiel aus einem Distrikt in den USA, um dort dem Wehr- oder Ersatzdienst zu entfliehen, nach Kanada, und dann von dort wieder zurück in die USA, nachdem in Kanada Gesetz wurde, daß zum Verkauf bestimmte Milch in gekühlten Containern aufzubewahren war. Und wenn Heilige wandern, dann wandern sie nicht allein, sondern als Gruppe von Familien, die sich zusammen in »Pferd-und-Wagen-Distanz« ansiedeln wollen, um das rechte Zusammenleben zu garantieren. Heute wohnen drei von vier Amischen in den Staaten Pennsylvanien, Ohio und Indiana.

Von den konservativen Täufern, die in Nordamerika leben und jede ökumenische Verbindung zu anderen Gruppen ablehnen, sind keine Wunderdinge mehr zu erwarten, etwa jener Art, wie die Hutterischen Brüder in Europa einmal den Kindergarten »erfanden«, lange bevor er in Deutschland bekannt war, wie ihre Badehäuser in Mähren und der Slowakei einst eine damals noch recht ungewaschene Welt überzeugten oder die Schweizer Brüder richtungweisend in der Armenfürsorge wurden. Die Tatsache, daß Zehntausende von jungen Leuten die Gemeinden vor der angeblich drohenden Vergreisung, vor dem Aussterben bewahren, kann trotzdem nur jenen überraschen, der etwa die Heiligen vom Allen County und ihren Lebensstil, eine der höchst ungewöhnlichen Alternativen zur modernen Welt, nie ernsthaft zu erforschen suchte. Doch auch die Amischen wissen, daß ihnen – ebenso wie Hutterern und Mennoniten alter Ordnung – harte Zeiten unmittelbar bevorstehen, die Ernte keineswegs auf Dauer gesichert ist. Doch in schweren Zeiten haben sich die Täufer noch immer besser bewährt als in guten.

Prinzipiell kennen die Amischen keine Missionsarbeit außerhalb der eigenen Gemeinden, wenn auch heute ein paar Brüder versuchen, längst verlorenes Terrain in Europa wieder zurückzugewinnen. Die Beechyamischen Yoder,

Miller und Bontrager sind zur Zeit in Nordfrankreich, dicht an der belgischen Grenze, dabei, eine Gemeinde zu gründen, was sich bisher jedoch als Fehlschlag erwies. Verschiedene Versuche, in fernen Ländern wie Mexiko oder Honduras Gemeinden aufzubauen, wurden wieder aufgegeben. Ausgenommen davon ist das Experiment Paraguay, wo zwischen zwölf und 15 amische Familien, Zwischenprodukte der progressiveren Richtung, in der Colonia Luz y Esperanza (Licht und Hoffnung – d. A.) leben, die sich in erster Linie als Landwirte und Missionare sehen. Die ersten Frommen waren in den sechziger Jahren in den als Grüne Hölle bekannten Chaco eingewandert, wo es sie allerdings nur vorübergehend in der Mennonitenkolonie Fernheim hielt. Schnell stellte sich heraus, daß die aus Rußland eingewanderten deutschen Mennoniten mit ihrer etwas liberaleren Lebensweise recht attraktiv für die Amischjugend werden konnten. Man war sich in vielen Dingen viel zu gleich, um sich gegenseitig den Satan zuschieben zu können. Die Amischen legten die Hosenträger ab und den Gürtel an, sie wurden, was sie im Kern schließlich immer waren, nämlich Mennoniten oder wanderten eben wieder zurück in die klarer gekennzeichnete sündige Welt – nach Ostparaguay oder gar nach Pennsylvanien.

Mennoniten wohnen heute über die ganze Welt verstreut, in Deutschland etwa 13000, in Holland 25000, in Nordamerika 320000, in Zaire etwa 100000. Der Großteil von ihnen ist der modernen Welt aufgeschlossen, man lebt in ihr und ist von ihr, ist als Täufer gewissermaßen zum Routinier geworden. Sie erkennen damit an, was ihre Altvorderen im Zeitalter der Reformation Luthers oder Zwinglis nicht sehen konnten, daß sich die Welt verändert, daß das biblische Leben der Urchristen im alten Jerusalem nicht für immer das Vorbild jener Gemeinde sein kann, die sich mit ihr identifiziert. Für sie erfordern andere Zeiten den gleichen Christen, doch wie man dazu wird und wie man es bleibt, ist dem Zeitgeist unterworfen. Für den Täufer, der die moderne Welt als seine Heimat akzeptiert, hat Jakob Ammann für ein anderes Jahrhundert gesprochen. Den Heutigen konnte er in vielen Dingen so auch keine gültigen Ratschläge geben.

# 10. Die harte Suche nach dem Paradies

Das Messer dafür holen wir in Zehrs Store, Zange, »witch« und Tetanusspritze liegen bereits im Plastikeimer neben mir. Damit geht's an einem mürrischen Herbsttag im Buggy hinüber zu Paul Eicher, dessen Hengst – ein Standardbred im Knabenalter von 18 Monaten – zum Wallach zu machen ist. Dem David wäre es lieber gewesen, der Hengst hätte ein paar Wochen mehr auf dem fuchsbraunen Pferderücken. Doch Geschäft ist eben Geschäft.

Ans Kastrieren geht David Nolt – neben Schullehrer John ein Meister seines Fachs im Allen County – bevorzugt im Früh- und Spätjahr, also jeweils vor oder nach der Mückenplage. Um die 75 Gäule kommen ihm dann vor Messer und Zange. Die Amischen lassen jeden Hengst entmannen, den sie nicht unbedingt für die Zucht brauchen. Dadurch verliert er Aggression und Geschlechtstrieb, wird zum Gebrauchspferd, mit dem man umgehen kann. Einen Wallach läßt man etwa zum Gottesdienst traben, einen Hengst dagegen nicht, um wüsten Keilereien wie jenen zwischen Constable und King vorzubeugen, denn Pferdedamen gibt es auf den Höfen mehr als genug. Schließlich ist das Fleisch des Wallachs später einmal auch schmackhafter. Aber die Frommen essen ihre eigenen Gäule ja partout nicht. Das machen andere für sie.

Fürs »Verschneiden« hat David ein denkbar einfaches Rezept. Früher wurde ein Gaul dazu noch auf den Boden gelegt. Heute kastriert man ihn im Stehen, gegen einen Zaun oder gegen eine Wand gelehnt. Vier Werkzeuge sind dazu notwendig: das Schneidemesser, das haarscharf sein muß, eine relativ einfache Zange einer Ausführung, mit der man auch Drähte durchschneiden kann, eine geladene Tetanusspritze und eine »witch«, eine sogenannte Pferdebremse. Bei ihr handelt es sich um einen halben Meter Kette, die – an beiden Enden zusammengenommen – dem Hengst so durch das Maul gezogen wird, daß man sie ähnlich einer Daumenschraube anziehen oder lockern kann. Wenn David ans Werk geht, muß der Besitzer des Tieres – nein, vom Betäuben halten die Amischen nichts – die Kette so anziehen, daß der

Hengst stillhält, bis er zum Wallach geworden ist. Die Brüder nennen die Art des Eingriffs natürlich ... natürlich.
David geht an Eichers Gaul zuerst mit dem neuen Schneidemesser aus Zehrs Store heran. Mit einem schnellen Schnitt trennt er Haut und Fleisch bis zu den Hoden durch, bleibt dabei immer auf dem Sprung, da auch er die Reaktion des Tieres nicht mit letzter Sicherheit abschätzen kann. Jetzt nimmt er die Zange, knipst damit beide Hoden ab. Noch ein paar schnelle Korrekturen an herunterhängenden Samensträngen, und fertig ist das Geschäft, noch bevor der Gaul so richtig weiß, ob er sich nun gegen den Schmerz im verketteten Maul oder zwischen den Hinterbeinen aufzulehnen hat. Die Hunde fressen, was herausoperiert wurde, David summt zufrieden das Lied eines amischen Grauwetterpoeten, Paul Eicher greift zum Scheckbuch, die Kinder, die gesehen haben, was sie eigentlich nicht sehen sollten, verlassen ihre Spicklöcher, und der Patient wird wohl noch ein paar Tage etwas wund um den Geschlechtsteil herum sein. So vorbereitet eignet er sich jetzt für ein Arbeitsleben an der Falldeichsel des Buggy, vor Sämaschine oder Pflug. Mit zwei Jahren würde Eichers Fuchsbrauner eingebrochen, zwischen fünf und zwölf Jahren im besten »Mannesalter« stehen, ab 15 dann so abbauen wie vergleichsweise ein Mensch in seinen Fünfzigern.

Von den Eichers fahren wir zu Ora Schwartz, dann weiter zu dessen Bruder ... und immer die gleiche Prozedur. Das geht so einen geschlagenen Vormittag lang, bis uns das Tetanus ausgeht. Für David ein Job wie jeder andere, Teil eines Bauernalltags. Ein Tag dazu im Leben eines Amischgaules.

Auf der Heimfahrt kehren wir dann noch auf einen Schluck Wasser bei John und Lilian Graber ein, die an jener lebendig verschlafenen Stelle leben, wo die Straßen aus dem Grabiller Raum nach Nordosten hinausbuckeln. Wie bei den übrigen vom Allen County auch ist hier in herbstlicher Vorahnung die Sonne jetzt die beste Uhr. Gearbeitet wird von Sonnenauf- bis spät nach Sonnenuntergang. Mit einem Tagwerk alleine kommt jetzt niemand so richtig aus, obwohl die Familie harmonisch arbeitet wie ein großes Orchester. Johns Ältester zieht mit dem Pflug ein paar fette

Erdriemen hinter sich her, sein Bruder pumpt Wasser aus dem Brunnen fürs Tränken. Lilian wäscht wie alle Amischfrauen am Montag nach einem morgendlichen Flecken- und Geruchstest, eine ihrer Teenagertöchter narbt mit Gaul, Egge und kühlem Kommandoton den Garten. Auf der Farm sind Beine ein wichtiges Verkehrsmittel, ganz gleich ob an Mensch oder Tier. John selbst, ein Kerl wie aus schwerem Holz geschnitten, steht in seinem Sägewerk. John ist ein fest in der Vergangenheit verankertes Produkt. Je deutscher man ihn ansieht, um so deutscher blickt er auch zurück. Typisch dafür: Er erkennt im Leben eine einzige Aufgabe. Und Amischer ist er aus Überzeugung. Der Ammann Jakob hätte so auch sicher seine rechte Freude an ihm gehabt.

Dabei ist für John und die Seinen Routine, die vielen Ordnungen zu beachten, die einmal von Ammann oder im Lauf der Jahrhunderte von seinen Nachfolgern im Dieneramt für das Leben auf dem Graberhof als unverzichtbar angesehen wurden. Hier gilt nicht, Rosinen zu picken und den bitteren Teig stehenzulassen. Die amische Kirche fordert jeweils den ganzen Menschen, hält an Fallen fest, die sie sich selbst stellt. Nehmen wir nur einmal die Lilian und ihre Töchter: Aus dem Jahre 1568 stammen die Richtlinien von Straßburg, was die Einfachheit ihrer Kleider angeht. 1799 haben ihnen die Diener in Essingen in der Pfalz verboten, etwas Rotes zu tragen, 1809 strichen ihnen die Ältesten bei einem Treffen in Pennsylvanien die Haarspange vom Kopf, 1865 setzten die Frommen in Ohio Scheckiges, Streifiges, Geblümtes nach der Weltmode, den Überrock aus Gummi oder das Öltuch hinzu. Aus dem gleichen Jahr stammt das Verbot, das Bild eines Menschen aufzuhängen oder »verborgen mit sich herumtragen« usw. Knapp 100 Ordnungen sind es, die die Grabers praktisch täglich zu beachten haben, um ja nicht vom rechten Weg abzukommen. Vorschriften darunter für die Frau, den Mann, die Jungen, die Alten und den Farmer. Weitere für den Geschäftsmann John.

Für die in einen technisch-industriellen Leistungsraum eingezwängten Amischen gibt es heute Land für die Saat und Land für das Unkraut. Ihr stilles, passives Dulden – Demut als Mut – versuchen die Heiligen mit agrarischen, in ihrem Sinn durchaus auch mit kulturellen Leistungen auszugleichen. Die Abhängigkeit des Menschen vom Boden, den er bestellt, von Jahreszeiten und klimatischen Bedingungen entspricht dabei dem Verhältnis der Abhängigkeit zwischen Mensch und Gott. Die Frommen, Produzenten in einer konsumierenden Welt, beten für was sie wollen und arbeiten für was sie brauchen. Ganz nach Jesu Auftrag »Handelt, bis ich wiederkomme« (Lk 19,13). Kein schlechtes Konzept für Menschen von gestern, die im Heute bestehen wollen. Wenn die Ernte in einem Jahr schlecht ausfällt, so bleibt die Hoffnung auf das nächste Jahr. Hoffnung, lebendige Hoffnung ist auch hier die Philosophie der Heiligen für dieses Leben wie für das nach dem Tod. Und sie klammern sich daran, denn der einfache Weg der Täufer wird immer holpriger, ist immer schwerer zu befahren. Die Leichtigkeit täuscht, mit der sie die flinken Traber durch die Cuba Road laufen lassen, mit der schon die jungen Mädchen oft achtspännig das Feld bearbeiten, scheinbar ohne jede Kraftanwendung, nur mit dem Zuruf, dem bärndütschen Wort. Der Amischwohlstand ist ein Produkt aus Schweiß, Knauserei und einem Gespür dafür, was zum wirtschaftlichen Gewinn führen kann. Die Amischfarm ein Dorado für Arbeitnehmer, da es hier nie einen Arbeitslosen geben kann.

Die Amischen, Leute wie Lilian und John, sind in erster Linie Bauern und für diese Lebensart auch überdurchschnittlich gut gerüstet. Die Arbeit auf der Farm, die groß genug sein muß, um die Familien auch in schlechten Jahren vom Subventionstropf des Staates unabhängig zu machen, ist ein *american way of life,* der ihrem Wesen entgegenkommt: Schlachten im Januar, Pflügen im März, Säen im Mai, Heumachen im Juni, Dreschen im Juli, das Füllen der Silos im September. Ein Bauer kann christlicher leben als der Händler, da er auf niemanden direkt angewiesen ist. Ein armer Farmer kann Gott mehr dienen als der gelehrte Philosoph. Die organische Selbsterhaltung durch den Hof stärkt die überlieferte Familienordnung. Und noch sind sich die Amischmoralisten nicht ganz im klaren darüber, ob es für sie ein Leben nach der Farm überhaupt einmal geben könnte, also zu jenem Zeitpunkt, an dem Amerika einmal nicht mehr genügend Boden haben wird, auf dem sich die schnell wachsende, umweltsensible Gemeinde ausbreiten, dabei die Symbiose zwischen Arbeit und Religion aufrechterhalten kann.

Das bedeutet nicht, daß die Täuferbewegung ausschließlich aus Bauern besteht oder bestand. Während der harten Jahrhunderte der Verfolgung flohen die Heiligen, ganz gleich welchen Standes, häufig in abgelegene Gebiete, wo sie sich isolieren und so auch selbst versorgen mußten. Dort entwickelten sie eigene Praktiken in der Landwirtschaft, die sie bald – »der Herr sig dafür globt und prise« – zuerst zu Bauern machte. Die Brüder verstanden es dann, noch im verwöhnten Europa mit revolutionären Bebauungsmethoden aus schlechtem Land gutes zu machen. Ihre Zuchterfolge in der Viehhaltung sind dokumentiert. Der Amische als Landwirt steht für das Durchsetzungsvermögen einer Klasse von Menschen und ihrer Kultur.

Farmarbeit, die agrarische Urproduktion ohne jedes technische Brimborium, bleibt dabei für Familien wie die der Grabers eine Weltanschauung, der natürlichste Weg, um den Auftrag der Bibel zu erfüllen. Die Amischen arbeiten hart, so weit es geht Hand in Hand mit der Natur. Sie haben den Fruchtwechsel aus Europa mitgebracht, verlassen sich darauf, daß es biblisch ist, wenn der Mann seinen Lebensunterhalt »erschwitzt«, wie die Frau ihr Kind seit Evas Apfelwunsch unter Schmerzen zur Welt bringen muß. Sie arbeiten für sich selbst, für ihre Familie, die Gemeinde und eben für die Natur, die gottgemacht und somit gut ist und es auch bleiben soll. Die alte Arbeitsweise sorgt dafür, daß auf der Farm nichts wegrationalisiert wird, daß es dort keine Müßiggänger gibt. Und für viele Länder – etwa der dritten Welt – wären auch die in vielen Beziehungen so rückständig erscheinenden Täufer mit ihren effektiven Farmmethoden heute noch überaus modern. Nur eben für Landstriche wie Nordamerika nicht.

Die Amischen haben, hin- und hergerissen zwischen Auftrag, Schöpfung und Profit, ihren Farmbetrieb so eingerichtet, daß sie die Arbeit mit den alten Methoden und mit der Arbeitskraft der eigenen Familie bewerkstelligen können. Einige kleine Korrekturen gegenüber älteren Bibelauslegungen und Ordnungen sind dabei durchaus gestattet. So dürfen die Frommen vom Allen County heute selbst am Sonntag, also am Tag des Herrn, Milch für den Verkauf melken, einmal »um d'Kuh, die gemolke werde will, nüt zu mißbrauche«, daneben auch, um jenem Weltlichen, der jeden Morgen die Milch abholt, nicht für den Montag die doppelte Arbeit aufzuhalsen. So jedenfalls der Elam. Das mit dem Weltlichen dürfte ein Notausgang aus früheren Bestimmungen sein. Im Lancaster County haben die Frommen, die der Milchbehörde nur sechseinhalbmal – also die Woche über und am Samstagabend noch einmal, an Sonntagen aber nicht – Frischmilch liefern wollten, einfach eine eigene Käsefabrik eröffnet, als die Weltlichen auf siebenfacher Belieferung bestanden. Die Milchwirtschaft ist populär, da man bei Zufütterung mit einem relativ kleinen Stück Land Bargeld verdienen kann. Amischfarmen sind in Pennsylvanien im Durchschnitt 70 acres groß, in Indiana etwas größer, doch wiederum wesentlich kleiner als die des typischen »englischen« Nachbarn. Wo Tabak wächst, wird der Anbau bevorzugt, da er jung und alt Arbeit für alle Jahreszeiten gibt.

Mit dem Land wird traditionell schonend umgegangen, da es einmal Kinder und Kindeskinder ernähren soll. Die Erde zu beschädigen hieße, sich von den Nachkommen abzukoppeln. Die Frommen könnten zumindest aus dieser Sicht die Wappenbilder der modernen Umweltschützer sein. Es ist der absolute Ausnahmefall, wenn Amische ihr Land an einen Weltlichen veräußern ... passiert ist es trotzdem, etwa in Kansas, als auf Amischland Öl gefunden wurde, worauf die Heiligen schnell ihre Sachen packten und verkauften. Auf Öl zu sitzen, das war ihnen nun doch etwas zu weltlich. Prinzipiell dient der Boden nicht der Spekulation, er wird »für alle Ewigkeit« erworben und bebaut. So versuchen sie auch beim Landkauf Ratenzahlungen so nieder wie nur möglich zu halten. Generationen können eine Hypothek abtragen, denn für sie wird hier geplant. Scheidungen gibt es nicht, die Familien zerreißen und eine Farm teilen könnten. Die Täufer haben dadurch ein ganz besonders tiefes und enges Verhältnis zu ihrem Hof, den ihnen jener Gott, der Himmel und Erde erschaffen, zur Verwaltung überlassen hat. Und kaum etwas gibt ihnen mehr das Gefühl der Selbstbestätigung, der Sicherheit, damit auf dem richtigen Weg zu sein, als der Blick auf dieses Land. Das heißt nicht, daß die Amischen unbedingt alternative Bio-Bauern sind. Das Wechselspiel zwischen Umwelt und Zivilisation, traditionellen Produktions- und neuen Nutzungsmethoden sorgt auch bei ihnen schon für Kollisionen. Der Amische erntet auf dem gleichen Stück Land etwa soviel wie der weltliche Farmer, doch benutzt er dort nur 200 Pfund Kunstdünger, wo der andere 800 Pfund verstreut. Was das Land abwirft, wird nicht dazu verwendet, Reichtümer anzusammeln, Luxusartikel zu kaufen oder auf Reisen zu gehen. Die Gemeinden achten peinlich darauf, daß kein Glied »zu groß wird«. Nur »Geld zmache«, also den typisch amerikanischen Weg zum Erfolg zu gehen, ist verpönt. Ein Amischer soll für sich nichts kaufen, was zu einem Leben am Rande des Möglichen entbehrlich ist. Er ist heute wirtschaftlich kein Selbstversorger mehr wie einst in Europas Schlupfwinkeln, aber er könnte es jederzeit wieder sein. Kaufen und Verkaufen – etwa auf den großen Pferdeauktionen – ist ein Punkt, an dem er der Welt und den Weltlichen praktisch am nächsten kommt. Allerdings hält er nichts von großen Verträgen, Kreditkarten oder gar beeideten Unterschriften. Bei ihm gelten ein »Ich, John Graber, versichere durch mein Ja, das ein Ja ist«, und ein Handschlag für ein Geschäft. Er kauft, was er nicht selbst herstellt, verkauft, was er im Überfluß hat. Und der Gewinn, den er dabei erzielt, bleibt in der Familie, abgesehen von jenem Teil, den die Notdurft der Gemeinde erfordert. Hier unterscheiden sich die Amischen besonders vom christlichen Kommunismus der Hutterer, die davon ausgehen, daß »ein Reicher« schwerlich ins Reich Gottes kommen kann, da es dem Heiland zuwider sein muß, daß Menschen zu viele irdische Güter besitzen. Die amischen Kleinkapitalisten – ganz generell mit mehr Gefühl für das Menschliche auch in Jesus – glauben dagegen, daß nur der, dessen Herz am Reichtum hängt, ein Dorn im Auge Gottes ist. Wer von ihm dazu bestimmt wird, daß er geben soll, muß zuerst etwas haben, um es dann austeilen zu können.

Bis zum Zweiten Weltkrieg hatten die Farmer im Allen County, ganz gleich ob weltlich oder heilig, praktisch noch alle die gleichen Chancen. Doch jetzt lösten bei den einen Maschinen die Pferdestärken ab. Für die anderen war die neue Energiequelle widernatürlich, die Arbeit mit ihr seelenlos und so auch nicht erlaubt. Seither laborieren die Brüder an der Frage, wie sie die Farm produktiver machen können, ohne die Schöpfung zu zerstören, den eigenen Lebensstil aufzugeben. Nicht immer hilft dabei das Motto des Märtyrerspiegels »Bete und arbeite«. Es gibt einzelne Gruppen, die unter wirtschaftlichem Druck technische Neuerungen akzeptierten, doch allgemein gilt unter den Brüdern die Auffassung, daß je moderner ein Amischer wird, er sich um so weiter vom einfachen Lebensweg Christi fortbewegt. »De Traktor zieht di aus dem Paradies«, sagen die vom Allen County dazu. Das gleiche gilt für automatische Melkmaschinen, auch wenn die Elektrizität dafür auf dem Hof erzeugt wird. Da hilft es nichts, daß es Statistiken gibt, wonach jene Täufer, die automatisch melken oder Traktoren benutzen, bessere Einkommen erzielen, damit ihre Jugend eher auf der Farm halten können wie etwa die ganz Konservativen.

Die hochtechnisierte weltliche Konkurrenz macht den Täufern heute mehr denn je zu schaffen. Der Nachbarfarmer holt die Ernte noch vor dem großen Regen heim, dem Amischen mit seinem Pferdegespann bleibt manchmal nur das Gottvertrauen. Doch der alte Weg hat eben auch seine positiven Seiten, die man nur sehen muß: Dadurch, daß der Amische kein Radio und kein TV hat, Wettermeldungen nicht hört – so der Elam –, plagt ihn auch nie die überflüssige Angst nach schlechten Voraussagen, die sich später vielleicht als Falschmeldung erweisen! Nicht, daß man sich weltlichem Wissen vollkommen verschließt. Es hat schon seinen (weltlichen) Grund, wenn auch die Amischhühner – undenkbar für die Altvorderen – seit 1935 das ganze Jahr über Eier legen, eine Kuh, die noch um 1900 3500 Liter Milch im Jahr gab, heute durchschnittlich 11000 Liter, als Spitzenrindvieh gar bis zu 20000 Liter liefert. Was weltliche Medikamente heute bedeuten, können daneben etwa im Lancaster County jene Bauern ermessen, die zwischen 1915 und 1936 die großen Lücken sahen, die Tb in die Herden der Amischen riß.

Die Brüder konnten und können unter bestimmten Voraussetzungen in allen Berufen arbeiten, die irgendwie mit einem Täuferleben in Verbindung zu bringen sind, etwa als Schmiede, Schreiner, Bienenzüchter, Wagenbauer oder Müller. Ein Amischer, der farmt, nebenbei Pferde für die Rennbahn der Welt züchtet, um ein besseres Einkommen für sein Auskommen zu erzielen, ist noch kein Widerspruch in sich. Amische haben im Allen County Straßen gebaut und Eisenbahnlinien verlegt. Ihre Frauen machen Handarbeiten mit aus alten Quellen gespeisten Mustern wie die berühmten Quilts, die bunten Fleckerlteppiche, die inzwischen selbst in Europa Abnehmer finden. Ein neuer Berufszweig hat sich dadurch für Tüftlercharaktere aufgetan, da es für viele der alten, gaulgezogenen Farmmaschinen heute keine Ersatzteile mehr gibt. Ohne diese Reparierer wäre das typische Amischleben undenkbar. Also spezialisieren sich einige Brüder darauf, alte Maschinen aufzumöbeln, Teile herzustellen, die die Welt längst vergessen hat.

Konservative Amische sind allerdings nicht in der Industrie mit ihrer Menschenballung und grundsätzlichen Entfesselung des Individuums zu finden. Damit auch nicht unter der Verallgemeinerung von Arbeitsbedingungen, die sie selbst zu einer Ware machen könnten. Ein Elternpaar wie John und Lilian Graber wird dafür alles versuchen, um seinen Kindern eine wirtschaftliche Ausgangsposition zu schaffen, damit diese nie in einem zu weltlichen Berufsstand ihr Brot verdienen müssen. Nur die wirtschaftliche Stabilität garantiert, daß die Jugend auf dem Bauernhof und damit in der Gemeinde der Heiligen eine Zukunft sehen kann.

Die Amischen zahlen Steuern wie jeder andere Amerikaner auch, aber keine Beiträge zur Sozialversicherung, da sie Versicherungen generell eben ablehnen. Der Staat darf keine Verantwortung für den Amischhof haben, auf dem Amischhof wird hart daran gearbeitet, daß er auch nie auf die Fürsorge des Staates angewiesen ist. Ein Problem entsteht dadurch, daß es etwa im Allen County eine ganze Reihe von Amischen gibt, die neben ihren Farmen florierende Betriebe haben. Dort beschäftigen sie beinahe ausschließlich wiederum Amische, was einer Diskriminierung am Arbeitsplatz gleichkommt, nur ... diese Amischen sind keine Angestellten, sondern ausschließlich Selbständige, für die man keine Abgaben an den Staat leisten muß, also auch keine Beiträge zu einer Unfallversicherung. Gesetzt den Fall, einem Arbeiter würde im Betrieb etwas passieren, dann sorgt sich die Gemeinde um ihn. Amische organisieren sich nicht in Gewerkschaften und können – so jedenfalls der John – wesentlich härter arbeiten als ihre Konkurrenten aus der Welt.

Die vom Allen County sind dabei durchaus Geschäftsleute. Auch im Erwerbsleben wollen sie besser als ihr Umland sein, eine vielleicht deutsche Perspektive, die im langen historischen Prozeß nicht verlorenging. Es ist ihnen verboten, in jede Art von Partnerschaft mit Weltlichen zu gehen nach dem Korintherwort »Ziehet nicht am fremden Joch mit den Ungläubigen. Denn was hat die Gerechtigkeit zu schaffen mit der Ungerechtigkeit? Was hat das Licht der Gemeinschaft mit der Finsternis?« Das heißt allerdings wiederum nicht, daß die Heiligen keine Geschäfte mit der Welt, ihren Organisationen und Institutionen machen.

Unter den Täufern im Allen County gibt es heute eine Reihe von Personen, die – geistlich wie irdisch gesegnet – durchaus als wohlhabend gelten. Prinzipiell versuchen sie, immer den Eindruck zu erwecken, in der Nachfolge der Apostel zu stehen, die von Jesus – zur Armut ermahnt – ausgesandt wurden. Wer an der Cuba Road reich ist, zeigt es also nicht, Eigenlob stinkt hier mehr als anderswo. Schrumpft ein Frommer doch in den Augen seiner Brüder und Schwestern, je mehr er sich bläht. Weiterhin gilt, daß es wichtiger ist, im rechten Glauben, im »Herunterhalten zum Geringen« zu überleben, als nach Reichtümern zu trachten. Johns Vater Joseph etwa, ein Diener zum Buch, besitzt neben der Landwirtschaft zusammen mit ein paar Söhnen ein Sägewerk mit einem Jahresumsatz von rund einer Million Dollar. Doch hat er dafür kein Schild an seinem Haus, das auf das Sägewerk hinweisen würde. An dessen Stelle steht vor dem Eingang zu den Büros ein »Bete täglich« mit großen Lettern in den Boden geschrieben. Wer regelmäßig daran vorübergeht, dem fällt es dann auch leichter, arm wie Lazarus zu denken, selbst wenn er ein Reicher ist.

Der Durchschnittsamische, Menschen wie John und Lilian Graber, sieht bis heute keinen Grund dafür, einmal in einem Arbeitsleben richtig auszuspannen, mit Frau und Kind, doch ohne Gaul und Buggy auf Urlaub zu gehen. Einfach »hi zu sitze«, wie die Frommen vom Allen County, oder »hi zu hocke«, wie die aus Pennsylvanien dazu sagen würden. Die Farm braucht jeden Tag im Jahr ihren Mann, Tourismus ist weltlich und kostet Geld. Allerdings – und anders wäre es auch nicht amisch – gibt es jetzt eine Ausnahme, zirkuliert in den Gemeinden der – bereits erwähnte – Geheimtip Florida. Die Bischöfe sind dagegen, die Prediger und der Armendiener dazu. Die Eltern verbieten es, und der Lehrer warnt davor. Trotzdem wurde im Raum Sarasota in Florida eine amische Gemeinde gegründet, eine Zwischenlösung zwischen den Kirchendistrikten im Norden und der weltlichen Welt. Gibt es doch dort keine Kutschen mehr, da man am Rande einer großen Stadt wohnt, die sich Pferdegetrappel nicht leisten kann. Wo man Traber und Buggy erwartet, kutschieren die Heiligen mit Zwei- und Dreirädern, an denen gelbe Wimpel für die Verkehrstüchtigkeit befestigt sind. Und die Frommen legen sich hier dann auch schon einmal kräftig in die Pedale, um zum nahen Golf von Mexiko zu kommen. Dort gehen sie mit Freuden und Freunden fischen, spielen Checkers und Shuffleboard oder tauschen das Pilgerkleid gegen eine Badehose ein. In Florida entwickelten die Brüder neue Hobbys – ein Levi Miller züchtet hier eine Pflanze, die er »Moses im Schilf« nennt –, kehren Straßen oder putzen zum Billigstpreis altersgraue Häuser auf.

Florida ist ein Platz für Winterreisen geworden, wie bei den Weltlichen auch. In der Saison suchen jeweils rund 1 500 Brüder und Schwestern dort nach Sonne. Dazu mieten sie sich mit kleinem Budget in einfachen Häuschen ein, und da man im Urlaub ist, werden elektrisches Licht und die Wassertoilette auch durchaus akzeptiert. Für einen rechten Gottesdienst sorgt Bischof Swartzentruber, allerdings in einem Versammlungshaus, da die Mietwohnungen dafür nie groß genug sind.

Wo sich die Täufertouristen zusammenfinden, gibt es bereits eine Stoltzfuß-, Wagler- und selbst eine Graberstraße. Vor den dazugehörenden Häuserzeilen hängen Briefkästen mit den typischen Emmentaler Täufernamen. Doch in den Garagen stehen dann häufig auch bald schon Autos. Ein Zeichen, daß der Zug vom kalten Norden in den warmen Süden, damit auf ungesichertes Gelände, absolut nicht jedem Amischen bekommt und zu religiösen Befreiungsschlägen genutzt wird. Die Frommen fallen dort wie überreife Äpfel im Herbstwind ... das ist es dann auch, warum John und Lilian, Elam und Rachel, Joseph und Rosanna ein Leben lang auf Florida verzichten müssen.

Schön ist der Tag, aber die Nächte sind gelegentlich doch von Fragen zerrissen, gerade in jenem Lebensabschnitt, in dem »das Fohlen zum Hengst wird«, d'Buwe zu Männern und 's Mädli zur Frau. Groß sind gelegentlich die Spannungen zwischen dem Wunsch nach einem Leben in Normalität und dem Gehorsam gegenüber dem von der Gemeinde geglaubten Christentum. Gott würfelt dann. Und manchmal würfelt er auf eine Weise, daß er denen vom Allen County wie ein Spielverderber vorkommen muß.

An einem Sonntagnachmittag südlich von Grabill, kurz nach dem Gottesdienst: Da jagt ein blitzblank polierter Buggy mit drei Schulmädchenschönheiten in durchaus züchtigen Textilien die Straßenschnur der Graber Road entlang. Das Pferd hat den Kopf hochgeworfen, die Mädchen auf dem Kutschbock halten züchtig Bein und Haar versteckt. Ein Bild also, wie es nun einmal hierher gehört. Doch was selbst dem Pferd ungewohnt erscheinen muß, ist die Begleitmusik, kein Zungenschnalzen des Teenagers am Zügel, kein bärndütscher Urlaut oder trockener Peitschenknall. Unter dem Sitz des Einspänners haben die Mädchen einen Radioapparat versteckt, der mit voller Lautstärke geradezu Satanisches verbreitet: Rockmusik aus der Konkursmasse der späten siebziger Jahre. Ausgerechnet Rockmusik, die eine Beziehung zum Täufertum hat wie die Loreley zur Rheinschiffahrt. Denn Musik, die nicht für den Herrn ist, ist gegen ihn. Die Teenager, den Rhythmus unterm Rock, gehen damit so unbekümmert um wie alle Mädchen ihres Alters. Erwischen lassen dürfen sie sich nicht. Doch unter sich ist man sich einig, und der Gaul plaudert keine Geheimnisse aus. Ohne Zweifel sind die Mädchen noch ungetauft, also mitten in einem Lebensabschnitt, während dem man noch Fehler macht, obwohl Gut und Böse schon keinem Zweifel mehr unterliegen. Wer ungetauft ist, über den hat die Kirche keine direkte Gewalt, dem muß der Vater dann einbleuen, daß »dr Saton stork, abber Gott nuch stärker isch«. Auch in einer Gemeinschaft, in der Gott besonders stark ist, zeichnen sich Generationskonflikte ab, hinterläßt der Ansturm der Welt gelegentlich gewisse Spuren. Die von Moral und Evangelium geschaffene Lebenskunst der Amischen ist nie frei von Kritik gerade aus den Reihen der eigenen, noch ungetauften Jugend. Dabei erweisen sich besonders die in Nordamerika aus dem Boden schießenden Erweckerreligionen als ernsthafte Gegner Jakob Ammanns. Da müssen die Diener schon einmal kräftig dagegen protestieren, daß im Leib Christi Dinge vor sich gehen, die ihn entehren. Da kann es zum Beispiel um das Problem gehen, das die Täufergruppe seit ihrer Gründung immer wieder hatte und auch schriftlich niederlegte, immer dann, wenn es überhand nahm, »daß d'Buwe mit d'Menscher in die Better gehn«, bevor sie verheiratet sind. Und: »O was für eine große Sünd ist's, wenn d'Mütter vielleicht noch selbst die Better helfen zrecht mache!« Wie oft müssen nun die Gläubigen daran erinnert werden, daß der »uneheliche Beischlaf Hurerei ist« und vom Herrn gestraft wird, wie im Buch Samuel vorausgesagt. Auch der Alkoholgenuß einzelner Jugendlicher bereitet Sorgen in den bußfertigen Herzen. Ebenso die »Gefallsucht« von Teenagern, die sich »mit der Pracht der Welt«, etwa mit einem Lidstrich, Lippenrouge oder mit ein paar Tropfen Eau de Cologne der Marke »Making love« für ein paar Stunden herausputzen. Da sieht man einen Amischjungen hinterm Steuerrad ein Auto fahren, hört von ein paar Burschen, die weit weg von der eigenen Vergangenheit an einer guten Stelle für schlechte Experimente eine Disko besuchten oder Rauschgift rauchten. Junge Menschen, die sich schon einmal religiös verbiegen lassen. Doch sie sind Ausnahmen von der Regel, stehen nur dafür, daß Kinder gläubiger Eltern auch im Allen County nicht automatisch unbeirrt an Jakob Ammanns Seite stehen.

Zweifellos stehen dort auch nicht alle Eltern mit letzter Konsequenz, und wenn »die Väter saure Trauben essen, bekommen die Kinder stumpfe Zähne davon«. Die Amischen sind keine perfekten Menschen, nur weil die Außenwelt von ihnen erwartet, daß sie perfekt seien. Für einige von ihnen ist der Druck des Gutseinmüssens tatsächlich viel zu groß. Es gibt Fälle, wo die Anstrengung des Heiligseins bei einem Frommen gar geistige Schäden bis hin zur Geistesgestörtheit hinterließ. Andere wiederum versuchen, die Gruppe zu verlassen, um noch perfekter als perfekt zu werden, wieder andere unterdrücken schlicht jedes Gefühl. Es gibt keinen Zweifel: Gut zu sein wie Christus, ist für die Brüder und Schwestern häufig auch eine schwere, schwere Last.

Sie ist es ganz bestimmt für die heranwachsende Jugend, die heute – gemessen an Standard und Rost der Vergangenheit – gebildeter ist, das Diktatorische im Evangelium ebenso wie dessen Verheißungen selbst lesen und auch deuten kann. Wie erklärt man trotzdem einem 16jährigen, durchaus positiven jungen Mann, der in einer negativen Welt noch wägt, bevor er wagt, daß Demut weiterhin die schönste aller Tugenden zu sein hat? Daß er sich äußerlich und innerlich »allzeit herunterzuhalten hat«, denn alles was hoch ist unter den Menschen, ist ein Greuel vor Gott, es sei denn in Worten und Werken. Die wahre Erniedrigung dagegen stehe der Armut der Täufer auf Erden gut an. Das macht die heranreifende Jugend, die im Arbeitsleben bereits als recht erwachsen gilt, für sich selbst aber noch nach einem Platz sucht, schon einmal zu Rebellen. Das besonders an den Wochenenden, an denen der eine oder andere eben schon einmal »gerne lebt wie ein Weltlicher«, wozu es während der Woche keine Freizeit gibt. Einige, bei denen der letzte Funken eines amischen Gewissens ertrunken ist, die Familie und Tradition nicht mehr zügeln können, verlassen jetzt die Gemeinde. »Die Wege der Welt wollen die Wege unserer Jugend werden, und das ist zu bedauern. Die Jugendlichen treffen an lüstige Männer, die haben lange Haare, Rauschgift und wollen sich's auch nachmachen lassen ...«, so der Joseph von der Cuba Road dazu. Andere, und ironischerweise fallen darunter besonders jene Teenager, die bereits beschlossen haben, der Amischkirche für immer treu zu bleiben, gehen kurzfristig auf die Barrikaden. Vor der

Taufe, die als eine der Hauptstufen im Leben zwischen Geburt und Tod große Einschränkungen für das Individuum mit sich bringt, ziehen sie noch einmal alle Register des Sündenkatalogs. Dabei ist nicht immer sicher, wie verdammt gute Christen auf verdammt gute Herausforderungen reagieren.

Vier junge Amische aus der Nähe von Canton/Minnesota brachen in dieser Stimmung in ein Farmhaus ein, doch nicht um zu stehlen, sondern um sich ein Footballspiel im Fernsehen anzuschauen. Die vier waren die ersten Amischen, die in Minnesota abseits vom Gerangel um Verkehrssicherheit mit dem weltlichen Gesetz in Konflikt gerieten. Kurioserweise hatte ihre Gemeinde dann nichts gegen eine Verurteilung durch einen auswendigen Richter – in der Nähe von Wein wächst eben immer auch Unkraut, und die Frommen wissen das. Allerdings baten die Diener darum, daß bei einer Gefängnisstrafe den Jungen das Fernsehen verboten werden sollte und daß man ihnen das Tragen der roten Gefängnisuniform erspare, da Rot einmal die Farbe des vergossenen Blutes Jesu sei. Das »Amische gehen immer zum Gottesdienst, aber nie ins Gefängnis«? Nun, das stimmte jetzt nicht mehr im Staate Minnesota.

Doch die Jugend ist die Überlebensfrage der Amischen. Dabei wissen die Alten, daß auf der Suche nach dem Paradies ein total abgekapseltes Leben so unbrauchbar ist wie die ruhige See, die einen guten Seemann machen soll. Mädchen und Jungen bekommen so auch einen gewissen Grad von Unabhängigkeit, um sich auf die schwerste Entscheidung ihres Lebens – Taufe oder nicht – vorzubereiten. Amischeltern drücken schon einmal ein Auge zu, wenn ein Jugendlicher Kreuz und Trübsal nicht als einzige Aufgabe erkennen kann, jetzt ein prekäres Spagat zwischen Farm und Welt wagt.

Die Amischjugend vom Allen County braucht nicht nach Fort Wayne, in die nahe Großstadt mit ihren Hinter- und Falltüren, in der die »Karpathia Holzhacker« oder das »Alpen-Echo« durchaus auch mit vertrauten Jodlern zu unterhalten verstehen oder wo man sich für wenig Geld eine Stunde Po und Busen anschauen kann. Die Amischjugend feiert ihre eigenen Feste, wozu gelegentlich bis zu 400 Jugendliche an einem verschwiegenen Platz zusammenkommen. Schnell spricht sich im Allen County herum, wenn irgendwo »was ageht«. Das kann heißen, daß mit dem Charme der frühen Jahre in einer schummrigen Scheune getanzt wird, daß sich eine Gruppe von Amischmädchen trifft – unter ihnen durchaus auch der eine oder andere feminine Hit –, oder daß an irgendeiner Stelle Rock- und Countrymusik mit Alpenjodlern zu hören ist. Dann bürsten die Jungen ihre Hüte, wienern sie ihre Buggys sauber und machen sich davon, die 16jährigen im Windschatten der 17jährigen, die wiederum in dem der 18jährigen und so weiter. Die mit schmuckloser Sorgfalt hergerichteten Mädchen sind nicht weit.

Im Allen County gibt es heute vier Gruppen (»Gangs«) von Jugendlichen mit Namen wie die »Wilden Truthähne«, die »Federn« oder die »Hermanns«, die sich einzeln oder untereinander regelmäßig treffen. Zur Gruppe, zu der Elams Sohn Christ gehört, zählen rund 200 Buwe und Mädli, die Musik lieben, gerne Radio hören und wohl auch ein paar Instrumente besitzen, ohne sich damit jedoch unkontrolliert auszuleben. Christ selbst – könnte er etwas im System grundlegend verändern, würde er die weltliche Musik bei den Amischen einführen – meint allerdings dazu, daß wer hart arbeitet, wenig Zeit zum Erlernen eines Instruments irgendwo in einem Versteck hat, somit auch etwas amateurhaft bleiben muß. Ein Amischmusiker ist so auch dazu verdammt, ein Leben lang ein Talent zu bleiben. Natürlich versuche ich, zu einer Jugendparty à la Allen County eingeladen zu werden. Nur im olympischen Geist, um eben einmal dabeigewesen zu sein. Christ würde mich auch durchaus mitnehmen, aber seine Gruppe befürchtet dann doch, daß ich ein »Spion« sein könnte, und lehnt ab. Auch hier die unvernarbte Wunde aus europäischen Tagen, der Spion als Erinnerungsrest, vielleicht aber auch als Agent der Eltern.

Wenn ein Sohn oder eine Tochter ein paar verbotene Triebe zu kräftig auslebt, ein Lebensstil ruinös zu werden droht, dann kann ein Amischvater übrigens durchaus zum Tyrannen, selbst in Kleinigkeiten kleinlich werden. Aus den Vätern kommt bei den Amischen die Kraft. »Du bleibsch dütsch«, oder deutsch heißt nun soviel wie »Benimm dich, sonst ...«. Werde nicht Englisch, denn was die Englischen machen, ist nicht gut. Der liebe Gott findet dich. Die Form der Gefäße im Amischland kann sich manchmal etwas ändern, aber der Inhalt muß immer das Evangelium bleiben. Das hilft dann in der Regel auch, einen Teenager »in der Ordnung zu halten«, auf daß der Glaube wieder weiter schaut als die Lockung von draußen, manchmal allerdings auch als der Verstand. Denn ganz generell ist die Amischjugend viel besser darauf vorbereitet, amisch zu sein, als weltlich zu werden.

Eine wichtige Rolle im Abschirmungsmechanismus der Amischen der Welt gegenüber spielt die Schule. Hier werden ihre Kinder nach dem Motto »Wissen macht stolz, aber stolz ist nur der Antichrist« zuerst für den Himmel erzogen, danach für ein Erwachsenenleben auf der Farm. Lesen, Schreiben, Rechnen, ein allgemeines Basiswissen und Praktisches für den Alltag sind die prominentesten Fächer, in denen unterrichtet wird. Die Schule eignet sich so auch mehr zur Vorbereitung auf ein schlichtes Amischdasein als zur Fortbildung nach weltlichem Muster, »das wissenschaftliche Erklärungen für mehr hat, als es haben soll« und von den Frommen als Abkehr von täuferischen Idealen gesehen wird.

Früher einmal ist der Nachwuchs der Realchristen noch recht konzentriert in öffentliche Schulen gegangen, ab 1930 kamen dann ihre eigenen Zwergschulen auf, nicht selten mit einem Raum und einem Lehrer für alle Klassen ... so, wie es noch um die Jahrhundertwende in vielen Landschulen der USA die Praxis war. Die Amischen liebten diese Art von Unterricht, da er den Familiencharakter einer Gemeinde unterstrich. Doch in den Dreißigern hatte der Staat die ländlichen Schulen nach und nach geschlossen und damit angefangen, die Schüler in größere Lehranstalten zu schicken, dann auch in Antitäuferischem wie Sport, Musik und Naturwissenschaften zu unterrichten. Zusätzlich wurde jetzt die Schulzeit verlängert, womit die Heiligen nicht einverstanden sein konnten. Die öffentliche Schule war ihnen ein Dorn im Amischauge geworden, da sich dort zuviel Unamisches, von neuen Thesen über die Menschwerdung bis zum (un)fraulichen Turnunterricht, angesammelt hatte. Längere Schulzeiten hieß für Amischeltern ein Weniger auf der Farm, längerer Schulbesuch das Erlernen von Dingen, die ein Amischer ein Leben lang nicht braucht. Allerdings können bis heute nicht alle Amischen ihre Kinder in die taufgesinnte Privatschule schicken, da sie mehr kostet, als sich kinderreiche Familien leisten können.

Im Allen County gibt es heute drei amischeigene Schulen, darunter die 1957 gebaute Lehranstalt an der Cuba Road, an der John Zehr unterrichtet und ich mich an Galater 6 versuchte. Mit 200 Schülern ist die Einrichtung längst zu groß für die Einraumklasse geworden. Man hat jetzt vier Einheiten geschaffen, unterrichtet also jeweils die erste und zweite Klasse zusammen, die dritte und vierte und so weiter. In Johns Klassenzimmer sitzen 44 Schüler, die Eltern bezahlen pro Kind hier monatlich 15 Dollar, pro Familie 40 Dollar. Über Lehrer und Schüler wacht eine »Schulbehörde«, Heilige, die sich als Sekretäre, als »Steuereintreiber«, zum Beispiel aber auch beim Großputz in den Klassenzimmern bewähren. Sie arbeiten ehrenamtlich, während der Lehrer bezahlt wird.

Schuladministratoren, Lehrpersonal und Eltern diskutieren größere Probleme gemeinsam, etwa wenn es um die Frage geht, ob zwei Schüler verschiedenen Geschlechts schon am frühen Morgen aus ein- und demselben Gesangbuch singen sollen, was daraus entstehen kann oder nicht oder was tagsüber auf deutsch und was auf englisch zu sagen ist.

Ein Mann wie der gescheite John, der, wenn er nicht in der Schule ist, Radspeichen und Räder für Amischkutschen bastelt oder Pferde kastriert, unterrichtet alles, was im Lehrplan für Siebt- und Achtkläßler vorgeschrieben ist. Er heizt im Winter den großen Hitzer-Ofen und schneidet mit Pferdekraft auch einmal das Gras im Schulhof nach, wenn es zu hoch gewachsen ist. Ich selbst halte John längst für einen »Schriftgelehrten«, der das Amischmotto »Je gelehrter so verkehrter« erfolgreich hintergangen hat. John ist für sein Schulamt nicht eigens ausgebildet, also wie der Elam, der Tobi oder die Rachel lediglich auf acht Jahre Basisunterricht angewiesen. »Tietscher« oder Schulmeister wird ein Frommer, wenn er eine diesbezügliche Anfrage von der Gemeinde bekommt und ja dazu sagt. Das Lehrpersonal um John herum stellen meist junge Amischfrauen, die noch unverheiratet sind. Eine Mutter kann kein Lehrer sein, da ihr Platz am häuslichen Herd und bei ihrer Familie ist, die Amischen den Begriff der Hort- oder Schlüsselkinder nicht kennen. Schulsprache ist heute Englisch, Deutsch an einem bestimmten Tag – in Johns Klasse ist es der Mittwoch –, wenn es zu religiösen Themen oder zu bestimmten Liedern kommt. Etwa zum Schullied: »Wir kommen zur Schule, die Eltern uns senden; Für uns sie viel Sorge und Mühe anwenden, Die Sinnen zu üben, das Gute zu fassen, Das Böse zu meiden, die Sünden verlassen...«, gesungen nach der Melodie »Ach Herzensgeliebte«.

Das Lehrmaterial wird von den Amischen selbst ausgewählt. Kommt es von draußen, werden hin und wieder schon einmal ein paar Stellen in einem Buch ausgeschwärzt, da die Amischen in diesem Punkt anderer Meinung als die jeweiligen Autoren sind. Für einzelne Fächer haben die Brüder die Druckstöcke von alten Lehrbüchern aufgekauft, die einmal verlegt wurden, als draußen die Luft noch sauber und Sex schmutzig war und es keine neue Technik wie etwa das Fernsehen gab. Dadurch endet dann das Rechnen im Jahre 1940, als das Ei noch ein paar Cents im Dutzend kostete. Generell ziehen die Amischen jedoch den praktischen Unterricht einem »Buchunterricht« vor. Die Ausnahme bildet allerdings die Deutschstunde. Für sie gibt es die Lektüre »Let's learn German«, hier wird auch schon einmal Johanna Spyris *Heidi* vorgenommen. Besonders wichtig ist, daß die Kinder die lutherdeutsche Bibel lesen lernen. Aus dem amischeigenen Verlag stammt zusätzlich Erbauungsliteratur in deutscher Sprache, der strophenselige Ausbund liegt bereit.

John ist natürlich auch Deutschlehrer, obwohl sein Dütsch selbst in der Gemeinde als »ä bißli zu schwyzerisch« gilt, es also Lücken hin zur Hochsprache gibt und so auch nicht immer dudengerecht ist. Nicht etwa, daß dies ein Nachteil wäre. Im Allen County behauptet ja jeder, er würde doch am ehesten »schwyzerschwätze«, um damit ein heruntergekommenes Bärndütsch zu meinen, das auch, in

Europa nie so richtig hochgekommen, mustergültig gewesen war. Mundart ist bei den Frommen gleichbedeutend mit Anderssein und somit durchaus willkommen. Sie ist es, die das Kind außer beim Gottesdienst hört, bis es »in Kontakt mit der Welt« kommt. Mundart als Muttersprache, als Dank gegenüber den Vorfahren, daß sie im Glauben bestanden und die religiöse Gruppe in ein Land gebracht haben, in dem bis zum heutigen Tag religiöse Freiheit herrscht.

Schrecklich strengen sich die Amischen an, das sprachliche Erbe aufrechtzuerhalten. Wer hier – neben einem allgemein etwas unpedantischen Englisch – zusätzlich gar noch hochdeutsch kann, dem wird das wie eine Art Bonus zugesprochen. Doch das Deutsch hat aufgrund des Dütschen und Englischen schon arg gelitten, es gibt kaum einen Amischen im Allen County, der Schriftdeutsch tatsächlich beherrschen würde. Und so mußte es auch eines Tages einfach einmal dazu kommen, daß während meiner »Schulzeit« in Johns Klasse mein Deutsch mit seinem Dütschen kollidierte. Zuvor hatte es schon einige Unfälle gegeben. Doch nun stellte sich der Lehrer vor die Klasse und meinte: »Jetz froge mer den Dütschen, was rüschte meint.« Rüschten, rüsten, Rüstung ... ich nenne als Beispiel das Militär eines Landes, das aufrüstet. Doch das macht den John, den ausgemachten Pazifisten in ihm, geradezu fassungslos. Das war ein Mordversuch an seiner Muttersprache. Da steht doch in der deutschen Bibel, wie sich die Gemeinde Gottes fürs Himmelreich rüstet, und ich als deutscher »Doktor der Schrift« versuchte ihr nun zu unterstellen, daß sie auf dem Weg dorthin zur Waffe greifen wollte. »Rüschte«, so der John mit beinahe mitleidigem Blick auf mich, bedeute vielmehr »vorbereite, vorbereite uf de Himmel«. Man rüste sich daneben auch fürs nächste Kommen Jesu. Ein zweiter Zusammenstoß folgte gleich darauf wegen des Wortes Schnur. Wie die Hutterer ist auch bei den Amischen die Schnur eine Schwiegertochter, weil dies so biblisch sei. Und wenn die Dütschen heute etwas anders dazu sagten, dann sprächen sie eben die Sprache Luthers nicht mehr. Nebehocker? ... Nebehocker? ... Nun, das war der, der bei einer Amischhochzeit als Trauzeuge fungierte. Aber zu diesem Zeitpunkt glaubte der John, glaubten vielleicht auch die

Klassen 7 und 8 der Amischschule an der Cuba Road schon längst an den Dütschen im Deutschen nicht mehr.

So ein Schultag im Allen County beginnt mit dem Anmarsch der Kinder, die mit einer kräftigen Vesper unter dem Arm in größeren Gruppen, bei schlechtem Wetter auch einmal mit Einspänner oder Schlitten, im Schulhaus eintreffen. Eltern wie Lehrer achten streng darauf, daß der Nachwuchs jetzt äußerst korrekt gekleidet, fein säuberlich herausgeputzt ist. Kurze Hosen oder T-Shirts sind nicht erlaubt, der amerikanische Turnschuhkult hat sich dagegen auch bei den Amischen durchgesetzt. Die Schüler tragen dezente Farben, braun etwa, blau, schwarz oder grau. Einige Jungen haben recht salopp die Kragen ihrer Jacken gestellt – die Schuljacke hat einen Kragen im Gegensatz zum Sonntagsjanker –, alle tragen ihre schwarzen Hüte. Die Mädchen haben ihre Schulkleidung an, kurz »Scharz« genannt, was wohl von dem Wort Schürze herzuleiten ist. Ansonsten gleichen sich die Geschlechter untereinander, gerade was die Haarfrisuren anbetrifft. Die Jungen sehen aus, als habe man ihnen einen etwas verbeulten ovalen Topf aufgesetzt und dann abgeschnitten, was unter dem Rand heraushing. Die Mädchen haben ihre Kappen aufs pfiffig gebündelte, danach gescheitelte Haar gestülpt.

Die Schule ist ein kleines Gebäude, wie es überall stehen könnte. Sie ist so gebaut, daß man auch ohne Elektrizität in den Klassenzimmern soviel wie möglich Licht von draußen einfängt. Als Toiletten dienen »Hislis«. Die Zeit bis zum Beginn des Unterrichts um 8.30 Uhr verbringen die Schüler gerne mit Pingpongspielen, Mädchen gegen Buben, wobei ein echter Konkurrenzkampf allerdings nicht aufkommt. Es wäre ohnehin eine schlechte Schulung der Teenager für das Erwachsenenleben. Wenn der Lehrer – wie immer im tristen Schwarz-Weiß – eintrifft, grüßt er mit »Guten Morgen, Jungen und Mädchen«, worauf die Klasse mit »Guten Morgen, John« anwortet. Man nennt sich vertraulich beim Vornamen.

Jetzt folgt das Gebet, etwas im Amischsound oder eben ein allgemeines Schullied wie: »Wir kommen zur Schule, sehr gerne wir kommen, Einander zu helfen, und allen zu frommen. Dem Lehrer wir folgen und ungern betrüben, weil er uns so herzlich und kindlich tut lieben.« Danach liest die Lehrkraft aus dem Alten oder Neuen Testament. Nun beginnt der Unterricht, das heißt, daß die siebte Klasse zu rechnen anfängt, die achte aber liest oder umgekehrt. Die jüngeren Kinder lernen dadurch etwas von den älteren, die Großen hören noch einmal, was sie im Jahr zuvor durchgenommen haben. Sie lernen auch, mit Jüngeren richtig umzugehen, was hier genauso wichtig ist wie (einfaches) Lesen, Rechnen oder Schreiben. Gerade dem Schreibunterricht wird heute mehr und mehr Bedeutung beigemessen, da die Amischen kein Telefon besitzen dürfen und – zum Beispiel bei Geschäften mit der Welt – häufig auf den Schriftverkehr angewiesen sind.

In den ersten zwei Stunden wird von John bevorzugt die achte Klasse herangezogen, nach einer kurzen Pause kommt dann die siebte dran, zwischendurch werden auch einmal beide gleichzeitig gefordert, etwa wenn John Rechtschreiben üben läßt. Er ruft dazu immer ein Wort nach rechts oder links, ganz dem Leistungsstandard der unterschiedlichen Klassenstufen entsprechend. Vor der Mittagspause steht für beide Altersgruppen noch »etwas« Wissenschaft und Aktuelles zum menschlichen Einmaleins – Thema: die eigene Persönlichkeit – auf dem Stundenplan.

Interessant ist, daß was immer John unterrichtet, irgendwie auf der Farm, also mittendrin im rechten Amischleben endet. So läßt er beim Rechnen Heuballen mit Heuballen, Eingemachtes mit Eingemachtem multiplizieren oder Milchkannen mit Milchkannen aufaddieren. Die Schüler ziehen Stundenlöhne von Ernteerträgen ab, kommen dabei zum Ergebnis: Bessere Arbeit auf der Farm gibt ein besseres Auskommen. Wenn sie eines Tages ihre Farm verlassen würden, um in den Ruhestand zu treten, sollte ein Hof besser sein als zum Zeitpunkt, an dem sie ihn übernommen haben.

Wissenschaft wird abgehandelt. John fragt, ob man eine Lösung aus Sand und Wasser machen könnte, ob Unkraut dem Boden schade und warum Fruchtwechsel so wichtig ist. Die Kinder melden sich ruhig und diszipliniert durch Handzeichen. Allerdings spielt John hin und wieder dann doch den Verzweifelten: »Was, wir wollen alle gute Farmer

sein, wissen dabei aber nicht, wie wir das Land richtig bearbeiten oder Heuballen mal Heuballen aufrechnen sollen?«
Bei einem Mann wie John haben Fouls keine Chance. Auch in der Schule halten es die Amischen mit der biblischen Offenbarung (3,19): »Welche ich liebhabe, die strafe und züchtige ich.« Barbara-Ann etwa wurde innerhalb ihres Klassenzimmers wegen Störung des Unterrichts strafversetzt, obwohl sie felsenfest behauptete, nicht gestört zu haben. Ein junger Bursche muß in der Ecke stehen, einen Kaugummi auf der Nase – Teil eines Zähmungskonzepts, weil er während des Unterrichts gekaut hatte. Hin und wieder wird auch ein Hosen- oder Rockboden versohlt, was sich dann überraschend schnell im Allen County herumspricht, Schülern wie Eltern gleichermaßen unendlich peinlich ist. Doch geradezu auffallend in einer Amischklasse ist, daß es dort keine bewußt störenden oder gestörten Kinder gibt, und das nicht nur, wenn einer aus der Welt zu Gast ist.

Ja ... und John spricht dann auch über Aids, darüber, daß Leben zeugen heute den Tod bringen kann. Natürlich sagt er es so, als spreche er nur über ein rein weltliches Problem, ein Ergebnis des lasterhaften Lebenswandels draußen. Aber er spricht darüber, und die Kinder wissen, was damit gemeint ist. John referiert, verdeutlicht, karikiert, aber er erfindet eigentlich nie. Wenn der brave Schulmann Aufgaben stellt, die schriftlich beantwortet werden müssen, dann korrigieren die Schüler die Arbeiten untereinander, das heißt etwa, der erste in der Reihe bekommt die Arbeit des letzten und sieht sie auf Fehler hin durch. John gibt zu, daß er schon ein bißchen aufpassen müßte, aber sonst sei die Praxis äußerst rationell, durchaus auch lehrreich.

Die erste Pause ist um 10 Uhr. Die Schüler spielen wieder Tischtennis, »Round the clock« oder auch nur »Bär« – einer ist der Bär, die anderen versuchen, ihn zu fangen. Interessant, wie die Schule hier bereits der Emanzipation des Individuums, dem Individualismus der Weltlichen vorbaut: Ein Schüler soll auf dem Schulhof oder in einem Klassenzimmer nie alleine stehen, sondern immer eingebunden in die Gruppe sein. So wird der Gemeinschaftsgeist gepflegt. Als Elams Barbara-Ann Geburtstag hat, bringt sie für jedes Kind ihrer Klasse eine Kleinigkeit mit, nicht umgekehrt.

Ein Großdaddy kommt und lädt Hausgemachtes für den Mittagstisch ab, ein anderer Amerikanisches wie Hot Dog oder Burger. Überhaupt ist das Interesse der Erwachsenen an der Schule recht groß. Die Eltern platzen ohne Voranmeldung ins Klassenzimmer und wenn nur, um zu demonstrieren, wie wichtig ihnen der Schulunterricht ist. Sie helfen dem Lehrer, falls dieser darum fragt, sie wählen ihn ab, falls er etwas Falsches auf den Lehrplan bringt.

Die Morgenschule geht bis 11.30 Uhr, dann heißt es Hände waschen, beten und essen ... doch mindestens zehn Minuten essen nach der Vorschrift, die verhindern soll, daß Mitgebrachtes hinuntergeschlungen wird. Schlag 12.30 Uhr geht es dann weiter, mit dem Ende des Unterrichts ist gegen halb vier zu rechnen. Längere Ferien gibt es, wenn Feldarbeit die Freude an der Schule ohnehin verdirbt, freie Tage, wenn irgendwo ein besonderes Ereignis stattfindet. Höhepunkt des Schuljahres ist das allgemeine Schulpicknick.

Die Kinder der Amischen gehen acht Jahre in die Schule und keinen Tag länger, da für die Heiligen der Baum des Wissens nur zu häufig das Wasser der Enttäuschung trinkt. Der Amischnachwuchs hat bis zum 15. Geburtstag zu lernen, was man danach nicht mehr lernt. Eine höhere Schulbildung wird als total überflüssig angesehen, was den Frommen den weltlichen Vorwurf eingebracht hat, sie wollten ihre Gemeinschaft auf einem bewußt niedrigen Niveau halten, da gebildeteres Volk für sie schwerer zu disziplinieren sei. Dahinter steckt sicher etwas Wahrheit, gibt doch der Gideon Fischer von Intercourse auch durchaus zu bedenken, daß Menschen, die mehr wissen, einfach keine Farmer im Stil der Brüder mehr sein wollten. In einigen Staaten gingen Amischeltern ins Gefängnis, da sie partout nicht akzeptierten, daß ihre Kinder länger die Schule besuchen sollten, die »zu gelehrig« mache. Vor Gericht erschienen sie nicht, weil die Amischen weltliche Richter nicht anerkennen. Der Prediger Joseph und Ehefrau Rosanna wurden aus einem ganz anderen Grund zu einer Haftstrafe verurteilt: Sie hatten einmal Tochter Barbara nicht mehr zur öffentlichen Schule geschickt, weil dort nach dem Turnunterricht gemeinsam geduscht werden mußte ... Buwe mit

Buwe und Mädli mit Mädli, versteht sich. Aber »die Scham ausstellen«, das ging über die Grenzen, die die Bibel der Entblößung setzt, hinaus (3 Mose 20) und entsprach damit auch nicht der amischen Vorstellung von intimer Körperpflege. Besonders der Streit um die Schulzeit ging einige Jahrzehnte lang hin und her, bis Amerika anerkannte, daß Amischkinder ab dem 15. Lebensjahr das rechte Farmen erlernten, was einer Schulbildung gleichzusetzen war. Doch nicht etwa, daß die Amischen ihr Recht von sich aus durchgedrückt hätten. 1967 waren ein William Ball, Rechtsanwalt in Pennsylvanien, und der lutherische Pastor William C. Lindholm aus Michigan auf das Problem der Brüder aufmerksam geworden, das diese wegen der Schule mit den Behörden in Iowa hatten. An der Universität Chicago wurde ein »Committee for Amish Religious Freedom« gegründet, das dann in Wisconsin im »Fall Staat gegen Yoder« eingriff. Die Tatsache, daß die Yoders ihre 15- und 16jährigen nicht mehr zum Unterricht schickten, wurde von etlichen Instanzen beurteilt und ging schließlich 1972 bis vor den Supreme Court. Dort entschied man, daß die Ausübung der Religionsfreiheit ein höheres Rechtsgut darstelle als die Schulpflicht, ein wichtiger Beitrag auch zu politischen Grundsatzkonflikten in einer Zeit, als sich weiße Eltern hier dagegen wehrten, daß ihre Kinder in rassisch gemischte Schulen mußten. Amerikas Oberster Richter Warren Burger erkannte, daß die jungen Amischen in ihren Schulen zu einem guten, wenn auch nicht intellektuellen Leben erzogen würden, zu Weisheit anstelle von technischer Bildung, zur Fürsorge anstelle von Wettbewerb, zu Trennung anstelle der Vermischung mit der Welt. Er ließ keinen Zweifel daran aufkommen, daß er sich um jene Kinder Sorgen mache, die die Gemeinschaft einmal verlassen würden. Das Gericht stellte von vornherein aber auch klar, daß die Regelung nur für eine Sekte gelte, die so alt sei wie eben die Amischen, neue Sektierer davon ausgeschlossen blieben. Das hieß jetzt nicht unbedingt, daß die Amischen von nun an ihre eigenen Schulfragen lösen konnten. Schon 1978 kam es zu neuen Schwierigkeiten, als in Nebraska der Staat den Frommen für ihre Schulen Lehrer mit Hochschulbildung vorschreiben wollte. Doch bevor es darüber zu einer neuen Auseinandersetzung vor dem höchsten Gericht der USA kam, waren die betroffenen Amischfamilien 1982 in andere Staaten ausgewandert.

Die amische Schulerziehung ist durchaus erfolgreich, in den ersten Klassen sogar ausgezeichnet, wenn man als Maßstab setzt, daß die Gläubigen ihre Kinder »nur« zu guten Menschen und guten Arbeitern, für das eigene Selbstverständnis erziehen wollen. Sie produziert Genies und Katastrophen, doch wenn es in der Schule an der Cuba Road ein Schüler mit dem Kopf nicht schafft, dann werden dafür seine Hände, seine Arbeitskraft akzeptiert. Im Landstrich um Lancaster entschuldigt man das dann etwa im guten Pennsylvaniendeutsch mit: »Siss net ass er es net larna konn, juisht er fargisst grawd.« Intelligenz ist etwas, was man nicht lobt, Dummheit, was man nicht tadelt, denn beides ist von Gott gegeben. Nicht die eigenen Qualitäten sind wichtig, sondern die Verfügbarkeit des einzelnen an jener Stelle, an die Er ihn nun einmal hingestellt hat oder im Leben noch hinstellen würde. Wissen zeigt man nicht, wer »d'Biewel« und »s'Teschtament« kennt, wird geschätzt, wer sie kennt und zu gelehrig daraus zitiert, wird als Stolzer angesehen.

Für mehr »Kopfwissen« reicht die Amischschule nicht aus. So gibt es eben auch um Grabill herum Schüler, die ihre Bibel nicht verstehen können, ein Prediger in Indiana, der vor kurzem ordiniert werden sollte, konnte kein Deutsch lesen, was er nun in einem Schnellkurs nachholen mußte. Ein gestandener Farmer schlug sich die Schenkel blau, als ich ihm den Unterschied zwischen Martin Luther und Dr. Martin Luther King erklärte, den es für ihn nicht gab. Die meisten Amischen haben Probleme mit der englischen und mit der deutschen Sprache, bemerken gelegentlich, etwa erst im hohen Alter, daß sie das eine oder andere Wort ein Leben lang falsch gesagt oder angewendet haben.

Die Amischen kennen keinen eigentlichen Religionsunterricht in ihren Schulen, wenn man davon absieht, daß hier alles darauf hinarbeitet, den Kindern ein bestimmtes, sicheres Wissen und Empfindlichkeiten für Sinn und Anwendung des Religiösen zu vermitteln. Das Gefühl für das Amischsein zu wecken, ein nötiges Rüstzeug gegen theologische Irrlehren von draußen weiterzugeben, ist in erster Linie die Aufgabe der Eltern. Am Amischkind erkennt man den Vater und die Mutter. Im Elternhaus kann ein Kind schwimmen lernen ohne die Gefahr, unterzugehen, hier wird der Grundstein zu dem gelegt, was in der Gemeinde sich einmal bewähren soll. Hier lernt das Kind, solange es noch biegsam ist wie ein Grashalm, in die Kindheit der Eltern einzutreten. Religion, die goldenen Regeln der Demut, des Gutseins, ist ein frühes Gefühl wie Liebe oder Leid, ist eine seelische Regung, ist Instinkt und im Zeitalter des Wissens wohl auch etwas Phantasie. Doch nur damit kann sich der einzelne immer wieder seiner eigenen Identität versichern. Dieser Prozeß zwischen Amischsein und Religion wird tatsächlich erst mit dem Tod abgeschlossen, wenn Menschen, die im weltlichen Theater nie zu hören waren, gänzlich verstummen.

Zwischen Weihnachten und Dreikönig, in den in germanischer Zeit von Göttern durchbrausten Rauhnächten, die Segen oder Unheil verkünden, hören die Amischen schon noch hinaus ins winterstarre Land, beobachten Wetter, Wind und stäubenden Schnee, um sie mit ihren Bauernregeln zu vergleichen.

Im vorangegangenen Herbst war der »wooly worm« schwarz gewesen. Für die Amischen vom Allen County hatte das soviel bedeutet wie, daß der Winter recht kalt und lang sein würde. Sie verlassen sich auf diesen Wurm, der nur im Spätjahr für ein paar Tage auf den Farmen zu finden ist. Im Jahr zuvor war er an Kopf- und Schwanzende schwarz, in der Mitte aber braun, was einen kalten Winteranfang und ein ebenso kaltes Ende, aber eine gewisse Milderung in der Mitte der Jahreszeit voraussagte. Die Amischen bauen darauf, und ich kann es ihnen nicht verübeln. Denn wenn dieser Winter nur kalt war, dann konnte dies als die größte Untertreibung gelten, seit Noah einmal aus seiner Arche schaute und sagte: »Es regnet.« Der Frost steckte metertief im Boden. Gleich hintereinander waren einmal 13 und einmal 15 Zentimeter Schnee gefallen, die jetzt, vom ständigen Wind angefeilt, das Allen County zur weißen Wüste machten. Das Land fror, Rauhreif überzuckerte die Höfe an der Cuba

Road, zentnerschwer vereiste Bäume krachten zu Boden, Scheunendächer knickten ein, ein Rindvieh, das naß geworden war, erstarrte schnell zu einem schweren Klumpen. Das Barometer fiel und fiel, es war so bitterkalt, daß irgendwo ein Buggypferd mit gefrorenen Nüstern stürzte und schnell verendete. Nun wissen die Brüder und Schwestern, daß ab 25 Grad minus Gaulslungen vor größeren Anstrengungen geschützt werden müssen, doch der Herr, der mit Kälte drohte, sah auch danach, daß es Pferde gab, die ihr widerstanden. Das Allen County glich jetzt einem Gebiet, das vom lieben Gott für Eisbären, nicht für die offenen Kutschen düsterer Heiligenkonturen geschaffen worden war.

Die Amischen feierten Weihnachten ohne Nikolaus und Tannenbaum, es gab kleine Geschenke, doch es wäre schlichtweg unamisch gewesen, sich darüber zu sehr zu freuen. Am Weihnachtstag wurde auf die Geburt des Herrn und seine nahe Wiederkehr aufmerksam gemacht – auch darauf, daß nach dem alten (Julianischen) Kalender eigentlich der 6. Januar als Geburtstag Jesu zu feiern sei. Doch die vom Allen County sind inzwischen auch mit dem 24. Dezember des (Gregorianischen) Kalenders zufrieden. Ist sich doch niemand in dieser Sache so ganz sicher, und auch der Sabbattag war längst kein ursprünglicher Sabbat mehr. Was in den Ställen der Brüder stand, dachte offenbar genauso, reden doch wie in der europäischen Heimat auch die amischen Vierbeiner in der Weihnachtsnacht, und der eine oder andere Fromme hat ihnen dabei auch schon zugehört. Nach der Feierstunde war dann auf den Höfen groß gegessen worden, bevor man sich ans Psalmenstechen machte. Diese Tradition der Frommen geht bis zurück ins Emmental. Man sticht mit Nadeln in jenen Teil der Bibel, wo die Psalmen stehen. Dann wird die Seite aufgeschlagen, in die die Nadel eingedrungen ist. Jeder liest nun den Psalm, den er »angestochen« hat, und gibt dessen Inhalt einige Bedeutung für das kommende Jahr.

Die Amischen vom Allen County haben heute große Schwierigkeiten mit der Temperaturmessung. Bis vor ein paar Jahren waren sie mit dem Fahrenheitsystem noch recht vertraut, doch jetzt sind die Englischen dahergekommen, um ihnen »die metrisch Temperatur« vorzuschreiben. So lesen die Bauern auch nicht etwa in Celsius, sondern in Zentimeter. Das heißt, bei minus zehn Grad ist es bei ihnen zehn Zentimeter »nach unne«, bei plus zehn eben »nach obbe«. Und sie wissen nicht, was die Veränderung anderes bedeuten konnte als einen weiteren Beweis für die Instabilität der durch immer Neues, immer Moderneres entmenschlichten Welt.

Wenn sich der Winter auf das Allen County stürzt, beginnt der Tag in Elams Haus jeweils mit etwas Verspätung. Amischeigene Probleme gibt es jetzt mit dem dem Nordwind schutzlos ausgelieferten »Hisli«. Im starken Schneesturm spannen die Brüder ein Seil von der Haustür zum Plumpsklo, damit sich die Kinder auf dem Weg dorthin nicht verlaufen können. In ihren Kutschen stellen die Frommen Heizöfelchen auf, andere legen sich heiße Backsteine unter das Hinterteil und traben so gerüstet durch Cuba-, Grabill- oder Graber Road und pfadlosen Winterschnee. Aus jedem Buggy ragt der Regenschirm mit dem Plastikguckloch heraus, der als »Dach« ausreichen muß. Es gehört schon einiges Geschick dazu, diesen Schirm immer so gegen den Fahrtwind zu halten, daß er nicht umschlägt. Tut er's trotzdem, scheut in der Regel der Gaul und wird rebellisch. Steigt er jetzt oder keilt gar aus, dann geraten die weltlichen Autofahrer in der Nähe gerne in Panik, treten aufs Gas, hupen, verlieren einfach die Nerven. Dabei haben wir schon mehr Autos mit einem amischen PS aus Schneewehen gezogen, als dort im gleichen Zeitraum Amischgäule gestiegen sind.

Die Zimmer im Parterre sind warm, ganz gleich wie kalt und laut der Wind draußen heult, obwohl Elam wie die übrigen Amischen auch eine Zentralheizung natürlich ablehnt. Das Leben spielt sich weitgehend in unmittelbarer Nähe von einem der beiden Öfen ab. Mit der Ausnahme, wenn im Stall gearbeitet werden muß oder auf dem Feld, das kräftig mit Mist, hin und wieder auch mit Holzasche behäufelt wird, um dem Wurm fürs Frühjahr Beschäftigung zu geben. Das Mistmachen ist jetzt Hauptaufgabe gerade auch der schweren Belgier mit Herdenchef Constable. Die beiden Mädchen sind in der Routine, Kohlen und Holz aus dem Schuppen heranzuschaffen, Rachel sieht nach dem

Feuer, kocht damit oder backt darauf ihre Pies. Ernst ist es für den Gast des Hauses, der im Obergeschoß schläft, daß die Farmer nach alter Tradition luftgekühlt, ungeheizt halten. Nur dort, wo die beiden Buben schlafen, hat man ein Loch in den Fußboden gestemmt, durch das etwas Wärme steigt. »Hasch kain Belzrock dabei?« fragt der Elam ein ums andere Mal oder »Hasch Hendschich?« Wo in den Zimmern mit heiratsfähigen Mädchen jetzt vielleicht das (wenn hier auch verbotene) Bundling wärmt, ist es bei Elam der hausgemachte Löwenzahnwein, mit dem die Familie jedoch äußerst sparsam umgeht: der amische Champagner aus getrockneten Blüten des Löwenzahns, Wasser, Zucker, ein paar Trauben und etwas Zitrone, der hier nicht als Alkohol, sondern als Medizin gilt.

Zu einem Wintertag im Farmhaus gehören Märchen wie »Three little Bears«, aber auch »Schneewittchen« oder »Hänsel und Gretel«, die die Mädchen faszinieren. Dazu auch schon einmal das Lied »A, a, a, der Winter der ist da«. Natürlich kommt die religiöse Unterweisung dadurch nicht zu kurz. Nach dem frühen Eindunkeln, wenn der Sturm den Winter gegen die Fensterscheiben schlägt, ziehen die Alten den blaugebundenen *Katechismus für kleine Kinder* – »verfaßt von einigen Brüdern auf Anratung vieler Brüder« – hervor, auf dessen Nutzanwendungen sich das Leben des Nachwuchses aufbaut. Besonders wichtig sind dessen »Neun Stücke zur Seligkeit«, die man hier die geistliche Himmelsleiter oder auch die Leiter ins Himmelreich nennt. Um diese Leiter zu besteigen und zur letzten Stufe zu kommen, muß man – wie das Huhn im Hühnerstall – ganz unten anfangen, dort wo die Sprosse »Selig sind die geistlich Armen« (Math 5,3) hängt. Dann geht es Tritt für Tritt aufwärts: Stufe zwei, »Selig sind, welche Leid tragen« (Math 5,4), Stufe drei, »Selig sind die Sanftmütigen« und so fort bis zur neunten Sprosse: »Selig ist, der um meinetwillen Unrecht leidet« (Matth 5,11). Mit Hilfe des Katechismus werden den Kindern Geduld, Nächstenliebe und Pazifismus vorgeführt, wobei man immer dafür sorgt, daß ihnen nichts den Blick zurück in die Hölle verstellt.

Hervorragend eignet sich der Winter auch für die Wiederholung von Spukgeschichten, die besonders Joseph recht spannend weitergeben kann. Er erinnert zum Bollern der Öfen an jene Tage, als Sohn Ben die Kühe reden hörte, als Tobi ein weißes Gespenst über den Hof huschen sah, an ahnungsvolle Traumerlebnisse und synchronistische Zufälle, gelegentlich nur ein Resultat des vorwissenschaftlichen Weltbildes der Frommen. Die Amischen kennen heil- und unheilvolle Prophetien, wie sie auch aus der Bibel nicht wegzudenken sind und die das tägliche Leben hier nie unberührt lassen. Dazu pflegen sie eine katholische Ausmalung von Himmel und Hölle. Da ist daneben die Geschichte des Spukhauses in der Nähe von Grabill, das seine Bewohner verzehrt, da ist auch immer etwas vom unseligen Geist des Pilatus, der nach Amischmeinung heute in der Schweiz begraben liegt. Die Frommen servieren sich gegenseitig gerne einen angenehmen Grusel, jeder versucht, seinen Löffel Senf dazu zu geben. Wer dafür aber draußen herumerzählte, die Amischen seien abergläubisch ... nun, der habe das falsche Ende der Mistgabel in der Hand.

Draußen ist die Straße glatt wie ein halbgelutschtes Bonbon, der schneeverharschte Weg zum Farmhaus eine Schaukel. Amischtaxis haben Hochbetrieb. Die Frommen leihen sich einen weltlichen Nachbarn zusammen mit dessen Fahrzeug aus, der sie nach Grabill oder zu Verwandten fährt. Diese Praxis liegt etwas am Rande der Legalität und läuft auch ins Geld. Deshalb setzt sich der Großteil der Frommen auch lieber in die Kutsche oder in den Schlitten. Besonders auf dem Weg zum Gottesdienst gibt es bei minus 40 Grad im Wind keinen Pardon. Nicht etwa, daß man in Elams Haus nicht darüber nachgedacht hätte, gab es doch drei Möglichkeiten: einmal das Amischtaxi zu benutzen und so früh beim Gottesdienst zu sein, daß man der erste und damit ohne Zeugen war. Zum zweiten, das Amischtaxi zu benutzen, um dann den Brüdern und Schwestern zu erzählen, der Dütsche vertrage – obwohl voluminös verpackt – den Winter in Indiana nicht. Elam als Hausherr und in dieser Sache beweglich wie Teer im Dezember, entschied sich für die letzte Möglichkeit: Er ließ die Nancy anspannen. In Eintracht nahmen wir es dann mit den Spanischen Reitern der Vergangenheit auf, fuhren zwölf Jahre vor Beginn des 21. Jahrhunderts zum Gottesdienst, die Zähne zusammengebissen, an den Schlitten wie angefroren, den Regenschirm aufgespannt. Eben so wie jeder andere auch. Und drüben schüttelten sie sich die Kälte aus den Knochen und predigten dann: »Welcher nach mir kommen will, der verleugne sich selbst und nehme sein Kreuz auf sich.« Bei minus 30 Kältegraden, im Wind gleichbedeutend mit 40 oder gar 45, war es tatsächlich ein Kreuz gewesen, mit dem offenen Schlitten übers offene Land zu fahren.

Nur dem Christ scheinen Minustemperaturen absolut nichts anzuhaben. Er ist nachtaktiv wie eine Katze geworden. Wie jeder Junge in seinem Alter schwingt er sich nach getaner Schwerstarbeit während des Tages am Abend in sein Fiberglasbuggy – er nennt das sanfte Nutzfahrzeug aus dem Stall des Bischofs Viktor wegen der vielen Schikanen seinen Sportwagen – und fährt dann aus, um »nach de scheene Mädli zgucke«. Er hat diesen ultramodernen Einspänner zum Geburtstag bekommen, so wie jeder 16jährige im Allen County eben einen Buggy bekommt, der in der Umgangssprache dann nicht gänzlich ohne Grund auch als Poussierkutsche gilt. Christ ist jetzt alt genug dafür. Zum Buggy gehört der neue Gaul, das langgebaute Standardbred mit krallenbewehrten Hufeisen für Winterkonditionen auf der Straße. Gaul und Kutsche stimmen, gerade bei den Jungen drückt sich Prestige in Pferdestärken aus, auch wenn diese chrom- und lacklos sind. Das Unerreichbare macht den Christ mit dem Erreichten überglücklich. Mutter Rachel zeigt jeweils äußerstes Interesse daran, wen der Sohn etwa von einem Jugendtreffen über winterdunkle, winterkalte Wege nach Hause fährt, denn das bedeutet etwas in der Amischgemeinschaft. Doch sie fragt ihn nie danach, denn auf diesem Feld respektieren die Amischeltern die Privatsphäre ihrer Kinder.

Kurz nach Weihnachten, an einem besonders kalten Tag, wird dann »gebutschert«, neuamisch für geschlachtet. Christ schießt ein Schwein mit einem .22 Gewehr, Elam erledigt es mit einem Stich in die Halsschlagader. Jetzt wird der noch zuckende Fleischberg mit kochendem Wasser abgebrüht, bis die Borsten relativ leicht mit alten Löffeln abzuschaben sind. Als die Sonne aufgeht, hängt das Tier halb geöffnet von einem Balken, Därme und Magen quellen aus ihm heraus und werden von Rachel gesäubert. Die Familie hilft mit Stichmesser, Rückenspalter und Knochensäge, sammelt Fett und füllt es in Weißblechbüchsen, noch bevor die schweren Fleischlappen zu froststarren Eisklumpen gefrieren. Nach der Söi ist die Reihe ausgerechnet an Rachel-Maes samtäugiger Lieblingskuh (Rachel-Mae erträgt es wie ein echtes Bauernkind), und in den nächsten Stunden dreht sich rundweg alles um Wamme, Hinterhaxe, Filet, Spannrippe oder Schinkenspeck. Was gerade noch ein Schwein oder eben eine Lieblingskuh gewesen war, lag oder hing jetzt schneeberieselt und steingefroren vor uns. Ausgenommen ein Leberchen, das auf dem Ofen für ein rechtes Sauessen vor sich hin brutzelte.

Nun achteten die Frommen in den nächsten Tagen peinlich genau darauf, ja kein Muttertier auch nur in die Nähe des Schlachtplatzes zu lassen. Denn nur so waren Fehlgeburten im kommenden Jahr zu vermeiden.

Mit dem alten Prediger Joseph, dem unsterblichen Amischen, stehe ich auf dem Vorplatz seines Hofes an der Cuba Road und sehe zu, wie das Hornvieh nach Hause kommt. In der Küche macht Rosanna ihre Pie, kämpft dazu mit der Fliegenklatsche ihren aussichtslosen Kampf. Vor der Schüür spannt Sohn Tobi einen Traber ein. Im Stall melkt Ehefrau Naomi – heute ganz in Enzianblau und damit eine Lady selbst noch auf dem Schemel – ihre dritte Kuh aus, Ruth – die im Wochenbett gerade erst ihre erste Familienpflicht erfüllte – trägt einen Wassereimer nebst quäkendem Kleinstkind herum. Barbara untersucht eingelagerte Äpfel nach Faulstellen, Amisch-Einfarbiges hängt an der Leine. Junge Stiere rupfen Gras, eine Söi wetzt ihren Schinken am Gattertor, eine andere mästet sich am Abfall, das Land lebt, lungert und bebt. Am Himmel über dem Allen County malen Düsenjäger ihre Kondensstreifen, auf der großen Straße in Richtung Grabill schießen die Autos vorbei. Von irgendwo wehen die Liedfetzen des »O Herr tu auf die Lefzen mein, daß ich fein klar mög singen« herüber. Eine verrostete Tür quietscht natürlich: Amischland 1988, Fatalismus in Schwarz, keine abgestandene Folklore in einer modernen Welt, sondern Gegenwart, in der die Vergangenheit nicht tot, nicht einmal so recht vergangen ist. Hinter mir eine Welt mit einem unverwechselbaren Lebensstil, noch so wirklich, daß ihre Menschen nie das Gefühl haben, überflüssig oder gar fehl am Platz zu sein. Ohne jeden Zweifel: Kleine Gruppen mit bestimmten Charakteren hat es immer gegeben, würde es immer geben. Doch sie ändern sich von Zeit zu Zeit oder sterben aus. Nicht die Brüder und Schwestern vom Allen County, Gottes zweite Wahl als auserwähltes Volk. Ihre Farmen sind keine Naturreservate, die Amischen selbst keine Relikte. Es ist Josephs Welt, die durch Festhalten an Traditionen eine zeitgemäßere Form verwehrt. Josephs Christentum, das menschliche Werte über die der Technik stellt. Des Allen County deutsche Welt mit ihren amerikanischen Kompromissen, von der der Prediger behauptet: »Wir sind deutsch, weil wir so erzogen sind« ... doch deutsch ohne Lederhosen, Weihnachtsbaum und Umpapah-Blasmusik.

Joseph in seiner naturhaft anarchischen Ruhe, ein Mann und sein Clan. Ein Mann, dem man das lebenslange Gebet ansehen konnte; die Amischen als eine Rasse, eine menschlich erfrischende Gesellschaft, trotz des Sinns und des Unsinns bei der Anwendung ihrer alten Schriften. Menschen, die längst nicht mehr reformieren wollen, sondern nur noch um Verständnis für die eigene Reform bitten, Heilige, die nie einen Heiligen Krieg geführt haben, in einer Atempause ihrer Geschichte. Ich konnte nicht werden wie sie. Doch umgekehrt, warum sollten sie werden wie ich? Die Amischen scheinen mir glücklicher zu sein als der durchschnittliche Weltmensch, auf jeden Fall sind sie sorgenfreier, zukunftsorientierter, auch wenn diese Zukunft im Zeitlosen und nicht im Zeitlichen zu suchen ist. Sie brauchen sich so auch nicht zu ändern, solange ihr Inseldasein sie nicht dazu zwingt, solange es Gott nicht will. Josephs Lebensstil ist heute nicht direkt bedroht, seine Lebensweise nicht in Frage gestellt, auch wenn man davon ausgehen muß, daß Individualisten wie die Amischen für die Welt nur in kleinen Dosen akzeptierbar sind und bleiben werden.

Der Diener zum Buch steht vor mir, ein mattfarbenes Ölgemälde Mensch, so etwas wie die personifizierte Reformation, tief im Korsett aus Bauerntum, Familien- und Gottesmann, das ihn zusammenhält.

»Also mit dem Luftschiff willscht fliege?«
Er erfragt's, die Stimme in sprachlich vollendetem Moll. Zu mehr fehlt ihm die Sicherheit der großen Worte. Fliegen als himmlisches Vergnügen! Ich sah ihm an, daß er im Innersten außer sich war: Wer fliegt, war nicht Glaub-würdig, hatte für den Prediger einmal so reelle Chancen auf einen Platz im Paradies wie der Schneeball in der Hölle, denn die Stunde Null kannte wirklich kein Erbarmen. Dann trottet er davon, um drüben nachzusehen, »wie's Gwächs heut schteht, ob alls in der Ordnung isch«.

Auch für den Tobi ist das Flugzeug das weltlichste und damit unchristlichste Transportmittel, das es geben kann. Und damit das dümmste menschliche Projekt seit dem Turmbau zu Babel. Warum sah ich trotz des Respekts ihrer Laienkompetenz die Kluft zwischen Technologie und christlicher Moral einfach nicht? Dieses Luftschiff, das ein uraltes Weltbild zerstörte, verwirrt die Vorstellungen der Frommen, die lange glaubten, gleich hinter Wolken und Sternen den Himmel, das absolute Amischlimit zu finden. Von dort droben leitete der Herr das vergängliche kleine Leben auf Erden. Gerade das Leben von Männern, die ihrem Schöpfer täglich dafür dankten, daß sie eben Joseph, Elam oder Tobias Graber waren.

Am vorerst letzten Tag bei den Amischen im Allen County kamen wir dann alle noch einmal zusammen, der Elam und der Tobi, der David, die Barbara, die Rachel und die Ruth. Die Brüder und Schwestern demütig und gutgelaunt wie die Urchristen, eben so wie ich sie in den letzten Jahren kennengelernt hatte. Da sangen wir dann amische Weisen wie »Müde bin ich geh zur Ruh« oder »Mein Lebensfaden läuft zu Ende«. Da setzten sie sich in Josephs Farmhaus zusammen und beteten gemeinsam, wie Jesus es sie beten lehrte: »... dein Reich komme«, und ich zweifelte, als das Amen verklungen war, keinen Augenblick daran, daß sie tatsächlich stündlich auf dieses in den Evangelien verheißene Himmelsreich warteten. Denn bei Gott ist alles möglich, denn er ist ein großer Gott. Schließlich jodelten Tobi und Rosanna noch einmal, und wenn die Amischen vom Allen County jodeln, dann lächelt das Land. Und ganz zum Schluß gab es »mir zu Ehren« Milchsuppe mit zerbröselten Keksen, genauso zubereitet, wie sie zu Tobis Lieblingssuppen zählt.

Zum Abschied gaben mir die Frommen keinen Bruderkuß, da ich keiner von ihnen war, aber sie drückten mir fest die Hand. Sie sagen dazu nicht »Auf Wiedersehen« sondern »Seh di wieder«. Barbara brachte ein Glas mit eingemachten Roten Rahnen für den Nachhauseweg, Tobis Naomi erwähnte wie nebenbei, daß Bernd im Amischland ja kein Name für Menschen sei, man aber durchaus ein Pferd nach mir benennen wollte. Daß ich zurück in der irdischen Individualität ein Büchli über sie schreiben, buchstabierend etwas im alten Land weitergeben wollte, konnten sie nicht verstehen, denn was gab es nach ihrer Meinung über sie schon zu schreiben, was nicht in der Schrift schon geschrieben steht. Und wenn's schon unumgänglich war, dann sollte ich es – so der Joseph – doch in ihrem Dütsch drucken lassen, damit sie es auch lesen könnten.

Dütsch oder Deutsch? Dem alten Prediger hätte es nichts mehr genutzt. Kurz vor Drucklegung dieses Buches ist er den amischen Weg vom Leben nicht zum Tod, sondern hin zum Ewigen Leben gegangen. Ein Mann, der sich nach Römer nicht der Welt gleichgestellt hatte, nach Moses fruchtbar gewesen war und die Erde damit füllte. Ein frommer Diener, der laut Auftrag der Apostelgeschichte mit seinen Nächsten zu einem Herz und einer Seele verschmolz und sein Land im Schweiße seines Angesichts beackerte, der die Welt und was in ihr ist nicht liebte nach Johannes und niemals auf sein Fleisch säte wie ... nun, eben wie Galater 6.

Große Worte zum Abschied? Der Joseph hätte sie sicher nicht gewollt. Ein amischer Diener zum Wort hatte sich verabschiedet, der ein Erwachsenenleben lang nicht versäumte, sein Haus zu bestellen. Und zwar täglich so, wie es zum Weltbild des an der Welt leidenden, sich an der Schrift orientierenden Joseph Graber von der Cuba Road nun einmal gehörte.

# Zeittafel

70 Zerfall der urchristlichen Gemeinde nach der Zerstörung Jerusalems

1516 Huldreich Zwingli Leutpriester in Einsiedeln. Erste Ausgabe des Neuen Testaments in griechischer Sprache durch Erasmus von Rotterdam

1520 Durchbruch der Reformation Luthers (1483-1546)

1521 Luther gebannt, Aufenthalt in der Wartburg. Veröffentlichung von Luthers Übersetzung des Neuen Testaments

1522 Zwingli (1484-1531) tritt in der Schweiz gegen kirchliche Mißstände auf, leitet mit den Disputationsthesen »67 Schlußreden« Reformation in Zürich ein. Konrad Grebel unter den radikalen Vorkämpfern für die Reformierung der Stadt

1523 Thomas Müntzer übernimmt Predigtamt in Allstedt und verkündet erste sozialrevolutionäre Thesen, Johannes Ökolampad beginnt mit Reformation in Basel

1524 Beginn des Bauernkrieges, Aufstand in Thüringen unter Führung Thomas Müntzers. Luther gegen aufständische Bauern. Martin Bucer reformiert Straßburg

1525 Grebel, Manz und Blaurock legen in Zürich den Grundstock zur Täuferkirche (Heilserleben, Taufe), damit Gründung des evangelischen Freikirchentums. Täufern wird Verbannung angedroht. Gründung der ersten Täufergemeinde in der Schweiz, erste Täufergruppe in Bern. Nach öffentlichen Disputationen mit Zwingli in Zürich gehen Täuferführer in den Untergrund. Grebel in Haft

1526 Zürich droht mit Todesstrafe für Anhänger der Täufer, Basel verbietet Erwachsenentaufe bei Strafe der Verbannung, Graubünden verbietet Täufer. Protestantisch gesinnter Kleinadel offeriert Mähren als Täuferasyl. Konrad Grebel (* um 1498 in Zürich) stirbt in Graubünden an der Pest. Täufer in Süddeutschland, Tirol und Österreich.

1527 Glaubensgespräch zwischen der katholischen Kirche und Täufern in Bern. Felix Manz in der Limmat ertränkt. Die erste Synode der Schweizer und oberdeutschen Täufer formuliert Schleitheimer Bekenntnis unter Leitung von Michael Sattler. Markgraf Philipp von Baden verbietet Erwachsenentaufe bei Leibes- und Lebensstrafe, Straßburg Beherbergung von Täu-

*fern. Regensburg, Augsburg, Nürnberg, Bamberg und Salzburg gehen gegen Täufer vor. Konkordat der Städte Bern, Zürich und St. Gallen. Gründungsjahr der hutterischen Bruderschaft*
**1527** *bis* **1581** *223 Täuferhinrichtungen in Bayern.*
**1528** *Der Schwäbische Bund stellt streifende Rotten gegen die Täufer auf. Einführung der Reformation in Bern. Zwingli disputiert mit Täufern in der Stadt, verschärftes Berner Mandat*
**1529** *Erwachsenentaufe wird auf dem Reichstag zu Speyer unter Todesstrafe gestellt. Lebenslängliche Haft oder Todesstrafe durch Ertränken für rückfällige Täufer in Basel. Jörg Blaurock (\* um 1492 in Graubünden) in Gufidaun/Südtirol als Ketzer verbrannt.*
**1530** *Zürich stellt Beherbergung von Täufern unter Todesstrafe. Bern, Basel, Konstanz, St. Gallen und Zürich verbünden sich zum Vorgehen gegen die Täufer. Rund 2 000 Täufer bis zu diesem Zeitpunkt hingerichtet. Gründung der Täuferkirche in Emden*
**1531** *Bern droht verbannten Täufern bei Rückkehr Todesstrafe durch Ertränken und später durch Enthauptung an. Bis 1571 40 Hinrichtungen in der Stadt*
**1533** *Lebenslängliche Haft für Täufer in Bern*
**1534** *Gründung des Jesuitenordens mit dem Ziel der Ketzerbekämpfung. Einführung der Reformation in Württemberg*
**1534/35** *Aufruhr und Täuferreich in Münster/Westfalen.*
**1536** *Menno Simons (1492 (?)-1566/67) bekennt sich zum Täufertum. Friesland stellt Beherbergung Mennos unter Todesstrafe. Jakob Hutter in Innsbruck hingerichtet*
**1564** *Bern bedroht Täufer mit Geld- und Leibesstrafen. Erster Druck des »Ausbund«*
**1571** *Hans Haslibacher als letzter Täufer im Berner Land hingerichtet*
**1578** *Kölner Mandat droht Täufern mit Todesstrafe*
**1579** *Bern droht Täufern erneut Gütereinziehung und Todesstrafe an*
**1587** *Kopfgeld in Bayern für die Gefangennahme von Täufern*
**1599** *Bern erklärt Täufergüter zu Staatseigentum*
**1632** *Dordrechter Bekenntnis*
**1637** *Zürich verweist Täufer des Landes*
**1648** *Galeerenstrafe für Berner Täufer, Schweizer Brüder in der Gegend von Zweibrücken*

**17. Jh.** *Schweizer Täufer fliehen ins Elsaß. Das Elsaß wird französisch*
**1650** *Schweizer Brüder nach Mannheim*
**1659** *Bern richtet Spezialkommission zum Täufergeschäft ein (Täuferkammer)*
**1664** *Erste Mennoniten aus Holland landen in Nordamerika, Duldungsgesetz zugunsten der Täufer in Kurpfalz. Täufer führen Kleeanbau in der Pfalz ein*
**1669** *Bern bietet Kopfgeld für Gefangennahme von Täufern an*
**1671** *Huldigungseid in Bern eingeführt zur Erkennung von Täufern, bis 1711 verstärkte Einwanderung Schweizer Brüder ins Elsaß. Holland vereitelt zwangsweise Verschickung Schweizer Brüder nach Ostindien*
**1683** *Erste deutsche Gruppeneinwanderung nach Amerika, darunter Mennoniten. Gründung von Germantown in Pennsylvanien*
**1690** *Kinder aus Täuferehen in Bern erbunfähig*
**1692/93** *Jakob Ammann tritt in Markirch auf, Beginn der Spaltung innerhalb der Täufergemeinden im süddeutschen Raum, Gründungszeit der amischen Gemeinde*
**1695** *Alle Rechtsgeschäfte mit Täufern in Bern ungültig, erneut lebenslange Haft für Täufer angedroht*
**1707-1756** *Rund 3000 Täufer wandern nach Nordamerika aus. Der Kanton Zürich »täuferfrei«*
**1712** *Ludwig XIV. verfügt Ausweisung der Täufer aus dem Elsaß, zahlreiche Amische im Raum Mömpelgard/Montbéliard*
**1720** *Bern beginnt mit Brandmarkung der Täufer. Zahlreiche Schweizer Brüder in der Markgrafschaft Baden-Durlach*
**1730** *Amische in der Region Hessen-Kassel*
**um 1738** *erste amische Siedlung in Northkill/Berks County, Pennsylvanien*
**1742** *Ausbund erstmals in Amerika gedruckt*
**1752** *Dienerversammlung und Ordnungsbrief von Steinselz/Elsaß*
**1760** *Gründung der Amischgemeinde in Lancaster-Chester Counties/Pennsylvanien*
**um 1770** *mehrere amische Gemeinden in Hessen, ab 1817 Auswanderung nach Ohio, vorwiegend Butler County*
**1777** *Gründung der heutigen Basler Mennonitengemeinde in der Holeestraße durch Amische*

ab 1790 *Amische von Mömpelgard wandern nach Osteuropa aus*
1797 *Amische wandern aus Elsaß/Lothringen und der Pfalz nach Bayern, Entstehung der Gemeinden bei Regensburg und München*
1798 *Nach Einfall der Franzosen Glaubensfreiheit im Berner Land, doch bis 1812 Zwangstaufen an Neugeborenen im Emmental. Volle Gleichberechtigung erst in der kantonalen Verfassung von 1848*
1799 *Dienerversammlung und Ordnungsbrief von Essingen/Pfalz, Täufer erhalten Gleichberechtigung in Kurpfalz*
1800 *Mennoniten aus Pennsylvanien wandern in Kanada ein*
1806 *Napoleon schafft Wehrfreiheit von Täufern ab*
1808 *Die ersten Amischen in Ohio (Holmes-Wayne-Tuscarawas County). Das Großherzogtum Baden stellt Täufer gegen Abfindung vom Wehrdienst frei*
1811 *Bayern erkennt bei Täufern Handschlag anstelle der Eidesleistung an*
1816–1880 *Auswanderung von Amischen aus Frankreich, Waldeck, Bayern, Hessen-Darmstadt und der Pfalz nach Amerika, gezielt in die Staaten Ohio, Indiana, Illinois, Maryland, New York, Iowa und Maryland*
1822 *Amischer Kundschafter in Kanada, ab 1826 gezielte Einwanderung von Amischen aus Deutschland*
1824 *Die ersten Amischen aus USA in Ontario/Kanada (Perth County)*
1839 *Erste Amischsiedlung in Indiana (Nappanee), Amische im Lancaster County beginnen mit Tabakanbau*
1852 *Die ersten Amischen im Allen County/Indiana*
1866 *Abspaltung der Egli-Amischen in Indiana*
1872 *Abspaltung der Stuckey-Amischen (-mennoniten) in Illinois*
1881 *Abspaltung der Nebraska-Amischen*
1890 *Erste Ausgabe der Zeitung* »The Budget«
1927 *Abspaltung der Beachy-Amischen in Pennsylvanien*
1937 *Der Kirchendistrikt Ixheim geht als letzte amische Gemeinde in Deutschland in der Mennonitenkirche auf*
1966 *Abspaltung der* »Neuen Amischen«
1972 *Urteil des US Supreme Court im Schulstreit zugunsten der Amischen*
1989 *Amische Siedlungen in 20 US-Staaten und in einer kanadischen Provinz*

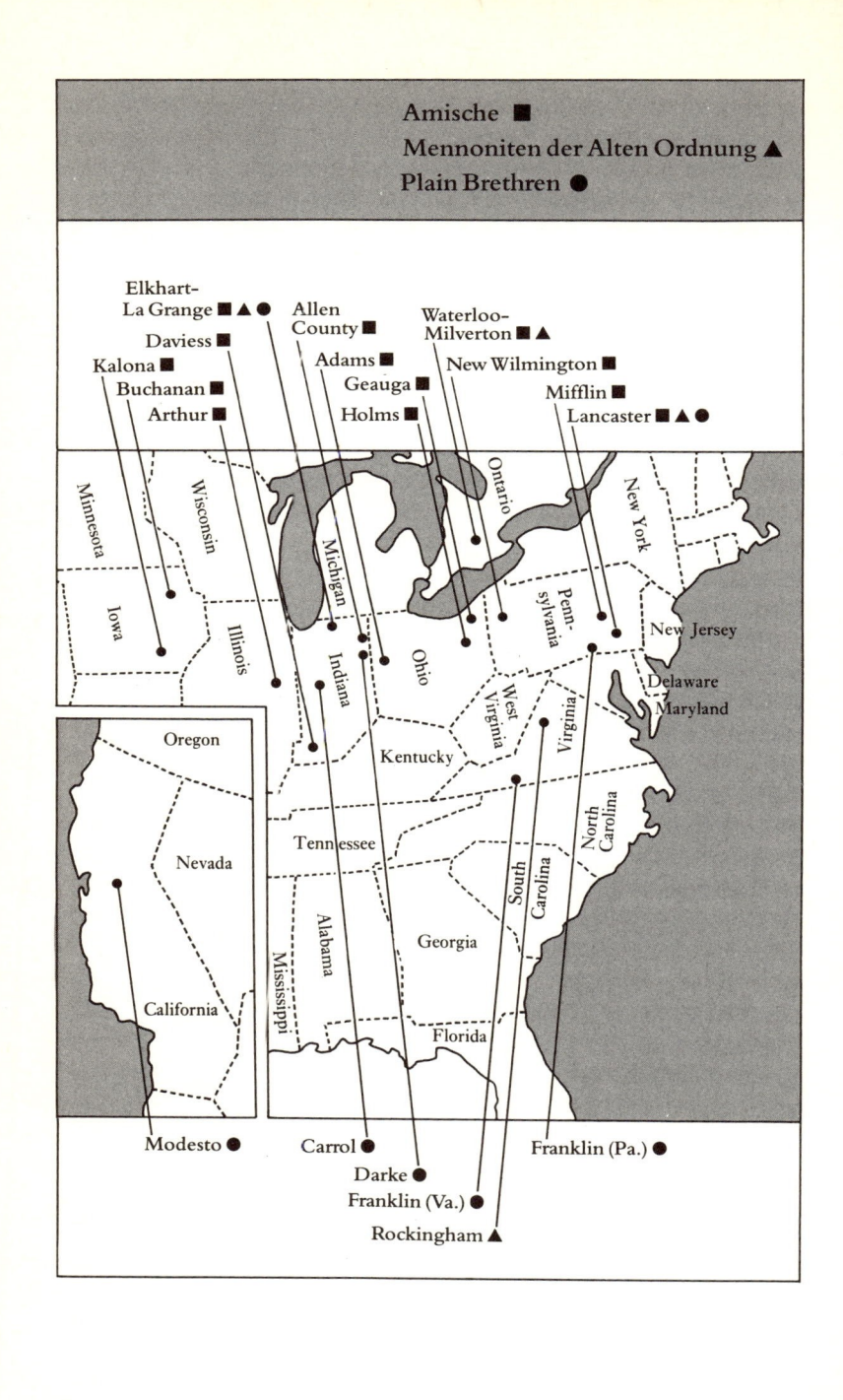

Amische ■
Mennoniten der Alten Ordnung ▲
Plain Brethren ●

Elkhart-
La Grange ■ ▲ ●
Daviess ■
Kalona ■
Buchanan ■
Arthur ■

Allen County ■
Adams ■
Geauga ■
Holms ■

Waterloo-Milverton ■ ▲
New Wilmington ■
Mifflin ■
Lancaster ■ ▲ ●

Minnesota
Iowa
Wisconsin
Illinois
Michigan
Indiana
Ohio
Ontario
Pennsylvania
New York
New Jersey
Delaware
Maryland
West Virginia
Virginia
Kentucky
Tennessee
North Carolina
South Carolina
Mississippi
Alabama
Georgia
Florida

Oregon
Nevada
California

Modesto ●
Carrol ●
Darke ●
Franklin (Va.) ●
Rockingham ▲
Franklin (Pa.) ●

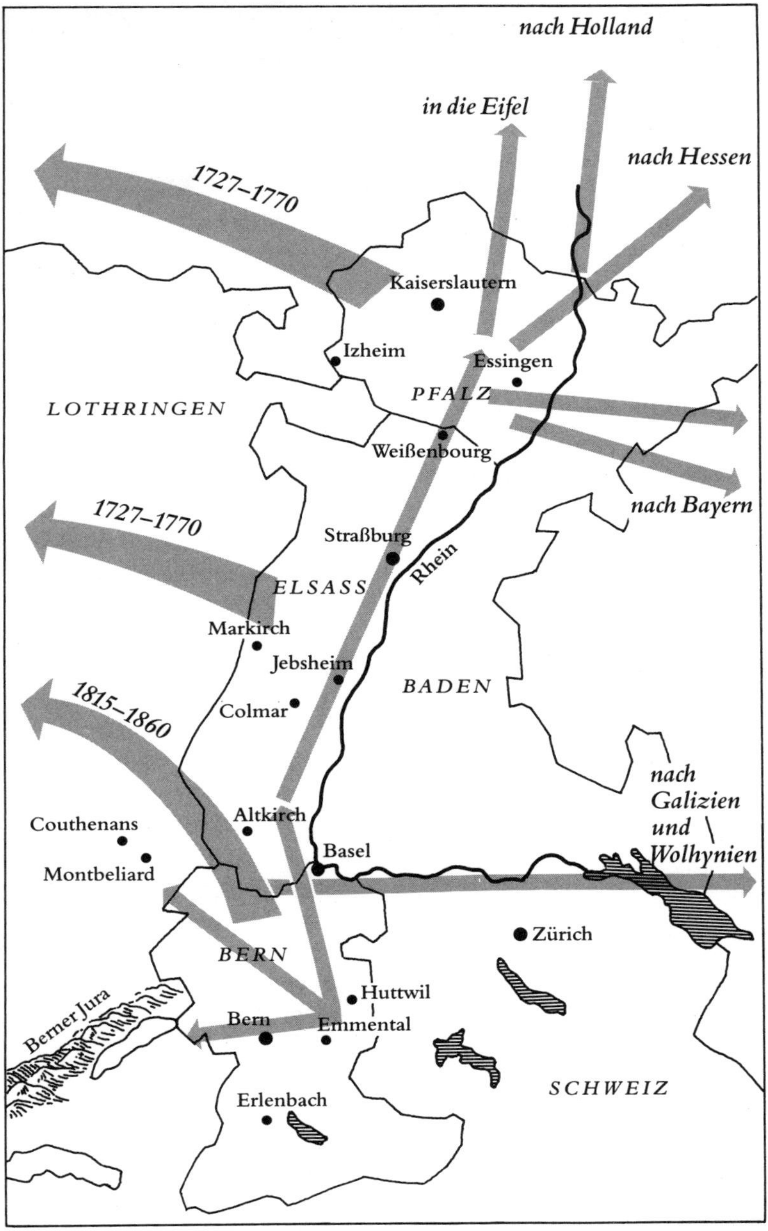
nach Holland
in die Eifel
nach Hessen
1727–1770
Kaiserslautern
Izheim
Essingen
PFALZ
LOTHRINGEN
Weißenbourg
nach Bayern
1727–1770
Straßburg
Rhein
ELSASS
Markirch
Jebsheim
BADEN
Colmar
1815–1860
nach
Galizien
und
Wolhynien
Altkirch
Couthenans
Basel
Montbeliard
Zürich
BERN
Huttwil
Bern
Emmental
Berner Jura
SCHWEIZ
Erlenbach

# Literaturverzeichnis

*Artikel und Ordnungen der Christlichen Gemeinde in Christo Jesu.* Aylmer, 1964.

*Ausbund das ist: Etliche schöne Christliche Lieder.* Wie sie in dem Gefängnis zu Passau in dem Schloß von den Schweizer-Brüdern und von anderen rechtgläubigen Christen hin und her gedichtet worden. Erstdruck 1564. 13. Auflage Lancaster Co. 1981.

Beck, Dr. Joseph: *Geschichtsbücher der Wiedertäufer in Österreich-Ungarn von 1526 bis 1785.* Wien 1883.

*Begebenheiten In Der Amische Gemeinde von 1850 bis 1898.* (Verhandlüngen der diener versammlung in 1862, 1863, 1864 und 1865). Millersburg.

Braght, Tielemann Jansz von: *Der blutige Schauplatz oder Märtyrer-Spiegel der Taufgesinnten oder wehrlosen Christen.* Erstdruck 1659. Aylmer 1973.

*Budget, The.* A weekly newspaper serving the Amish and Mennonite communities. Sugarcreek.

Bullinger, Heinrich: *Von dem unverschampten frävel egerlichen verwirren und unwahrhaften leeren der selbstgesandten Widertöuffern.* Zürich 1531.

Bullinger, Heinrich: *Der Widertäuffer ursprung, fürgang, Secten, wäsen und gemeine ihrer leer Artickel.* Zürich 1560.

*Christenpflicht.* Die ernsthafte Christenpflicht, enthaltend Schöne geistreiche Gebete, womit sich fromme Christenherzen zu allen Zeiten und in allen Nöten trösten können. Erstdruck 1815. Scottdale 1982.

Fisher, Gideon: *Farm Life and its changes.* Gordonville 1978.

Fisher und Stahl: *The Amish School.* Intercourse 1986.

Fox, John: *Allgemeine Geschichte des christlichen Marterthums.* 1831.

Friedmann, Robert: *Mennonite Piety through the Centuries.* Goshen 1949.

Geiser, S. H.: *Die Taufgesinnten-Gemeinden.* Karlsruhe, Bern 1932.

Gingerich, Eli: *Eine Untersuchung in die Alt Amische Gemein von 1922 bis zu 1974.* Middlebury 1978.

Gingerich, Orland: *The Amish of Canada.* Kitchener 1972.

*Glaubensbekenntnis des wehr- und rachlosen Christentums.* Baltic 1983.

Goertz, Hans-Jürgen (Hrsg.): *Die Mennoniten.* Stuttgart 1971.

Good, Merle: *Who are the Amish?* Intercourse 1985.

*Handbuch für Prediger.* Baltic 1986.

*Handlung oder Acta gehaltener Disputation zu Bern 1528.* Zürich 1528.

Hege, Christian: *Die Täufer in der Kurpfalz.* Frankfurt/Main 1908.

Hubmaier, Dr. Balthasar: *Von dem christenlichen Tauff der gläubigen.* Waldshut am Reyn, am XI tag des Heumonats, Anno MDXXV.

Hueckel, Jean: *Les peregrinations de la famille Graber.* Couthenans 1988.

Hostetler, John A.: *Amish Society,* Baltimore 1983.

*Katechismus für kleine Kinder.* Zum Gebrauch für Schulen, Sonntagsschulen und Familien. Erstdruck Amisch 1888. Baltic 1983.

Keller, Ludwig: *Zur Geschichte der altevangelischen Gemeinden.* Berlin 1887.

Kerssenbroick, Hermann von: *Geschichte der Wiedertäufer zu Münster in Westphalen.* Erstdruck 1568. Münster 1881.

Längin, Bernd: *Die Hutterer.* Gefangene der Vergangenheit, Pilger der Gegenwart, Propheten der Zukunft. Hamburg 1986.

Längin, Bernd: *Germantown – auf deutschen Spuren in Nordamerika,* Berlin 1983.

Längin, Bernd: *Die Mennoniten in Paraguay,* in *Globus* 2/1989.

Lohmann, Dr. Martin: *Die Bedeutung der deutschen Ansiedlungen in Pennsylvanien.* Stuttgart 1923.

Loserth, Johann: *Quellen und Forschungen zur Geschichte der oberdeutschen Taufgesinnten im 16. Jahrhundert.* Leipzig und Wien 1929.

Luther, Dr. Martin: *Von der Wiedertauffe an zween Pfarrherrn.* Ein brieff Martin Luther. Wittenberg MDXXVIII.

Mathiot, Ch.: *Recherches historiques sur les Anabaptistes de l'ancienne Principauté de Montbéliard, d'Alsace et de Régiones voisines.* Belfort 1922.

*Mennonite Encyclopedia, I-IV,* Scottdale 1955 ff.

*Mennonitisches Lexikon 1913-1967,* von Christian Hege und Dr. Christian Neff. 4 Bände. Karlsruhe 1913 ff.

Menno Simons: *Dat Fundament des Christelycken Leers,* opniew uitgegeven en van een engelse inleiding voorzien von H. Meihuizen. Den Haag 1967.

Müller, Ernst: *Geschichte der bernischen Täufer.* Erstdruck Frauenfeld 1895. Nieuwkoop 1972.

Peachey, Dr. Paul: *Die soziale Herkunft der Schweizer Täufer in der Reformationszeit.* Karlsruhe 1954.

Schlabach, John: *Begebenheiten von die Alte Amische Gemeinde.* Von Holmes und Wayne Co., Ohio und Adams Co., Indiana. Gordonville 1986.

Scott, Stephen: *Plain Buggies.* Intercourse 1981.

Scott, Stephen: *The Amish Wedding.* Intercourse 1988.

*Souvenance Anabaptiste.* Bulletin de liaison des membres de l'association française d'histoire Anabaptiste-Mennonite. Jahrgänge 1987 und 1988.

Stucky, Joseph: *Eine Begebenheit, die sich in der Mennoniten-Gemeinde in Deutschland und in der Schweiz von 1693 bis 1700 zugetragen hat.* Erstdruck Danvers 1871. Baltic 1985.

*Täuferführer durch die Schweiz.* Liestal 1975.

Wolkan, Rudolf: *Die Lieder der Wiedertäufer.* Berlin 1903.

Yoder, Dr. John H.: *Täufertum und Reformation in der Schweiz.* Karlsruhe 1962.

Yoder, Peter: *Der Taufe-Spiegel.* Scottdale 1951.

# Namenregister

Ammann, Jakob 29, 50, 114, 139, 153, 155-162, 164, 165, 189, 216f., 221, 249, 255, 258, 275, 277f., 283, 286, 296
Ammann, Michael u. Anna 160f.
Anken, Peter 144
Anneken von Brüssel 151
Augsburger (Fam.) 268

Bachmann (Fam.) 268
Baecher, Robert 17
Ball, William 308
Baumann, Jacob 268
Beiler (Fam.) 22
Berengar von Tours 139
Blaurock, Georg 51 ff., 56, 141, 143, 148, 191
Bockelson, Jan 66
Bolt, Eberli 56
Bontrager (Fam.) 22, 123, 273, 283
Boshardt (Fam.) 219
Braght, Thieleman Janz van 140
Braitmichel, Caspar 57, 151
Brandenberg (Fam.) 28, 92, 230, 238
Brant, Sebastian 154
Brennemann (Fam.) 208, 219
Brötli, Johannes 56, 60
Bullinger, Heinrich 57
Burger, Warren 308
Burkholder, Mose 243

Calvin, Johannes 46
Christner (Fam.) 273
Chupp (Fam.) 123

Debs, Eugene V. 273
Denk, Hans 58, 62, 154
Dürer, Albrecht 61

Egenolph III, Graf 154
Egli, Henry 94

Eichacher (Eicher, Eichner), Konrad 144
Eicher (Fam.) 266, 268
Eicher, Paul 284f.
Eichorn, Laban 17
Eichner (Fam.) 28, 153
Engels, Friedrich 65
Erasmus von Rotterdam 50, 52, 57
Erb (Fam.) 219

Faber von Heilbronn 151
Falk, Jakob 143
Fankhauser/Fanghauser (Fam.) 17, 276
Fischer (Fam.) 22, 123
Fischer, Gideon L. 17, 123, 170, 207f., 307
Franklin, Benjamin 210
Frey (Fam.) 153
Frey, Maria 271
Friedrich Wilhelm I, König 205

Gärber, Waldi 144
Gardner (Fam.) 219
Geiger, Peter 157
Geiler von Kaysersberg, Johannes 154
Georg IV, König von England 218
Gerber (Fam.) 208, 277
Gingerich (Fam.) 208, 219, 281
Gingerich, Eli 155ff., 159
Glasmacher, Bastian 151
Goldschmidt (Fam.) 219
Good, Merle 17
Gotthelf, Jeremias (Albert Bitzius) 149f.
Graber (Fam., hist.) 23, 148f., 164, 191, 266-275
Graber, Ben 18, 42, 110, 314
Graber, Chris 93
Graber, Elam J. u. Rachel 15f.,

35-39, 41ff., 48f., 71-85, 91f., 95f., 98f., 101-107, 109, 121ff., 153, 165, 170, 172, 174-177, 196, 199f., 221, 228, 236, 238, 246, 249, 251, 261, 289, 291, 295, 299, 301, 306, 312-316, 318
Graber, Elmer 109, 114-117, 120
Graber, Jacques 17, 278f.
Graber, Jakob 84
Graber, James 42
Graber, John u. Lilian 285ff., 290, 292-295
Graber, Joseph u. Rosanna 11, 16, 35-39, 41f., 44, 84f., 87, 89f., 125, 168, 183-196, 220, 229, 235, 241, 243, 272, 295, 297, 307f., 313, 316-319
Graber, Ruth 71, 184, 225, 229, 316, 318
Graber, Tobi u. Naomi 15, 42, 49, 71, 131, 179, 184, 198, 201, 238, 247, 259, 301, 314, 316, 318
Graber, Viktor 109, 114, 117, 121f., 126, 130, 315
Grabiel, Eva 94
Grabill, Clifford 93f.
Grebel, Konrad 46, 50ff., 56, 62ff., 67, 70, 140, 148, 191, 216
Grimmelshausen, J. J. C. von 58
Gross, Jakob 17
Gross, Leonhard 17
Gudmundson, Don 177
Guth (Fam.) 281
Guth, Emil 281
Guth, Jakob 158

Hansmann, Hans 144
Harzler (Fam.) 273
Haslibacher, Hans 17, 145ff.
Hauter (Fam.) 281
Hershberger, Gideon 177
Herzog, Hans 143
Hildebrand (Fam.) 268

Hochstettler (Fam.) 268
Hochstettler, Jakob 215
Hofer, John 17
Hoffmann, Melchior 65ff., 154
Holdemann, John 216
Hondrich (Fam.) 219
Hostettler (Fam.) 123, 153, 170, 273
Hubmaier, D. Balthasar 60, 62f., 151, 153f.
Hückel, Jean 17, 266, 275
Hus, Johannes 59
Hut, Hans 62, 64
Hutter, Jakob 151, 153, 160

Jeanroy, Monique u. Ives 17, 164
Justinian I., byzantinischer Kaiser 54

Kaiser, Leonhard 141
Karl V., Kaiser 150
Karl Ludwig, Kurfürst der Pfalz 204
Karpfis, Heini 143
Kauffman (Fam.) 28, 61, 153, 268, 270
King (Fam.) 123, 137
Kipfer (Fam.) 219
Klassen, Peter 17
Kleiner, Felix 267
Kline, David 17, 42, 222, 234, 236
Klopfstein (Fam.) 268
Kolb, Thielmann 207f.
Krahenbühl, Hans 94
Krayenbühl (Fam.) 94
Krehbiel, Peter 94
Krüsi, Johann 56
Kurtz (Fam.) 208, 273
Kurtz, Christian 17, 258

Landis, Hans 143
Lantz (Fam.) 273
Lanz, Werner 18
Lapp (Fam.) 123
Lengacher (Fam.) 28, 83

Lengacher, Eli 82
Leopold-Eberhard von Württemberg, Graf 268
Lichti (Fam.) 268
Liechtenstein, Leonhard 153
Liechty (Fam.) 273
Lindholm, William C. 308
Litwiller (Fam.) 219
Losenegger, Moritz 144
Lotzer, Sebastian 63
Ludi, Hans 51
Luther, Martin 11, 25, 46, 50, 52-55, 57, 59, 61, 63f., 67, 69, 81, 116, 138, 142f., 152, 154, 188, 206, 256, 283

Manz, Felix 51ff., 56, 70, 140, 143, 148
Marbeck, Pilgrim 153
Mast (Fam.) 123, 273
Matthiesen 66
Melanchthon, Philipp 46, 57, 142
Menius, Justus 142
Michel, Ludwig 210
Miller (Fam.) 22, 123, 153, 273, 283
Miller, Jonas 17
Miller, Levi 17, 294
Monickendam, Weynken von 141
Moser (Fam.) 277
Moser, Hans 191
Moser, Nicholas 157
Müller (Fam.) 208
Müller, Anna 271
Müntzer, Thomas 52, 63ff.

Naffziger (Fam.) 208, 281
Naffziger, Christian 218
Napoléon Bonaparte 270, 278
Neuenschwand, Menno 17
Newswanger (Neuschwander), Christian 17
Nolt, David u. Barbara 16, 42, 71, 82, 98f., 105, 195f., 284f., 316, 318f.

Oberholtzer (Fam.) 208
Oberlen, Christian 144
Ochs, Rudolf 210
Ökolampad 46, 50
Oesch (Fam.) 281

Peitz, Hans 151
Pellmann, Kenneth 17
Penn, William 206, 208f.
Philipp I., Landgraf 150
Philips, Dietrich 47
Plockhoy, Pieter Cornelifš 207

Reidiger (Fam.) 281
Reimann, Heini 143
Reist, Hans 157
Rembrandt 61
Rhegius, Urban 57
Ritter, Georg 210
Rosen, Gerhard 158
Roth (Fam.) 153, 219, 260, 266, 268, 270
Röthlisberger (Fam.) 277
Rüeger, Hans 62
Rüfenacht, Hans 17, 277
Rupp, Anna *siehe* Anna Ammann

Sachs, Hans 61
Sattler, Michael 46, 60, 140f., 160
Schettler, Atlee 17
Schiemer, Leonhard 141
Schindler (Fam.) 273
Schlaffer, Hans 141
Schlapach (Fam.) 123, 273
Schlapach, Jakob 200
Schmidt (Fam.) 28
Schmucker (Fam.) 28, 83, 123, 153, 172, 230, 238, 260-265, 268, 270
Schneider, Leopold 141
Schrock (Fam.) 17, 273
Schultz (Fam.) 219
Schwartz (Fam.) 96, 118, 271, 285
Schwarzentruber (Fam.) 219

Scott, Stephen 17
Seiler, Heini 144
Simons, Menno 47, 50, 67-70, 153, 188f., 191, 216, 244, 249, 251
Smucker, Jakob L. 17
Souder (Fam.) 208
Stalter (Fam.) 281
Stauffer (Fam.) 208
Stoll, Samuel 270
Stoll, Peter 271
Stoltzfuß 22, 123
Stuckey (Fam.) 273
Stumpf, Simon 56
Swartzentruber (Fam.) 294

Tremp, Lienhard 144
Treyer, Hans 144
Troyer (Fam.) 273
Troyer, Hans 231
Tschantz (Fam.) 208
Tschetter, Peter 17

Voltaire 164

Wagner, Georg 140
Waldo, Peter 59
Waltner, Gary 17
Wenger (Fam.) 208
Wenger, Christian 94
Wengerd, Daniel 17
Wickey, Solomon J. 17, 192f.
Widmer (Fam.) 266, 270
Wimpfeling, Jakob, 154
Wycliff, John 59
Würz (Fam.) 208

Yoder (Fam.) 17, 22, 61, 123, 153, 172, 208, 258, 266, 272f., 282, 308

Zehr (Fam.) 22, 61, 230
Zehr, Amos 18, 193
Zehr, Henry 113, 246ff.
Zehr, Jakob 246
Zehr, John 9ff., 13-16, 25ff., 83, 106f., 110f., 120f., 166, 172, 196, 284, 301-306
Zimmermann (Fam.) 268
Zimmermann, Christian 87
Zimmermann, Verena 161f.
Zwingli, Huldreich 11, 46, 50-55, 57, 61, 65, 69, 142, 144, 152, 188, 283

# Ortsregister

Aachen 142
Aarau 144
Aare 145 ff.
Aarwangen 62
Adams County 273
Albi 139
Allen County 9ff., 13-16, 18f., 21-27, 28-49, 50f., 61, 70, 71-99, 100-133, 137, 138f., 145f., 148, 153, 156, 159, 165ff., 172-181, 183-191, 193-202, 220f., 223-231, 235-238, 243-250, 260-265, 266, 270ff., 274, 284-319
Alsgau 138
Altkirch-Birkenhof 24, 278f.
Alzey 155
Amsterdam 65, 151, 218
Appenzell 61, 141
Appenzeller Land 56
Augsburg 57, 60, 141f., 150, 203
Austerlitz 148

Baden 148, 163, 280
Baldenheim 154
Bäretswil 52, 141
Basel 50f., 53, 61, 141, 144, 278
Bayern 20, 141f., 204, 217f., 280
Berks County 208
Berlin (Ohio) 19, 136
Bern 56, 61, 141, 143ff., 147, 203, 206, 208, 210, 276, 278f.
Bern, Kanton 18, 23, 28, 64, 94, 148f., 159, 164, 200, 279
Berne (Indiana) 16, 40, 119, 165, 192, 273
Berner Jura 52, 138, 141, 148, 191, 203, 273, 278
Berner Land 70, 144, 148f., 158, 184, 232
Bickenaschbach 203
Biglen 268
Bird-in-Hand 217
Birlenbach 279

Bolsward 68
Boncourt 145
Bowill 157
Bremen (Indiana) 19, 273
Breslau 58
Bruchsal 110, 280
Bubendorf 51
Bucheggberg 62
Bünden 141
Butler County 280

Canton 298
Champoz 191
Colmar 161, 267
Chur 53, 61
Colonia Luz y Esperanza 17, 283
Conestogatal 210, 218
Courgenay 138
Courtébert 138
Couthenans 17, 266f., 269, 271, 275

Dernbach 279
Deutschland 11ff., 25f., 40-47, 50-70, 116, 140ff., 148, 151-163, 203-206, 268, 278-281, 283
Diessbach 260, 268
Dordrecht 155
Drachenbronn 279
Durlach 110

Eckirch (Echery) 161
Eduardsdorf 270
Eggiswil 147, 268
Egly 273
Eifel 203, 280
Einsiedl 270
Elberfeld 273
Elkhart County 170, 273
Elsaß 17, 20 23f. 40, 58, 148, 153f., 156ff., 161, 163f., 203, 210, 217, 266f., 270f., 273, 279f.

Emden 281
Emmenmatt 17, 277
Emmental 17, 20, 28, 49, 82, 105, 145f., 148ff., 153, 157, 273, 277f., 311
Emmerich 140
Erlenbach 160f.
Essingen 188, 203, 257, 280, 286
Eutingen 157

Fredericksburg 17
Fernheim 283
Fillmore County 177f.
Florida 17, 19, 21, 257, 294f.
Florimount 266
Fort Wayne 18, 29ff., 181, 194, 246, 273, 298
Frankenhausen 64
Frankreich 17, 217, 266-271, 278f.
Frédéric Fontaine 164, 268
Freeman 280
Friedelsheim 281
Friedersmatt 157
Friesland 67f.
Frutingen 158

Galizien 280
Garett County 280
Geisberg 279
Germantown 110, 207
German Block 218f.
Goshen 17, 273
Grabill 16f., 19, 22, 28-33, 35ff., 71f., 81, 83, 85, 88, 92-98, 123, 137, 144, 167-171, 173, 177, 179, 181, 188, 221, 261, 271ff., 295, 314
Grimselpaß 145
Grindelwald 268
Groningen 68
Großhöchstetten 94
Grüningen 52
Gundershofen 279

Haarlem 66
Hallau 56

Hamburg 281
Hamburg (Indiana) 273
Hannover (Indiana) 273
Harlan 246
Haslenbach 17, 145f.
Hasli 150
Hasselberg 19
Heidelberg 155
Heidelberg (Ontario) 19
Heimeswill 268
Hericourt 266
Hermmental 60
Herzogenbusch 151
Hessen 58, 203, 217
Hessen-Cassel (Indiana) 273
Hessen-Darmstadt 163, 217
Hessen-Kassel 280
Hilterfingen 158
Holland 12, 47, 61, 65-69, 140f., 151, 155f., 159, 207, 210, 278, 283
Holmes County 221f., 233, 258
Honduras 283
Horodischtsche 270
Huttwil 18, 23f., 148f., 164, 267, 275, 279
Huttwil-Nyffenegg 18

Illkirch 154
Illinois 217
Imst 151
Indiana 21f., 25, 217, 272f., 282, 289, 309
Indianapolis 273
Ingolstadt 280
Innsbruck 151
Intercourse 17, 123, 170, 196, 207, 217, 307
Iowa 19, 22, 217, 308
Israel 12, 15, 187, 236
Ixheim 203, 280f.

Jebsheim 154, 164, 267f.
Jerusalem 50

Kaiserslautern 20, 155, 159, 280
Kalifornien 135

Kanada 20, 76, 149, 217ff., 280, 282
Kansas 17, 19, 22, 270, 280
Kappel 65
Kaysersberg 154
Kestarholz (Châtenois) 164
Kiesen 147
Kirschbach 203
Kirschberg 203
Klausen 141
Kleinleberau (La petite Lièpvre) 161
Klosterberg 203
Kraichgau 203
Krefeld 281
Kutusowka 270

Lagrange 123, 136, 245, 273
Lancaster 19, 21, 123, 134, 208, 210, 216f., 281, 309
Lancaster County 83f., 89, 94, 102, 170, 173, 180f., 229, 289, 291
Landau 204, 280
Langnau 150, 268, 273, 277
Laupen 268
Lebertal 155f., 161ff., 279
Leer-Oldenburg 281
Leiningen 163
Lembach 279
Limmat 51f., 140, 143
Lippe (Indiana) 273
Lothringen 40, 273, 279
Lützelflüh 149f.
Luzern 56
Luzern (Indiana) 273

Mähren 148, 282
Maienfeld 51
Manitoba 17
Marburg 280
Markirch (Mariakirch, Sainte Marie-aux-Mines) 17, 154 f., 161, 163 f., 267, 279
Marnheim 281
Maryland 182f., 217, 280

Mexiko 283
Michelsdorf 270
Michigan 22, 137, 178, 308
Minnesota 17, 19, 177f., 282, 298
Missouri 217, 282
Mömpelgard (Montbéliard) 23f., 40, 164, 191, 203, 266-270, 275, 279f.
Montana 282
Montbéliard *siehe* Mömpelgard
Monteprevoir 269
Moundridge 280
Mühlhausen 64
Mülhausen (Indiana) 273
München 140, 280
Münster 65-68, 203
Münstertal 148

Napoleon (Indiana) 95
Nappanee 123, 165
Nebraska 308
Nehweiler 279
Neu-Amsterdam 207
Neumühl 148
Neu-Oldenburg (Indiana) 273
Neustadt 155
Neuwied 280
New Holland 91, 123, 134f.
Niederbipp 62
Niederdorf 143
Nikolsburg 148
Nürnberg 60, 142

Ober-Oenz 268
Offental 159
Offweilertal 203
Ohio 17, 19, 83, 101, 123, 177f., 180f., 217, 231, 235, 239, 271ff., 280, 282, 286
Ohnenheim 154, 157
Ontario 19, 179, 217ff.
Österreich 12, 58, 60, 141, 151, 153, 155, 270

Paraguay 17, 283
Paris 271

Passau 110, 151
Pennsylvanien 17, 19, 22, 134, 181, 197, 206, 235, 273, 276, 280, 282f., 286, 289, 294, 308f.
Pfalz 148, 157ff., 203-206, 208ff., 217f., 279ff., 286
Philadelphia 207
Pingjum 67
Pirmasens 207
Polen 270, 278
Preußen 205, 218

Quarten 60
Quebec 76

Rappoltsstein 163
Reading 215
Regensburg 60, 280
Reichshofen 279
Reutennen 157
Riedseltz 279
Ringelbach 19
Ringsweilerhof 203
Rom 50ff., 61, 65, 116, 139, 152, 208
Rottenburg 140
Röthenbach 150, 268
Rattenberg 141
Rotterdam 151
Rüderswil 150
Rumänien 148
Rußland 148, 278 283

Sachsen 155
Saint Louis 266
Salm 162
Salzburg 141
Sarasota 257, 294
Schaffhausen 61f.
Schärding 141
Schartzenegg 268
Schertz 281
Schleitheim 60, 140, 162
Schlettstadt 155, 164, 271
Schmuckertal 135

Schüpbach 150
Schwäbisch Hall 65
Schwartzenburg 268
Schwaz 141
Schweiz 11f., 20, 22ff., 39f., 50-70, 94, 138-164, 188, 203, 206, 276-279
Sembach 159
Shipshewanna 165
Signau 150, 200
Simmental 158, 161
Slowakei 148, 282
Solothurn 62
Somerset County 280
Soudersburg 217
Speyer 54, 142
Spiez 161
Steffisburg 144, 260, 268
Steinselz 188, 279
St. Goarshausen 159
St. Gallen 52, 61f., 141
Straßburg 60, 65f., 154, 188, 200, 257, 286
Straßburg (Ohio) 19
Süddakota 17, 270, 280
Sugarcreek 123
Sumiswald 52, 150
Sustenpaß 145

Tannental 150
Teufen 153
Texas 282
Three Miles Island 180
Thun 158, 161
Tirol 58, 141, 153, 155
Topeka 273
Toronto 103
Trubach 276

Unterhof 203
USA 11ff., 16, 20, 24, 42-45, 125, 149, 153, 180, 186, 190, 206-222, 271, 282f., 296
Utrecht 67

Wädenswil 143
Waldeck 20, 217, 280
Wangen 62
Waterloo 95
Waterloo County 218
Wayne County 233, 256, 271
Weierhof 17, 94, 159
West-Spencerville Congregation 121
Wimmis 161
Windstein 279
Wisconsin 19, 21 f., 282, 308
Witmarsum 67
Wittenberg 154, 156

Wittgenstein 280
Wolhynien 270, 280
Worms-Ibersheim 281

Zaire 283
Zäzlwyl 157
Zollikofen 268
Zollikon 61
Zürich 51 ff., 56 f., 61 ff., 65, 140 f., 143, 145, 148, 154, 203, 207 f.
Zweibrücken 155, 163, 203 f., 280 f.